Welsh-English
English-Welsh
DICTIONARY

D. GERAINT LEWIS

Abbreviations used in this book

abb	abbreviation
adj	adjective
adv	adverb
conj	conjunction
excl	exclamation
f	feminine noun
m	masculine noun
num	numeral
poss	possessive
prep	preposition
v	verb
v aux	auxiliary verb
vn	verb-noun (i.e. verb infinitive used as a noun, which is characteristic of Welsh)

This edition published 2016 by Waverley Books, an imprint of
The Gresham Publishing Company Ltd, Academy Park, Building 4000,
Gower Street, Glasgow, G51 1PR, Scotland

Copyright © 2013 The Gresham Publishing Company

First published 2010, reprinted 2011, 2013, 2014, 2015, 2016

Cover image courtesy of the Welsh Tourist Board

ISBN 978 1 84934 047 2

Printed and bound in the EU by Skleniarz, Kraków, Poland

Introduction

In the Welsh-English part of the dictionary, the use of the word *see* refers the reader from an irregular plural form to the singular (noun), where gender and meaning will be found, and *from* references give examples of changes to the root of verbs, adjectives and prepositions. While it would be impossible to list all the forms in which these changes occur, it is hoped that such examples will give the reader a possible clue to the meaning of otherwise inexplicable forms he or she might encounter.

If you are using a Welsh dictionary for the first time, there are one or two things of which you need to be aware:

1 The Welsh alphabet does not follow exactly the same order as the English alphabet:

a b c d e f g h i j k l m n o p q r s t u v w x y z
a b c **ch** d **dd** e f **ff** g **ng** h i j l **ll** m n o p **ph** r **rh** s t **th** u w y

The most significant difference is that 'ng' follows 'g' in the Welsh alphabet not 'n'. Welsh words containing the highlighted letters may not appear in the alphabetical sequence you would expect in English.

2 Certain letters in Welsh mutate (i.e change, as in English *wife* changes to *wives*). However, in Welsh these mutations may take place at the beginning of a word, thus *cath* ('cat') may appear as *y gath* ('the cat'), *ei chath* ('her cat'), *fy nghath* ('my cat'). Words in the dictionary are listed in their unmutated form. If you fail to find a word beginning with the following letters, it may be the mutated form of a word, which starts with the listed letter.

If the word starts with:

a	it could be a mutation of	**g**
b	it could be a mutation of	**p**

ch	it could be a mutation of	**c**
d	it could be a mutation of	**t**
dd	it is a mutation of	**d**
e	it could be a mutation of	**g**
f	it could be a mutation of	**b**
	or it could be a mutation of	**m**
g	it could be a mutation of	**c**
ng	it is a mutation of	**g**
ngh	it is a mutation of	**c**
h	can appear before any of the vowels (**a e i o u w y**) in Welsh	
l	it could be a mutation of	**ll**
	or it could be a mutation of	**g**
m	it could be a mutation of	**b**
mh	it is a mutation of	**p**
n	it could be a mutation of	**d**
nh	it is a mutation of	**t**
o	it could be a mutation of	**g**
ph	it is a mutation of	**p**
r	it could be a mutation of	**rh**
	or it could be a mutation of	**g**
th	it could be a mutation of	**t**
w	it could be a mutation of	**g**
y	it could be a mutation of	**g**

3 In Welsh, there is a great variety of standard word forms. There are far more ways of forming the plural for example than adding -s; adjectives and numerals have masculine and feminine forms, and verbs too conjugate through a variety of changing forms. It has not been possible to list all possible variations, but one feature of this dictionary is that it includes examples of the main changes, which should give the user a clue as to the likely derivation (and therefore meaning) of a particular word form.

Welsh-English Dictionary

A

a *rel pron* that, which. • *interrogative particle*.

a, ac *conj* and.

â, ag *conj* as. • *prep* with.

â *from* **mynd**.

ab, ap *m* son of.

abad *m* (·au) abbot.

abades *f* (·au) abbess.

abat·y *m* (·ai) abbey.

aber *m* (·oedd) mouth of river.

aberth *m/f* (**ebyrth**) sacrifice.

aberthged *f* ceremonial wreath.

aberthu *v* to sacrifice.

abl *adj* able; rich.

absen *m* slander.

absennol *adj* absent.

absenoldeb *m* absence.

abwyd *m* (·od) bait.

abwyd·yn *m* (·od) worm.

abwydyn y cefn *m* spinal chord.

ac *conj* and.

academaidd *adj* academic.

academ·i *f* (·ïau) academy.

acen *f* (·nau, ·ion) accent.

acennu *v* to accentuate.

acer, acr *f* (**aceri**) acre.

act *f* (·au) act.

actio *v* to act.

actores *f* (·au) actress.

acw *adv* there.

acwsteg *f* acoustics.

ach *f* (·au) pedigree.

achles *m* manure.

achlod *m* shame.

achlysur *m* (·on) occasion.

achlysurol *adj* occasional.

achos *m* (·ion) cause; case. • *conj* because.

achosi *v* to cause.

achub *v* to save.

achubiaeth *f* salvation.

achub·wr, achub·ydd *m* (·wyr) saviour.

achwyn *v* to complain.

achwyniad *m* (·au) complaint.

achwyn·wr, achwyn·ydd *m* (·wyr) moaner; plaintiff.

adain *f* (**adenydd**) wing.

adar *see* **aderyn**.

adareg *f* ornithology.

adargraffiad *m* (·au) reprint.

adarydd *m* (·ion) ornithologist.

adborth *m* (·ion) feedback.

ad-daliad *m* (·au) repayment.

ad-drefnu *v* to reorganise.

adeilad *m/f* (·au) building.

adeiladol *adj* constructive.

adeiladu *v* to build.

adeilad-wr *m* (·wyr) builder.

adeiledd *m* (·au) structure.

adeiniog *adj* winged.

adennill *v* to regain.

adenydd *see* **adain**.

aderyn *m* (**adar**) bird.

adfach *m* barb.

adfail *m* (**adfeilion**) ruin.

adfeilio *v* to decay.

adfer *v* to restore.

adferf *f* (·au) adverb.

adferiad *m* recovery.

adfyd *m* adversity.

adfywiad *m* (·au) revival.

adfywio *v* to revive.

adio *v* to add.

adiol·yn *m* (·ion) additive.

adladd *m* aftermath.

adlais *m* (**adleisiau**) echo.

adlam *m* rebound.

adlamu *v* to rebound.

adleisio *v* to resound.

adlen *f* (·ni) awning.

adlewyrch, adlewyrchiad *m* reflection.

adlewyrchu *v* to reflect.

adlewyrchydd *m* reflector.

adloniadol *adj* entertaining.

adloniant *m* entertainment.
adlunio *v* to remodel.
adlyn *m* (·**ion**) adhesive.
adlynol *adj* adhesive.
adnabod *v* to know.
adnabyddiaeth *f* knowledge.
adnabyddus *adj* well-known.
adnau *m* (**adneuon**) deposit.
adnebydd *from* **adnabod**.
adnewyddu *v* to renovate.
adnod *f* (·**au**) (Bible) verse.
adnodd *m* (·**au**) a resource.
adolygiad *m* (·**au**) review.
adolygu *v* to review.
adolyg·ydd *m* (·**wyr**) reviewer.
adran *f* (·**nau**) department.
adref *adv* homewards.
adrodd *v* to recite.
adroddiad *m* (·**au**) report.
adrodd·wr *m* (·**wyr**) elocutionist,
 narrator.
aduniad *m* (·**au**) reunion.
aduno *v* to reunite.
adwaen *from* **adnabod**.
adwaith *m* (**adweithiau**) reaction.
adweinir, adweinid *from* **adnabod**.
adweithio *v* to react.
adweithiol *adj* reactionary.
adweithydd *m* (·**ion**) reagent.
adwerthu *v* to retail.
adwy *f* (·**au**, ·**on**) gap.
adyn *m* scoundrel.
addas *adj* suitable.
addasiad *m* (·**au**) adaptation.
addasrwydd, addaster *m* suitability.
addasu *v* to adapt.
addasydd *m* (·**ion**) adaptor.
addaw(af) *from* **addo**.
addawol *adj* auspicious.
addef *v* to admit.
addew(ais) *from* **addo**.
addewid *m/f* (·**ion**) promise.
addfwyn *adj* gentle, meek.
addfwynder *m* gentleness.
addo *v* to promise.
addod *m* treasure; **wy addod**
 (*china*) nest-egg.
addol·dy *m* (·**dai**) place of worship.

addolgar *adj* devout.
addoli *v* to worship.
addoliad *m* (·**au**) service.
addol·wr *m* (·**wyr**) worshipper.
adduned *f* (·**au**) vow.
addunedu *v* to vow.
addurn, addurniad *m* decoration.
addurnedig *adj* decorated.
addurniadol *adj* decorative.
addurno *v* to adorn.
addwyn *adj* fine.
addysg *f* education.
addysgiadol *adj* educational.
addysgu *v* to teach, to educate.
aeddfed *adj* mature.
aeddfedrwydd *m* maturity.
aeddfedu *v* to mature.
ael *m* (·**iau**) eyebrow.
aelod *m/f* (·**au**) member.
aelodaeth *f* membership.
aelwyd *f* (·**ydd**) hearth; branch of
 Urdd.
AEM *abb* IIMI.
aer *m* air; heir.
aer-dynn, aerglos *adj* airtight.
aeres *f* (·**au**) heiress.
aeron *pl* berries.
aerwy *m* (·**au**, ·**on**) yoke.
aeth *from* **mynd**.
aethus *adj* poignant.
af *from* **mynd**.
afal *m* (·**au**) apple.
afallen *f* (·**nau**) apple tree.
afan *pl* raspberries.
afanc *m* (·**od**) beaver.
afiach *adj* unhealthy.
afiaith *m* glee.
afiechyd *m* (·**on**) illness.
afieithus *adj* exuberant.
aflafar *adj* harsh (sound).
aflan *adj* unclean.
aflednais *adj* coarse.
aflem *adj* obtuse (angle).
aflêr *adj* untidy.
aflonydd *adj* restless.
aflonyddu *v* to disturb.
afloyw *adj* opaque.
aflunio *v* to distort.

aflwyddiannus *adj* unsuccessful.
aflywodraethus *adj* uncontrollable.
aflwyddiannus *adj* unsuccessful.
aflwyddian·t *m* (·**nau**) misfortune.
afon *f* (·**ydd**) river.
afonig *f* rivulet.
afradlon *adj* prodigal.
afradu *v* to waste.
afreal *adj* unreal.
afreolaidd *adj* irregular.
afreolus *adj* uncontrollable.
afresymol *adj* unreasonable.
afrifed *adj* innumerable.
afrlladen *f* (·**nau**) wafer (in Mass).
afrosgo *adj* ungainly.
afu *m/f* liver.
afwyn *f* (·**au**) rein.
affliw *m* particle.
affwysol *adj* abysmal.
ag *see* **â, ag**.
agen *f* (·**nau**) gap.
agendor, gagendor *m/f* gap.
ager *m* steam.
agor *v* to open.
agoriad *m* (·**au**) opening; key.
agos *adj* near.
agosatrwydd *m* intimacy.
agosáu *v* to draw near.
agwedd *m/f* (·**au**) attitude.
angau *m* death.
angel *m* (**angylion, engyl**) angel.
angen *m* (**anghenion**) need.
angenfilod *see* **anghenfil**.
angenrheidiau *see* **anghenraid**.
angenrheidiol *adj* necessary.
angerdd *m/f* passion.
angerddol *adj* passionate.
anghaffael *m* mishap.
angharedig *adj* unkind.
anghelfydd *adj* clumsy.
anghenfil *m* (**angenfilod**) monster.
anghenion *see* **angen**.
anghenraid *m* (**angenrheidiau**)
　necessity.
anghenus *adj* needy.
angheuol *adj* fatal.
anghlywadwy *adj* inaudible.
anghofiedig *adj* forgotten.

anghofio *v* to forget.
anghofus *adj* forgetful.
anghredadun *m* (**anghredinwyr**)
　infidel.
anghredadwy *adj* incredible.
anghrediniaeth *f* unbelief.
anghwrtais *adj* discourteous.
anghwrteisi *m* discourtesy.
anghydfod *m* disagreement.
anghydffurfiol *adj* nonconformist.
anghydrif *m* (·**au**) odd number.
anghydweld *v* to disagree.
anghyfannedd *adj* uninhabited.
anghyfartal *adj* unequal.
anghyfartaledd *adj* inequality.
anghyfarwydd *adj* unaccustomed.
anghyfeb *adj* barren.
anghyfiaith *adj* alien.
anghyfiawn *adj* unjust.
anghyfiawnder *m* injustice.
anghyflawn *adj* incomplete.
anghyfleus *adj* inconvenient.
anghyfreithlon *adj* illegal,
　unlawful.
anghyfrifol *adj* irresponsible.
anghyfforddus, anghyffyrddus
　adj uncomfortable.
anghyffredin *adj* uncommon.
anghymedrol *adj* immoderate.
anghymeradwy *adj* unacceptable.
anghymesur *adj* assymetrical.
anghymharol *adj* incomparable.
anghymharus *adj* ill-matched.
anghymwys *adj* unsuitable.
anghynefin *adj* unfamiliar.
anghynnes *adj* odious; cold.
anghysbell *adj* remote.
anghyson *adj* inconsistent.
anghysondeb, anghysonder *m*
　(·**au**) inconsistency.
anghysurus *adj* uncomfortable.
anghytbwys *adj* unbalanced.
anghytûn *adj* at odds.
anghytundeb *m* disagreement.
anghytuno *v* to disagree.
anghywir *adj* incorrect.
angladd *m/f* (·**au**) funeral.
angladdol *adj* funereal.

angof *m* oblivion.
angor *m/f* (·**au**) anchor.
angorf·a *f* (·**eydd**) anchorage.
angori *v* to anchor.
angyles *f* angel.
angylion *see* **angel**.
ai *conj* is it; either . . . or.
âi *from* **mynd**.
aidd *m* ardour.
aiff *from* **mynd**.
aig *f* shoal.
ail *adj* second.
ail isradd *m* square root.
ailadrodd *v* to repeat.
ailafael *v* to take up again.
aileni *v* to regenerate.
ailennyn *v* to rekindle.
ailgylchu, ailgylchynu *v* to recycle.
ail-law *adj* second-hand.
ailwampio *v* to refashion.
ais *see* **asen**.
ait *from* **mynd**.
alaeth *m* sorrow.
alarch *m* (**elyrch**) swan.
alaru *v* to have a surfeit of.
alaw *f* (·**on**) tune.
alcal·i *m* (·**ïau**) alkali.
alcam *m* tinplate.
alch *f* (**eilch**) grate, grill.
alegor·i *f* (·**ïau**) allegory.
alergedd *m* allergy.
alinio *v* to align.
almon *f* almond.
aloi *m* (·**on**) alloy.
allan *adv* out.
allan·fa *f* (·**feydd**) exit.
allanol *adj* external.
allblyg *adj* extrovert.
allbrint *m* (·**iau**) printout.
allbwn *m* (**allbynnau**) output.
allt, gallt *f* (**elltydd, gelltydd**) slope (wooded).
am *prep* at; for; on.
amaeth *m* agriculture.
amaeth·dy *m* (·**dai**) farmhouse.
amaethu *v* to farm.
amaeth·wr *m* (·**wyr**) farmer.
amaethyddiaeth *f* agriculture.

amaethyddol *adj* agricultural.
amarch *m* disrespect.
amau *v* to doubt.
ambarél *m* umbrella.
ambell *adj* some.
amcan *m/f* (·**ion**) intention; notion.
amcangyfrif *m* (·**on**) estimate. • *v* to estimate.
amcanu *v* to estimate.
amdan(af) *from* **am**.
amd·o *m* (·**oeau**) shroud.
amddifad *adj* destitute.
amddifadu *v* to deprive.
amddiffyn *v* to defend.
amddiffyn·fa *f* (·**feydd**) fortress.
amddiffyniad *m* defence.
amddiffynnol *adj* defensive.
amddiffynnwr *m* (**amddiffynwyr**) defender.
amfesur *m* perimeter.
amffib·iad *m* (·**iaid**) amphibian.
amffibiaidd *adj* amphibious.
amgae(af) *from* **amgáu**.
amgaeedig *adj* enclosed.
amgant *m* periphery.
amgáu *v* to enclose.
amgen, amgenach *adj* other; better.
amgrwm *adj* convex.
amguedd·fa *f* (·**feydd**) museum.
amgyffred *v* to comprehend.
amgylch *m*: **o amgylch** around.
amgylchedd *m/f* environment.
amgylchiad *m* (·**au**) circumstance.
amgylchynu *v* to surround.
amharchu *v* to dishonour.
amharod *adj* not prepared.
amharu *v* to spoil.
amhendant *adj* vague.
amhenodol *adj* indeterminate.
amhêr *adj* bitter.
amherffaith *adj* imperfect.
amhersonol *adj* impersonal.
amherthnasol *adj* irrelevant.
amheuaeth *f* (**amheuon**) suspicion.
amheu(af) *from* **amau**.
amheus *adj* doubtful.

amheuthun *adj* rare.
amhleidiol *adj* impartial.
amhosibl *adj* impossible.
amhriodol *adj* inappropriate.
amhrisiadwy *adj* priceless.
amhrofiadol *adj* inexperienced.
amhûr *adj* impure.
amhuredd *m* impurity.
aml *adv* often.
amlbwrpas *adj* multi-purpose.
amlder, amldra *m* abundance.
amledd *m* frequency.
amleiriog *adj* verbose.
amlen *f* (·**nau**, ·**ni**) envelope.
amlhau *v* to increase.
amlinelliad *m* outline.
amlinellu *v* to outline.
aml-lawr *adj* multi-storey.
amlochrog *adj* many-sided.
amlosg·fa *f* (·**feydd**) crematorium.
amlwg *adj* obvious.
amlwreigiaeth *f* polygamy.
amlygrwydd *m* prominence.
amlygu *v* to reveal.
amn·aid *f* (·**eidiau**) nod.
amneidio *v* to beckon.
amnest *m* amnesty.
amod *m/f* (·**au**) condition.
amodol *adj* conditional.
amran·t *m* (·**nau**) eyelid.
amrantiad *m* twinkling of an eye.
amrediad *m* range.
amrwd *adj* raw, crude.
amryddawn *adj* versatile.
amryfal *adj* various.
amryfusedd *m* error.
amryliw *adj* multi-coloured.
amryw *adj* various.
amrywiad *m* (·**au**) variant.
amrywiaeth *m/f* (·**au**) variation.
amrywio *v* to differ.
amrywiol *adj* variable.
amser *m* (·**au**) time.
amseriad *m* tempo, timing.
amserlen *f* (·**ni**) timetable.
amserol *adj* timely.
amseru *v* to time.
amsugno *v* to absorb.

amwynderau *pl* amenities.
amwys *adj* ambiguous.
amwysedd *m* ambiguity.
amynedd *m* patience.
amyneddgar *adj* patient.
anabl *adj* disabled.
anabledd *m* disability.
anad *adj*: **yn anad** above all.
anadl *m/f* breath.
anadlu *v* to breathe.
anadnabyddus *adj* unknown.
anaddas *adj* unknown.
anaeddfed *adj* immature, unripe.
anaele *adj* dire.
anaf, anafiad *m* (·**iadau**, ·**au**)
  wound, blemish.
anafu *v* to injure.
anallu *m* inability.
analluog *adj* incapable.
anamddiffynadwy *adj*
  indefensible.
anaml *adj* infrequent.
anamlwg *adj* indistinct.
anap, anhap *m* mishap.
anarchiaeth *m* anarchy.
anarchydd *m* anarchist.
anarferol *adj* unusual.
anatomegol *adj* anatomical.
anawsterau *see* **anhawster**.
andwyo *v* to spoil.
andwyol *adj* injurious.
anedifeiriol *adj* impenitent.
aneffeithiol *adj* ineffectual.
aneglur *adj* unclear.
aneiri, aneirod *see* **anner**.
aneirif *adj* innumerable.
anelau, anelion *see* **annel**.
anelu *v* to aim.
anenwog *adj* unrenowned.
anerch(af) *see* **annerch**.
anerchiad *m* (·**au**) address, speech.
anesboniadwy *adj* inexplicable.
anesmwyth *adj* restless.
anesmwythder, anesmwythyd *m*
  uneasiness.
anfad *adj* wicked.
anfadwaith *m* villainy.
anfaddeuol *adj* unpardonable.

anfant·ais f (·**eision**) disadvantage.
anfarwol adj immortal.
anfarwoli v to immortalise.
anfedrus adj unskilful.
anfeidrol adj infinite.
anfeidroldeb m infinity.
anferth adj huge.
anfesuradwy adj immeasurable.
anfodlon adj unwilling.
anfodlonrwydd m discontent.
anfodd m unwillingness.
anfoddhaol adj unsatisfactory.
anfoddog adj dissatisfied.
anfoesgar adj impolite.
anfoesol adj immoral.
anfoesoldeb m immorality.
anfon v to send.
anfoneddigaidd adj
  ungentlemanly.
anfri m disgrace.
anfuddiol adj useless.
anfwriadol adj unintentional.
anfwytadwy adj inedible.
anfynych adj infrequent.
anffaeledig adj infallible.
anffafriol adj unfavourable.
anffasiynol adj unfashionable.
anffawd f (**anffodion**) misfortune.
anffodus, anffortunus adj
  unfortunate.
anffurfiol adj informal.
anffyddiaeth f atheism.
anffydd·iwr m (·**wyr**) atheist.
anffyddlon adj unfaithful.
anh- pref un-. See also **annh-**.
anhaeddiannol adj unmerited.
anhapus adj unhappy.
anhawsed from **anodd**.
anhawster m (**anawsterau**)
  difficulty.
anheddau see **annedd**.
anhepgor, anhepgorol adj
  essential.
anhraethol adj unutterable.
anhrefn m anarchy.
anhrefnus adj disorganised.
anhreuliedig adj undigested.
anhrugarog adj merciless.

anhrwyddedig adj uncertified.
anhuddo, enhuddo v to bank up.
anhunanol adj unselfish.
anhunedd m insomnia.
anhwyldeb, anhwylder m illness.
anhwylus adj unwell.
anhwylustod m inconvenience.
anhyblyg adj inflexible.
anhydawdd adj insoluble.
anhyderus adj diffident.
anhydraidd adj impermeable.
anhydrin adj unmanageable.
anhydyn adj obstinate.
anhyfrydwch m unpleasantness.
anhyglyw adj inaudible.
anhygoel adj incredible.
anhygyrch adj inaccessible.
anhylaw adj awkward.
anhysbys adj unknown.
anhywaith adj intractable.
anial adj desolate.
anialwch m wilderness.
anian m/f (·**au**) nature,
  temperament.
anifail m (**anifeiliaid**) animal.
anifeilaidd adj brutish.
anlwc m misfortune.
anlwcus adj unlucky.
anllad adj wanton.
anlladrwydd m wantonness.
anllygredig adj incorrupt.
anllythrennog adj illiterate.
annaearol adj eerie.
annarllenadwy adj illegible.
annatodadwy adj inextricable.
annaturiol adj unnatural.
annealladwy adj incomprehensible.
annedwydd adj discontented.
annedd f (**anheddau**) dwelling.
annel m/f (**anelau, anelion**) aim.
annelwig adj vague.
anner f (**aneiri, aneirod**) heifer.
annerbyniol adj unacceptable.
annerch v to address (speak).
annhebyg adj unlike.
annhebygol adj unlikely.
annheg adj unfair.
annhegwch m unfairness.

annheilwng *adj* unworthy.
annherfynol *adj* infinite.
annheyrngar *adj* disloyal.
annhymig *adj* premature.
anniben *adj* untidy.
annibendod *m* untidiness.
annibyniaeth *f* independence.
annibynnol *adj* independent.
Annibynnwr *m* (**Annibynwyr**) Congregationalist.
annichon *adj* impossible.
anniddig *adj* irritable.
anniddigrwydd *m* irritability.
anniddorol *adj* uninteresting.
anniddos *adj* unsheltered.
annifyr *adj* disagreeable.
anniffoddadwy *adj* inextinguishable.
annigonol *adj* inadequate.
annileadwy *adj* indelible.
annilys *adj* invalid.
annillyn *adj* ugly.
annioddefol *adj* unbearable.
anniolchgar *adj* ungrateful.
annirnadwy *adj* incomprehensible.
annisgwyl *adj* unexpected.
anniwair *adj* unfaithful.
anniwall *adj* insatiable.
annoeth *adj* unwise.
annog, annos *v* to urge.
annuwiol *adj* ungodly.
annwfn, annwn *m* fairyland; underworld.
annwyd *m* (**anwydau**) a cold.
annwyl *adj* dear; beloved.
annymunol *adj* unpleasant.
annynol *adj* inhuman.
annysgedig *adj* unlettered.
anobaith *adj* despair.
anobeithio *v* to despair.
anobeithiol *adj* hopeless.
anochel, anocheladwy *adj* inevitable.
anodd *adj* difficult.
anoddefgar *adj* intolerant.
anogaeth *f* exhortation.
anogaf *from* **annog**.
anonest *adj* dishonest.

anonestrwydd *m* dishonesty.
anorchfygol *adj* invincible.
anorfod *adj* inevitable.
anorffenedig *adj* incomplete.
anorthrech *adj* invincible.
anos *from* **anodd**.
anrhaith *f* (**anrheithiau**) destruction; booty.
anrheg *f* (·**ion**) present, gift.
anrheithio *v* to plunder.
anrhydedd *m/f* (·**au**) honour.
anrhydeddu *v* to honour.
anrhydeddus *adj* honourable.
ansad *adj* unsteady.
ansathredig *adj* unfrequented.
ansawdd *m* (**ansoddau**) quality.
ansefydlog *adj* unsettled.
ansicr *adj* uncertain.
ansicrwydd *m* uncertainty.
ansodd·air *m* (·**eiriau**) adjective.
ansoddau *see* **ansawdd**.
answyddogol *adj* unofficial.
ansymudol *adj* immovable.
ânt *from* **mynd**
anterliwt *m/f* (·**iau**) interlude.
anterth *m* prime.
antur *m* venture.
anturiaeth *f* (·**au**) adventure.
anturiaethus *adj* adventurous.
anturio *v* to venture.
anturus *adj* adventurous.
anudon *m* perjury.
anufudd *adj* disobedient.
anufudd-dod *m* disobedience.
anufuddhau *v* to disobey.
anuniongyrchol *adj* indirect.
anwadadwy *adj* undeniable.
anwadal *adj* fickle.
anwahanadwy *adj* inseparable.
anwar, anwaraidd *adj* uncivilised.
anwariaid *pl* savages.
anwastad *adj* uneven.
anwe *f* woof, weft.
anwedd *m* steam, vapour.
anweddu *v* to evaporate.
anweddus *adj* unseemly.
anweledig *adj* invisible.
anwes *m* fondness.

anwesu v to fondle.
anwiredd m (**·au**) untruth.
anwybodaeth m/f ignorance.
anwybodus adj ignorant.
anwybyddu v to ignore.
anwydau see **annwyd**.
anwydog adj chilly.
anwyldeb m dearness; fondness.
anwyled from **annwyl**.
anwyliaid pl loved ones.
anwylo v to fondle.
anwylyd m/f darling.
anwyl·yn m (**·iaid**) favourite.
anymarferol adj impracticable.
anymwybodol adj unconscious.
anymwybyddiaeth f unconsciousness.
anynad adj peevish.
anysbrydoledig adj uninspired.
anysgrifenedig adj unwritten.
anysgrythurol adj unscriptural.
anystwyth adj inflexible.
anystyriol adj thoughtless.
anystywallt adj intractable.
ap see **ab**.
apêl m/f (**apelau, apeliau**) appeal.
apelio v to appeal.
apig m (**·au**) apex.
apostol m (**·ion**) apostle.
apwyntiad m (**·au**) appointment.
apwyntio v to appoint.
âr m tilth.
ar prep on, upon.
arabedd m wit.
aradr m/f (**erydr**) plough.
arad·wr m (**·wyr**) ploughman.
araf adj slow.
arafu v to slow.
arafwch m slowness.
araith f (**areithiau**) a speech.
arall adj (**eraill**) other.
aralleiriad m paraphrase.
aralleirio v to paraphrase.
araul adj sunny.
arbed v to save.
arbelydru v to irradiate.
arbenigo v to specialise.
arbenigrwydd m distinction.
arbenig·wr m (**·wyr**) specialist.

arbenigwraig f expert.
arbennig adj special.
arbrawf m (**arbrofion**) experiment.
abrofi v to experiment.
arbrofol adj experimental.
arch f (**eirch**) coffin; ark.
arch(af) from **erchi**.
archdderwydd m archdruid.
archeb f (**·ion**) order.
archebu v to order.
archesgob m (**·ion**) archbishop.
archfarchnad f (**·oedd**) supermarket.
archiad m bidding.
archif m (**·au**) archive.
archif·dy m (**·dai**) records office.
archifydd m archivist.
archoffeir·iad m (**·iaid**) high priest.
archoll m/f (**·ion**) wound.
archolli v to wound.
archwaeth m/f appetite.
archwiliad m (**·au**) audit.
archwilio v to inspect.
ardal f (**·oedd**) region.
ardalydd m (**·ion**) marquis.
ardd(af) from **aredig**.
arddangos v to exhibit.
arddangos·fa f (**·feydd**) exhibition.
arddegau pl teens.
arddel v to own to.
arddeliad m conviction.
ardderchog adj excellent.
arddod·iad m (**·iaid**) preposition.
arddull f (**·iau**) style.
ar·ddweud v to dictate.
ardd·wr m (**·wyr**) ploughman.
arddwrn,   garddwrn   m
 (**arddyrnau, garddyrnau**) wrist.
aredig v to plough.
areithiau see **araith**.
areithio v to make a speech.
areith·iwr m (**·wyr**) public speaker.
aren f (**·nau**) kidney.
arf m/f (**·au**) weapon; tool.
arfaeth f intention.
arfbais f (**arfbeisiau**) coat of arms.
arfer m/f (**·ion**) custom. • v to
 accustom.
arferiad m (**·au**) custom.

arferol *adj* customary.
arfog *adj* armed.
arfogaeth *m* armour.
arfogi *v* to arm.
arfordir *m* (·**oedd**) coast.
arfwisg *f* (·**oedd**) suit of armour.
arffed *f* lap.
argae *m* (·**au**) dam.
argel *adj* hidden.
arglwydd *m* (·**i**) lord.
arglwyddes *f* lady.
arglwyddiaethu *v* to govern.
argoel *f* (·**ion**) sign.
argoeli *v* to portend.
argraff *f* (·**au**) impression.
argraffiad *m* (·**au**) print.
argraffu *v* to print.
argraff·wr *m* (·**wyr**) printer.
argraffydd *m* (·**ion**) printer (machine).
argyfwng *m* (**argyfyngau**) emergency.
argyhoeddi *v* to convince.
argyhoeddiad *m* (·**au**) conviction.
argymell *v* to recommend.
argymhell·iad *m* (·**ion**) recommendation.
arholi *v* to interrogate.
arholiad *m* (·**au**) examination.
arhol·wr *m* (·**wyr**) examiner.
arhos(af) *from* **aros**.
arhosfan *m/f* (**arosfannau**) lay-by.
arhosiad *m* (**arosiadau**) a stay.
arhosol *adj* lasting.
arial *m/f* vigour.
arian *m* silver.
ariangar *adj* covetous.
ariannaid *adj* silver.
ariannaidd *adj* silvery.
ariannog *adj* wealthy.
ariannu *v* to fund.
arlais *f* (**arleisiau**) temple (head).
arloesi *v* to pioneer.
arloesol *adj* pioneering.
arloes·wr *m* (·**wyr**) pioneer.
arlunio *v* to paint.
arlun·ydd *m* (·**wyr**) artist.
arlwy *m/f* (·**on**) feast.

arlwyo *v* to cater.
arlywydd *m* (·**ion**) president.
arlliw *m* (·**iau**) vestige.
arllwys *v* to pour.
arn(af) *from* **ar**.
arnofio *v* to float.
arobryn *adj* prize-winning.
arofal *m* (·**on**) maintenance.
arogl, aroglau *m* (·**au, arogleuon**) smell.
arogldarth *m* incense.
arogli, arogleuo *v* to smell.
arolwg *m* (**arolygon**) survey.
arolygu *v* to supervise.
arolyg·wr *m* (·**wyr**) inspector.
arolygydd *m* (·**ion**) superintendent.
aros *v* to wait.
arosfannau *see* **arhosfan**.
arosiadau *see* **arhosiad**.
arswyd *m* terror.
arswydo *v* to dread.
arswydus *adj* terrible.
arsylwi *v* to observe.
arsyll·fa *f* (·**feydd**) observatory.
artaith *f* (**arteithiau**) torture.
arteithio *v* to torture.
arteithiol *adj* excruciating.
artist *m* (·**iaid**) artist.
arth *f* (**eirth**) bear.
arthio *v* to growl.
aruchel *adj* sublime.
aruthredd *m* amazement.
aruthrol *adj* terrific.
arwain *v* to lead.
arwedd *f* aspect.
arweiniad *m* guidance.
arweinydd *m* (·**ion**) conductor, leader.
arweinyddiaeth *f* leadership.
arwerthian·t *m* (·**nau**) auction.
arwerth·wr *m* (·**wyr**) auctioneer.
arwisgiad *m* investiture.
arwisgo *v* to enrobe.
arwr *m* (**arwyr**) hero.
arwres *f* (·**au**) heroine.
arwriaeth *f* heroism.
arwrol *adj* heroic.
arwydd *m/f* (·**ion**) sign.

arwydd·air *m* (**·eiriau**) motto.
arwyddlun *m* (**·iau**) emblem.
arwyddo *v* to sign.
arwyddocâd *m* significance.
arwyddocaol *adj* significant.
arwyddocáu *v* to signify.
arwynebedd *m* (**·au**) area.
arwynebol *adj* superficial.
arwyr *see* **arwr**.
arysgrif, arysgrif·en *f* (**·au**) inscription.
AS *abb* MP.
as *f* ace.
asbri *m* zest.
asen *f* (**·nau, ais, eis**) rib; (**·nod**) she-ass.
asesu *v* to assess.
asgell *f* (**esgyll**) wing.
asgell·wr *m* (**·wyr**) winger.
asgwrn *m* (**esgyrn**) bone.
asiad *m* (**·au**) joint.
asiant *m* (**·iaid**) agent.
asio *v* to join.
astell *f* (**estyll**) plank.
astrus *adj* complicated.
astud *adj* diligent.
astudiaeth *f* (**·au**) study.
astudio *v* to study.
aswy *f* left-hand side.
asyn *m* (**·nod**) ass.
at *prep* towards.
atafaelu *v* to sequester.
atal *v* to restrain. • *m* stammer.
ataliad *m* (**·au**) stoppage.
atalnod *m* (**·au**) punctuation mark.
atalnodi *v* to punctuate.
atalwats *m/f* stopwatch.
atblygol *adj* reflexive.
ateb *v* to answer. • *m* (**·ion**) answer.
atebol *adj* responsible.
ategiad *m* support.
ategol *adj* corroborative.
ategu *v* to confirm.
ateli(ais) *from* **atal**.
atgas *adj* hateful.
atgasedd *m* hatred.
atgasrwydd *m* hatefulness.
atgno *m* remorse.

atgof *m* reminiscence.
atgoffa *v* to remind.
atgyfnerthu *v* to reinforce.
atgyfodi *v* to resurrect.
atgyfodiad *m* resurrection.
atgynhyrchu *v* to reproduce.
atgyrch *m* (**·ion**) reflex.
atgyweirio *v* to repair.
atgyweir·iwr *m* (**·wyr**) restorer.
atodi *v* to append.
atodiad *m* (**·au**) supplement.
atod·yn *m* (**·ion**) attachment.
atolwg *exclam* prithee!
atom·fa *f* (**·feydd**) nuclear power station.
atomig *adj* atomic.
atsain *f* (**atseiniau**) echo.
atseinio *v* to resound.
atyn·fa *f* (**·feydd**) attraction.
atyniad *m* (**·au**) attraction.
atyniadol *adj* attractive.
athletaidd *adj* athletic.
athletau *pl* athletics.
athrawes *f* (**·au**) teacher (female).
athrawiaeth *f* doctrine.
athrist *adj* sorrowful.
athr·o *m* (**·awon**) teacher.
athrod *m* (**·ion**) slander.
athrof·a *f* (**·âu**) college.
athroniaeth *f* philosophy.
athron·ydd *m* (**·wyr**) philosopher.
athronyddu *v* to philosophise.
athrylith *f* (**·oedd**) genius.
athrylithgar *adj* highly talented.
aur *m* gold.
awch *m* keenness.
awchus *adj* sharp, eager.
awdl *f* (**·au**) ode.
awdur *m* (**·on**) author.
awdurdod *m/f* (**·au**) authority.
awdurdodedig *adj* authorised.
awdurdodi *v* to authorise.
awdurdodol *adj* authoritative.
awdures *f* author (female).
awel *f* (**·on**) breeze.
awen *f* (**·au**) muse; rein.
awenyddol *adj* poetical.
awgrym *m* (**·iadau**) suggestion.

awgrymog *adj* suggestive.
awgrymu *v* to suggest.
awn *from* **mynd**.
awr *f* (**oriau**) hour.
awydd *m* desire.
awyddus *adj* eager.

awyr *f* air; sky.
awyren *f* (**·nau**) aeroplane.
awyren·dy *m* (**·dai**) hangar.
awyrgylch *m/f* atmosphere.
awyru *v* to ventilate.
ayb, ayyb *abb* etc.

B

baban *m* (**·od**) baby.
babandod *m* infancy.
babi *m* (**·s**) baby.
babïaidd *adj* childish.
babŵn *m* (**babwnod**) baboon.
bacas *f see* **bacsau**.
bacio, bagio *v* to back.
bacsau *pl* leg warmers; fetlocks.
bach *adj* small; dear (loved). • *m* (**·au**) hook.
bachgen *m* (**bechgyn**) boy.
bachgendod *m* boyhood.
bachgennaidd *adj* boyish.
bachgennyn *m* young boy.
bachog *adj* hooked.
bachu *v* to hook.
bach·wr *m* (**·wyr**) hooker (rugby).
bach·yn *m* (**·au**) hook.
bad *m* (**·au**) boat: **bad achub** lifeboat.
bae *m* (**·au**) bay.
baedd *m* (**·od**) boar.
baeddu *v* to soil.
bag *m* (**·iau**) bag.
bagl *f* (**·au**) crutch.
baglu *v* to trip.
bai *m* (**beiau**) fault. • *v from* **bod**.
baich *m* (**beichiau**) burden
baidd *from* **beiddio**.
balaon *see* **bele**.
balch *adj* proud.
balchder *m* (**·au**) pride.
baldorddi *v* to babble.
bale, ballet *m* ballet.
baled *f* (**·i**) ballad.
baled·wr *m* (**·wyr**) ballad-monger.
balm *m* balm.
balŵn *m/f* (**balwnau**) balloon.

balwn·ydd *m* (**·wyr**) balloonist.
bambŵ *m* bamboo.
ban *m/f* (**·nau**) peak.
banadl *pl* broom (flowers).
banana *f* (**·s**) banana.
banc *m* (**·iau**) bank: **gŵyl banc** bank holiday.
bancio *v* to bank.
band *m* (**·iau**) band.
bando *m* (old Welsh game).
baner *f* (**·i**) flag.
banerog *adj* bannered.
baner·wr *m* (**·wyr**) standard-bearer.
banhadlen *f see* **banadl** *pl.*
banjô *m* banjo.
banllef *f* (**·au**) shout.
bannau *see* **ban**.
bannod *f* the definite article (**y**).
bannog *adj* horned.
bar *m* (**·rau**) bar.
bâr *m* anger; greed.
bara *m* bread.
barbaraidd *adj* barbarous.
barbar·iad *m* (**·iaid**) barbarian.
barb·wr *m* (**·wyr**) barber.
barclod *m* (**·iau**) apron.
barcud *m* (**barcutiaid**) kite.
barcuta *v* to hang-glide.
bardd *m* (**beirdd**) poet.
barddol *adj* bardic.
barddoni *v* to compose poetry.
barddoniaeth *f* poetry.
barddonol *v* poetic.
barf *f* (**·au**) beard.
barfog *adj* bearded.
bargeinio *v* to bargain.
bargen *f* (**bargeinion**) bargain.
bargod *m* (**·ion**) eaves.

bargyfreith·iwr *m* (**·wyr**) barrister.
baril *m/f* barrel.
bario *v* to bar.
bariton *adj* baritone.
bariwns *m* barrier.
barlad, barlat *m* drake.
barlys *pl* barley.
barlysen *f see* **barlys** *pl*.
barlysyn *m see* **barlys** *pl*.
barn *f* (**·au**) judgement.
barnedigaeth *f* (**·au**) judgment.
barnol *adj* annoying.
barnu *v* to judge.
barn·wr *m* (**·wyr**) judge.
baromedr *m* barometer.
barrau *see* **bar**.
barrug *m* hoar frost.
barugo *v* to frost over.
barugog *adj* frosted.
barus *adj* greedy.
barwn *m* (**·iaid, baryniaid**) baron.
barwnes *f* (**·au**) baroness.
bas *adj* shallow; bass.
basâr *m* (**basarau, ·s**) bazaar.
basged *m/f* (**·i**) basket.
basged·aid *f* (**·eidiau**) basketful.
basgedu *v* to place in a basket.
basged·wr *m* (**·wyr**) basket-maker.
basn, basin *m* (**·au, basnys**) basin.
basnaid *m/f* (**basneidiau**) basinful.
baswn *m* (**baswnau**) bassoon.
bas·wr *m* (**·wyr**) bass.
bat *m* (**·iau**) bat.
batali·wn *m/f* (**·ynau**) battalion.
batiad *m* (**·au**) innings.
batio *v* to bat.
bat·iwr *m* (**·wyr**) batsman.
batr·i *m* (**·ïau**) battery.
bath[1]**, bàth** *m* bath.
bath[2] *adj* minted.
bath·dy *m* (**·dai**) mint.
bathodyn *m* (**·nau**) badge.
bathu *v* to coin.
bath·wr *m* (**·wyr**) coiner.
baw *m* dirt.
bawd *m* (**bodiau**) thumb.
bawdd *from* **boddi**.

bawlyd *adj* dirty.
becsio, becso *v* to worry.
bechan *adj* (*f*) small.
bechgyn *see* **bachgen**.
bechingalw *m* thingummybob.
beddargraff *m* (**·iadau**) epitaph.
beiau *see* **bai**.
beichiau *see* **baich**.
beiddio *v* to dare.
beil·i *m* (**·ïau**) bailey; (**·ïaid**) bailiff.
beirdd *see* **bardd**.
beirn·iad *m* (**·iaid**) critic.
beirniadaeth *f* (**·au**) criticism.
beirniadol *adj* critical.
beirniadu *v* to criticise.
bele *m* (**balaon, beleod**) pine marten.
bendigedig *adj* blessed.
bendith *f* (**·ion**) blessing.
bendithio *v* to bless.
bendithiol *adj* beneficent.
benthyg *v* to lend. • *m* (**benthycion**) a loan.
benyw *adj* female. • *f* (**·od**) woman.
benywaidd *adj* feminine.
ber *adj* (*f*) short.
berdasen *f* (**berdys**) shrimp.
berdys *see* **berdasen**; **berdysyn**.
berdysyn *m* (**berdys**) shrimp.
berf *f* (**·au**) verb.
berf·a *f* (**·âu**) wheelbarrow.
berfâid *f* (**berfeidiau**) barrowful.
berfenw *m* (**·au**) infinitive (of verb).
bern(ais) *from* **barnu**.
berw *adj* boiled.
berwbwynt *m* boiling point.
berwedig *adj* boiling.
berwi *v* to boil.
berwr, berw *m* cress.
beryn *m* (**·nau**) bearing.
betgwn *m/f* night-dress.
betws *m* oratory.
betys *pl* beet.
beth *pn* what.
beu·dy *m* (**·dâi**) cowshed.
beunos *adj* nightly.
beunyddiol *adv* daily.

bid *from* **bod.**
bidog *m/f* (**·au**) bayonet.
bing *m* (**·oedd**) alley.
bilidowcar *m* cormorant.
biliwn *m* (**biliynau**) billion.
bilwg *m* (**bilygau**) billhook.
bioleg *f* biology.
bioleg·ydd *m* (**·wyr**) biologist.
bisgïen *f* (**bisgedi**) biscuit.
biwrô *m/f* bureau.
biwrocrat *m* (**·iaid**) bureaucrat.
biwrocratiaeth *f* bureaucracy.
blacmêl *m* blackmail.
blaen *adj* front.
blaendal *m* (**·iadau**) deposit.
blaenddan·t *m* (**·nedd**) incisor.
blaenasgell·wr *m* (**·wyr**) wing forward.
blaengar *adj* progressive.
blaenllaw *adj* prominent.
blaenor *m* (**·iaid**) deacon.
blaenorol *adj* previous.
blaenoriaeth *m/f* (**·au**) priority.
blaen·wr *m* (**·wyr**) forward; leader.
blaguro *v* to sprout.
blaguryn *m* (**blagur**) shoot (bud).
blaidd *m* (**bleiddiaid**) wolf.
blas *m* (**·au**) taste.
blasu *v* to savour.
blasus *adj* tasty.
blawd *m* flour.
ble *adv* where.
bleidd·ast, bleiddi·ast *f* (**·eist**) she-wolf.
bleiddiaid *see* **blaidd.**
blêr *adj* untidy.
blewog *adj* hairy.
blewyn *m* (**blew**) hair.
blingo *v* to skin.
blin *adj* cross.
blinder *m* (**·au**) fatigue.
blinderog *adj* weary.
blinedig *adj* tiring.
blino *v* to tire.
blith draphlith *adj* topsy-turvy.
blodau *see* **blodyn.**
blodeugerdd *f* (**·i**) anthology.
blodeuo *v* to flower.

blodeuog *adj* florid.
blodfresychen *f* (**blodfresych**) cauliflower.
blodyn, blodeuyn *m* (**blodau**) flower.
bloedd *f* (**·iadau**) shout.
bloeddio *v* to shout.
bloesg *adj* husky.
blong *adj* (*f*) surly.
bloneg *m* fat, lard.
blwch *m* (**blychau**) box.
blwng *adj* surly.
blwydd *f* year old.
blwydd-dal *m* annuity.
blwyddlyfr *m* (**·au**) yearbook.
blwyddyn *f* (**blynedd, blynyddoedd**) year.
blych·aid *m* (**·eidiau**) boxful.
blychau *see* **blwch.**
blynedd *pl* years.
blynyddol *adj* annual.
blys *m* craving.
Bnr *abb* Mr.
Bns *abb* Mrs, Miss, Ms.
bo, byddo *from* **bod.**
bocsaid *m* (**bocseidi, bocseidiau**) boxful.
boch *f* (**·au**) cheek.
bochgoch *adj* red-cheeked.
bod *v* to be (*see* Appendix). • *m* (**·au**) being.
boda *m* (**·od**) buzzard.
bodan *f* girl.
bodiaid *f* pinch.
bodiau *see* **bawd.**
bodio *v* to thumb.
bodlon, boddlon *adj* content, willing.
bodloni *v* to satisfy.
bodlonrwydd *m* satisfaction.
bodo *f* auntie.
bodolaeth *f* existence.
bodoli *v* to exist.
bodd *m* (**·au**) consent.
boddfa *f* drenching.
boddhad *m* satisfaction.
boddhaol *adj* satisfactory.
boddhau *v* to satisfy.

boddi v to drown.
boddlon see **bodlon**.
boed from **bod**.
bogail m/f (**bogeiliau**) navel.
bol, bola m belly.
bolaheulo, bolheulo v to sunbathe.
bol·gi m (**·gwn**) glutton.
bolgodog adj marsupial.
bolgodogion pl marsupials.
bolheulo see **bolaheulo**.
boliaid m (**bolieidiau**) bellyful.
boliog adj pot-bellied.
bollt, bollten f (**byllt, bolltau**) bolt.
bolltio v to bolt.
bom m/f bomb.
bôm from **bod**.
bomio v to bomb.
bôn m (**bonion**) base.
boncath m (**·od**) buzzard.
bonclust m clout.
boncyff m (**·ion**) stump.
bondo m eaves.
boned, bonet m/f (**·au**) bonnet.
bonedd m gentry.
boneddigaidd adj polite.
boneddigeiddrwydd m courtesy.
boneddiges f (**·au**) lady.
boneddigion see **bonheddwr**.
bonesig f Miss; Lady.
bonet see **boned**.
bonheddig adj courteous.
bonheddwr m (**boneddigion**) gentleman.
bonllef f (**·au**) shout.
bônt from **bod**.
bonwr m Mister.
bonws m bonus.
bon·yn m (**·ion**) stub.
bopa f auntie.
bord f (**·ydd**) table.
bord·aid f (**·eidiau**) tableful.
bore m (**·au, ·uau**) morning. • adj early.
boreddydd m early morning.
boreol, boreuol adj morning.
bost f boast.
bostio v to boast.
botaneg f botany.

botaneg·ydd m (**·wyr**) botanist.
botasen, botysen f (**botas, botias, botys**) wellington boot.
botwm, botwn, bwtwm, bwtwn m (**botymau, botynau**) button.
botymog adj studded.
botymu v to button.
both f (**·au**) hub, boss.
bowlen f (**·ni**) bowl.
bowlen·naid f (**·eidiau**) bowlful.
bowlio v to bowl.
bowl·iwr m (**·wyr**) bowler.
braced f (**·i**) brackets.
bracsan, bracso v to wade.
bracty see **bragdy**.
brad m treachery.
brad·wr m (**·wyr**) traitor.
bradwrus adj treacherous.
bradychu v to betray.
braenar m fallow land.
braenaru v to fallow.
braf adj ample; fine.
brag m malt.
brag·dy, brac·ty m (**·dai, ·tai**) brewery.
bragu v to brew.
braich f (**breichiau**) arm.
braidd adv rather.
brain see **brân**.
braint m/f (**breiniau, breintiau**) privilege.
braith adj (f) speckled: **siaced fraith** coat of many colours.
brân f (**brain**) crow.
bras adj coarse; fat; general.
brasamcan m (**·ion**) approximation.
brasbwytho v to tack.
brasgamu v to stride.
braslun m (**·iau**) sketch.
braslunio v to sketch.
braster m (**·au**) fat.
brat m (**·iau**) apron.
bratiaith f poor language.
bratiog adj tattered.
brath, brathiad m bite.
brathu v to bite.
brau adj brittle.
braw m (**·iau**) terror.

brawd *m* (**brodyr**) brother; *f* (**brodiau**) judgement.
brawdgarol *adj* brotherly.
brawdgarwch *m* brotherly love.
brawdlys *m/f* (**·oedd**) assizes.
brawdol *adj* fraternal.
brawdoliaeth *f* brotherhood.
brawddeg *f* (**·au**) sentence.
brawddegu *v* to phrase; to enunciate.
brawychu *v* to terrify.
brawychus *adj* terrifying.
brêc *m* (**breciau**) brake.
brecwast *m* (**·au**) breakfast.
brech *f* (**·au**) pox. • *adj* (*f*) speckled.
brechdan *f* (**·au**) sandwich.
brechiad *m* (**·au**) vaccination.
brechu *v* to vaccinate.
bref *f* (**·iadau**) bleat.
brefu *v* to bleat.
bregedd *m/f* frailty.
bregliach *v* to jabber.
bregus *adj* frail.
breichiau *see* **braich**.
breichio *v* to dance arm in arm.
breichled *f* (**·au**) bracelet.
breindal *m* royalty fee.
breiniau, breintiau *see* **braint**.
breinio, breintio *v* to favour.
breiniog, breiniol *adj* privileged.
breinlen *f* charter.
breision *adj* (*pl*) large.
brenhines *f* (**breninesau**) queen.
brenhiniaeth *f* (**breniniaethau**) sovereignty.
brenhinoedd *see* **brenin**.
brenhinol *adj* regal.
brenigen *f* (**brennig**) limpet.
brenin *m* (**brenhinoedd**) king.
breninesau *see* **brenhines**.
breniniaethau *see* **brenhiniaeth**.
brennig *see* **brenigen**.
brest *f* chest.
bresus, bresys *pl* braces.
bresychen *f* (**bresych**) cabbage.
brethyn *m* (**·nau**) cloth.
breuder *m* frailty.
breuddwyd *m/f* (**·ion**) dreams.

breuddwydio *v* to dream.
breuddwydiol *adj* dreamy.
breuddwyd·iwr *m* (**·wyr**) dreamer.
breued, breuach, breuaf *from* **brau**.
bri *m* respect.
briallen *f* (**briallu**) primrose.
bribsyn *m* (**bribis, bribys**) fragment, bit.
bricio *v* to brick.
bric·iwr *m* (**·wyr**) bricklayer.
bricsen *f* (**briciau, brics**) brick.
bricyllen *f* (**bricyll**) apricot.
brifo *v* to hurt.
brig *m* (**·au**) top.
brigâd *f* (**brigadau**) brigade.
brigau *pl* twigs; tops.
briger *m/f* (**·au**) stamen.
brigo *v* to sprout.
brigyn *m* (**brigau, ·nau**) twig.
brith *adj* speckled; faint (*f* **braith**).
britho *v* to speckle.
brithwaith *m* mosaic.
brithyll *m* (**·od**) trout.
briw *m* (**·iau**) wound.
briwgig *m* mince.
briwio, briwo *v* to hurt.
briwsioni *v* to crumble.
briwsionyn *m* (**briwsion**) crumb.
bro *f* (**·ydd**) region. •
broc *adj* grizzled. • *m* flotsam.
broch *m* (**·od**) badger.
brodiau *see* **brawd**.
brodio *v* to darn, to embroider.
brodor *m* (**·ion**) native.
brodorol *adj* indigenous.
brodwaith *m* embroidery.
brodyr *see* **brawd**.
broga *m* (**·od**) frog, toad.
brolian·t *hwn* (**·nau**) blurb.
brolio, brolian *v* to boast.
brol·iwr *m* (**brol·wyr**) braggart.
bron *f* (**·nau**) breast (body); (**·nydd**) breast of hill. • *adv* almost.
bronfraith *f* (**bronfreithiaid, bronfreithod**) thrush.
bront *adj* (*f*) dirty; nasty.
bronwen *f* weasel.

bru *m* womb.
brwd *adj* enthusiastic.
brwdfrydedd *m* enthusiasm.
brwdfrydig *adj* fervent.
brwmstan *m* brimstone.
brwnt *adj* dirty; nasty (*f* **bront**).
brws *m* (·**ys**) brush.
brwsio *v* to brush.
brwydr *f* (·**au**) battle.
brwydro *v* to fight.
brwynen *f* (**brwyn**) rush.
brwyn·iad *f* (·**iaid**) anchovy.
brwysg *adj* drunk.
brych *m* (·**au**) speck. • *adj* speckled.
brycheulyd *adj* bespotted.
brycheuyn *m* (**brychau**) speck.
brychni *m* freckles.
brychu *v* to fleck.
bryd *m* intent.
bryn *m* (·**iau**) hill.
bryncyn *m* hillock.
brynted *from* **brwnt**.
brynti, bryntni *m* filth.
brys *m* haste.
brysgennad *f* (**brysgenhadon**) courier.
brysgyll *m* mace.
brysio *v* to hurry.
brysiog *adj* hasty.
brysneges *f* (·**au**) telegram.
bu *from* **bod**.
buain *adj* (*pl*) swift.
bual *m* (**buail**) buffalo.
buan *adj* swift.
buander, buanedd *m* speed.
buarth *m* (·**au**) farmyard; school yard.
buchedd *f* (·**au**) conduct (of life).
buches *f* (·**au**) herd (cattle).
buchod *see* **buwch**.
budr *adj* filthy.
budredd, budreddi *m* filth.
budd *m* benefit.
budd·ai *f* (·**eiau**) churn.
budd-dâl *m* (**budd-daliadau**) benefit.
buddeiau *see* **buddai**.
buddian·t *m* (·**nau**) welfare.

buddiol *adj* beneficial.
buddsoddi *v* to invest.
buddugol *adj* victorious.
buddugoliaeth *f* (·**au**) victory.
buddugoliaethus *adj* triumphant.
buddug·wr *m* (·**wyr**) victor.
bugail *m* (**bugeiliaid**) shepherd.
bugeiles *f* shepherdess.
bugeilio *v* to shepherd.
bugunad *v* to roar.
bûm *from* **bod**.
bun *f* maiden.
burum *m* yeast.
busnes *m/f* (·**au**) business.
busnesa *v* to meddle.
busneslyd *adj* nosey.
bustach *m* (**bustych**) bullock.
bustachu *v* to bungle.
bustl *m* bile.
butred *from* **budr**.
buwch *f* (**buchod**) cow.
buwch goch gota *f* ladybird.
bwa *m* (**bwâu**) bow.
bwaog *adj* arched.
bwbach *m* (·**od**) scarecrow.
bwced *m/f* (·**i**) bucket.
bwced·aid *f* (·**eidiau**) bucketful.
bwci *m* (**bwcïod**) bogy.
bwcl *m* (**byclau**) buckle.
bwch *m* (**bychod**) buck.
bwdram *m* flummery.
bwgan *m* (·**od**) bugbear.
bwi *m* (**bwïau**) buoy.
bwlb *m* (**bylbiau**) bulb.
bwlch *m* (**bylchau**) gap.
bwled *f* (·**i**) bullet.
bwli *m* (**bwlïod, bwlïaid**) bully.
bwlyn *m* (·**nau**) knob.
bwnglera *v* to bungle.
bwrdeistref *f* (·**i**) borough.
bwrdd *m* (**byrddau**) table, board.
bwriad *m* (·**au**) intention.
bwriadol *adj* intentional.
bwriadu *v* to intend.
bwr(iaf) *from* **bwrw**.
bwrlwm *m* (**byrlymau**) a bubbling.
bwrn *m* (**byrnau**) burden.
bwrw *v* to hit.

bws, bỳs *m* (**bysiau, bysys**) bus.
bwtsiasen *f* (**bwtsias, bwtias**) boot; wellington.
bwthyn *m* (**bythynnod**) cottage.
bwyall, bwyell *f* (**bwyeill**) axe.
bwyd *m* (**·ydd**) food.
bwydlen *f* (**·ni**) menu.
bwydo *v* to feed.
bwyeill *see* **bwyall**.
bwygilydd *adv* after another.
bwylltid *m* (**·au**) swivel.
bwystfil *m* (**·od**) beast.
bwyta *v* to eat.
bwytadwy *adj* edible.
bwy·ty *m* (**·tai**) restaurant.
byclau *see* **bwcl**.
bychain *adj* (*pl*) small.
bychan *adj* little.
bychander, bychandra *m* smallness.
bychanu *v* to belittle.
bychod *see* **bwch**.
byd *m* (**·oedd**) world.
byd-eang *adj* world-wide.
byd-enwog *adj* world-famous.
bydol *adj* worldly.
bydwraig *f* (**bydwragedd**) midwife.
bydysawd *m* universe.
bydd *from* **bod**.
byddar *adj* deaf.
byddarol *adj* deafening.
byddaru *v* to deafen.
byddin *f* (**·oedd**) army.
byddo *from* **bod**.
byg *m* (**·iau**) bug.
bygwth *v* to threaten.
bygythiad *m* (**·au**) threat.
bygythiol *adj* threatening.
byl *m*/*f* brim.
bylbiau *see* **bwlb**.
bylchau *see* **bwlch**.
bylchu *v* to breach.
byllt *see* **bollt**.

byngalo, bynglo *m* bungalow.
bynnag *prep* (what/where)soever.
bynnen, bynsen *f* (**byns**) bun.
byr *adj* short.
byrbryd *m* (**·au**) snack.
byrbwyll *adj* impulsive.
byrder, byrdra *m* brevity.
byrdwn *m* refrain.
byrdd·aid *m* (**·eidiau**) tableful.
byrddau *see* **bwrdd**.
byrfodd *m* (**·au**) abbreviation.
byrfyfr *adj* impromptu.
byrhau *v* to shorten.
byrhoedlog *adj* short-lived.
byrlymau *see* **bwrlwm**.
byrlymu *v* to bubble.
byrnau *see* **bwrn**.
byrred *from* **byr**.
byrstio *v* to burst.
bys *m* (**·edd**) finger.
bỳs *see* **bws**.
byseddu *v* to finger.
bysiau, bysys *see* **bws**.
byth *adv* ever.
bytheiad *m* (**bytheiaid**) hound.
bytheirio *v* to threaten.
bythgofiadwy *adj* memorable.
bythynnod *see* **bwthyn**.
bythol *adj* eternal.
bythwyrdd, bytholwyrdd *adj* evergreen.
bythynnod *see* **bwthyn**.
byw *v* to live. • *adj* alive.
bywgraffiad *m* (**·au**) biography.
bywgraffiadur *m* biographical dictionary.
bywhau *v* to enliven.
bywiocáu *v* to enliven.
bywiog *adj* lively.
bywiogrwydd *m* sprightliness.
bywoliaeth *f* (**·au**) livelihood.
bywyd *m* (**·au**) life.
bywyd·fa *f* (**·feydd**) vivarium.
bywyn *m* (**·nau**) core.

C

C *abb* **canrif**.
c *abb* **ceiniog**.
cabaetsen, cabeitsen, cabetsen *f* (**cabaets**) cabbage.
caban *m* (·**au**) cabin.
cabledd *m/f* blasphemy.
cableddus *adj* blasphemous.
cablu *v* to blaspheme.
caboledig *adj* polished.
caboli *v* to polish.
cacamwci *m* burdock.
cacen *f* (·**nau**) cake.
cacynen *f* (**cacwn**) wasps.
cacynyn *m* (**cacwn**) wasps.
cach·gi *m* (·**gwn**) sneak.
cachu *v* to defecate.
cad *f* (·**oedd**) battle.
cadach *m* (·**au**) cloth.
cad·air *f* (·**eiriau**) chair.
cadarn *adj* strong.
cadarnhad *m* confirmation.
cadarnhaol *adj* affirmative.
cadarnhau *v* to confirm.
cadeiriau *see* **cadair**.
cadeirio *v* to chair.
cadeiriol *adj* chaired: **eglwys g~** cathedral.
cadeirydd *m* (·**ion**) chairman.
cadernid *m* strength.
cadfridog *m* (·**ion**) general.
cadi ffan *m* sissy.
cadlas *f* (**cadlesydd**) enclosure.
cadnawes, cadnöes *f* vixen.
cadn·o *m* (·**awon**, ·**oid**) fox.
cadoediad *m* armistice.
cadw *v* to keep.
cadwedig *adj* saved.
cadw-mi-gei *m* money-box.
cadwraeth *f* conservation.
cadwyn *f* (·**au**, ·**i**) chain.
cadwyno *v* to chain.
caddug *m* mist.
cae *m* (·**au**) field.
caead *m* (·**au**) lid. • *adj* closed.

cae(af) *from* **cau**.
caeedig, caeëdig *adj* shut.
cael *v* to have (*see* Appendix).
caenen *f* (·**nau**) layer.
caentach *v* to wrangle.
caer *f* (·**au**, **ceyrydd**) fort.
caerog *adj* fortified.
caeth *adj* confined.
caethferch *f* slave.
caethglud *f* captivity.
caethgludo *v* to deport.
caethineb *m* addiction.
caethiwed *m* captivity.
caethiwo *v* to enslave.
caethwas *m* (**caethweision**) slave.
caethwasiaeth *f* slavery.
caf *from* **cael**.
cafell *f* chamber.
cafn *m* (·**au**) gutter.
caffael·iad *m* (·**iaid**) acquisition.
cafflo *v* to cheat.
caffo *from* **cael**.
cagl *m* (·**au**) clotted dirt.
cangell *f* (**canghellau, canghelloedd**) chancel.
cangen *f* (**canghennau**) branch.
canghellor *m* chancellor.
canghennog *adj* branching.
câi *from* **cael**.
caiac *m* (·**au**) kayak.
caib *f* (**ceibiau**) mattock.
caiff *from* **cael**.
caill *f* (**ceilliau**) testicle.
cain *adj* fine.
cainc *f* (**ceinciau**) branch.
cais *m* (**ceisiadau**) (an) attempt; (**ceisiau**) try (rugby).
cal, cala *f* (**caliau**) penis.
calan *m*: **Dydd Calan** New Year's Day.
calch *m* lime.
calchen *f* limestone.
calchfaen *m* (**calchfeini**) limestone.

calchu *v* to lime.
caled *adj* hard.
caledfwrdd *m* hardboard.
caledi *m* hardship.
caledu *v* to harden.
caledwch *m* hardness.
caledwedd *m* hardware.
calendr *m* (·**au**) calendar.
calennig *m/f* New Year gift.
caleted *from* **caled**.
calon *f* (·**nau**) heart.
calondid *m* encouragement.
calon-galed *adj* hard-hearted.
calonnog *adj* hearty.
calonogi *v* to encourage.
calonogol *adj* encouraging.
calori *m* (**calorïau**) calorie.
call *adj* sensible.
callestr *f* (**cellystr**) flint.
callineb *m* prudence.
callio *v* to get wiser.
cam *m* (·**au**) step. • *adj* crooked.
camamseru *v* to mistime.
camarfer *v* to abuse.
camargraff *m/f* false impression.
camarwain *v* to mislead.
camarweiniol *adj* misleading.
cambren *m* (·**ni**) coat-hanger.
camdreuliad *m* indigestion.
cam-drin *v* to ill-treat.
camdybio, camdybied *v* to misconceive.
camddeall *v* to misunderstand.
camddealltwriaeth *m* misunderstanding.
camddefnydd *m* misuse.
camddefnyddio *v* to misuse.
cam-fa *m* (·**feydd**) stile.
camfarnu *v* to misjudge.
camfihafio *v* to misbehave.
camgymer(af) *from* **camgymryd**.
camgymeriad *m* (·**au**) mistake.
camgymryd *v* to mistake.
camlas *f* (**camlesi**) canal.
camliwio *v* to misrepresent.
camocs, ciamocs *pl* pranks.
camochri *v* to be offside.
camp *f* (·**au**) feat.

camp·fa *f* (·**feydd**) gymnasium.
campreg *f* champion (woman).
campus *adj* splendid.
camp·waith *m* (·**weithiau**) masterpiece.
camp·wr *m* (·**wyr**) expert.
camre *m* footsteps.
camrifo *v* to miscount.
camsefyll *v* to be out of position.
camsyniad *m* (·**au**) error.
camsynied, camsynio, camsynnu *v* to mistake.
camsyniol *adj* mistaken.
camu *v* to pace.
camwedd *m* (·**au**) misdeed.
camwerthyd *f* camshaft.
camwri *m* wrong.
camymddwyn *v* to misbehave.
camymddygiad *m* misconduct.
can *m* flour; hundred.
cân *f* (**caneuon**) song.
canadwy *adj* singable.
can(ddo) *from* **gan**.
canawon *see* **cenau**.
cancr *m* cancer.
candryll *adj* shattered.
caneri *m* canary.
caneuon *see* **cân**.
canfasio *v* to canvass.
canfod *adj* hundredth.
canfod *v* to discern.
canfodydd *m* detector.
canfyddadwy *adj* perceptible.
canfyddiad *m* perception.
cangarŵ *m* (**cangarŵod, cangarwiaid**) kangaroo.
canhwyllarn, canhwyllbren (**canwyllbrennau**) *m* candlestick.
canhwyllau *see* **cannwyll**.
caniad *m* sounding.
caniadaeth *f* singing.
caniatâd *m* permission.
caniataol *adj* granted.
caniatáu *v* to permit.
canibaliaeth *f* cannibalism.
canlyn *v* to follow.
canlyniad *m* (·**au**) result.
canlynol *adj* following.

canlyn·wr *m* (**·wyr**) follower.
canllath *pl* hundred yards.
canllaw *m/f* (**·iau**) guideline.
canmlwyddian·t *m* (**·nau**) centenary.
canmol *v* to praise.
canmoladwy *adj* commendable.
canmoliaeth *f* praise.
canmoliaethus *adj* complimentary.
cannaid *adj* shining white.
cannoedd *see* **cant**.
cannu *v* to bleach.
cannwyll *f* (**canhwyllau**) candle.
cannydd *m* (**canyddion**) bleach.
canol *m* middle.
canolbarth *m* midlands.
canolbwynt *m* focus; centre.
canolbwyntio *v* to concentrate.
canoldir *m* inland region.
canolfan *f/m* (**·nau**) centre.
canoli *v* to centralise.
canolig *adj* middling.
canol oed middle age.
canol-oed middle-aged.
canoloesoedd *pl* Middle Ages.
canolog *adj* central.
canol·wr *m* (**·wyr**) centre; intermediary.
canradd *adj* centigrade.
canran *f* (**·nau**) percentage.
canrif *f* (**·oedd**) century.
cansen *hon* (**·nau**, **·ni**) cane.
cant, can *m* (**cannoedd**) hundred; rim dome.
cânt *from* **cael**.
cantel *m* brim.
cantîn *m* canteen.
cantores *f* female singer.
cantorion *pl* singers.
cantref *m* (**·i**) hundred.
cantroed *m* (**·iaid**) centipede.
canu *v* to sing.
canŵ *m* (**canŵs**) canoe.
canwaith *adv* a hundred times.
can·wr *m* (**·wyr**) singer.
canwr·iad *m* (**·iaid**) centurion.
canwyllbrennau *see* **canhwyllbren**.

canyddion *see* **cannydd**.
canys *conj* because.
capan *m* (**·au**) cap.
capel *m* (**·i**) chapel.
capel·wr *m* (**·wyr**) chapel-goer.
caplan *m* (**·iaid**) chaplain.
capsiwl *m* (**·au**) capsule.
capten *m* (**capteiniaid**) captain.
car *m* (**ceir**) car.
câr *m* (**ceraint**) loved one.
carafán *f* (**carafannau**) caravan.
carbohydrad *m* (**·au**) carbohydrate.
carburedur *m* carburettor.
carbwl *adj* awkward.
carcio *v* to take care.
carcus *adj* careful.
carchar *m* (**·au**) jail.
carcharor *m* (**·ion**) prisoner.
carcharu *v* to imprison.
carden *f* (**cardiau**) cards.
cardfwrdd *m* cardboard.
cardod *f* charity.
cardota *v* to beg.
cardot·yn *m* (**·wyr**) beggar.
caredig *adj* kind.
caredigion *pl* friends.
caredigrwydd *m* kindness.
caregl *m* (**·au**) chalice.
caregog *adj* stony.
careiau *see* **carrai**.
carfan *f* (**·au**) faction.
cariad *m* love. • *m/f* lover.
cariadfab *m* sweetheart.
cariadferch *f* sweetheart.
cariadus *adj* affectionate.
caridým *m* (**·s**) down-and-out.
cario *v* to carry.
carlam *m* gallop.
carlamu *v* to gallop.
carlamus *adj* rash.
carlwm *m* (**carlymod**) stoat.
carn *m* (**·au**) hoof; hilt. • *f* tumulus.
cárnifal *m* carnival.
carnol *adj* hoofed.
carn-tro *m* brace (carpenter's).
carol·wr *m* (**·wyr**) carol singer.
carped *m* (**·i**) carpet.
carpedu *v* to carpet.

carpiau *see* cerpyn.
carpiog *adj* tattered.
carrai *f* (careiau) a lace.
carreg *f* (cerrig) stone.
cart *m* (certi, ceirt) cart.
cartio *v* to cart.
cartref *m* (·i) home.
cartrefol *adj* homely.
cartrefu *v* to make one's home.
cartrisen, cetrisen *f* (certrys, cetris) cartridge.
cartŵn *f* (cartwnau) cartoon.
cartwnydd *m* cartoonist.
carthen *f* (·ni) blanket.
carthffos *f* (·ydd) drain.
carthffosiaeth *f* sewage.
carthion *pl* excrement.
carthu *v* to muck out.
caru *v* to love.
carw *m* (ceirw) deer.
car·wr *m* (·wyr) lover.
carwriaeth *f* courtship.
cas *adj* nasty.
casáu *v* to hate.
casbeth *m* (·au) aversion.
caseg *f* (cesig) mare.
casét *m* (casetiau) cassette.
casgen *f* (·ni) cask.
casgliad *m* (·au) collection.
casglu *v* to collect.
casgl·wr *m* (·wyr) collector.
casineb *m* hatred.
cast *m* (·iau) prank.
castanwydden *f* (castanwydd) horse-chestnut tree; chestnut tree.
castell *m* (cestyll) castle.
castiog *adj* wily.
caswir *adj* unpalatable truth.
casyn *m* (casiau) casing.
catalydd *m* (·ion) catalyst.
categor·i *m* (·ïau) category.
caten *f* (catiau) bail.
catrawd *f* (catrodau) regiment.
catwad *m* chutney.
cath *f* (·od) cat.
catholig *adj* catholic.
cau *v* to close. • *adj* hollow.
caul *m* (ceulion) curd, rennet.

cawdel *m* hotchpotch.
cawell *m* (cewyll) basket.
cawg *m* (·iau) pitcher.
cawiau *see* cewyn.
cawio *v* to tie.
cawl *m* broth.
cawnen *f* (cawn) reed.
cawod *f* (·au, ·ydd) shower.
cawr *m* (cewri) giant.
cawres *f* (·au) giantess.
caws *m* cheese.
cawsu *v* to curdle.
CC *abb* bc.
ccc *abb* plc.
cêc *m* feed cake.
cecian *v* to stutter.
cecran, cecru *v* to quarrel.
cecren *f* shrew.
cecrus *adj* cantankerous.
cecryn *m* wrangler.
cedor *m/f* pubic hair.
cedowrach *m* burdock.
cedrwydden *f* (cedrwydd) cedar.
cedw(ais) *from* cadw.
cedyrn *from* cadarn.
cefais *from* cael.
cefn *m* (·au) back.
cefndedyn *m* sweetbread.
cefnder *m* (cefndryd, cefnderoedd) cousin (male).
cefndeudd·wr *m* (·yrau) watershed.
cefndir *m* (·oedd) background.
cefnen *f* (·nau) ridge.
cefnfor *m* (·oedd) ocean.
cefn·ffordd *m* (·ffyrdd) highway.
cefngefn *adv* back to back.
cefngrwm *adj* hunch-backed.
cefnog *adj* wealthy.
cefnogaeth *f* backing.
cefnogi *v* to support.
cefnogol *adj* supportive.
cefnog·wr *m* (·wyr) supporter.
cefnu *v* to withdraw.
cefn·wr *m* (·wyr) back, full-back.
ceffyl *m* (·au) horse.
ceg *f* (·au) mouth.
cega *v* to bicker.

ceg·aid *f* (**·eidiau**) mouthful.
cegiden *f* (**cegid**) hemlock.
cegin *f* (**·au**) kitchen.
cegog *adj* garrulous.
cegrwth *adj* gaping.
cengl *f* (**·au**) girth.
cei *m* (**·au**) quay. • *v from* **cael**.
ceian *f* carnation.
ceibiau *see* **caib**.
ceibio *v* to dig up.
ceidw *from* **cadw**.
ceidwad *m* (**ceidwaid**) keeper.
ceidwadol *adj* conservative.
ceidwad·wr *m* (**·wyr**) conservative.
ceiliagwydd *m* gander.
ceiliog *m* (**·od**) cock: **ceiliog y rhedyn** grasshopper.
ceilys *pl* skittles.
ceilliau *see* **caill**.
ceimion *from* **cam**.
ceinach *f* (**·od**) hare. • *adj from* **cain**.
ceinciau *see* **cainc**.
ceinciog *adj* branching; knotted.
ceinder *m* elegance.
ceiniog *f* (**·au**) penny.
ceinion *from* **cain**.
ceintach *v* to grumble.
ceintachlyd *adj* querulous.
ceir *see* **car**. • *v from* **cael**.
ceirchen *f* (**ceirch**) oats.
ceiriosen *f* (**ceirios**) cherry; cherry tree.
ceirt *see* **cart**.
ceirw *see* **carw**.
ceisiadau *see* **cais**.
ceisiau *see* **cais**.
ceisio *v* to seek.
cel *m* horse.
cêl *adj* hidden.
celain *f* (**celanedd**) corpse.
celc *m/f* hoard.
celf *f* art, craft.
celficyn *m* (**celfi**) (piece of) furniture.
celfydd *adj* skilful.
celfyddyd *m* (**·au**) art, craft.
celfyddydol *adj* artistic.
celu *v* to hide.

celwrn *m* (**celyrnau**) tub.
celwydd *m* (**·au**) lie.
celwydd·gi *m* (**·gwn**) liar.
celwyddog *adj* lying.
celyd *from* **caled**.
celynnen *f* (**celyn**) holly.
celyrnau *see* **celwrn**.
cell *f* (**·oedd**) cell.
celli *f* grove.
cellwair *m* (**cellweiriau**) banter. • *v* to banter.
cellweirus *adj* jocular.
cellystr *see* **callestr**.
cem(**ais**) *from* **camu**.
cemeg *f* chemistry.
cemegol *adj* chemical.
cemeg·ydd *m* (**·wyr**) chemist.
cemeg·yn *m* (**·au**, **·ion**) chemical.
cen *m* scale; lichen.
cenadaethau *see* **cenhadaeth**.
cenadwri *f* message.
cen(**ais**) *from* **canu**.
cenau *m* (**canawon**, **cenawon**) puppy.
cenawes *f* bitch.
cenedl *f* (**cenhedloedd**) nation.
cenedlaethau *see* **cenhedlaeth**.
cenedlaethol *adj* national.
cenedlaetholdeb *m* nationalism.
cenedlaetholi *v* to nationalise.
cenedlaethol·wr *m* (**·wyr**) nationalist.
cenedl-ddyn *m* gentile.
cenfaint *f* herd.
cenfigen *f* (**·nau**) envy.
cenfigennu *v* to envy.
cenfigennus *adj* jealous.
cenfydd *from* **canfod**.
cenhadaeth *f* (**cenadaethau**) mission.
cenhadau *see* **cennad**.
cenhadol *adj* missionary.
cenhadu *v* to conduct a mission.
cenhad·wr *m* (**·on**, **·wyr**) missionary.
cenhedlaeth *f* (**cenedlaethau**) generation.
cenhedloedd *see* **cenedl**.

cenhedlu *v* to beget.

cenhinen *f* (**cennin**) leek.

cen(ir) *from* **canu**.

cenllif *m/f* (**·oedd**) torrent.

cenllysg *pl* hailstones.

cennad *f* (**cenhadon, cenhadau**) messenger; message.

cennin *see* **oenhinen**.

cennog *adj* scaly.

cer *from* **mynd**.

cerameg *m/f* ceramics.

cerbyd *m* (**·au**) coach.

cerdinen, cerddinen *f* (**cerdin, cerddin**) mountain ash.

cerdyn *m* (**cardiau**) card.

cerdd *f* (**·i**) poem; music.

cerdded *v* to walk.

cerddediad *m* walk.

cerddor *m* (**·ion**) musician.

cerddor·fa *f* (**·feydd**) orchestra.

cerddorfaol *adj* orchestral.

cerddoriaeth *f* music.

cerddorol *adj* musical.

cerdd·wr *m* (**·wyr**) walker.

cerfiedig *adj* carved.

cerfio *v* to carve.

cerflun *m* (**·iau**) statue.

cerflunio *v* to sculpt.

cerflunydd *m* (**cerflunwyr**) sculptor.

cerhyntau *see* **cerrynt**.

ceriach *f* equipment.

cerigyn *m* (**cerigos**) pebble.

ceriwb *m* (**·iaid**) cherub.

cern *f* (**·au**) cheekbone.

cernod *f* box on the ears.

cerpyn *m* (**carpiau**) rag.

cerrig *see* **carreg**.

cerrynt *m* (**ceryntau, cerhyntau**) current.

certrys *see* **cartrisen**.

cerwyn *f* (**·i**) cask.

cerydd *m* (**·on**) reprimand.

ceryddu *v* to reprimand.

ceryntau *see* **cerrynt**.

cesail *f* (**ceseiliau**) armpit.

cesair *pl* hail.

cesgl(ir) *from* **casglu**.

cesig *see* **caseg**.

cestyll *see* **castell**.

cetyn *m* (**catiau, ·nau**) pipe; piece.

cethin *adj* fierce, ugly.

ceubren *m* (**·nau**) hollow tree.

ceudod *m* cavity.

ceugrwm *adj* concave.

ceulan *f* (**·nau, ceulennydd**) hollow river bank.

ceulion *see* **caul**.

ceulo *v* to clot.

ceunant *m* (**ceunentydd**) ravine.

cewri *see* **cawr**.

cewyll *see* **cawell**.

cewyn *m* (**·nau, cawiau**) nappy.

ceyrydd *see* **caer**.

ci *m* (**cŵn**) dog.

ciaidd *adj* brutal.

cib *m* (**·au**) husk.

cibddall *adj* purblind.

cibwst *f* chilblain.

cibŵts *m* (**cibwtsau**) kibbutz.

cic·iwr *m* (**·wyr**) kicker.

cig *m* (**·oedd**) meat.

cigfran *f* (**cigfrain**) raven.

cignoeth *adj* raw.

cigydd *m* (**·ion**) butcher.

cigysol *adj* carnivorous.

cigysydd *m* (**·ion**) carnivore.

cil *m* (**·iau**) corner.

cilagor *v* to open partly.

cilagored *adj* ajar.

cilan *f* (**·nau**) cove.

cilcyn *m* chunk.

cildwrn, cil-dwrn *m* tip.

cilddant *m* (**cilddannedd**) molar.

ciledrych *v* to glance.

ciledrychiad *m* glance.

cilfach *f* (**·au**) creek.

cilgan·t *m* (**·nau, ·tau**) crescent.

cil-gnoi *v* to chew the cud.

cilio *v* to retreat.

cilwenu *v* to simper.

cilwg *m* (**cilygon**) scowl.

cim·wch *m* (**·ychiaid**) lobster.

ciniawa *v* to dine.

cinio *m/f* (**ciniawau**) dinner.

cip *m* glimpse.

cipio *v* to snatch.
cipol·wg *m* (·**ygon**) glimpse.
cis *m/f* (·**iau**) slap.
cist *f* (·**iau**) chest.
ciwcymber, cucumer *m* (**ciwcymerau, cucumerau**) cucumber.
ciwed *f* rabble.
ciwrad, ciwrat *m* curate.
ciwt *adj* smart.
clacwydd, clagwydd *m* gander.
claddedigaeth *m/f* burial.
cladd·fa *f* (·**feydd**) graveyard.
claddu *v* to bury.
claear *adj* lukewarm.
claer *adj* clear.
claerwyn *adj* pallid.
claf *adj* sick. • *m* (**cleifion**) patient.
clafr *m* mange.
clafychu *v* to fall ill.
clai *m* (**cleiau**) clay.
clais *m* (**cleisiau**) bruise.
clamp *m* whopper.
clap *m* (·**iau**) lump.
clap·gi *m* (·**gwn**) telltale.
clapian *v* to tell tales.
clapiog *adj* lumpy.
clarinét *m* (**clarinetau**) clarinet.
clas *m* (·**au**) Celtic monastery.
clasur *m* (·**on**) classic.
clasurol *adj* classical.
clatsian *v* to crackle.
clatsio *v* to slap.
clau *adj* cyflym.
clawdd *m* (**cloddiau**) hedge.
clawr *m* (**cloriau**) cover.
cleber, clebar *m/f* tittle-tattle.
clebran *v* to chatter.
clec *f* snap.
clecs *pl* gossip.
cledr, cledren *f* (**cledrau**) rail; palm of hand.
cledro *v* to wallop.
cledd, cleddyf *m* (**cleddyfau**) sword.
cleddyf·wr *m* (·**wyr**) swordsman.
clefyd *m* (·**au**) disease.
clegar *m* cluck, cackle.

cleiau *see* **clai**.
cleifion *see* **claf**.
cleiog *adj* clayey.
cleisio *v* to bruise.
cleisiau *see* **clais**.
clem *f* gumption.
clemio *v* to starve.
clên *adj* pleasant.
clensio *v* to clench.
clepian *v* to crackle.
clercio *v* to clerk.
cleren *f* (**clêr**) fly.
clerigol *adj* clerical.
cleuach *from* **clau**.
cliced, clicied *f* latch.
clindarddach *m* crackling.
clinigol *adj* clinical.
clir *adj* clear.
clirio *v* to clear.
clo *m* (·**eon**, ·**eau**) lock.
clocsen *f* (**clocsiau**) clogs.
clocs·iwr *m* (·**wyr**) clog-maker; clog-dancer.
clocwedd *adj* clockwise.
cloch *f* (**clychau**) bell.
clochdar *v* to cackle.
cloch·dy *m* (·**dai**) belfry.
clochydd *m* (·**ion**) sexton.
clod *m/f* (·**ydd**) praise.
clodfawr *adj* praiseworthy.
clodfori *v* to praise.
clodwiw *adj* commendable.
cloddiau *see* **clawdd**.
cloddio *v* to excavate.
cloēdig, cloiedig *adj* locked.
cloeon, cloeau *see* **clo**.
cloff *adj* lame.
cloffi *v* to lame.
cloffni *m* lameness.
clog *m/f* (·**au**) cloak; precipice.
clog·faen *m* (·**feini**) boulder.
clogwyn *m* (·**i**) cliff.
clogyn *m* (·**nau**) cloak.
clogyrnaidd *adj* rough.
cloi *v* to lock.
cloncian *v* to chatter.
clopa *f* (**clopâu**) head.
clorian *m/f* (·**nau**) scale (weighing).

cloriannu *v* to weigh.
cloriau *see* **clawr**.
clos *m* (**·ydd**) farmyard; trousers.
clòs *adj* close.
closio *v* to draw near.
cludadwy *adj* portable.
cludfelt *m* conveyor belt.
cludiad *m* postage, carriage.
cludiant *m* transport.
cludo *v* to carry, to transport.
clun *f* (**·iau**) hip.
clust *m/f* (**·iau**) ear; handle.
clusten *f* box on the ear.
clustfeinio *v* to eavesdrop.
clustl·ws, clustdl·ws *m* (**·ysau**)
 ear-ring.
clustnodi *v* to earmark.
clustog *m/f* (**·au**) cushion.
clwb *m* (**clybiau**) club.
clwc *adj* addled.
clwpa *m* bludgeon.
clwstwr *m* (**clystyrau**) cluster.
clwt, clwtyn *m* (**clytiau**) duster.
clwyd *f* (**·i**) gate; hurdle.
clwydo *v* to roost.
clwyf, clwy *m* (**clwyfau**) wound.
clwyfo *v* to wound.
clwyfus *adj* sick.
clybiau *see* **clwb**.
clychau *see* **cloch**.
clyd *adj* snug.
clydwch *m* warmth.
clyfrwch *m* cleverness.
clymau *see* **cwlwm**.
clymbl·aid *f* (**·eidiau**) coalition.
clymog *adj* knotted.
clymu *v* to tie.
clystyrau *see* **clwstwr**.
clytiau *see* **clwt, clwtyn**.
clytio *v* to patch.
clytiog *adj* patched.
clytwaith *m* patchwork.
clyw *m* hearing.
clywadwy *adj* audible.
clywed *v* to hear.
clyweled *adj* audiovisual.
clyweliad *m* audition.
cnaf *m* (**·on**) knave.

cnaif *m* (**cneifion**) fleece.
cnap *m* (**·iau**) chunk.
cnapan *m* old ball game.
cnau *see* **cneuen**.
cnawd *m* flesh.
cnawdol *adj* carnal.
cneifio *v* to shear.
cneifion *see* **cnaif**.
cneifi·wr *m* (**·wyr**) shearer.
cnepyn *m* (**·nau**) lump.
cneua *v* to collect nuts.
cneuen *f* (**cnau**) nut.
cnewyllyn *m* (**cnewyll**) kernel.
cnoad, cnoead *m* gnawing.
cnocell y coed *f* woodpecker.
cnocio *v* to knock.
cnoe(swn) *from* **cnoi**.
cnofil *m* (**·od**) rodent.
cnoi *v* to bite.
cnotiog *adj* gnarled.
cnu *m* (**·oedd**) fleece.
cnuchio *v* to copulate.
cnud *f* (**·oedd**) pack.
cnul *m* (**·iau**) knell.
cnwc *m* knoll.
cnwd *m* (**cnydau**) crop.
cnydio *v* to crop.
cob *m* (**·iau**) embankment.
coban *f* (**·au**) night-shirt.
coblyn *m* (**·nod**) goblin.
cocatŵ *m* cockatoo.
cocsen, cocosen *f* (**cocsenni**)
 cog; (**cocos**) cockles.
cocyn *m* (**·nau**) haycock.
coch *adj* red.
cochen *f* redhead.
cochi *v* to blush, to redden.
cochl *m/f* (**·au**) cloak.
cochyn *m* redhead.
cod *m* (**·au**) pod; code.
coden *f* (**·nau**) pouch.
codi *v* to lift.
codiad *m* (**·au**) rise, erection.
codwm *m* (**codymau**) fall.
coeden *f* (**coed**) tree.
coediog *adj* wooded.
coedlan *f* (**·nau**) glade.
coedwig *f* (**·oedd**) forest, wood.

coedwigaeth *f* forestry.
coedwig·wr *m* (**·wyr**) forester.
coedd *adj* public.
coeg *adj* false.
coegio, cogio *v* to pretend.
coeglyd *adj* sarcastic.
coegni *m* sarcasm.
coegyn *m* fop.
coel *f* (**·ion**).
coelbren *m* (**·nau**) lot, ballot.
coelcerth *f* (**·i**) bonfire.
coelio *v* to believe.
coes *f* (**·au**) leg. • *m* stem; handle.
coesog *adj* leggy.
coeten *f* (**coetiau, coets**) quoit.
coets *f* (**·ys**) coach.
coeth *adj* refined.
coethder *m* refinement.
coethi *v* to refine.
cof *m* (**·ion**) memory.
cofadail *f* cenotaph.
cofeb *f* (**·ion**) memorial.
cofgolofn *f* (**·au**) monument.
cofiadur *m* (**·on**) registrar.
cofiadwy *adj* memorable.
cofiannydd *m* (**cofianwyr**) biographer.
cofian·t *m* (**·nau**) biography.
cofio *v* to remember.
coflaid, cowlaid *f* armful.
cofleidio *v* to embrace.
cofnod *m* (**·ion**) record, minute.
cofnodi *v* to record.
cofrestr *f* (**·au**) register.
cofrestr·fa *f* (**·feydd**) registry.
cofrestru *v* to register.
cofrestrydd *m* (**·ion**) registrar.
coffa *m* remembrance.
coffâd *m* recollection.
coffadwriaeth *f* memorial.
coffáu *v* to commemorate.
coffor, coffr *m* (**coffrau**) coffer.
cog *f* (**·au**) cuckoo. • *m* cook.
còg *f* (**cogiau**) cog.
coginiaeth *f* cookery.
coginio *v* to cook.
cogio *v* to pretend.
cogor *v* to clatter.

cogor-droi *v* to spin.
cogydd *m* (**·ion**) cook.
cogyddes *f* (**·au**) cook.
congl *f* (**·au**) corner.
conglfaen *f* (**conglfeini**) corner-stone.
côl, cofl *f* lap, embrace.
coladu *v* to collate.
colbio *v* to thrash.
coleddu *v* to cherish.
coleg *m* (**·au**) college.
colegol *adj* collegiate.
colfach *m* (**·au**) hinge.
colfen *f* (**·ni, ·nnau**) branch.
colofn *f* (**·au**) column.
colomen *f* (**·nod**) dove; pigeon.
colomen·dy *m* (**·dai**) dovecot.
colsyn *m* (**cols**) cinder.
coluddyn *m* (**coluddion**) intestine.
colur *m* make-up.
coluro *v* to colour.
colyn *m* (**·nau**) sting; hinge.
coll *m* loss (of senses). • *adj* lost.
collddail *adj* deciduous.
colled *m*/*f* (**·ion**) loss.
colledig *adj* lost.
collen *f* (**cyll**) hazel.
collfarnu *v* to condemn.
colli *v* to lose.
collnod *m* apostrophe.
coll·wr *m* (**·wyr**) loser.
combein *m* combine harvester.
comed *f* (**·au**) comet.
comedi *f* (**comedïau**) comedy.
comedï·wr *m* (**·wyr**) comedian.
comin, cwmin *m* common.
comisi·wn *m* (**·ynau**) commission.
comisiynu *v* to commission.
comiwnydd *m* (**·ion**) communist.
comiwnyddiaeth *f* communism.
comiwnyddol *adj* communist.
compiwtereiddio *v* to computerise.
côn *m* (**conau**) cone.
conach, conan *v* to grumble.
concwer·wr *m* (**·wyr**) conqueror.
condemniad *m* condemnation.
condemnio *v* to condemn.
conen *f* grumbler.

confennau *pl* condiments.
confensiynol *adj* conventional.
congrinero *m* champion.
coniffer *m* (·**iaid**) conifer.
conigol *adj* conical.
cono *m* rascal.
consurio *v* to conjure.
consur·iwr *m* (·**wyr**) conjuror.
conwydden *f* (**conwydd**) coniferous trees.
conyn *m* grumbler.
cop, copyn *m* spider.
copa *m/f* (**copâu, copaon**) summit.
copi *m* (**copïau**) copy.
copïo *v* to copy.
copor, copr *m* copper.
cor *m* dwarf; spider.
côr *m* (**corau**) choir.
corachod *see* **corrach.**
corawl *adj* choral.
corben·fras *m* (·**freis**) haddock.
corcio, corco *v* to throb.
corcyn *m* (**cyrcs, corcau**) a cork.
cordeddu *v* to plait.
corden *f* (·**ni**) cord.
cordyn, cortyn *m* (**cordiau, cyrd, cyrt**) cord.
corddi *v* to churn.
cordd·wr *m* (·**wyr**) churner.
cored *f* (·**au**) weir.
corff *m* (**cyrff**) body.
corffil·yn *m* (·**od**) corpuscle.
corfflosgi *v* to cremate.
corfflu *m* (·**oedd**) corps.
corffolaeth *f* stature.
corfforaeth *f* (·**au**) corporation.
corffori *v* to embody.
corfforol *adj* bodily; physical.
cor·gi *m* (·**gwn**) corgi.
corgimwch *m* (**corgimychiaid**) prawn.
corlan *f* (·**nau**) fold.
corlannu *v* to pen (sheep).
corn *m* (**cyrn**) horn. • *adj* absolute.
cornant *m* (**cornentydd**) brook.
cornbilen *f* cornea.
cornchwig·len *f* (·**lod**) lapwing.
cornel *m/f* (·**i**) cornel.

cornelu *v* to corner.
cornicyll *m* (·**od**) lapwing.
cornio *v* to butt; to examine with stethoscope.
corniog *adj* horned.
cornwyd *m* (·**ydd**) boil.
coron *f* (·**au**) crown.
corongylch *m* (·**au**) halo.
coroni *v* to crown.
coroniad *m* coronation.
coronog *adj* crowned.
corrach, cor *m* (**corachod**) dwarf.
corryn, cor *m* (**corynnod**) spider.
cors *f* (**corsydd, cyrs**) bog.
corsen *f* (·**nau, cyrs**) reed.
corsog *adj* boggy.
corun *m* crown of head; tonsure.
corwgl *see* **cwrwgl.**
corygl·wr *m* (·**wyr**) coracle man.
corws *m* (**corysau**) chorus.
corwynt *m* (·**oedd**) hurricane.
corynnod *see* **corryn.**
corysau *see* **corws.**
cosb *f* (·**au**) punishment.
cosbedigaeth *f* punishment.
cosbi *v* to punish.
cos·fa *f* (·**feydd**) itch; thrashing.
cosi *v* to itch.
costio *v* to cost.
costrel *f* (·**au**) bottle.
costrelu *v* to bottle.
costus *adj* expensive.
cosyn *m* (·**nau**) a cheese.
cot *f* coat; a beating.
cota *adj* (*f*) short.
cotiar *f* (**cotieir**) coot.
cotwm *m* (**cotymau**) cotton.
cownt *m* reckoning.
crabysyn *m* (**crabas, crabys**) crab-apple.
crachach *pl* snobs.
crachboer *m* phlegm.
crachen *f* (**crach**) scab.
craen *m* (·**iau**) crane.
crafangu *v* to clutch.
crafanc *f* (**crafangau**) claw.
crafiad *m* (·**au**) scratch.
crafion *pl* scraps.

crafog *adj* cutting.
crafu *v* to scratch.
craff *adj* discerning.
craffter *m* discernment.
craffu *v* to look intently.
cragen *f* (**cregyn**) shell.
crai *adj* raw, crude.
craidd *m* (**creiddiau**) crux: **craidd disgyrchiant** centre of gravity.
craig *f* (**creigiau**) rock.
crair *m* (**creiriau**) relic.
craith *f* (**creithiau**) scar.
cramen *f* (·**nau**) crust.
cramennog *adj* encrusted.
cramenogion *pl* crustaceans.
cranc *m* (·**od**) crab; crank.
crancwerthyd *m* crankshaft.
crand *adj* grand.
crandrwydd *m* finery.
crap *m* inkling.
cras *adj* coarse; aired.
crasboeth *adj* scorching.
crasfa *f* a hiding.
crasiad *m* a baking.
craster *m* aridity.
crasu *v* to bake; to dry.
crau *m* (**creuau**) socket.
crawc *f* croak.
crawen *f* (·**nau**) crust.
crawn *m* pus.
crawni *v* to fester.
cread *m* creation.
creadigaeth *f* (·**au**) creation.
creadigol *adj* creative.
creadur *m* (·**iaid**) creature.
creadures *f* creature.
creawdwr, creawdur, creawdydd *m* (**creawdwyr**) creator.
crebachlyd *adj* wizened.
crebachu *v* to shrivel.
crebwyll *m* fancy.
crech *adj* (*f*) wrinkled.
crechwen *f* (·**au**) guffaw.
crechwenu *v* to guffaw.
cred *f* (·**au**) belief.
credadun *m* (**credinwyr**) believer.
credadwy *adj* credible.
crediniaeth *f* belief.

crediniol *adj* believing.
credu *v* to believe.
cred·wr *m* (·**wyr**) believer.
cref *adj* (*f*) strong.
crefu *v* to entreat.
crefydd *f* (·**au**) religion.
crefydda *v* to profess religion.
crefyddol *adj* religious.
crefft *f* (·**au**) craft.
crefft·waith *m* (·**weithiau**) craftsmanship.
crefft·wr *m* (·**wyr**) craftsman.
creg *adj* (*f*) hoarse.
cregyn *see* **cragen**.
crehyrod *see* **crêyr**.
creiddiau *see* **craidd**.
creifion *pl* peelings.
creigiau *see* **craig**.
creigiog *adj* rocky.
creiriau *see* **crair**.
creision *pl* crisps.
creithiau *see* **craith**.
creithio *v* to scar.
crempog *f* (·**au**) pancake.
crensian *v* to crunch.
creu *v* to create.
creuau *see* **crau**.
creulon *adj* cruel.
creulondeb, creulonder *m* cruelty.
crêwr *m* (**crewyr**) creator.
crêyr *m* (**crehyrod**) heron.
cri *m* (·**au**) cry. • *adj* unleavened.
criafolen *f* (**criafol**) rowan tree.
crib *m/f* (·**au**) comb.
cribddeilio *v* to extort.
cribin *m/f* (·**au**, ·**iau**) rake.
cribinio *v* to rake.
cribog *adj* crested.
criced *m* cricket.
criced·wr *m* (·**wyr**) cricketer.
crimog *f* (·**au**) shin.
crimp *adj* shrivelled.
crin *adj* brittle.
cringoch *adj* russet.
crino *v* to wither.
crintach, crintachlyd *adj* mean.
crio *v* to cry.
cripio *v* to creep.

crisial *m* (·**au**) crystal.
crisialu *v* to crystalise.
Cristion *m* (·**ogion, Cristnogion**) Christian.
criw *m* (·**iau**) crew.
crïwr *m* (**criwyr**) crier.
crocbren *m/f* (·**nau**, ·**ni**) gallows.
crocbris *m* (·**iau**) exorbitant price.
crocodil, orocodeil *m* (**crocodiliaid, crocodilod**) crocodile.
croch *adj* strident.
crochan *m* (·**au**) crock, cauldron.
crochen·dy *m* (·**dai**) pottery.
crochenwaith *m* pottery.
crochenydd *m* (·**ion**) potter.
croen *m* (**crwyn**) skin.
croendenau *adj* sensitive.
croendew *adj* thick-skinned.
croenddu *adj* black-skinned.
croes *f* (·**au**) cross.
croesair *m* (**croeseiriau**) crossword.
croesawgar *adj* hospitable.
croesawu *v* to welcome.
croesbren *m/f* (·**nau**) cross.
croes-ddweud *v* to contradict.
croesfan *f* (·**nau**) crossing.
croes-ffordd *f* (·**ffyrdd**) junction.
croesgad *f* (·**au**) crusade.
croesgad·wr *m* (·**wyr**) crusader.
croesgyfeirio *v* to cross-reference.
croeshoellad *m* crucifixion.
croeshoelio *v* to crucify.
croesholi *v* to cross-examine.
croesi *v* to cross.
croeslin *f* (·**iau**) diagonal.
croeso *m* welcome.
croesymgroes *adj* criss-cross.
crofen, crawen *f* (·**nau**, ·**nau**) rind.
crog *f* (·**au**) cross. • *adj* suspended.
crogi *v* to hang.
crogian·t *m* (·**nau**) suspension.
croglith *f*: **Dydd Gwener y Groglith** Good Friday.
croglofft *f* (·**ydd**) attic.
cronglwyd *f* (·**ydd**) roof.
crom|*adj* (*f*) round.

crombil *m/f* craw.
cromen *f* (·**nau**) dome.
cromfach *f* (·**au**) parenthesis.
cromlin *f* (·**iau**) curve; chord.
cron *adj* (*f*) round.
cronellau *see* **cronnell**.
cron·fa *f* (·**feydd**) reservoir; fund.
croniadur *m* (·**on**) accumulator.
croniclo *v* to chronicle.
cronnell *f* (·**au**) sphere.
cronni *v* to amass.
cronolegol *adj* chronological.
cropian, cropio *v* to crawl.
crosiet *m* (·**au**) crotchet.
crosio *v* to crochet.
crots *see* **crwt**.
croth *f* (·**au**) womb.
croyw *adj* pure.
croywder *m* clarity.
crud *m* cradle.
crug *m* (·**iau**) cairn.
crugyn *m* pile.
crwban *m* (·**od**) tortoise.
crwbi *m* (**crwbïod**) hump.
crwca *adj* crooked.
crwm *adj* curved.
crwn *adj* round.
crwner *m* (·**iaid**) coroner.
crwsâd *m/f* (**crwsadau**) crusade.
crwst *m* (**crystiau**) crust.
crwstyn, crystyn *m* (**crystiau**) crust.
crwt *m* (**crytiaid, crots, cryts**) lad.
crwth *m* (**crythau**) crwth, violin.
crwybr *m* (·**au**) honeycomb.
crwydr, crwydrad *m* wandering.
crwydro *v* to wander.
crwydrol *adj* wandering.
crwydryn *m* (**crwydriaid**) wanderer.
crwyn *see* **croen**.
crwys *f* (·**au**) cross.
crybwyll *v* to mention.
crych *adj* wrinkled. • *m* (·**au**) crease.
crychlyd *adj* wrinkled.
crychni *m* a wrinkling.
crychu *v* to wrinkle.

crychydd *m* heron.
cryd *m* (·**iau**) a shivering.
crydd *m* (·**ion**) cobbler.
cryf *adj* strong.
cryfder *m* strength.
cryfhau *v* to strengthen.
cryg, cryglyd *adj* hoarse.
crygni *m* hoarseness.
cryman *m* (·**au**) sickle.
crymanu *v* to swerve.
crymedd *m* curvature.
crymu *v* to stoop.
cryn *adj* quite.
cryndod *m* a shivering.
crynedig *adj* tremulous.
crynhoad *m* (**crynoadau**) collection.
crynhoi *v* to assemble.
crynion *from* **crwn**.
crynned *from* **crwn**.
cryno *adj* concise.
crynodeb *m/f* (·**au**) summary.
crynodedig *adj* concentrated.
crynodiad *m* (·**au**) concentration.
cryno-ddisg *m* (·**iau**) compact disc.
crynswth *m* entirety.
crynu *v* to shiver.
Cryn·wr *m* (·**wyr**) Quaker.
crys *m* (·**au**) shirt.
crys·bais *f* (·**beisiau**) jacket.
crystiau *see* **crwst**; **crwstyn**; **crystyn**.
cryts, crytiaid *see* **crwt**.
crythau *see* **crwth**.
crythor *m* (·**ion**) fiddler.
cu *adj* beloved.
cucumer *see* **ciwcymber**.
cuchiau *see* **cuwch**.
cuchio *v* to scowl.
cudyll *m* (·**od**) hawk.
cudyn *m* (·**nau**) ringlet.
cudd *adj* hidden.
cudd·fa *f* (·**fâu**, ·**feydd**) hiding place.
cuddfan *f* (·**nau**) hiding place.
cuddiedig *adj* hidden.
cuddio *v* to hide.
cuddwedd *f* camouflage.

cufydd *m* cubit.
cul *adj* narrow.
culfor *m* (·**oedd**) channel.
culhau *v* to narrow.
culni *m* narrowness.
cun *adj* dear; beautiful.
cur *m* ache.
curad *m* (·**iaid**) curate.
cur·fa *f* (·**feydd**, ·**fâu**) a beating.
curiad *m* (·**au**) a beat.
curlaw *m* driving rain.
curo *v* to strike.
curyll *m* (·**od**) hawk.
cusan *m/f* (·**au**) kiss.
cusanu *v* to kiss.
cut *m* (·**iau**) hut.
cuwch *m* (**cuchiau**) scowl.
cwafrio *v* to trill.
cwar *m* (·**rau**) quarry.
cwato *v* to hide.
cwb *m* (**cybiau**) kennel.
cwbl *adj* entire.
cwblhau *v* to complete.
cwcw *f* (**cwcŵod**) cuckoo.
cwcwll *m* (**cycyllau**) cowl.
cwch *m* (**cychod**) boat; hive.
cwd, cwdyn *m* (**cydau**) bag.
cweir *f* a hiding.
cwennod *see* **cywen**.
cweryl *m* (·**au**, ·**on**) quarrel.
cweryla *v* to quarrel.
cwerylgar *adj* quarrelsome.
cwest *m* inquest.
cwestiwn *m* (**cwestiynau**) question.
cwfaint *m* convent.
cwfl *m* (**cyflau**) hood.
cwffio *v* to fight.
cwgen *f* (·**ni**, ·**nod**) bread roll.
cwgn *m* (**cygnau**) knuckle.
cwil, cwilsyn *m* (·**s**, ·**nau**) quill.
cwlff, cwlffyn *m* hunk.
cwlwm *m* (**clymau**) knot.
cwm *m* (**cymoedd**) glen.
cwmni *m* (**cwmnïau**) company.
cwmnïaeth *f* companionship.
cwmnï·wr *m* (·**wyr**) companion.
cwmpas *m*: **o gwmpas** about.
cwmpasog *adj* roundabout.

cwmpasu *v* to encompass.
cwmpawd *m* (·au) compass.
cwmpeini *m* company.
cwmwd *m* (cymydau) commote.
cwmwl *m* (cymylau) cloud.
cŵn *see* ci.
cwningen *f* (cwningod) rabbit.
cwnsela *v* to counsel.
cwnstabl *m* (·iaid) constable.
cwota *m* (cwotâu) quota.
cwpan *m/f* (·au) cup.
cwpanaid *m/f* (cwpaneidiau) cupful.
cwpl, cwpwl *m* (cyplau) couple.
cwpla, cwpláu *v* to finish.
cwpled *m* (·i) couplet.
cwpwrdd *m* (cypyrddau) cupboard.
cwr *m* (cyrrau, cyrion) corner.
cwrcath, cwrci *m* (cwrcathod) tomcat.
cwrcwd *m* (cyrcydau) squatting.
cwrdd *m* (cyrddau) meeting.
cwrel *m* coral.
cwricwlwm *m* (cwricwla) curriculum.
cwrlid *m* (·au) counterpane.
cwrs *m* (cyrsiau) course.
cwrt *m* (cyrtiau) court.
cwrtais *adj* courteous.
cwrteisi, cwrteisrwydd *m* courtesy.
cwrw *m* beer.
cwrwg, cwrwgl, corwgl *m* (cyryglau) coracle.
cwsg *m* (cysgau) sleep.
cwsmer *m* (·iaid) customer.
cwt *m* (cytiau) hut; tail.
cwta *adj* barely; curt.
cwter *f* (·i) gutter.
cwtogi *v* to shorten.
cwtsio, cwtsied *v* to crouch.
cwyd *from* codi.
cwymp *m* (·au) a fall.
cwympo *v* to fall.
cwyn *m/f* (·ion) complaint.
cwynfan *v* to complain.
cwynfanllyd *adj* grumbling.
cwyno *v* to complain.
cwyr *m* wax.

cwyrdeb *m* rennet.
cwys *f* (·i, ·au) furrow.
cybiau *see* cwb.
cybolfa *f* hotchpotch.
cyboli *v* to talk nonsense.
cybydd *m* (·ion) miser.
cybyddlyd *adj* mean.
cycyllau *see* cwcwll.
cycyllog *adj* hooded.
cychod *see* cwch.
cychwyn *v* to begin.
cychwynnol *adj* initiul.
cyd *see* cyhyd.
cydadrodd *v* to recite together.
cydaid *m* (cydeidiau) bagful.
cydau *see* cwd.
cydbwysedd *m* equilibrium.
cydbwyso *v* to balance.
cyd-destun *m* (·au) context.
cyd-dynnu *v* to cooperate.
cyd-ddigwyddiad *m* (·au) coincidence.
cyd-ddyn *m* (·ion) fellow-man.
cydeidiau *see* cydaid.
cyd-fynd *v* to agree.
cyd-fyw *v* to live together.
cydganol *adj* concentric.
cydio *v* to hold.
cydlynu *v* to coordinate.
cydnabod *v* to acknowledge. • *m/f* (cydnabyddion) acquaintance.
cydnabyddedig *adj* acknowledged.
cydnabyddiaeth *f* recognition.
cydnaws *adj* congenial.
cydnerth *adj* strong.
cydol *m/f* whole.
cydosod *v* to assemble.
cydradd *adj* equal.
cydraddoldeb *m* equality.
cydran *f* (·nau) component.
cydryw *adj* homogeneous.
cydsynio *v* to agree.
cydweddu *v* to agree.
cydweithio *v* to cooperate.
cyd-weith·iwr *m* (·wyr) colleague.
cydweithrediad *m* cooperation.
cydweithredol *adj* cooperative.
cydweithredu *v* to cooperate.

cyd-weld *v* to agree.
cydwladol *adj* international.
cyd-wlad·wr *m* (**·wyr**) compatriot.
cydwybod *f* conscience.
cydwybodol *adj* conscientious.
cydymaith *m* (**cymdeithion**) companion.
cydymdeimlad *m* sympathy.
cydymdeimlo *v* to sympathise.
cydymffurfio *v* to conform.
cyddwysedd *m* condensation.
cyf. *abb* vol(ume); ltd; ref(erence).
cyfadran *f* (**·nau**) faculty (department).
cyfaddas *adj* suitable.
cyfaddawd *m* (**·au**) compromise.
cyfaddawdu *v* to compromise.
cyfaddef *v* to confess.
cyfagos *adj* adjoining.
cyfangu *v* to contract (draw in).
cyfaill *m* (**cyfeillion**) friend.
cyfaint *m* (**cyfeintiau**) volume.
cyfair *m* (**cyfeiriau**) acre.
cyfalaf *m* capital (money).
cyfalafiaeth *f* capitalism.
cyfamod *m* covenant.
cyfamodi *v* to covenant.
cyfamser *m* meantime.
cyfan *adj* complete.
cyfander *m* entirety.
cyfandir *m* (**·oedd**) continent.
cyfandirol *adj* continental.
cyfanheddu *v* to inhabit.
cyfannedd *m* (**cyfanheddau**) dwelling place.
cyfannu *v* to make whole.
cyfanrwydd *m* totality.
cyfansawdd *adj* composite.
cyfansoddi *v* to compose.
cyfansoddiad *m* (**·au**) constitution.
cyfansoddiadol *adj* constitutional.
cyfansodd·wr *m* (**·wyr**) composer.
cyfansodd·yn *m* (**·ion**) compound.
cyfanswm *m* (**cyfansymiau**) total.
cyfanwaith *m* (**cyfanweithiau**) entity.
cyfanwerthu *v* to sell wholesale.
cyfarch *v* to greet.

cyfarchiad *m* (**·au**) greeting.
cyfaredd *f* (**·au**) enchantment.
cyfareddol *adj* enchanting.
cyfareddu *v* to enchant.
cyfarfod *v* to meet. • *m* (**·ydd**) meeting, gathering.
cyfarfyddiad *m* (**·au**) meeting.
cyfarpar *m* apparatus.
cyfartal *adj* equal.
cyfartaledd *m* equality.
cyfarth *v* to bark.
cyfarthiad *m* (**·au**) a bark.
cyfarwydd *adj* familiar. • *m* (**·iaid**) story-teller.
cyfarwyddiad, cyfarwyddyd *m* (**cyfarwyddiadau**) direction.
cyfarwyddiadur *m* (**·on**) directory.
cyfarwyddo *v* to direct.
cyfarwydd·wr *m* (**·wyr**) director.
cyfateb *v* to correspond.
cyfatebiaeth *f* correspondence.
cyfatebol *adj* corresponding.
cyfath *adj* congruent.
cyfathrach *f* intercourse.
cyfathrachu *v* to have intercourse.
cyfathrebu *v* to communicate.
cyfddydd *m* daybreak.
cyfeb *adj* pregnant.
cyfebion *pl* pregnant animals.
cyfeddach *v* to carouse. • *f* carousal.
cyfeilian·t *m* (**·nau**) accompaniment.
cyfeilio *v* to accompany.
cyfeiliorn *m*: **ar gyfeiliorn** astray.
cyfeiliorni *v* to stray.
cyfeiliornus *adj* erroneous.
cyfeilydd *m* (**·ion**) accompanist.
cyfeillach *f* fellowship.
cyfeillachu *v* to associate.
cyfeilles *f* (**·au**) (female) friend.
cyfeillgar *adj* amicable.
cyfeillgarwch *m* friendship.
cyfeillion *see* **cyfaill**.
cyfeintiau *see* **cyfaint**.
cyfeiriad *m* (**·au**) direction; address.
cyfeiriadur *m* (**·on**) directory.
cyfeiriannu *v* to orienteer.
cyfeirio *v* to refer, to direct.
cyfenw *m* (**·au**) surname.

cyfer, cyfair *m* (**cyfeiriau**) acre: **ar gyfer** for.
cyferbyn *adj* opposite.
cyferbyniad *m* contrast.
cyferbyniol, cyferbynnol *adj* contrasting.
cyferbynnu *v* to contrast.
cyferfydd *from* **cyfarfod**.
cyfethol *v* to co-opt.
cyfiawn *adj* just.
cyfiawnder *m* justice.
cyfiawnhad *m* justification.
cyfiawnhau *v* to justify.
cyfieithiad *m* (·**au**) translation.
cyfieithu *v* to translate.
cyfieith·ydd *m* (·**wyr**) translator.
cyflafan *f* massacre.
cyflafareddu *v* to arbitrate.
cyflaith *m* toffee.
cyflanw(af) *from* **cyflenwi**.
cyflau *see* **cwfl**.
cyflawn *adj* entire.
cyflawnder *m* abundance.
cyflawni *v* to fulfil.
cyfle *m* (·**oedd**) opportunity.
cyfled *from* **llydan**.
cyflenwad *m* (·**au**) a supply.
cyflenwi *v* to supply.
cyflenwol *adj* complementary.
cyfleu *v* to convey.
cyfleus *adj* convenient.
cyfleustra, cyfleuster *m* (**cyfleusterau**) convenience.
cyflin *f* (·**iau**) parallel.
cyflog *m/f* (·**au**) wage.
cyflogaeth *f* employment.
cyflogedig *adj* employed.
cyflogi *v* to employ.
cyflogwr *m* employer.
cyflwr *m* (**cyflyrau**) condition.
cyflwyniad *m* (·**au**) presentation.
cyflwyno *v* to present.
cyflym *adj* quick.
cyflymder, cyflymdra *m* speed.
cyflymu *v* to accelerate.
cyflymydd *m* (·**ion**) accelerator.
cyflyrau *see* **cyflwr**.
cyflyru *v* to condition.

cyflythreniad *m* alliteration.
cyfnewid *v* to exchange.
cyfnewid·fa *f* (·**feydd**) clearing-house.
cyfnewidiol *adj* changeable.
cyfnither *f* (·**oedd**) (female) cousin.
cyfnod *m* (·**au**) period.
cyfnodol *adj* periodical.
cyfnodol·yn *m* (·**ion**) periodical.
cyfnos *m* dusk.
cyfochrog *adj* parallel.
cyfodi *v* to arise.
cyfoedion *pl* contemporaries.
cyfoes *adj* contemporary.
cyfoes·wr *m* (·**wyr**) contemporary.
cyfoeth *m* wealth.
cyfoethog *adj* rich.
cyfoethogi *v* to enrich.
cyfog *m* nausea.
cyfogi *v* to be sick.
cyfoglyd *adj* sickening.
cyforiog *adj* overflowing.
cyfosod *v* to set side by side.
cyfradd *m/f* (·**au**) rate.
cyfraith *f* (**cyfreithiau**) law.
cyfran *m/f* (·**nau**) portion.
cyfranddaliad *m* (·**au**) share.
cyfranddal·iwr, cyfranddeil·iad *m* (·**wyr**, ·**iaid**) shareholder.
cyfraniad *m* (·**au**) contribution.
cyfrannedd *f* (**cyfraneddau**) proportion.
cyfrannog *adj* participative.
cyfrannol *adj* contributory; proportional.
cyfrannu *v* to contribute.
cyfran·nwr *m* (·**wyr**) contributor.
cyfranogi *v* to partake.
cyfredol *adj* concurrent.
cyfreithiau *see* **cyfraith**.
cyfreithiol *adj* legal; judicial.
cyfreithiwr *m* (**cyfreithwyr**) lawyer, solicitor.
cyfreithlon *adj* lawful.
cyfreithloni *v* to legalise.
cyfres *f* (·**i**) series.
cyfrif *v* to count. • *m* (·**on**) account.
cyfrifiad *m* (·**au**) census.

cyfrifiadur *m* (·**on**) computer.
cyfrifiadureg *f* computer science.
cyfrifiannell *m* (**cyfrifianellau**) calculator.
cyfrifol *adj* responsible.
cyfrifoldeb *m* (·**au**) responsibility.
cyfrifydd *m* (·**ion**) accountant.
cyfrin *adj* mystic.
cyfrinach *f* (·**au**) secret.
cyfrinachol *adj* secret.
cyfrin·fa *f* (·**feydd**) lodge (trade union).
cyfrin-gyngor *m* privy council.
cyfriniaeth *f* mysticism.
cyfriniol *adj* mystical.
cyfrinydd *m* (**cyfrinwyr**) mystic.
cyfrodeddu *v* to plait.
cyfrol *f* (·**au**) volume.
cyfrwng *m* (**cyfryngau**) medium.
cyfrwy *m* (·**au**) saddle.
cyfrwyo *v* to saddle.
cyfrwys *adj* cunning.
cyfrwyster, cyfrwystra *m* craftiness.
cyfryngau *pl* media.
cyfryng·wr *m* (·**wyr**) mediator.
cyfryw *adj* such.
cyfuchlin *m* (·**au**) contour line.
cyfundeb *m* (·**au**) union.
cyfundrefn *f* (·**au**) system.
cyfundrefnu *v* to systemise.
cyfuniad *m* blend.
cyfuno *v* to combine.
cyfunrywiol *adj* homosexual.
cyfuwch *from* **uchel**.
cyf-weld *v* to interview.
cyfweliad *m* (·**au**) an interview.
cyfwerth *adj* equivalent.
cyfwng *m* (**cyfyngau**) interval.
cyfyd *from* **cyfodi**; **codi**.
cyfyng *adj* restricted.
cyfyngder *m* (·**au**) anguish.
cyfyngedig *adj* confined, limited.
cyfyng-gyngor *m* dilemma.
cyfyngu *v* to limit.
cyfyl *m* proximity.
cyfyrder *m* (**cyfyrdyr**) second cousin (male).

cyfyrdyres *m* (·**au**) second cousin (female).
cyfystyr *adj* synonymous.
cyfystyron *pl* synonyms.
cyff *m* (·**ion**) stock.
cyffaith *m* (**cyffeithiau**) preserve.
cyffeithio *v* to preserve.
cyffeithydd *m* (·**ion**) preservative.
cyffelyb *adj* like.
cyffelybiaeth *f* (·**au**) simile.
cyffelybu *v* to compare.
cyffes *f* (·**ion**) admission.
cyffesu *v* to confess.
cyffiniau *pl* borders.
cyffio *v* to stiffen.
cyffion *pl* stocks.
cyfflogiaid, cyfflogod *see* **cyffylog**.
cyffordd *f* (**cyffyrdd**) junction.
cyfforddus *adj* comfortable.
cyffredin *adj* common.
cyffredinedd *m* mediocrity.
cyffredinoli *v* to generalise.
cyffro *m* commotion.
cyffroi *v* to agitate.
cyffrous *adj* agitated.
cyffry *from* **cyffroi**.
cyffur *m* (·**iau**) drug.
cyffwrdd *v* to touch.
cyffylog *m*/*f* (**cyfflogod, cyfflogiaid**) woodcock.
cyffyrdd *see* **cyffordd**.
cyffyrddaf *from* **cyffwrdd**.
cyffyrddiad *m* (·**au**) touch.
cyffyrddus *adj* comfortable.
cynganeddion *see* **cynghanedd**.
cynganeddu *v* to write cynghanedd; to harmonise.
cyngerdd *m*/*f* (**cyngherddau**) concert.
cynghanedd *f* (**cynganeddion**) metrical verse form; harmony.
cynghorau *see* **cyngor**.
cynghori *v* to counsel.
cynghorion *see* **cyngor**.
cynghorwr, cynghorydd *m* (**cynghorwyr**) councillor.
cynghrair *m*/*f* (**cynghreiriau**) league.

cynghreiriad *m* (**cynghreiriaid**) ally.

cyngor *m* (**cynghorion**) counsel: (**cynghorau**) council.

cyngres *f* (·**au**) congress.

cyhoedd *m* the public.

cyhoeddi *v* to publish; to announce.

cyhoeddiad *m* (·**au**) publication; announcement.

cyhoeddus *adj* public.

cyhoeddusrwydd *m* publicity.

cyhoedd·wr *m* (·**wyr**) announcer.

cyhuddiad *m* (·**au**) accusation.

cyhuddo *v* to accuse.

cyhudd·wr *m* (·**wyr**) plaintiff.

cyhwfan *v* to flutter.

cyhyd, cyd *from* **hir**.

cyhydedd *m* equator.

cyhydnos *f* (·**au**) equinox.

cyhyr *m* (·**au**) muscle.

cyhyrog *adj* muscular.

cylch *m* (·**oedd**) circle.

cylchdaith *f* (**cylchdeithiau**) tour.

cylchdro *m* (·**eon**) rotation.

cylchdroi *v* to revolve.

cylched *f* (·**au**) circuit.

cylchedd *m* circumference.

cylch·fa *f* (·**faoedd, ·fâu**) zone.

cylchfan *m* (·**nau**) roundabout.

cylchgrawn *m* (**cylchgronau**) magazine.

cylchlythyr *m* (·**on**) circular.

cylchredeg *v* to circulate.

cylchrediad *m* circulation.

cylchynu *v* to surround.

cyll *see* **collen**.

cylla *m* stomach.

cyllell *f* (**cyllyll**) knife.

cyllid *m* income.

cyllideb *f* (·**au**) budget.

cyllidol *adj* financial.

cyllyll *see* **cyllell**.

cymaint *from* **mawr**.

cymal *m* (·**au**) joint; clause.

cymanfa *f* (·**oedd**) assembly.

cymanwlad *f* commonwealth.

cymar *m/f* (**cymheiriaid**) companion.

cymarebau *see* **cymhareb**.

cymariaethau *see* **cymhariaeth**.

cymathiad *m* assimilation.

cymathu *v* to assimilate.

cymdeithas *f* (·**au**) society.

cymdeithaseg *f* sociology.

cymdeithasol *adj* social.

cymdeithasu *v* to socialise.

cymdeithion *see* **cydymaith**.

cymdogaeth *f* (·**au**) neighbourhood.

cymdoges *f* (female) neighbour.

cymdoglon *see* **cymydog**.

cymdogol *adj* neighbourly.

cymedrol *adj* moderate.

cymedroldeb *m* moderation.

cymedroli *v* to moderate.

cymell *v* to urge.

cymelliadau *see* **cymhelliad**.

cymen *adj* neat.

cymer *from* **cymryd**.

cymeradwy *adj* approved.

cymeradwyaeth *f* approval; applause.

cymeradwyo *v* to approve.

cymeriad *m* (·**au**) character.

cymesur *adj* symmetrical.

cymesuredd *m* symmetry.

cymhareb *f* (**cymarebau**) ratio.

cymhariaeth *f* (**cymariaethau**) comparison.

cymharol *adj* comparative.

cymharu *v* to compare.

cymheiriaid *see* **cymar**.

cymhell(af) *from* **cymell**.

cymhell·iad *m* (·**ion, cymelliadau**) incentive.

cymhenned *from* **cymen**.

cymhennu *v* to tidy.

cymhleth *adj* complicated. • *f* complex.

cymhlethdod *m* (·**au**) complexity.

cymhlethu *v* to complicate.

cymhorthdal *m* (**cymorthdaliadau**) subsidy.

cymhorthion *see* **cymorth**.

cymhwysed *from* **cymwys**.

cymhwysiad *m* adaptation.

cymhwyso *v* to adapt.

cymhwysol *adj* applied.
cymhwyster *m* (**cymwysterau**) suitability.
cymod *m* reconciliation.
cymodi *v* to reconcile.
cymodlon, cymodol *adj* conciliatory.
cymoedd *see* **cwm**.
cymoni *v* to tidy.
cymorth *m* (**cymhorthion**) aid.
cymorthdaliadau *see* **cymhorthdal**.
Cymraeg *f* Welsh (language).
Cymraes *f* (**Cymraēsau**) Welshwoman.
cymrawd *m* (**cymrodyr**) fellow.
Cymreig *adj* Welsh.
Cymro *m* (**Cymry**) Welshman.
cymrodedd *m* arbitration.
cymrodeddu *v* to arbitrate.
cymrodoriaeth *f* fellowship.
cymrodyr *see* **cymrawd**.
Cymry *see* **Cymro**.
cymryd *v* to take.
cymudo *v* to commute.
cymud·wr *m* (**·wyr**) commuter.
cymun, cymundeb *m* communion.
cymuned *f* (**·au**) community.
cymunedol *adj* community.
cymwynas *f* (**·au**) favour.
cymwynasgar *adj* obliging.
cymwynasgarwch *m* benevolence.
cymwys *adj* suitable.
cymwysterau *see* **cymhwyster**.
cymydau *see* **cwmwd**.
cymydog *m* (**cymdogion**) neighbour.
cymylau *see* **cwmwl**.
cymylog *adj* cloudy.
cymylu *v* to cloud over.
cymynnu *v* to bequeath.
cymynrodd *f* (**·ion**) bequest.
cymynu *v* to hew.
cymyn·wr *m* (**·wyr**) woodcutter.
cymysg *adj* mixed.
cymysgedd *m/f* mixture.
cymysgfa *f* mixture.
cymysglyd *adj* muddled.

cymysgryw *adj* hybrid, mongrel.
cymysgu *v* to mix.
cymysgwch *m* mixture.
cyn *prep* before. • *adv* as, so.
cŷn *m* (**cynion**) chisel.
cynadledda *v* to attend conferences.
cynadleddau *see* **cynhadledd**.
cynaeafau *see* **cynhaeaf**.
cynaeafu *v* to harvest.
cynaniad *m* (**·au**) pronunciation.
cynanu *v* to pronounce.
cyndeidiau *pl* forefathers.
cynderfynol *adj* semi-final.
cyndyn *adj* stubborn.
cyndynrwydd *m* obstinacy.
cynddaredd *f* rage; rabies.
cynddeiriog *adj* rabid.
cynddeiriogi *v* to infuriate.
cynddelw *f* (**·au**) blueprint.
cynddrwg *from* **drwg**.
cyneddfau *see* **cynneddf**.
cynefin *adj* familiar. • *m* (**·oedd**) habitat.
cynefino *v* to become familiar with.
cyneu(af) *from* **cynnau**.
cynfrodorion *pl* aborigines.
cynfrodorol *adj* aboriginal.
cynfyd *m* antiquity.
cynffon *f* (**·nau**) tail.
cynffonna *v* to fawn.
cynffonnog *adj* tailed.
cynfon·nwr *m* (**·wyr**) sycophant.
cynhadledd *f* (**cynadleddau**) conference.
cynhaeaf *m* (**cynaeafau**) harvest.
cynhaliaeth *f* maintenance.
cynhal(iaf) *from* **cynnal**.
cynhal·iwr *m* (**·wyr**) supporter.
cynhanesyddol *adj* prehistoric.
cynhared *from* **cynnar**.
cynhebrwng *m* funeral.
cynheil·iad *m* (**·iaid**) supporter.
cynhel(iais) *from* **cynnal**.
cynhengar *adj* contentious.
cynhenid *adj* innate.
cynhenna, cynhennu *v* to quarrel.
cynhennau *see* **cynnen**.
cynhennus *adj* cantankerous.

cynhesed *from* cynnes.
cynhesrwydd *m* warmth.
cynhesu *v* to warm.
cynhorthwy *m* (cynorthwyon) aid.
cynhwys(af) *from* cynnwys.
cynhwysfawr *adj* comprehensive.
cynhwysiad *m* content.
cynhwysion *pl* contents.
cynhwysydd *m* (cynwysyddion) container.
cynhyrchiad *m* (cynyrchiadau) production.
cynhyrchiol *adj* productive.
cynhyrchion *see* cynnyrch.
cynhyrchu *v* to produce.
cynhyrch·ydd *m* (·wyr, cynyrchyddion) producer.
cynhyrfau *see* cynnwrf.
cynhyrfiad *m* (cynyrfiadau) a stirring.
cynhyrfu *v* to excite.
cynhyrfus *adj* stirring.
cynhyrf·wr *m* (·wyr) agitator.
cyni *m* hardship.
cynifer *adj* as many.
cyniferydd *m* quotient.
cynigiad *m* (·au) proposal.
cynig(iaf) *from* cynnig.
cynigion *see* cynnig.
cynigydd *m* (cynigwyr) proposer.
cynildeb, cynilder *m* thrift.
cyniled *from* cynnil.
cynilion *pl* savings.
cynilo *v* to save.
cyniwair, cyniweirio *v* to gather.
cynllun *m* (·iau) plan.
cynllunio *v* to plan, to design.
cynllunydd *m* (cynllunwyr) planner.
cynllwyn *m* (·ion) intrigue.
cynllwynio, cynllwyno *v* to conspire.
cynllwyn·iwr *m* (·wyr) conspirator.
cynnal *v* to support.
cynnar *adj* early.
cynnau *v* to light.
cynneddf *f* (cyneddfau) faculty.
cynnen *f* (cynhennau) contention.

cynnes *adj* warm.
cynnig *m* (cynigion) offer. • *v* to offer.
cynnil *adj* frugal.
cynnud *m* firewood.
cynnull *v* to gather together.
cynnwrf *m* (cynhyrfau) commotion.
cynnwys *m* (cynhwysion) content. • *v* to include.
cynnydd *m* increase.
cynnyrch *m* (cynhyrchion) produce.
cynoesol *adj* primeval.
cynorthwyo *v* to assist.
cynorthwyol *adj* assistant.
cynorthwyon *see* cynhorthwy.
cynorthwywr, cynorthwyydd *m* (cynorthwywyr) assistant.
cynradd *adj* primary.
cynrychioladol *adj* representative.
cynrychiolaeth *f* representation.
cynrychioli *v* to represent.
cynrychiolydd, cynrychiolwr *m* (cynrychiolwyr) representative.
cynrhonllyd *adj* maggot-ridden.
cynrhonyn *m* (cynrhon) maggot.
cynsail *f* (cynseiliau) precedent.
cynt *from* cynnar; cyflym. • *adv* formerly.
cyntaf *adj* first.
cyntaf-anedig *adj* first-born.
cynted *from* cynnar.
cyntedd *m* (·au) porch.
cyntefig *adj* primitive.
cyntun *m* nap.
cynullaf *from* cynnull.
cynulleidfa *f* (·oedd) audience.
cynulleidfaol *adj* congregational.
cynulliad *m* a gathering.
cynullydd *m* (cynullwyr) convenor.
cynwysedig *adj* inclusive.
cynwysyddion *see* cynhwysydd.
cynyddol *adj* increasing.
cynyddu *v* to increase.
cynyrchiadau *see* cynhyrchiad.
cynyrchyddion *see* cynhyrchydd.
cynyrfiadau *see* cynhyrfiad.

cynysgaeddu *v* to endow.
cyplad *m* copula.
cyplau *see* **cwpl, cwpwl**.
cyplysnod *m* (·**au**) hyphen.
cyplysu *v* to link.
cypreswydden *f* (**cypreswydd**) cypress tree.
cypyrddaid *m* (**cypyrddeidiau**) cupboardful.
cypyrddau *see* **cwpwrdd**.
cyraeddiadau *see* **cyrhaeddiad**.
cyrbibion *pl* smithereens.
cyrcs *see* **corcyn**.
cyrcydau *see* **cwrcwd**.
cyrcydu *v* to squat.
cyrch *m* (·**oedd**) attack.
cyrch·fa *f* (·**feydd**) rendezvous.
cyrch·fan *m/f* (·**nau**) resort; rendezvous.
cyrchu *v* to attack.
cyrd *see* **cordyn**.
cyrddau *see* **cwrdd**.
cyrff *see* **corff**.
cyrhaedd(af) *from* **cyrraedd**.
cyrhaeddiad *m* (**cyraeddiadau**) reach.
cyrïau *see* **cyrri**.
cyrion *see* **cwr**.
cyrlen *f* (**cyrls**) a curl.
cyrliog *adj* curly.
cyrn *see* **corn**.
cyrraedd *v* to reach.
cyrrau *see* **cwr**.
cyrri *m* (**cyrïau**) curry.
cyrs *see* **corsen**.
cyrsiau *see* **cwrs**.
cyrt *see* **cordyn**.
cyrtiau *see* **cwrt**.
cyrydu *v* to erode.
cyryglau *see* **cwrwg**.
cysáct *adj* exact.
cysawd *m* (**cysodau**) system.
cysefin *adj* native.
cysegr *m* (·**au**) holy place.
cysegredig *adj* sacred.
cysegriad *m* consecration.
cysegru *v* to consecrate.
cyseinedd *m* alliteration.

cysetlyd *adj* finicky.
cysgadur *m* (·**iaid**) sleeper.
cysgau *see* **cwsg**.
cysglyd *adj* drowsy.
cysgod *m* (·**ion**) shadow.
cysgodi *v* to shelter.
cysgodol *adj* sheltered.
cysgu *v* to sleep.
cysg·wr *m* (·**wyr**) sleeper.
cysodau *see* **cysawd**.
cysodi *v* to set type.
cysodydd *m* compositor.
cyson *adj* regular.
cysondeb *m* consistency.
cysoni *v* to reconcile.
cystadleuaeth *f* (**cystadlaethau**) competition.
cystadleuol *adj* competitive.
cystadleu·wr, cystadleu·ydd *m* (·**wyr**) competitor.
cystadlu *v* to compete.
cystal *adj* as good as.
cystrawen *f* (·**nau**) syntax.
cystudd *m* (·**iau**) affliction.
cystuddio *v* to afflict.
cystwyo *v* to chastise.
cysur *m* (·**on**) consolation.
cysuro *v* to comfort.
cysurus *adj* comfortable.
cysur·wr *m* (·**wyr**) comforter.
cyswllt *m* (**cysylltau, cysylltiadau**) connection.
cysylltair *m* (**cysyllteiriau**) conjunction.
cysylltiad *m* (·**au**) connection.
cysylltiedig *adj* connected.
cysylltiol *adj* connecting.
cysylltnod *m* (·**au**) hyphen.
cysylltu *v* to join.
cysylltydd *m* (·**ion**) contact.
cysyniad *m* (·**au**) concept.
cytbell *adj* equidistant.
cytbwys *adj* balanced.
cytbwysedd *m* balance.
cytew *m* batter.
cytgan *m/f* (·**au**) chorus.
cytgord *m* (·**iau**) concord.
cytiau *see* **cwt**.

cytir *m* common land.
cytsain *f* (**cytseiniaid**) consonant.
cytser *m* (·**au**) constellation.
cytûn *adj* in agreement.
cytundeb *m* (·**au**) agreement.
cytuno *v* to agree.
cythlwng *m* hunger.
cythraul *m* (**cythreuliaid**) fiend.
cythreulig *adj* diabolical.
cythru *v* to rush.
cythruddo *v* to annoy.
cythrwfl *m* commotion.
cythryblus *adj* turbulent.
cyw *m* (·**ion**) chick.
cywain *v* to garner.
cywair *m* (**cyweiriau**) key.
cywaith *m* (**cyweithiau**) project.
cywarchen *f* (**cywarch**) hemp.
cywasgiad *m* compression.
cywasgu *v* to compress.
cywasgydd *m* (·**ion**) compressor.

cywein(iaf) *from* **cywain**.
cyweiriau *see* **cywair**.
cyweirio *v* to repair; to tune.
cyweirnod *m* key signature.
cyweithiau *see* **cywaith**.
cywen *f* (·**nod, cwennod**) pullet.
cywilydd *m* shame.
cywilyddio *v* to shame.
cywilyddus *adj* shameful.
cywir *adj* correct.
cywirdeb *m* accuracy.
cywiriad *m* (·**au**) correction.
cywiro *v* to correct.
cywir-wr *m* (·**wyr**) corrector.
cywrain *adj* adroit.
cywreinrwydd *m* skill.
cywydd *m* (·**au**) Welsh strict-metre poem.
cywydd-wr *m* (·**wyr**) composer of a cywydd.

Ch

chwa *f* (·**on**) gust.
chw·aer *f* (·**iorydd**) sister.
chwaeth *f* (·**au, ·oedd**) taste.
chwaethach *adv* let alone.
chwaethus *adj* tasteful.
chwain *see* **chwannen**.
chwaith, ychwaith *adv* either, neither.
chwâl *adj* scattered.
chwal·fa *f* (·**feydd**) (a) scattering.
chwalu *v* to scatter.
chwannen *f* (**chwain**) flea.
chwannog *adj* inclined to.
chwant *m* (·**au**) appetite.
chwap *adj* at once.
chwarae *v* to play. • *m* (·**on**) game.
chwarae-wr *m* (·**wyr**) player.
chwardd *from* **chwerthin**.
chwarddiad *m* laugh.
chwarel *m/f* (·**i**) quarry.
chwarel·wr *m* (·**wyr**) quarryman.
chwarennau *see* **chwarren**.
chwareus *adj* playful.

chwar·ren *f* (·**ennau**) gland.
chwart *m* (·**(i)au**) quart.
chwarter *m* (·**i**) quarter.
chwe, chwech *num* six.
chweched *adj* sixth.
chwedl *f* (·**au**) tale.
chwedleua *v* to gossip.
chwedloniaeth *f* mythology.
chwedlonol *adj* legendary.
chwedyn *adv* after: **na chynt na chwedyn** neither before nor since.
Chwefror *m* February.
chwegr *f* (·**au**) mother-in-law.
chwegr·wn *m* (·**ynau, ·yniaid**) father-in-law.
chweinllyd *adj* flea-ridden.
chwel(ais) *from* **chwalu**.
chwennych *v* to covet.
chwerdd(ais) *from* **chwerthin**.
chwerf·an *f* (·**ain**) pulley.
chwerthin *v* to laugh.
chwerthiniad *m* (·**au**) a laugh.

chwerthinllyd *adj* laughable.
chwerw *adj* bitter.
chwerwder, chwerwdod, chwerwedd *m* bitterness.
chwerwi *v* to embitter.
chwery *from* chwarae.
chwîb *f* whistle.
chwiban *m/f* (·au) whistle.
chwibaniad *m* whistle.
chwibanogl *f* (·au) flute.
chwibanu *v* to whistle.
chwifio *v* to wave.
chwil *adj* reeling.
chwilboeth *adj* red-hot.
chwil·en *f* (·od) beetle.
chwiler *m* (·od) chrysalis, pupa.
chwilfriw *adj* shattered.
chwilfrydedd *m* curiosity.
chwilfrydig *adj* inquisitive.
chwilio *v* to search.
chwil·iwr *m* (·wyr) seeker.
chwilmanta, chwilmantan, chwilmentan *v* to rummage.
chwil·olau *m* (·oleuadau) searchlight.
chwilota *v* to rummage.
chwilot·wr *m* (·wyr) searcher.
chwim *adj* swift.
chwimder, chwimdra *m* nimbleness.
chwimwth *adj* nimble.
chwinciad *m* twinkling.
chwiorydd *from* chwaer.
chwip *f* (·iau) whip.
chwipio *v* to whip.
chwirligwgan, chwrligwgan, chwyrligwgan *m* whirligig.
chwistrell *f* (·au, ·i) syringe.
chwistrelliad *m* injection.
chwistrellu *v* to squirt; to inject.
chwit-chwat *adj* fickle.
chwith *adj* left.

chwithau *pron* you.
chwithdod *m* strangeness.
chwithig *adj* strange, awkward.
chwiw *f* (·iau) whim.
chwychwi *pron* you yourselves.
chwydu *v* to vomit.
chwydd, chwyddi *m* a swelling.
chwyddedig *adj* bloated.
chwyddhau *v* to magnify.
chwyddiant *m* inflation.
chwyddo *v* to swell.
chwyddwydr *m* (·au) magnifying glass.
chwyldro, chwyldroad *m* (·(ad)au) revolution.
chwyldroadol *adj* revolutionary.
chwyldroad·wr *m* (·wyr) revolutionary.
chwyldroi *v* to revolve.
chwylolwyn *f* (·ion) fly-wheel.
chwyn *see* chwynnyn.
chwŷn *from* cwyno.
chwynleidd·iad *m* (·iaid) weed-killer.
chwynnu *v* to weed.
chwynnyn *m* (chwyn) weed.
chwyrlïo *v* to whirl.
chwyrlïydd *m* whisk.
chwyrn *adj* vigorous.
chwyrnellu *v* to whirl.
chwyrnu *v* to snore.
chwys *m* perspiration.
chwysfa *f* muck sweat.
chwysig·en *f* (·od) blister.
chwyslyd *adj* sweaty.
chwysu *v* to sweat.
chwyth *m* breath.
chwythbrennau *pl* woodwind (instruments).
chwythu *v* to blow.
chwyth·wr *m* (·wyr) blower.

D

da *adj* good. • *m* cattle.
dacw *adv* there.
da-da *pl* sweets.
dadansoddi *v* to analyse.
dadansoddiad *m* (·**au**) analysis.
dadansoddol *adj* analytical.
dadbacio *v* to unpack.
dadebru *v* to revive.
dadelfennu *v* to decompose.
dadeni *m* renaissance.
dadfeilio *v* to decay.
dadflino *v* to revive.
dadfygio *v* to debug.
dadhydradedd *m* dehydration.
dadl *f* (·**euon**) argument.
dadlaith *v* to thaw.
dadlau *v* to argue.
dadlennol *adj* revealing.
dadlennu *v* to disclose.
dadleuol *adj* controversial.
dadleuon *see* **dadl**.
dadleu·wr *m* (·**wyr**) debater.
dadlwytho *v* to unload.
dadlygru *v* to decontaminate.
dadmer *v* to thaw.
dadorchuddio *v* to unveil.
dadrithiad *m* disillusionment.
dadrithio *v* to disillusion.
dadwisgo *v* to undress.
dad-wneud, dadwneuthur *v* to undo.
dadwrdd *m* tumult.
dadwreiddio *v* to uproot.
daear *f* (·**oedd**) earth.
daeareg *f* geology.
daearegol *adj* geological.
daeareg·ydd *m* (·**wyr**) geologist.
daear·gi *m* (·**gwn**) terrier.
daeargryn *m/f* (·**fâu**, ·**feydd**) earthquake.
daearol *adj* earthly.
daearu *v* to earth.
daearyddiaeth *f* geography.
daearyddol *adj* geographical.

daeth *from* **dod**.
dafad *f* (**defaid**) sheep; (·**ennau**) wart.
dafadennog *adj* wart-covered.
dafn *m* (·**au**, **defni**) drop.
dagrau *see* **deigryn**.
dagreuol *adj* tearful.
dail *see* **deilen**.
daioni *m* goodness.
daionus *adj* beneficial.
dal, dala *v* to catch.
dalen *f* (·**nau**) sheet (of paper).
dal·fa *f* (·**feydd**) a catch.
dalgylch *m* (·**oedd**) catchment.
daliad *m* (·**au**) opinion.
dal·iwr *m* (·**wyr**) catcher.
dall *adj* blind.
dallineb *m* blindness.
dallu *v* to blind.
damcaniaeth *f* (·**au**) hypothesis.
damcaniaethol *adj* hypothetical.
damcaniaethu *v* to speculate.
dam·eg *f* (·**hegion**) parable.
damhegol *adj* allegorical.
damnedigaeth *f* damnation.
damnio *v* to curse.
damniol *adj* damning.
damsang *v* to trample.
dam·wain *f* (·**weiniau**) accident.
damweiniol *adj* accidental.
dan *prep* under.
danadl, dynad *see* **danhadlen**.
danas *m/f* fallow deer.
dandwn *v* to pamper.
danfon *v* to send.
dangos *v* to show.
danhadlen *f* (**danadl, dynad**) nettles.
danheddog *adj* serrated.
dannedd *see* **dant**.
dannod *v* to reproach.
dannoedd, dannodd *f* toothache.
danodd *adv* below.
dan·t *m* (·**nedd**) tooth.

dant·aith *m* (**·eithion**) delicacy.
danteithiol *adj* delicious.
darbodus *adj* prudent.
darbwyllo *v* to persuade.
darfod *v* to cease; to happen.
darfodedig *adj* transient.
darfodedigaeth *m/f* consumption.
darfudiad *m* convection.
darganfod *v* to discover.
darganfyddiad *m* (**·au**) discovery.
darganfydd·wr *m* (**·wyr**) discoverer.
dargludiad *m* conduction.
dargludo *v* to conduct.
dargludydd *m* (**·ion**) conductor.
dargopïo *v* to trace.
dargyfeiriad *m* (**·au**) diversion.
dargyfeirio *v* to divert; to diversify.
darlith *f* (**·iau**, **·oedd**) lecture.
darlithio *v* to lecture.
darlith·ydd *m* (**·wyr**) lecturer.
darlun *m* (**·iau**) picture.
darluniadol *adj* illustrated.
darlunio *v* to illustrate.
darllediad *m* (**·au**) broadcast.
darlledu *v* to broadcast.
darlled·wr *m* (**·wyr**): **darlled·wraig** *f* broadcaster.
darllen *v* to read.
darllengar *adj* fond of reading.
darllenadwy *adj* legible; readable.
darllen·wr, **darllenydd** *m* (**·wyr**, **·ion**) reader.
darn *m* (**·au**) part.
darnio *v* to break up.
darn·ladd *v* to thrash.
darogan *v* to predict.
darostwng *v* to subjugate.
darostyngedig *adj* subjugated.
darpar *adj* prospective.
darpariaeth *f* (**·au**) preparation.
darparu *v* to prepare.
darpar·wr *m* (**·wyr**) provider.
darseinydd *m* (**·ion**) loudspeaker.
daru *from* **darfod**.
darwden *f* ringworm.
datblygiad *m* (**·au**) development.
datblygu *v* to develop.
datblyg·ydd *m* (**·wyr**) developer.

datgan *v* to declare, to state.
datganiad *m* (**·au**) statement.
datganoli *v* to decentralise.
datgein·iad *m* (**·iaid**) narrator.
datgelu *v* to reveal.
datgloi *v* to unlock.
datglymu *v* to undo.
datod *v* to untie.
datrys *v* to solve.
datrysiad *m* (**·au**) solution.
datwm *m* (**data**) datum.
datysen *f* (**datys**) date.
dathliad *m* (**·au**) celebration.
dathlu *v* to celebrate.
dau *num* (**deuoedd**) two.
dauddyblyg *adj* twofold.
daufiniog *adj* double-edged.
dauwynebog *adj* hypocritical.
daw *from* **dod**.
dawn *m/f* (**doniau**) ability.
dawns *f* (**·iau**, **·feydd**) dance.
dawns·iwr *m* (**·wyr**) dancer.
dawnus *adj* gifted.
dawr as in **ni'm dawr**; **nis dawr** to be of interest.
de, deau *m* (the) South. • *adj* southern.
de *f* (the) right. • *adj* right.
deall *v* to understand. • *m* intellect.
dealladwy *adj* intelligible.
dealledig *adj* implicit.
dealltwriaeth *f* understanding.
deallus *adj* intelligent.
deallusion *pl* intelligentsia.
deallusrwydd *m* intelligence.
deau *see* **de**.
dechrau *v* to start. • *m* a start.
dechreuad *m* start.
dechreuol *adj* initial.
dechreu·wr *m* (**·wyr**) beginner.
dedfryd *f* (**·au**) verdict, sentence.
dedfrydu *v* to sentence.
dedwydd *adj* blissful.
dedwyddwch *m* bliss.
deddf *f* (**·au**) law; act.
deddfol *adj* legalistic.
deddfu *v* to legislate.
deddfwriaeth *f* legislation.

de-ddwyrain *adj* southeast.
deellir *from* **deall**.
defaid *see* **dafad**.
defni *see* **dafn**.
defnydd *m* (**·iau**) material.
defnyddio *v* to use.
defnyddiol *adj* useful.
defnyddioldeb *m* usefulness.
defnydd·iwr *m* (**·wyr**) user, consumer.
defnyn *m* (**·nau, dafnau**) drop.
defod *f* (**·au**) rite.
deffro *v* to wake.
deffroad *m* (**·au**) awakening.
deg, deng *num* (**·au**) ten.
degawd *m* (**·au**) decade.
degfed *adj* tenth.
degol *adj* decimal.
degol·yn *m* (**·ion**) a decimal.
deg·wm *m* (**·ymau**) tithe.
dengwaith *adv* ten times.
deheubarth *m* southern part.
deheuig *adj* adroit.
deheulaw *f* right hand.
deheuol *adj* southern.
deheurwydd *m* dexterity.
deheu·wr *m* (**·wyr**) Southerner.
dehongli *v* to interpret.
dehongliad *m* (**deongliadau**) interpretation.
deifio *v* to scorch.
deifiol *adj* withering.
deigryn *m* (**dagrau**) tear.
deil *from* **dal**.
deilen *f* (**dail**) leaf.
deilgoll *adj* deciduous.
deil·iad *m* (**·iaid**) tenant.
deilio *v* to sprout.
deiliog *adj* leafy.
deillio *v* to stem from.
deillion *pl* the blind.
deintio *v* to set one's teeth in.
deintydd *m* (**·ion**) dentist.
deintyddol *adj* dental.
deiseb *f* (**·au**) petition.
deisyf, deisyfu *v* to implore.
deisyfiad *m* (**·au**) entreaty.
del *adj* pretty.
dêl, del(o) *from* **dod**.

delfryd *m/f* (**·au**) ideal.
delfrydol *adj* ideal.
delfryd·wr *m* (**·wyr**) idealist.
deli *from* **dal**.
delio *v* to deal.
delw *f* (**·au**) statue, idol.
delwedd *f* (**·au**) image.
delweddu *v* to symbolise.
dellni *m* blindness.
dellten *f* (**dellt**) lath.
denfyn *from* **danfon**.
dengar *adj* attractive.
dengys *from* **dangos**.
deniadol *adj* attractive.
denu *v* to attract.
D. Enw *abb* A. N. Other.
deongliadau *see* **dehongliad**.
deon *m* (**·iaid**) dean.
deor, deori *v* to hatch.
deor·fa *f* (**·fâu, ·feydd**) hatchery.
de-orllewin *m* southwest.
deorydd *m* (**·ion**) incubator.
derbyn *v* to receive.
derbyniad *m* (**·au**) reception.
derbyniadwy *adj* admissible.
derbyniol *adj* acceptable.
derbynneb *f* (**derbynebau**) receipt.
derbynnydd *m* receiver.
dere *from* **dod**.
der(fydd) *from* **darfod**.
derw *adj* oaken. • *pl* oaks.
derwen *f* (**deri, derw**) oak tree.
derwreinyn *m/f* (**derwraint**) ringworm.
derwydd *m* (**·on**) druid.
deryn *see* **aderyn**.
destlus *adj* neat.
detrys *from* **datrys**.
detyd *from* **datod**.
dethau *adj* adroit.
dethol *adj* select. • *v* to select.
detholiad *m* (**·au**) selection.
deu(af) *from* **dod**.
deuaidd *adj* binary.
deuawd *m/f* (**·au**) duet.
deublyg *adj* twofold.
deuddeg, deuddeng *num* twelve.
deuddyn *m* couple.

deufin *adj* double-edged.
deufisol *adj* bi-monthly.
deugain *num* forty.
deunaw *num* eighteen.
deuoedd *see* **dau**.
deuol *adj* dual.
deuoliaeth *f* dualism.
deuparth *m* two-thirds.
deupen *m* two ends.
deurudd *m* the cheeks.
deusain *m* dipthong.
deuwch, dewch *from* **dod**.
dewin *m* (·**iaid**) wizard.
dewiniaeth *f* sorcery, wizardry.
dewinio *v* to divine.
dewis *v* to choose. • *m* (·**iadau**)
   choice.
dewis·iwr *m* (·**wyr**) selector.
dewisol *adj* select.
dewr *adj* brave.
dewrder *m* courage.
dewrion *pl* braves.
diacen *adj* unaccented.
diacon *m* (·**iaid**) deacon.
diachos *adj* needless.
diadell *f* (·**au**, ·**oedd**) flock.
diaddurn *adj* unadorned.
diafol *m* demon, devil.
diangen *adj* unnecessary.
diangfâu *see* **dihangfa**.
dianghenraid *adj* inessential.
di-ail *adj* incomparable.
diail *from* **dial**.
diainc *from* **dianc**.
dial *v* to avenge.
dialedd *m* vengeance.
dialgar *adj* vengeful.
di-alw-amdano *adj* uncalled-for.
dial·ydd *m* (·**wyr**) avenger.
diamau *adj* doubtless.
diamcan *adj* aimless.
diamheuol *adj* undeniable.
diamodol *adj* unconditional.
diamwys *adj* unambiguous.
diamynedd *adj* impatient.
dianaf *adj* uninjured.
dianc *v* to escape.
diarddel *v* to expel.

diarddeliad *m* expulsion.
diarfogi *v* to disarm.
diarffordd *adj* inaccessible.
diarhebion *see* **dihareb**.
diarhebol *adj* proverbial.
diaroglydd *m* (·**ion**) deodorant.
diarwybod *adj* unexpected.
diasbedain *v* to reverberate.
di-asgwrn-cefn *adj* invertebrate.
diatreg *adj* immediate.
diau *adj* certain.
diawl *m* (·**iaid**) devil.
diawledig *adj* diabolical.
diawlineb *m* devilment.
diawlio *v* to curse.
di-baid *adj* ceaseless.
di-ball *adj* unfailing.
diben *m* (·**ion**) purpose.
di-ben-draw *adj* interminable.
dibennu *v* to conclude.
diberfeddu *v* to disembowel.
dibetrus *adj* assured.
diboblogi *v* to depopulate.
dibriod *adj* unmarried.
dibris *adj* reckless.
dibrisio *v* to belittle.
dibrofiad *adj* inexperienced.
dibyn *m* precipice.
dibynadwy *adj* dependable.
dibynnol *adj* dependent.
dibynnu *v* to depend.
diced *from* **dig**.
dicllon *adj* wrathful.
dicter *m* wrath.
dichell *m* (·**ion**) guile.
dichellgar *adj* sly.
dichon *adv* perhaps.
di-chwaeth *adj* tasteless.
did *m* (·**au**) bit.
di-dâl *adj* unpaid.
didaro *adj* nonchalant.
di-daw *adj* ceaseless.
dideimlad *adj* numb.
diden *f* (·**nau**) teat.
diderfyn *adj* infinite.
didoli *v* to separate.
didolnod *m* diaeresis.
di-dor *adj* uninterrupted.

didoreth *adj* fickle.
didoriad *adj* unbroken.
didostur *adj* relentless.
didrafferth *adj* trouble-free.
di-drai *adj* unceasing.
didraidd *adj* opaque.
di-drais *adj* non-violent.
di-droi'n-ôl *adj* resolute.
didrugaredd *adj* merciless.
diduedd *adj* impartial.
didwyll *adj* sincere.
didwylledd *m* sincerity.
di-ddadl *adj* indisputable.
di-ddal *adj* fickle.
diddan *adj* amusing.
diddanu *v* to amuse.
diddanwch *m* entertainment.
diddan·wr *m* (·**wyr**) entertainer.
diddanydd *m* comforter.
di-ddawn *adj* untalented.
di-dderbyn-wyneb *adj* impartial.
diddig *adj* contended.
diddim *adj* useless.
diddordeb *m* (·**au**) interest.
diddori *v* to interest.
diddorol *adj* interesting.
diddos *adj* snug.
diddosrwydd *m* shelter.
diddrwg *adj* harmless.
di-ddweud *adj* taciturn.
diddyfnu *v* to wean.
diddymiad *m* dissolution.
diddymu *v* to abolish.
diedifar *adj* unrepentant.
dieflig *adj* diabolical.
diegwyddor *adj* unscrupulous.
dieisiau *adj* unnecessary.
dieithr *adj* strange.
dieithriad *adj* without exception.
dieithrio *v* to alienate.
dieithrwch *m* strangeness.
dieithr·yn *m* (·**iaid**) stranger.
dienaid *adj* heartless.
dienw *adj* anonymous.
dienyddiad *m* (·**au**) execution.
dienyddio *v* to execute.
dienydd·iwr *m* (·**wyr**) executioner.
dieuog *adj* innocent.

difa *v* to destroy.
difai, di-fai *adj* faultless.
difancoll *f* oblivion.
difaol *adj* ravaging.
difater *adj* apathetic.
difaterwch *m* apathy.
difeddwl *adj* thoughtless.
difeddwl-drwg *adj* unsuspecting.
di-fefl *adj* flawless.
di-felnd *adj* heedless.
difenwi *v* to defame.
diferol *adj* dripping.
diferu *v* to drip.
difer·yn *m* (·**ion**, ·**ynnau**) drop.
difesur *adj* immeasurable.
di-feth *adj* unerring.
Difiau *m* Thursday.
diflanedig *adj* fleeting.
diflaniad *m* (·**au**) disappearance.
diflannu *v* to disappear.
diflas *adj* dull.
di-flas *adj* tasteless.
diflastod *m* unpleasantness.
diflasu *v* to bore.
diflewyn-ar-dafod *adj* plain-speaking.
diflino *adj* indefatigable.
difodi *v* to annihilate.
difodiad, difodiant *m* extermination.
difrawder *m* apathy.
difreinio *v* to disenfranchise.
difrif *adj* serious.
difrifol *adj* grave.
difrifoldeb, difrifwch *m* earnestness.
difrifoli *v* to become serious.
difrïo *v* to disparage.
difrïol *adj* derogatory.
difrod *m* devastation.
difrodi *v* to devastate.
difrycheulyd *adj* immaculate.
di-fudd *adj* useless.
di-fwlch *adj* continuous.
difwyniant *m* defilement.
difwyno, dwyno *v* to soil.
di-fydr *adj* metreless.
difyfyr *adj* impromptu.
difyr *adj* entertaining.
difyrion *pl* amusements.

difyrru v to entertain.
difyrrwch m entertainment.
difywyd adj inanimate.
di-ffael adj without fail.
diffaith adj desolate.
diffeithwch m wilderness.
differyn m (**·nau**) differential.
diffiniad m (**·au**) definition.
diffinio v to define.
diffodd v to turn off.
diffodd·wr tân m (**·wyr**) fireman.
diffoddydd m (**·ion**) extinguisher.
di-ffrind adj friendless.
di-ffrwt adj listless.
diffrwyth adj barren.
diffuant adj sincere.
diffuantrwydd m sincerity.
di-ffurf adj amorphous.
diffwdan adj without a fuss.
diffydd from **diffodd**.
diffyg m (**·ion**) deficiency.
diffygio v to lose heart.
diffygiol adj defective.
diffyn·nydd m (**·yddion**) defendant.
dig adj irate. • m indignation.
digalon adj disheartened.
digalondid m dejection.
digalonni v to lose heart.
digamsyniol adj unmistakable.
digartref adj homeless.
digid m (**·au**) digit.
digidol adj digital.
digio v to anger.
di-glem adj inept.
di-glod adj unpraised.
digofaint m wrath.
digolledu v to compensate.
digon m enough. • adj sufficient.
digonedd m plenty.
digoni v to satisfy; to cook.
digonol adj adequate.
digornio v to dehorn.
di-gosb adj unpunished.
digrif adj funny.
digriflun m (**·iau**) caricature.
digrifwch m mirth.
digrif·wr m (**·wyr**) comedian.
digroeso adj unwelcoming.

digwydd v to happen.
digwyddiad m (**·au**) occurrence.
di-gŵyn adj uncomplaining.
digydwybod adj callous.
digyfaddawd adj uncompromising.
digyfeiliant adj unaccompanied.
digyfnewid adj unchanging.
digyffelyb adj peerless.
digyffro adj imperturbable.
digymar adj unequalled.
digymell adj spontaneous.
di-Gymraeg adj non-Welsh-speaking.
digymysg adj unalloyed.
digyswllt adj disjointed.
digywilydd adj impudent.
digywilydd-dra m effrontery.
di-had adj seedless.
dihafal adj incomparable.
dihang(af) from **dianc**.
dihangfa f (**diangfâu**) escape.
dihangol adj escaped.
di-haint adj sterile.
dihalog adj pure.
dihareb f (**diarhebion**) proverb.
dihatru v to strip.
diheng(ir) from **dianc**.
diheintio v to disinfect.
diheintydd m (**·ion**) disinfectant.
dihenydd m death.
di-hid, dihidio adj heedless.
dihidlo v to distil.
dihiryn m (**dihirod**) scoundrel.
dihoeni v to languish.
di-hun, dihun adj awake.
dihuno v to awake.
di-hwyl adj out of sorts.
dihyder adj lacking confidence.
dihysbydd adj inexhaustible.
dihysbyddu v to exhaust.
di-ildio adj unyielding.
dil m (**·iau**) honeycomb.
dilead m (**·au**) deletion.
diledryw adj thoroughbred.
di-les adj of no benefit.
dilestair adj unhindered.
dileu v to delete.
dilewyrch adj lacklustre.

di-liw *adj* drab.
di-log *adj* interest-free.
di-lol *adj* unaffected.
dilorni *v* to revile.
dilornus *adj* abusive.
di-lun *adj* shapeless.
di-lwgr *adj* incorruptible.
dilychwin *adj* spotless.
dilyffethair *adj* unfettered.
dilyn *v* to follow.
dilyniad *m* pusuit.
dilynian·t *m* (·**nau**) sequence.
dilynol *adj* following.
dilyn·wr *m* (·**wyr**) follower.
dilys *adj* valid.
dilysnod *f* (·**au**) hallmark.
dilysrwydd *m* validity.
dilysu *v* to guarantee.
dilyw *m* flood.
dillad *see* **dilledyn**.
dilladu *v* to clothe.
dilledyn *m* (**dillad**) garment.
dim *m* anything; nothing; nought.
dim·ai *f* (·**eiau**) halfpenny.
dimensi·wn *m* (·**ynau**) dimension.
di-nam *adj* immaculate.
dinas *m* (·**oedd**) city.
dinasol, dinesig *adj* municipal, civic.
dinasyddiaeth *f* citizenship.
dinesydd *m* (**dinasyddion**) citizen.
dinistr *m* destruction.
dinistrio *v* to destroy.
dinistriol *adj* destructive.
dinistriwr *m* destroyer.
diniwed *adj* innocent.
diniweidrwydd *m* innocence.
diniweited *from* **diniwed**.
di-nod, dinod *adj* obscure.
dinodedd *m* insignificance.
dinoethi *v* to expose.
diod *f* (·**ydd**) drink.
dioddef *v* to suffer.
dioddefaint *m* suffering.
dioddefgar *adj* long-suffering.
dioddef·wr *m* (·**wyr**) sufferer.
di-oed, dioed *adj* immediate.
diofal *adj* careless.

diofalwch *m* carelessness.
di-ofn, diofn *adj* unafraid.
diog *adj* lazy.
diogel *adj* safe.
diogelu *v* to secure.
diogelwch *m* security.
diogi *m* laziness. • *m* to laze.
dioglyd *adj* lazy.
diogyn *m* shirker.
diolch *v* to thank. • *m* (·**ladau**) gratitude.
diolchgar *adj* grateful.
diolchgarwch *m* thanksgiving.
diolwg *adj* plain.
diorffwys *adj* restless.
diorseddu *v* to dethrone.
di-os *adj* undoubted.
diosg *v* to strip.
diota *v* to tipple.
diplomydd *m* (·**ion**) diplomat.
dir *adj* necessary.
diraddio *v* to degrade.
diraddiol *adj* degrading.
di-raen, diraon *adj* lacklustre.
diragfarn *adj* impartial.
dirdynnol *adj* excruciating.
dirdynnu *v* to torture.
direidi *m* mischievousness.
direidus *adj* mischievous.
direol *adj* disorderly.
direswm *adj* without reason.
dirfawr *adj* immense.
dirgel *adj* secret.
dirgel·wch *m* (·**ion**) mystery.
dirgryniad *m* (·**au**) tremor.
dirgrynu *v* to vibrate.
diriaethol *adj* concrete.
dirlaid *adj* wicked.
di-rif, dirifedi *adj* innumerable.
dirlawn *adj* saturated.
dirmyg *m* contempt.
dirmygedig *adj* despised.
dirmygu *v* to despise.
dirmygus, dirmygol *adj* contemptible.
dirnad *v* to understand.
dirnadaeth *f* understanding.
dirprwy *m* (·**on**) deputy.

dirprwyaeth *f* (·**au**) deputation.
dirprwyo *v* to deputise.
dirwasgiad *m* (·**au**) depression.
dirwest *m/f* temperance.
dirwgnach *adj* uncomplaining.
dirwy *f* (·**on**) fine.
dirwyn *v* to wind.
dirwyo *v* to fine.
di-rwystr *adj* unhindered.
di-rym, dirym *adj* powerless.
dirymu *v* to nullify.
diryw *adj* neuter.
dirywiad *m* deterioration.
dirywio *v* to deteriorate.
di-sail *adj* unfounded.
disbaddu *v* to castrate.
disberod *m*: **ar ddisberod** astray.
disbyddu *v* to exhaust, to empty.
diserch *adj* unendearing.
disglair *adj* bright.
disgled *m* a cup of.
disgleirdeb *m* brilliance.
disgleirio *v* to shine.
disgrifiad *m* (·**au**) description.
disgrifiadol *adj* descriptive.
disgrifio *v* to describe.
disgwyl *v* to expect.
disgwylgar *adj* expectant.
disgwyliedig *adj* anticipated.
disgybl *m* (·**ion**) pupil; disciple.
disgyblaeth *f* discipline.
disgybledig *adj* disciplined.
disgyblu *v* to discipline.
disgyn *v* to descend.
disgyniad *m* descent.
disgynnol *adj* descending.
disgynnydd *m* (**disgynyddion**) descendant.
disgyrchiant *m* gravity.
di-sigl *adj* steadfast.
disodli *v* to supplant.
di-sôn-amdan(o/i) *adj* insignificant.
dist *m* (·**iau**) rafter.
distadl *adj* insignificant.
di-staen *adj* unstained.
distaw *adj* quiet.
distaw(af) *from* **distewi**.

distawrwydd *m* silence.
distewi *v* to silence.
distryw *m* destruction.
distrywgar, distrywiol *adj* destructive.
distrywio *v* to destroy.
di-stŵr *adj* without fuss.
distyll *m* ebb.
distylliad *m* distillation.
distyllu *v* to distil.
di-sut *adj* inept.
diswta *adj* abrupt.
diswyddiad *m* (·**au**) dismissal.
diswyddo *v* to dismiss.
di-swyn *adj* unenchanting.
disychedu *v* to quench.
di-syfl *adj* steadfast.
disyfyd *adj* sudden.
di-sylw *adj* inattentive.
disylw *adj* unobserved.
disymwth *adj* abrupt.
disynnwyr *adj* senseless.
diurddas *adj* undignified.
diwaelod *adj* bottomless.
diwahân *adj* indiscriminate.
diwahardd, di-wardd *adj* unruly.
diwair *adj* uncorrupted.
di-waith *adj* unemployed.
diwallu *v* to satisfy.
diwarafun *adj* unstinting.
di-wardd *adj* unruly.
diwasgedd *m* (·**au**) depression (weather).
di-wast *adj* sparing.
diwedydd, diwetydd *m* eventide.
diwedd *m* end.
diweddar *adj* late.
diweddaru *v* to modernise.
diweddeb *f* (·**au**) cadence.
diweddglo *m* conclusion.
diweddu *v* to conclude.
diweirdeb *m* chastity.
diweithdra *m* unemployment.
diwel *v* to pour.
diwerth *adj* worthless.
diwethaf *adj* last.
di-wg *adj* without a frown.
diwinydd *m* (·**ion**) theologian.

diwinyddiaeth *f* theology.
diwinyddol *adj* theological.
di-wobr *adj* prizeless.
diwreiddio *v* to uproot.
diwrnod *m* (·**au**) day.
diwyd *adj* industrious.
diwydiannol *adj* industrial.
diwydian·nwr *m* (·**wyr**) industrialist.
diwydiant *m* (**diwydiannau**) industry.
diwydrwydd *m* diligence.
diwyg *m* format.
diwygiad *m* (·**au**) reform; revival.
diwygiedig *adj* revised.
diwygio *v* to revise.
diwyg·iwr *m* (·**wyr**) reformer.
diwylliadol *adj* cultural.
diwylliannol *adj* cultural.
diwyllian·t *m* (·**nau**) culture.
diwylliedig *adj* cultured.
diwyllio *v* to cultivate.
diwyro *adj* undeviating.
diymadferth *adj* helpless.
diymdrech *adj* effortless.
diymdroi *adj* without delay.
diymffrost *adj* unassuming.
diymgeledd *adj* uncared-for.
diymhongar *adj* unpretentious.
diymwad, diymwâd *adj* indubitable.
diymwybod *adj* unaware.
diysgog *adj* immovable.
diystyr *adj* meaningless.
diystyriol *adj* inconsiderate.
diystyrllyd *adj* disdainful.
diystyru *v* to disregard.
do *adv* yes.
dobio *v* to hit.
doctora *v* to doctor.
dod, dyfod *v* to come (*see* Appendix).
dodi *v* to put.
dodrefnu *v* to furnish.
dodrefnyn *m* (**dodrefn**) (a piece of) furniture.
dodwy *v* to lay eggs.
doe, ddoe *adv* yesterday.
doeth *adj* wise.
doethineb *m/f* wisdom.
doethinebu *v* to pontificate.

doethion *pl* wise-men.
doethur *m* (·**iaid**) doctor (academic).
dof *adj* tame.
dofednod *pl* poultry.
dofi *v* to tame.
dofn *adj* (*f*) deep.
dogfen *f* (·**nau**) document.
dogfennol *adj* documentary.
dogn *m* (·**au**) ration.
dogni *v* to apportion.
dôl *f* (**dolau, dolydd**) meadow. • *m* dole.
dolef *f* (·**au**) bleat.
dolefain *v* to cry out.
dolefus *adj* doleful.
dolen *f* (·**nau**, ·**ni**) link; handle.
dolennog *adj* winding.
dolennu *v* to coil.
dolur *m* (·**iau**) ailment.
dolurio *v* to ache.
dolurus *adj* painful.
doniau *see* **dawn**.
donio *v* to endow.
doniol *adj* humorous.
doniolwch *m* humour.
dôr *f* (**dorau**) door.
dos *from* **mynd**.
dosbarth *m* (·**iadau**) class.
dosbarthu *v* to distribute.
dosbarth·wr *m* (·**wyr**) distributor.
dosraniad *m* (·**au**) analysis.
dosrannu *v* to distribute.
drachefn *adv* again.
drachtio *v* to quaff.
draenen, draen *f* (**drain**) thorn.
draenog *m* (·**od**) hedgehog.
draenog·iad, draenogyn *m* (·**iaid**) perch.
draig *f* (**dreigiau**) dragon.
drain *see* **draenen**.
drama *f* (**dramâu**) drama.
dramateiddio *v* to dramatise.
dramod·ydd *f* (·**wyr**) dramatist.
drâr *m* (**dreiriau**) drawer.
draw *adv* yonder.
dreng *adj* surly.
dreigiau *see* **draig**.

dreiniog *adj* prickly.
dreiriau *see* **drâr**.
dresel, dreser *f* dresser.
drewdod *m* stench.
drewi *v* to stink.
drewllyd *adj* stinking.
dringo *v* to climb.
dring·wr *m* (·**wyr**) climber.
dros *see* **tros**.
drud *adj* expensive.
drudfawr *adj* costly.
drudw, drudwy *m* (·**od**) starling.
drudwen *f* starling.
drwg *m* (**drygau**) harm. • *adj* bad.
drwgdeimlad *m* (·**au**) ill-feeling.
drwgdybiaeth *f* (·**au**) suspicion.
drwgdybio, drwgdybied *v* to suspect.
drwgdybus *adj* suspicious.
drwgweithred·wr *m* (·**wyr**) offender.
drwm *m* (**drymiau**) drum.
drws *m* (**drysau**) door.
drwy *see* **trwy**.
drycin *f* (·**oedd**) stormy weather.
drych *m* (·**au**) mirror.
drychiolaeth *f* (·**au**) spectre.
drygau *see* **drwg**.
drygioni *m* wickedness.
drygionus *adj* mischievous.
drygu *v* to harm.
dryll *m* (·**iau**) fragment. • *m/f* gun.
drylliedig *adj* shattered.
dryllio *v* to shatter.
drylliog *adj* shattered.
drymiau *see* **drwm**.
drysau *see* **drws**.
drysf·a *f* (·**eydd**) maze.
drysïen *f* (**drysi**) briar.
dryslyd *adj* confused.
drysni *m* tangle.
drysu *v* to bewilder.
dryswch *m* bewilderment.
dryw *m/f* (·**od**) wren.
D.S. *abb* N.B.
du *adj* black.
ducpwyd *from* **dwyn**.
dudew *adj* pitch black.
dueg *f* spleen.

dug *from* **dwyn**. • *m* duke.
dugiaeth *f* (·**au**) duchy.
du-las, dulas *adj* black and blue.
dull *m* (·**iau**) manner.
duo *v* to blacken.
dur *m* steel.
duryn *m* (·**nau**) trunk (elephant).
duw *m* (·**iau**) god.
dûwch *m* blackness.
duwies *f* (·**au**) goddess.
duwiol *adj* pious.
duwioldeb *m* piety.
dwbl, dwbwl *m* (**dyblau**) double.
dweud, dywedyd *v* to say.
dwfn *adj* deep.
dwfr *see* **dŵr**.
dwg *from* **dwyn**.
dwl *adj* foolish.
dwlu *v* to dote.
dwndwr *m* clamour.
dŵr, dwfr *m* (**dyfroedd**) water.
dwrdio *v* to scold.
dwrglos *adj* watertight.
dwrn *m* (**dyrnau**) fist.
dwsin *m* (·**au, dwsenni**) dozen.
dwsmel *m* dulcimer.
dwthwn *m* (particular) time.
dwy *num* (*f*) two.
dwyfol *adj* divine.
dwyfoldeb *m* divinity.
dwyfoli *v* to deify.
dwyfron *f* breast.
dwyfron·neg *f* (·**egau**) breastplate.
dwyffordd *adj* two-way.
dwyieitheg *f* (study of) bilingualism.
dwyieithog *adj* bilingual.
dwyieithrwydd *m* bilingualism.
dwylo, dwylaw *see* **llaw**.
dwyn *v* to steal.
dwyrain *m* east.
dwyreiniol *adj* eastern.
dwys *adj* serious.
dwysáu *v* to intensify.
dwysbigo *v* to prick.
dwysedd *m* density.
dwyster, dwystra *m* seriousness.
dwythell *f* (·**au**) duct.

dwywaith *adv* twice.

dy *pron* your; you.

dybiwn i *from* **tybio**.

dyblau *see* **dwbl**.

dyblu *v* to double.

dyblyg *adj* folded.

dyblygu *v* to duplicate.

dybryd *adj* dire.

dycned *from* **dygn**.

dychan *f* satire.

dychanol *adj* satirical.

dychanu *v* to satirise.

dychlamu *v* to leap.

dychmygion *see* **dychymyg**.

dychmygol *adj* imaginary.

dychmygu *v* to imagine.

dychmygus *adj* imaginative.

dychryn *m* (·**iadau**) fright. • *v* to frighten.

dychrynllyd *adj* frightful.

dychweliad *m* (·**au**) return.

dychwelyd, dychwel *v* to return.

dychymyg *m* (**dychmygion**) imagination.

dyd *from* **dodi**.

dydd *m* (·**iau**) day.

dyddiad *m* (·**au**) date.

dyddiadur *m* (·**on**) diary.

dyddiedig *adj* dated.

dyddio *v* to date, to dawn.

dyddiol *adj* daily.

dyddodi *v* to deposit.

dyf·ais *f* (·**eisiadau**) device.

dyfal *adj* diligent.

dyfalbarhad *m* perseverance.

dyfalbarhau *v* to persevere.

dyfaliad *m* (·**au**) supposition.

dyfalu *v* to conjecture.

dyfarniad *m* (·**au**) verdict.

dyfarnu *v* to pronounce; to referee.

dyfarn·wr *m* (·**wyr**) referee.

dyfeisgar *adj* resourceful.

dyfeisgarwch *m* inventiveness.

dyfeisiadau, dyfeisiau *see* **dyfais**.

dyfeisio *v* to invent.

dyfeis·iwr *m* (·**wyr**) inventor.

dyfnder *m* (·**oedd**, ·**au**) depth.

dyfned *from* **dwfn**.

dyfnhau *v* to deepen.

dyfnion *from* **dwfn**.

dyfod *see* **dod, dyfod**.

dyfodiad *m* arrival.

dyfodol *m* future.

dyfradwy *adj* watered.

dyfr·ast *f* (·**eist**) otter (female).

dyfr·farch *m* (·**feirch**) hippopotamus.

dyfr·gi, dwrgi *m* (·**gwn**) otter.

dyfrhau, dyfrio *v* to water.

dyfrliw, dyfrlliw *m* (·**iau**) water-colour.

dyfrllyd *adj* watery.

dyfyniad *m* (·**au**) quotation.

dyfyn·nod *m* (·**odau**) quotation mark.

dyfynnu *v* to quote.

dyffryn *m* (·**noedd**) vale.

dyg(af) *from* **dwyn**.

dygn *adj* diligent.

dygnu *v* to persevere.

dygnwch *m* perseverance.

dygwyl *m* holy day.

dygyfor *m* a surging.

dygymod *v* to come to terms with.

dyhead *m* (·**au**) aspiration.

dyheu *v* to yearn.

dyladwy *adj* fitting.

dyl(ai) *from* **dylu***.

dylanwad *m* (·**au**) influence.

dylanwadol *adj* influential.

dylanwadu *v* to influence.

dyled *f* (·**ion**) debt.

dyledus *adj* due.

dyled·wr *m* (·**wyr**) debtor.

dyletswydd *m* (·**au**) duty.

dylifiad *m* (·**au**) flood.

dylifo *v* to flow.

dylu *v* ought (hypothetical form that is the base of other common forms).

dyluniad *m* (·**au**) design.

dylunio *v* to design.

dylyfu gên *v* to yawn.

dyma *adv* here is.

dymchwel, dymchwelyd *v* to overturn.

dymuniad *m* (·**au**) desire.

dymuno *v* to desire.
dymunol *adj* pleasant.
dyn *m* (·**ion**) man.
dyna *adv* that is.
dyndod *m* manhood.
dyneiddiaeth *f* humanism.
dynes *f* woman.
dynesiad *m* approach.
dynesu *v* to draw near.
dyn·farch *m* (·**feirch**) centaur.
dyngarol *adj* philanthropic.
dyngarwch *m* philanthropy.
dyn-laddiad *m* manslaughter.
dynn *from* **tyn**.
dynodi *v* to indicate.
dynol *adj* mortal.
dynoliaeth *f* humanity.
dynolryw, dynol-ryw *f* mankind.
dynwared *v* to imitate.
dynwarediad *m* (·**au**) impersonation.
dynwared·wr *m* (·**wyr**) impersonator.
dyodiad *m* precipitation.
dyraniad *m* (·**au**) allocation.
dyrannu *v* to allocate.
dyrchafael *m* ascension.
dyrchafiad *m* promotion.

dyrchafu *v* to lift up.
dyri *f* (**dyrïau**) ballad.
dyrn·aid *m* (·**eidiau**) handful.
dyrnau *see* **dwrn**.
dyrnfedd *m/f* (·**i**) hand.
dyrnod *m/f* punch.
dyrnu *v* to thresh.
dyrn·wr *m* (·**wyr**) thresher.
dyr(o) *from* **rhoi**.
dyrys *adj*. entangled.
dysg *m/f* learning.
dysgedig *adj* learned.
dysgeidiaeth *f* doctrine.
dysgl *f* (·**au**) platter.
dysgl·aid *f* (·**eidiau**) plateful; cup (of).
dysgu *v* to learn; to teach.
dysg·wr *m* (·**wyr**) learner.
dyw(aid) *from* **dweud**.
dywediad *m* (·**au**) saying.
dywedwst *adj* taciturn.
dyweddi *m/f* fiancé; fiancée.
dywedd·îad *m* (·**iadau**) engagement.
dyweddïo *v* to become engaged.

E

eang *adj* broad.
eangderau *see* **ehangder**.
eangfrydedd *m* magnanimity.
eangfrydig *adj* magnanimous.
ebargofiant *m* oblivion.
ebe, eb, ebr *v* said.
ebill *m/f* (·**ion**) auger.
ebol *m* (·**ion**) colt.
eboles *f* filly.
Ebrill *m* April.
ebrwydd *adj* quick.
ebychiad *m* (·**au**) exclamation.
ebychnod *m* (·**au**) exclamation mark (!).
ebychu *v* to exclaim.
ebyrth *see* **aberth**.
eciwmenaidd *adj* ecumenical.
ecoleg *f* ecology.
economaidd *adj* economical.

economeg *f* economics.
economeg·ydd *m* (·**wyr**) economist.
econom·i *m* (·**ïau**) economy.
echdoe *adv* day before yesterday.
echdoriad *m* (·**au**) eruption.
echdorri *v* to erupt.
echdynnu *v* to extract.
echel *f* (·**au**, ·**ydd**) axle.
echelin *f* (·**au**) axis.
echnos *f* night before last.
echreiddig *adj* eccentric.
echrydus *adj* fearful.
eda·u *f* (·**fedd**) yarn.
edefyn *m* (·**nau**) thread.
edfryd *from* **adfer**.
edifar *adj* repentant.
edifarhau *v* to repent.
edifeiriol *adj* repentant.

edifeirwch *m* repentance.
edliw *v* to reproach.
edmygedd *m* admiration.
edmygu *v* to admire.
edmyg·ydd *m* (**·wyr**) admirer.
edrych *v* to look.
edrychiad *m* (**·au**) a look.
edryd *v* to move.
edrydd *from* **adrodd**.
edwi, edwino *v* to fade.
edwyn *from* **adnabod**.
eddyf *from* **addef**.
e.e. *abb* e.g..
ef *pron* he, him, it.
efallai *adv* perhaps.
efe, efô *pron* he; him; it.
efengyl *f* (**·au**) gospel.
efengylaidd *adj* evangelical.
efengyl·wr *m* (**·wyr**) evangelist.
efelychiad *m* (**·au**) imitation.
efelychu *v* to imitate.
efrau *see* **efryn**.
efrydiau *pl* studies.
efryd·ydd *m* (**·wyr**) student.
efrydd *m* a cripple.
efr·yn *m* (**·au**) tare(s).
efydd *m* brass.
eff·aith *f* (**·eithiau**) effect.
effeithio *v* to effect.
effeithiol *adj* effective.
effeithiolrwydd *m* effectiveness.
effeithlon *adj* efficient.
effeithlonrwydd *m* efficiency.
effro *adj* vigilant.
eger *m* (**·au**) eagre, bore.
egino *v* to germinate.
eginyn *m* (**egin**) bud.
eglur *adj* clear.
eglurder *m* clarity.
eglurhad *m* explanation.
eglwys *f* (**·i**) church.
Eglwys Loegr *f* Church of England.
Eglwys Rufain *f* Roman Catholic Church.
eglwysig *adj* ecclesiastical.
eglwys·wr *m* (**·wyr**) church-goer.
eglwys·wraig, eglwys·wreg *f* (**·wragedd**) churchwoman.

egni *m* (**egnïon**) energy.
egnïol *adj* energetic.
egr *adj* impudent; rough; tart.
egroesen *f* (**egroes**) rose-hip.
egwan *adj* puny.
egwyd *f* (**·ydd**) pastern.
egwyddor *f* (**·ion**) principle.
egwyddorol *adj* principled.
egwyl *f* (**·iau**) intermission.
egyr *from* **agor**.
enghraifft *f* (**enghreifftiau**) example.
englyn *m* (**·ion**) Welsh verse form.
engyl *see* **angel**.
ehangder *m* (**eangderau**) expanse.
ehanged *from* **eang**.
ehangu *v* to expand.
ehedeg *v* to fly.
ehediad *m* (**ehediaid**) bird; (**·au**) flight.
ehedog *adj* flying.
ehedydd *m* (**·ion**) lark.
ehofndra *m* presumption.
ei *pron* his; her; its. • *from* **mynd**.
eich *pron* your; you.
eidion *m* (**·nau**) bullock.
eidionyn *m* (**·nau**) beefburger.
eiddew *m* ivy.
eiddgar *adj* zealous.
eiddi *from* **eiddo**.
eiddigedd *m* jealousy.
eiddigeddu *v* to be jealous.
eiddigeddus *adj* envious.
eiddil *adj* frail.
eiddilwch *m* frailty.
eiddo *m* property.
eidduniad *m* wish.
eigion *m* the deep.
eigioneg *f/m* oceanography.
eingion, einion *f* (**·au**) anvil.
Eingl-Gymreig *adj* Anglo-Welsh.
eil *f* (**·ion**) shed.
eilch *see* **alch**.
eilchwyl *adj* again.
eildwym *adj* reheated.
eiledol *adj* alternating.
eilfed *adj* second.
eiliad *m/f* (**·au**) second.
eiliadur *m* (**·on**) alternator.

eilio *v* to second.

eilradd *adj* secondary.

eilrif *m* (**·au**) even number.

eilun *m* (**·od**) idol.

eilunaddoliad *m* idolatry.

eilwaith *adv* again.

eilydd *m* (**·ion**) seconder; substitute.

eillio *v* to shave.

ein *pron* our.

einioes *f* life.

einion *see* **eingion**.

eir *from* **mynd**.

eira *m* snow.

eirch *from* **arch**; **erchi**.

eirinen *f* (**eirin**) plum, berry.

eiriol *v* to beseech.

eiriolaeth *f* intercession.

eiriol·wr *m* (**·wyr**) mediator.

eirlaw *m* sleet.

eirlithriad *m* (**·au**) avalanche.

eirlys *m* (**·iau**) snowdrop.

eirth *see* **arth**.

eisiau *m* a want.

eisinyn *m* (**eisin**) husk(s).

eisoes *adv* already.

eistedd *v* to sit.

eisteddfod *f* (**·au**) eisteddfod.

eisteddfodol *adj* eisteddfodic.

eisteddfod·wr *m* (**·wyr**) eisteddfod-goer.

eisteddiad *m* (**·au**) sitting.

eisteddle *m/f* (**·oedd**) stand.

eithaf *adj* quite.

eithafbwynt *m* (**·iau**) extremity.

eithafoedd, eithafion *pl* extremities.

eithafol *adj* extreme.

eithaf·wr *m* (**·wyr**) extremist.

eithinen *f* (**eithin**) gorse.

eithr *conj* save that.

eithriad *f* (**·au**) exception.

eithriadol *adj* exceptional.

eithrio *v* to opt out: **ac eithrio** except.

êl *from* **mynd**.

elain *f* (**elanedd**) doe.

eleni *adv* this year.

elfen *f* (**·nau**) element.

elfennol *adj* elementary.

eli *m* (**elïau**) ointment.

eliffant *m* (**·od**) elephant.

eliffantaidd *adj* elephantine.

elin *f* (**·au**, **·oedd**) elbow.

elor *f* (**·au**) bier.

elusen *f* (**·nau**) charity.

elusengar *adj* benevolent.

elusennol *adj* charitable.

elw *m* (**·au**) profit.

elwa *v* to profit.

elwach *adj* better off.

elwl·en *f* (**·od**) kidney.

elyrch *see* **alarch**.

elltydd *see* **allt**.

ellyll *m* (**·on**) fiend.

ellyn *m* (**·nau**, **·nod**) razor.

emosi·wn *m* (**·ynau**) emotion.

emosiynol *adj* emotional.

emrallt *m* emerald.

emyn *m* (**·au**) hymn.

emyn-dôn *f* hymn tune.

emyn·ydd *m* (**·wyr**) hymn-writer.

en·aid *m* (**·eidiau**) soul.

enbyd *adj* grievous.

enbydrwydd *m* peril.

encil *m* (**·ion**) retreat.

encilio *v* to retreat.

eneidiau *see* **enaid**.

eneiniad *m* inspiration.

eneiniau, eneintiau *see* **ennaint**.

eneinio *v* to anoint.

enfawr *adj* colossal.

enfyn *from* **anfon**.

enfys *f* (**·au**) rainbow.

enill(af) *from* **ennill**.

enill·wr, enillydd *m* (**·wyr**) winner.

enllib *m* (**·ion**) libel, slander.

enllibus *adj* slanderous.

enllyn *m* relish.

ennaint *m* (**eneiniau, eneintiau**) ointment.

ennill *v* to win.

ennyd *m/f* a while.

ennyn *v* to kindle.

ensyniad *m* (**·au**) insinuation.

ensynio *v* to insinuate.

entrych *m* (**·ion**) zenith.

enw *m* (**·au**) name.
enwad *m* (**·au**) denomination.
enwadol *adj* sectarian.
enwadur *m* denominator.
enwaedu *v* to circumcise.
enwebu *v* to nominate.
enwedig *adj*: **yn enwedig** particularly.
enwi *v* to name.
enwog *adj* famous.
enwogion *pl* celebrities.
enwogrwydd *m* fame.
enwol *adj* nominative.
enwyn *m*: **llaeth enwyn** buttermilk.
enynn(af) *from* **ennyn**.
eofn, eon *adj* bold.
eog *m* (**·iaid**) salmon.
eos *f* (**·iaid**) nightingale.
epa *m* (**·od**) ape.
epil *m* offspring.
epilio *v* to breed.
epistol *m* (**·au**) epistle.
eples *m* leaven.
eplesu *v* to ferment.
er *prep* in order; since.
eraill *see* **arall**.
erbyn *prep* against.
erch *adj* frightful.
erchi *v* to plead.
erchwyn *m/f* (**·nau**) edge (of bed).
erchyll *adj* hideous.
erchyll·tra *m* (**·terau**) atrocity.
erdd(ais) *from* **aredig**.
erfinen *f* (**erfin**) swede, turnip.
erfyn *m* (**arfau**) tool. • *v* to entreat.
erfyniad *m* (**·au**) entreaty.
erglyw *v* hark.
ergyd *m/f* (**·ion**) a blow.
ergydio *v* to strike.
erioed *adv* ever; never.
erledigaeth *f* (**·au**) persecution.
erlid *v* to persecute.
erlyn *v* to pursue.
erlyniad *m* (**·au**) prosecution.
erlyn·ydd *m* (**·wyr**) prosecutor.
ernes *f* (**·au**) deposit.
erof *from* **er**.
ers *prep* since.

erstalwm *adv* long time ago.
erthygl *m/f* (**·au**) article.
erthyliad *m* (**·au**) abortion.
erthylu *v* to abort.
erw *f* (**·au**) acre.
erwydd *m* (**·i**) stave (music).
ery *from* **aros**.
erydr *see* **aradr**.
erydu *v* to erode.
eryr *m* (**·od**) eagle; shingles (of skin).
erys *from* **aros**.
esblygiad *m* (**·au**) evolution.
esblygu *v* to evolve.
esboniad *m* (**·au**) explanation; commentary.
esboniadol *adj* explanatory.
esbonio *v* to explain.
esg·air *f* (**·eiriau**) ridge.
esgeulus *adj* slipshod.
esgeuluso *v* to neglect.
esgeulustod *m* negligence.
esgid *f* (**·iau**) shoe.
esgob *m* (**·ion**) bishop.
esgobaeth *f* (**·au**) diocese.
esgor *v* to give birth to.
esgud *adj* quick.
esgus *m* (**·odion**, **·ion**) an excuse.
esgusodi *v* to excuse.
esgyll *see* **asgell**.
esgymuno *v* to excommunicate.
esgyn *v* to ascend.
esgynfaen *m* mounting-block.
esgyniad *m* ascension.
esgyrn *see* **asgwrn**.
esgyrnog *adj* bony.
esmwyth *adj* smooth.
esmwytháu *v* to smooth.
esmwythder *m* ease.
estraddodi *v* to extradite.
estron *adj* foreign. • *m* (**·iaid**) foreigner.
estrys *m/f* (**·iaid**) ostrich.
estyllen *f* (**estyll**) plank.
estyn *v* to extend.
estyniad *m* (**·au**) extension.
eteil *from* **atal**.
etifedd *m* (**·ion**) heir.

etifeddeg *f* heredity.
etifeddes *f* (·**au**) heiress.
etifeddiaeth *f* inheritance.
etifeddu *v* to inherit.
eto *conj, adv* yet.
etyb *from* **ateb**.
etyl *from* **atal**.
ethol *v* to elect.
etholaeth *f* (·**au**) constituency.
etholedig *adj* elect.
etholiad *m* (·**au**) election.
etholwr *m* (·**wyr**) constituent.
eu *pron* their, them.
euog *adj* guilty.
euogrwydd *m* guilt.
euraid, euraidd *adj* golden.

euro *v* to guild.
eurych *m* (·**iaid**) goldsmith.
euthum *from* **mynd**.
ewig *f* (·**od**) hind.
ewin *m/f* (·**edd**) nail.
ewinog *adj* clawed.
ewinor *f* whitlow.
ewinrhew *m* frost-bite.
ewyllys *f* (·**iau**) will.
ewyllysgar *adj* desirous.
ewyllysio *v* to bequeath.
ewyn *m* foam.
ewynnog *adj* foaming.
ewynnu *v* to foam.
ewythr, ewyrth *m* (**ewythredd, ewythrod**) uncle.

F

fagddu *f* hell.
fandal *m* (·**iaid**) vandal.
fandaleiddio *v* to vandalise.
fandaliaeth *f* vandalism.
farnais *m* varnish.
farneisio *v* to varnish.
fawr *adv* not much.
fe *pron* he, him.
fei *m:* **dod i'r fei** to come to light.
fel *prep* like.
felly *adv* therefore.
fersiwn *m* (**fersiynau**) version.

festr·i *f* (·**ïoedd, ·ïau**) vestry.
fi, i *pron* me, I.
ficer *m* (·**iaid**) vicar.
ficer·dy *m* (·**dai**) vicarage.
fiol·a *m* (·**âu**) viola.
firws *m* (**firysau**) virus.
y Fns *abb* Mrs; Miss; MS.
foltedd *m* voltage.
fwltur *m* (·**iaid**) vulture.
fy *pron* my; me.
fyny *adv* up.

Ff

ffa *see* **ffeuen**.
ffacbysen *f* (**ffacbys**) lentil(s).
ffaeledig *adj* feeble.
ffaelu *v* to fail.
ffäen *see* **ffeuen**.
ffafrio *v* to favour.
ffafriol *adj* favourable.
ffagl *f* (·**au**) torch.
ffagotsen *f* (**ffagots**) faggot.
ffair *f* (**ffeiriau**) fair.
ffaith *f* (**ffeithiau**) fact.
ffald *f* (·**au**) fold.

ffals *adj* false.
ffalsio *v* to flatter.
ffans·i *f* (·**ïau**) fancy.
ffansïo *v* to fancy.
ffantas·i *f* (·**ïau**) fantasy.
ffárwel *m/f* a farewell.
ffarwél *interj* Farewell!
ffas *f* (coal) face.
ffas·iwn *f* (·**iynau**) fashion.
ffasiynol *adj* fashionable.
ffatr·i *f* (·**ïoedd**) factory.
ffau *f* (**ffeuau**) lair.

ffawd *f* fate.
ffawt *m* (·**iau**) fault.
ffawydden *f* (**ffawydd**) beech.
FfCM *abb* Highest Common Factor (hcf).
ffedog *f* (·**au**) apron.
ffefryn *m* (·**nau**, ·**nod**) favourite.
ffeil *f* (·**iau**) file.
ffeilio *v* to file.
ffein *adj* kind; delicious.
ffeind *adj* kind.
ffeiriau *see* **ffair**.
ffeirio *v* to exchange.
ffeithiau *see* **ffaith**.
ffeithiol *adj* factual.
ffel *adj* sagacious, dear.
ffelwm *m* whitlow.
ffeministiaeth *f* feminism.
ffenestr *f* (·**i**) window.
ffensio *v* to fence.
ffêr *f* (**fferau**) ankle.
fferen *f* (**fferins**) sweet(s).
fferf *adj* (*f*) firm.
fferi *f* (**fferïau**) ferry.
fferins *pl* sweets.
fferm, ffarm *f* (·**ydd**) farm.
fferm·dy *m* (·**dai**) farmhouse.
ffermio, ffarmio *v* to farm.
fferm·wr, ffarmwr *m* (·**wyr**) farmer.
fferru *v* to numb.
fferyll·fa *f* (·**feydd**) pharmacy.
fferyll·ydd *m* (·**wyr**) pharmacist.
ffesant *m*/*f* (·**od**) pheasant.
ffetan *f* (·**au**) sack.
ffeuau *see* **ffau**.
ffeuen, ffäen *f* (**ffa**) bean.
ffi *f* (·**oedd**) fee.
ffiaidd *adj* despicable.
ffieidd-dra *m* abomination.
ffieiddio *v* to abhor.
ffigur *f* (·**au**) figure.
ffigurol *adj* figurative.
ffigysbren *m* (·**nau**) fig tree.
ffigysen *f* (**ffigys**) fig(s).
ffilmio *v* to film.
ffiloreg *f* rigmarole.
ffin *f* (·**iau**) boundary.
ffinio *v* to border on.

ffiol *f* (·**au**) cup.
ffiseg *f* physics.
ffiseg·ydd *m* (·**wyr**) physicist.
ffisig *m* medicine.
ffisioleg *m* physiology.
ffitiach *adj* more fitting.
ffitio *v* to fit.
ffitrwydd *m* fitness.
ffiwdaliaeth *f* feudalism.
ffiwsio *v* to fuse.
fflach *f* (·**iau**) flash.
fflachio *v* to flash.
fflangell *f* (·**au**) scourge.
fflangellu *v* to scourge.
fflam *f* (·**au**) flame.
fflamgoch *adj* flame coloured.
fflamio *v* to blaze.
fflat *adj* flat. • *m* (·**iau**) flat.
ffloch *m* (·**au**) floe.
fflodiar·t *f* (·**dau**) floodgate.
fflŵr *m* flour.
ffo *m* flight.
ffoadur *m* (·**iaid**) fugitive.
ffoc·ws *m* (·**ysau**) focus.
ffodus *adj* fortunate.
ffoëdig *adj* fleeing.
ffoëdigaeth *f* flight.
ffoëdigion,   ffoaduriaid   *pl* refugees.
ffoi *v* to flee.
ffôl *adj* foolish.
ffoli *v* to be infatuated.
ffolineb *m* (·**au**) folly.
ffon *f* (**ffyn**) stick.
ffôn *m* (**ffonau**) telephone.
ffonio *v* to phone.
ffonnod *f* (**ffonodiau**) a whack.
fforc *f* (**ffyrc**) ffork.
fforch *f* (·**au, ffyrch**) fork.
fforchi *v* to fork.
fforchog *adj* forked.
ffordd *f* (**ffyrdd**) way.
fforddio *v* to afford.
fforddol·yn *m* (·**ion**) wayfarer.
fforest *f* (·**ydd**) forest.
fforffedu *v* to forfeit.
ffor·iwr *m* (·**wyr**) explorer.
fformwl·a *f* (·**âu**) formula.

ffort·iwn f (·**iynau**) fortune.

ffos f (·**ydd**) trench.

ffosileiddio v to fossilise.

ffotograffiaeth f photography.

ffotograff·ydd m (·**wyr**) photographer.

ffowlyn m (**ffowls**) poultry.

ffowndr·i f (·**ïau**) foundry.

ffracs·iwn m (·**iynau**) fraction.

ffradach m shambles.

ffrae f (·**au**, ·**on**) quarrel.

ffraeo v to squabble.

ffraeth adj witty.

ffraethineb m (·**au**) wit.

ffrâm f (**fframiau**) frame.

fframio v to frame.

ffram·waith m (·**weithiau**) framework.

fframyn m (**fframiau**) frame.

ffres adj fresh.

ffresni m freshness.

ffreutur m/f refectory.

ffrewyll f scourge.

ffridd f (·**oedd**) mountain pasture.

ffrimpan f (·**au**) frying-pan.

ffrind m (·**iau**) friend.

ffrio v to fry.

ffris f (·**iau**) frieze.

ffrit adj worthless.

ffrith f (·**oedd**) mountain pasture.

ffrithiant m friction.

ffroen f (·**au**) nostril.

ffroeni v to sniff.

ffroenuchel adj haughty.

ffroesen, ffroisen f (**ffroes, ffrois**) pancake.

ffrog f (·**iau**) frock.

ffromi v to bluster.

ffrwcslyd adj confused.

ffrwd f (**ffrydiau**) stream.

ffrwgwd m (**ffrygydau**) brawl; fray.

ffrwst m bustle.

ffrwt m energy.

ffrwtian v to splutter.

ffrwydrad m (·**au**) explosion.

ffrwydro v to explode.

ffrwydrol adj explosive.

ffrwydr·yn m (·**on**) explosive.

ffrwyn f (·**au**) bridle.

ffrwyth m (·**au**) fruit.

ffrwythlon adj fertile.

ffrwythlondeb m fertility.

ffrwythloni v to fertilise.

ffrydiau see **ffrwd**.

ffrydio v to flow.

ffrygydau see **ffrwgwd**.

ffuantus adj insincere.

ffug adj false.

ffugbasio v to sell a dummy.

ffugenw m (·**au**) pseudonym.

ffugio v to pretend.

ffuglen f fiction.

ffunen f (·**nau**, ·**ni**) handkerchief.

ffunud m: **yr un ffunud** the spitting image.

ffured f (·**au**) ferret.

ffureta v to ferret.

ffurf f (·**iau**) form.

ffurfafen f (·**nau**) firmament.

ffurfio v to form.

ffurfiol adj formal.

ffurflen f (·**ni**) form.

ffust f (·**iau**) flail.

ffusto v to beat.

ffwdan f bother.

ffwdanu v to bother.

ffwdanus adj fussy.

ffwng m (**ffyngau, ffyngoedd**) fungus.

ffŵl m (**ffyliaid**) fool.

ffwlbart m (·**iaid**) polecat.

ffwlbri m folly.

ffwlc·rwm m (·**rymau**) fulcrum.

ffwndro v to bewilder.

ffwndrus adj bewildered.

ffwr m (**ffyrrau**) fur.

ffwr·bwt adj abrupt.

ffwrdd adv away.

ffwrdd-â-hi adj easy-going.

ffwrn f (**ffyrnau**) oven.

ffwrn·ais f (·**eisi**, ·**eisiau**) furnace.

ffwrwm f (**ffwrymau**) bench.

ffwythian·t m (·**nau**) function (mathematical).

ffy from **ffoi**.

ffydd f faith.

ffyddiog adj confident.

ffyddlon adj faithful.

ffyddlondeb *m* fidelity.
ffyddloniaid *pl* the faithful.
ffyngau, ffyngoedd *see* **ffwng**.
ffyliaid *see* **ffŵl**.
ffyn *see* **ffon**.
ffynhonnau *see* **ffynnon**.
ffynhonnell *f* (**ffynonellau**) fount.
ffyniannus *adj* prosperous.
ffyniant *m* prosperity.
ffynidwydden *f* (**ffynidwydd**) fir tree.
ffyn·non *f* (**·honnau**) well.

ffynnu *v* to thrive.
ffynonellau *see* **ffynhonnell**.
ffyrc *see* **fforc**.
ffyrch *see* **fforch**.
ffyrdd *see* **ffordd**.
ffyrf *adj* firm; solid.
ffyrling *f* farthing.
ffyrn·aid *f* (**·eidiau**) batch.
ffyrnig *adj* fierce.
ffyrnigo *v* to enrage.
ffyrnigrwydd *m* ferocity.
ffyrrau *see* **ffwr**.

G

gadael *v* to leave.
gaeaf *m* (**·au**) winter.
gaeafgwsg *m* hibernation.
gaeafgysgu *v* to hibernate.
gaeafol *adj* wintry.
gaeafu *v* to winter.
gafael *v* to grip. • *f* grasp.
gafaelgar *adj* gripping.
gafr *f* (**gelfr**) goat.
gafrewig *f* (**·od**) antelope.
gaing *f* (**geingiau**) chisel.
gair *m* (**geiriau**) word.
galaeth *m/f* (**·au**) galaxy.
galanas *f* massacre.
galar *m* grief.
galarnad *f* (**·au**) lament.
galarnadu *v* to lament.
galaru *v* to grieve.
galar·wr *m* (**·wyr**) mourner.
galfaneiddio *v* to galvanise.
galw *v* to call. • *m* a call.
galwad *f* (**·au**) a call.
galwedigaeth *f* (**·au**) vocation.
galwyn *m* (**·au, ·i**) gallon.
gallt, allt *f* (**gelltydd, elltydd**) slope (wooded).
gallu *v* to be able. • *m* (**·oedd**) ability.
galluog *adj* gifted.
galluogi *v* to enable.
gan *prep* with, by.
ganed, ganwyd *from* **geni**.

gar *m/f* (**·rau**) thigh; shank.
garan *m/f* (**·od**) heron.
gardas *m/f* garter.
gardd *f* (**gerddi**) garden.
garddio *v* to garden.
garddwest *f* fête.
gardd·wr *m* (**·wyr**) gardener.
garddwriaeth *f* horticulture.
garddwrn *see* **arddwrn**.
garllegen *f* (**garlleg**) garlic.
garrau *see* **gar**.
garsiwn *m* (**garsiynau**) garrison.
gartref *adv* at home.
garw *adj* rough.
gast *f* (**geist**) bitch.
gau *adj* false.
gedy *from* **gadael**.
gef·ail *f* (**·eiliau**) a forge.
gefeilliaid *see* **gefell**.
gefeillio *v* to twin.
gefeilltref *f* (**·i**) twin town.
gefel *f* (**gefeiliau**) tongs.
gefelen *f* (**gefeiliau**) pliers.
gefell *m/f* (**gefeilliaid**) twin.
gefyn *m* (**·nau**) fetter.
geifr *see* **gafr**.
geingiau *see* **gaing**.
geilw *from* **galw**.
geirfa *f* vocabulary.
geiriad *m* wording.
geiriadur *m* (**·on**) dictionary.
geiriadurol *adj* lexicographical.

geiriadur·wr m (·wyr) lexicographer.
geiriau see gair.
geirio v to phrase.
geiriol adj verbal.
geirw, geirwon adj (pl) rough.
geirwir adj truthful.
geirwiredd m truthfulness.
geiryn m (·nau) particle.
geist see gast.
gelen, gel·e f (·od) leech.
gelw(ir) from galw.
gelyn m (·ion) enemy.
gelyniaeth f animosity.
gell(ir) from gallu.
gelltydd see gallt.
gellygen f (gellyg) pear.
gem m/f (·au) gem.
gêm f (gêmau) game.
gemydd m jeweller.
gên f (genau) jaw.
genau m (geneuau) mouth.
genau-goeg m (genau-goegion)
  lizard.
genedigaeth f (·au) birth.
genedigol adj native.
generadur m (·on) generator.
geneteg f genetics.
geneth f (·od) lass.
geneuau see genau.
genfa f (genfâu) bit.
genglo m lockjaw.
geni v to give birth.
gennod pl girls.
genn(yf) from gan.
gen·wair f (·weiriau) fishing-rod.
genweir·iwr m (·wyr) angler.
genyn m (·nau) gene.
geometreg f geometry.
ger prep by.
gêr m/f (gerau, gêrs) gear.
gerbron prep before.
gerddi see gardd.
gerfydd prep by.
geri marwol m cholera.
geriach pl odds and ends.
gerllaw prep beside.
gerwin adj severe.
gerwindeb, gerwinder m roughness.

gesyd from gosod.
gewyn, giewyn m (·nau, gïau)
  sinew.
gewynnog adj sinewy.
gïach m (giáchod) snipe.
giamocs, gamocs pl pranks.
gïau see gewyn.
gilydd pron: ei gilydd each other.
glafoerio v to slobber.
glafoerion pl drivel.
glain m (gleiniau) bead.
glan f (·nau, glennydd) bank.
glân adj clean.
glandeg adj fair.
glanedydd m (·ion) detergent.
glanf·a f (·eydd) landing-place.
glanhad, glanheuad m a cleaning.
glanhau v to clean.
glanio v to land.
glannau see glan.
glanweithdra m cleanliness.
glas adj blue.
glasenw m (·au) nickname.
glasfyfyr·iwr m (·wyr) fresher.
glasgroen m epidermis.
glaslanc m (·iau) lad.
glasog f (·au) gizzard.
glastwr m milk and water.
glastwraidd adj insipid.
glastwreiddio v to dilute.
glasu v to turn blue/green.
glaswelltyn m (glaswellt) blade of
  grass.
glaswenu v to smirk.
glaw m (·ogydd) rain.
gleiniau see glain.
gleisi·ad m (·aid) grilse.
gleision adj (pl) blue.
glendid m cleanliness; comeliness.
glenn(ir) from glanio.
glennydd see glan.
glesni m blueness.
glew adj valiant.
glin m (·iau) knee.
glo m coal.
gloddesta v to carouse.
gloes, loes f wound.
glof·a f (·eydd) colliery.

glŏwr *m* (**glowyr**) collier.
glŏyn byw *m* (**gloŷnnod**) butterfly.
gloyw *adj* bright.
gloywder *m* brightness.
gloywi *v* to burnish.
glud *m* (**·ion**) glue.
gludio, gludo *v* to stick.
gludiog *adj* sticky.
gludlun *m* (**·iau**) collage.
glwth *m* glutton.
glwys *adj* fair.
glyn *m* (**·noedd**) glen.
glŷn *from* glynu.
glynu *v* to stick.
go *adv* rather.
gob·aith *m* (**·eithion**) hope.
gobeithio *v* to hope.
gobeithiol *adj* hopeful.
goben·nydd *m* (**·yddiau, ·yddion**) pillow.
goblygiad *m* (**·au**) implication.
gochel *v* to avoid.
gochelgar *adj* cautious.
godidog *adj* wonderful.
godidowgrwydd *m* splendour.
godineb *m* adultery.
godinebu *v* to commit adultery.
godinebus *adj* adulterous.
godre *m* (**·on, ·uon**) edge.
godro *v* to milk.
godd·aith *f* (**·eithiau**) bonfire.
goddef *v* to endure.
goddefgar *adj* tolerant.
goddefgarwch *m* tolerance.
goddefol *adj* passive.
goddiweddyd *v* to overtake.
goddrych *m* (**·au**) subject.
goddrychol *adj* subjective.
gof *m* (**·aint**) blacksmith.
gofal *m* (**·on**) care.
gofalu *v* to take care.
gofalus *adj* careful.
gofal·wr *m* (**·wyr**) caretaker.
goferu *v* to stream.
goferwi *v* to simmer.
gofid *m* (**·iau**) grief.
gofidio *v* to worry.
gofidus *adj* sorrowful.

gofod *m* (**·au**) space.
gofod·wr *m* (**·wyr**) astronaut.
gofwy *m* tribulation.
gofyn *m* (**·ion**) a request. • *v* to ask.
gofynnod *m* (**gofynodau**) question mark (?).
gofynnol *adj* necessary.
goganu *v* to lampoon.
goglais, gogleisio *v* to tickle.
gogledd *m* north.
gogledd-ddwyrain *m* northeast.
gogleddol *adj* northerly.
gogledd-orllewin *m* northwest.
gogleisiol *adj* titillating.
gogoneddu *v* to glorify.
gogoneddus *adj* glorious.
gogonian·t *m* (**·nau**) splendour.
gogr, gogor *m* (**·au**) sieve.
gogrwn *v* to sift.
gogwydd *m* (**·ion**) tendency.
gogwyddo *v* to veer.
gogyfer *prep* for.
gogynderfynol *adj* quarter-final.
gohebiaeth *f* correspondence.
gohebu *v* to correspond.
goheb·ydd *m* (**·wyr, ·yddion**) correspondent.
gohiriad *m* (**·au**) postponement.
gohirio *v* to postpone.
gol. *abb* ed.
gôl *f* (**goliau, gôls**) goal.
gol·au *m* (**·euadau**) a light. • *adj* fair.
golch *m* (**·ion**) the wash.
golchi *v* to wash.
golchwra·ig *f* (**·gedd**) washerwoman.
goleddf *m* incline.
goleddfu *v* to slant.
goleuadau *see* golau.
goleu·dy *m* (**·dai**) lighthouse.
goleuedig *adj* enlightened.
goleuni *m* light.
goleuo *v* to lighten.
gôl-geid·wad *m* (**·waid**) goalkeeper.
golosg *m* coke.
golud *m* (**·oedd**) wealth.
goludog *adj* wealthy.

gol·wg *m* (·**ygon**) sight. • *f* appearance.

golwyth *m* (·**ion**) chop.

golyg·fa *f* (·**feydd**) scene.

golygon *see* **golwg**.

golygu *v* to intend; to edit.

golygus *adj* handsome.

golygydd *m* (·**ion**) editor.

golygyddol *adj* editorial.

gollwng *v* to release.

gollyngdod *m* relief.

gomedd to refuse.

gonest *adj* honest.

gonestrwydd *m* honesty.

gorau *adj* (**goreuon**) best.

gorawyddus *adj* over-eager.

gorberffaith *adj* pluperfect.

gorchest *f* (·**ion**) feat.

gorchestol *adj* outstanding.

gorchfygiad *m* (·**au**) defeat.

gorchfygu *v* to overcome.

gorchfyg·wr *m* (·**wyr**) conqueror.

gorchmynion *see* **gorchymyn**.

gorchmynn(af) *from* **gorchymyn**.

gorchmynnol *adj* imperative.

gorchymyn *m* (**gorchmynion**) command. • *v* to command.

gordd *f* (**gyrdd**) sledge-hammer.

gorddefnyddio *v* to over-use.

gordderch *f* (·**adon**) concubine.

gorddibynnu *v* to be overdependent.

gor-ddweud *v* to exaggerate.

goresgyn *v* to vanquish.

goresgyniad *m* (·**au**) conquest.

goresgyn·nwr *m* (·**wyr**) conqueror.

goreuon *adj* (*pl*) best.

goreuro *v* to gild.

gorfod *v* to have to. • *m* obligation.

gorfodaeth *f* (·**au**) compulsion.

gorfodi *v* to compel.

gorfodol *adj* compulsory.

gorfoledd *m* jubilation.

gorfoleddu *v* to rejoice.

gorfoleddus *adj* jubilant.

gorfwyta *v* to overeat.

gorffen *v* to finish.

gorffenedig *adj* completed.

Gorffennaf *m* July.

gorffennol *m* the past.

gorffwyll *adj* delirious.

gorffwys, gorffwyso *v* to rest.

gorgymhleth *adj* over-complicated.

gorgyffwrdd *v* to overlap.

gorhendad *m* (·**au**) great-grandfather.

gorhenfam *m* (·**au**) great-grandmother.

gorhoffedd *m* metrical verse.

gori *v* to hatch.

gorifyny *m* ascent.

goriwaered *m* descent.

gorlawn *adj* overflowing.

gorlenwi *v* to overfill.

gorlifo *v* to overflow.

gorliwio *v* to exaggerate.

gorlwytho *v* to overburden.

gorllewin *m* west.

gorllewinol *adj* western.

gorllyd *adj* festering.

gormes *m* oppression.

gormesol *adj* oppressive.

gormesu *v* to oppress.

gormes·wr *m* (·**wyr**) oppressor.

gormod *m* (·**ion**) too much.

gormodedd *m* excess.

gormodiaith *f* hyperbole.

gormodol *adj* excessive.

gornest, ornest *f* (·**au**) contest.

goroesi *v* to survive.

goroes·wr *m* (·**wyr**) survivor.

goror *m/f* (·**au**) frontier.

gorsaf *f* (·**oedd**) station.

gorsaf-feistr *m* (·**i**) station-master.

gorsedd, gorsedd·fainc *f* (·**au**, ·**feinciau**) throne.

gorseddu *v* to enthrone.

gorthrech *m* oppression.

gorthr·wm *m* (·**ymau**) oppression.

gorthrymder *m* (·**au**) tribulation.

gorthrymedig *adj* oppressed.

gorthrymu *v* to oppress.

gorthrym·wr *m* (·**wyr**) oppressor.

goruchaf *adj* supreme.

goruchafiaeth *f* (·**au**) supremacy.

goruchel *adj* eminent.

goruchwyliaeth *f* supervision.

goruchwylio *v* to oversee.

goruchwyl·iwr *m* (·wyr) supervisor.

goruwch *prep* above.

goruwchnaturiol *adj* supernatural.

gorwedd *v* to lie.

gorweddian *v* to sprawl.

gorweiddiog *adj* bedridden.

gorweithio *v* to overwork.

gorwel *m* (·ion) horizon.

gorwneud *v* to overdo.

gorwyr *m* (·ion) great-grandson.

gorwyres *f* (·au) great-grand-daughter.

gorymd·aith *f* (·eithiau) procession.

gorymdeithio *v* to march.

gorynys *f* (·oedd) peninsula.

goryrru *v* to speed.

gosber *m* vesper.

gosgelddig *adj* graceful.

gosgordd *f* (·ion) retinue.

goslef *f* (·au) tone.

gosod *v* to set; to put. • *adj* false.

gosodiad *m* (·au) a setting.

gosteg *m* silence.

gostegion *pl* banns.

gostegu *v* to silence.

gostwng *v* to lower.

gostyngedig *adj* humble.

gostyngeiddrwydd *m* humility.

gostyngiad *m* (·au) reduction.

gostyngol *adj* reduced.

gradell *f* (gredyll) griddle.

gradd *f* (·au) grade, degree.

graddedig *adj* graded.

graddedigion *pl* graduates.

gradd·fa *f* (·feydd) scale.

graddian·t *m* (·nau) gradient.

graddio *v* to graduate; to grade.

graddol *adj* gradual.

graean *pl* shingle.

graen *m* lustre.

graenus *adj* polished.

gramadeg *m* (·au) grammar.

gramadegol *adj* grammatical.

gras *m* (·usau) grace.

graslon, grasol *adj* gracious.

graslonrwydd *m* graciousness.

grât *m/f* (gratiau) grate.

grawn *see* gronyn.

grawnfwyd *m* (·ydd) cereal.

grawnffrwyth *m* (·au) grapefruit.

grawnwinen *f* (grawnwin) grape(s).

Grawys *m* Lent.

gre *f* (·oedd) flock.

gredyll *see* gradell.

greddf *f* (·au) instinct.

greddfol *adj* instinctive.

gresyn *m* a shame.

gresynu *v* to deplore.

gresynus *adj* wretched.

gridyll *m/f* (·au) griddle.

griddfan *m* (·nau) a groan. • *v* to groan.

grifft *m* frog-spawn.

gris *m/f* (·iau) step, stair.

grisial *m* (·au) crystal.

grisialaidd *adj* crystalline.

gro *pl* pebbles.

gronell *f* (·au) roe.

gronyn *m* (·nau, grawn) grain.

groser *m* (groseriaid) grocer.

grudd *f* (·iau) cheek.

grug *m* heather.

grug·iar *f* (·ieir) grouse.

grwgnach *v* to grumble.

grwgnachlyd *adj* prone to moan.

grwn *m* (grynnau) ploughed section.

grwndi *m* a purring.

grŵp *m* (grwpiau) group.

grym *m* (·oedd) force.

grymus *adj* poweful.

grymuso *v* to fortify.

grynnau *see* grwn.

gw. *abb* see.

gwacáu *v* to empty.

gwaced *from* gwag.

gwacsaw *adj* trivial.

gwacter *m* (·au) void.

gwachul *adj* feeble.

gwadadwy *adj* deniable.

gwadiad *m* denial.

gwadn *m/f* (·au) sole.

gwadnu *v* to sole; to hoof it.

gwadu *v* to deny.
gwad·wr *m* (**·wyr**) denier.
gwadd[1] *adj* guest.
gwadd[2]**, gwadden, gwahadd·en** *f* (**·od**) mole.
gwaddod *m* (**·ion**) sediment.
gwaddol *m* endowment.
gwaddoli *v* to endow.
gwae *m* (**·au**) woe.
gwaed *m* blood.
gwaed-gynnes *adj* warm-blooded.
gwaedlif *m* haemorrhage.
gwaedlyd *adj* bloody.
gwaedoer *adj* cold-blooded.
gwaedu *v* to bleed.
gwaedd *f* (**·au**) shout.
gwaedd(af) *from* **gweiddi**.
gwaeg *f* (**·au**) buckle.
gwael *adj* poor.
gwaeledd *m* illness.
gwaelod *m* (**·ion**) bottom.
gwaelu *v* to sicken.
gwâell *f* (**gweill, gwêyll**) knitting needle.
gwaered *m* downward slope.
gwaeth *adj* worse.
gwaethwaeth *adj* from bad to worse.
gwaethygu *v* to deteriorate.
gwag *adj* empty.
gwagedd *m* frivolity.
gwagio, gwagu *v* to empty.
gwaglaw *adj* empty-handed.
gwagle *m* (**·oedd**) void.
gwagnod *m* (**·au**) zero.
gwag-siarad *m* tittle-tattle.
gwahadden *see* **gwadd**.
gwahân *m* apart.
gwahanf·a ddŵr *f* (**·eydd dŵr**) watershed.
gwahangleifion *pl* lepers.
gwahanglwyf *m* leprosy.
gwahanglwyfus *adj* leprous. • *m* leper.
gwahaniaeth *m* (**·au**) difference.
gwahaniaethu *v* to distinguish.
gwahanol *adj* different.
gwahanu *v* to separate.

gwahardd *v* to forbid.
gwaharddedig *adj* prohibited.
gwaharddiad *m* (**·au**) prohibition.
gwahodd *v* to invite.
gwahoddedigion *pl* guests.
gwahoddiad *m* (**·au**) invitation.
gwain *f* (**gweiniau**) sheath.
gwair *m* (**gweiriau, gweirydd**) hay.
gwaith *m* (**gweithiau**) work. • *f* occasion.
gwâl *f* (**gwalau**) lair.
gwala *f* plenty.
gwalch *m* (**gweilch**) hawk.
gwall *m* (**·au**) mistake.
gwallgof *adj* insane.
gwallgof·dy *m* (**·dai**) lunatic asylum.
gwallgofddyn *m* (**·ion**) lunatic.
gwallgofrwydd *m* insanity.
gwallt *m* (**gwalltiau**) hair (of head).
gwalltog *adj* hairy.
gwallus *adj* incorrect.
gwamal *adj* fickle.
gwamalrwydd *m* frivolity.
gwamalu *v* to waver.
gwan *adj* weak.
gwanaf *f* (**·au, gwaneifiau**) swath.
gwanc *m* lust.
gwancus *adj* greedy.
gwanedig *adj* diluted.
gwanedu *v* to dilute.
gwaneg *f* (**·au, gwenyg**) a billow.
gwaneifiau *see* **gwanaf**.
gwangalon *adj* timid.
gwangalonni *v* to despair.
gwanhau *v* to weaken.
gwanllyd, gwannaidd *adj* feeble.
gwanned *from* **gwan**.
gwant *m* caesura.
gwantan *adj* feeble; fickle.
gwanu *v* to stab.
gwanwyn *m* spring.
gwanwynol *adj* vernal.
gwanychu *v* to weaken.
gwar *m/f* (**·rau**) nape.
gwâr *adj* civilised.
gwaradwydd *m* shame.

gwaradwyddo *v* to shame.
gwaradwyddus *adj* shameful.
gwarafun *v* to forbid.
gwaraidd *adj* civilised.
gwarant *f* (·au) warrant.
gwarantu *v* to justify.
gwarchae *m* (·au) siege. • *v* to besiege.
gwarcheid·wad *m* (·waid) keeper.
gwarchod *v* to look after.
gwarchodaeth *f* custody.
gwarchod·fa *f* (·feydd) reservation.
gwarchodliw *m* camouflage.
gwarchodlu *m* (·oedd) guards.
gwarchod·wr *m* (·wyr) guardian.
gware *m/f* game.
gwared, gwaredu *v* to rid.
gwaredigaeth *f* deliverance.
gwared·wr *m* (·wyr) saviour.
gwareiddiad *m* (·au) civilisation.
gwareiddiedig *adj* civilised.
gwareiddio *v* to civilise.
gwargaled *adj* stubborn.
gwarged *m* (·ion) surplus.
gwargrwm *adj* stooping.
gwargrymu *v* to stoop.
gwarian·t *m* (·nau) expenditure.
gwarineb *m* civility.
gwario *v* to spend.
gwarrau *see* **gwar**.
gwarth *m* shame.
gwarthaf *m*: **ar warthaf** upon.
gwarthafl *see* **gwarthol**.
gwartheg *pl* cattle.
gwarthol *f* (·ion) stirrup.
gwarthus *adj* disgraceful.
gwas *m* (**gweision**) servant.
gwasaidd *adj* servile.
gwasanaeth *m* (·au) service.
gwasanaethu *v* to serve.
gwaseidd·dra *m* servility.
gwasg *f* (**gweisg**) a press. • *m/f* waist.
gwasgar *m*: **ar wasgar** scattered.
gwasgaredig *adj* scattered.
gwasgarog *adj* dispersed.
gwasgaru *v* to scatter.
gwasgedd *m* (·au) pressure.

gwasg·fa *f* (·feydd) pang.
gwasgiad *m* (·au) a squeeze.
gwasgod *f* (·au) waistcoat.
gwasgu *v* to squeeze.
gwasod *adj* in heat.
gwastad *adj* level; always.
gwastad, gwastadedd *m* (·au) plain, level.
gwastadol *adj* perpetual.
gwastadrwydd *m* evenness.
gwastatáu, gwastatu *v* to level.
gwastatir *m* (·oedd) plain.
gwastraff *m* waste.
gwastrafflyd *adj* wasteful.
gwastraffu *v* to waste.
gwastraffus *adj* extravagant.
gwastr·awd *m* (·odion) groom.
gwatwar *m* mockery. • *v* to mock.
gwatwarus *adj* mocking.
gwatwar·wr *m* (·wyr) mocker.
gwau *m* knitting.
gwau, gweu *v* to weave.
gwaun *f* (**gweunydd**) moorland.
gwawch *f* yell.
gwawd *m* scorn.
gwawdio *v* to ridicule.
gwawdlyd *adj* scornful.
gwawl *m* radiance.
gwawn *m* gossamer.
gwawr *f* dawn.
gwawrio *v* to dawn.
gwayw *m* (**gwewyr**) pang.
gwayw·ffon *f* (·ffyn) spear.
gwdihŵ *f* owl.
gwddf, gwddwg *m* (**gyddfau, gydd·ygau**) neck.
gwe *f* (·oedd) web.
gwead *m* (·au) texture.
gwe(af) *from* **gwau**.
gwed(ir) *from* **gwadu**.
gwedd *f* (·au) appearance. • *f* (·oedd) yoke.
gweddaidd *adj* suitable.
gwedd·er *m* (·rod) wether.
gwedd·i *f* (·ïau) prayer.
gweddill *m* (·ion) remnant.
gweddïo *v* to pray.
gweddol *adj* fairly.

gweddu *v* to suit.
gweddus *adj* seemly.
gweddustra *m* propriety.
gweddw *f* (·**on**) widow.
gweddwdod *m* widowhood.
gwefl *f* (·**au**) lip.
gwefr *m* (·**au**) thrill.
gwefreiddio *v* to electrify.
gwefreiddiol *adj* electrifying.
gwefus *f* (·**au**) lip.
gwegian *v* to totter.
gwegil *m/f* nape.
gweheirdd *from* **gwahardd.**
gwehelyth *m/f* lineage.
gwehilion *pl* dregs.
gwehydd, gwëydd (gwehyddion)
  weaver.
gweiddi *v* to shout.
gweigion *adj* (*pl*) empty.
gweilch *see* **gwalch.**
gweilgi *f* the deep.
gweill *see* **gwäell.**
gweini *v* to serve.
gweiniau *see* **gwain.**
gweinidog *m* (·**ion**) minister.
gweinidogaeth *f* ministry.
gweinidogaethu *v* to officiate.
gweinion *adj* (*pl*) weak.
gweinydd *m* (·**ion**) waiter.
gweinyddes *f* (·**au**) waitress.
gweinyddiaeth *f* (·**au**)
  administration.
gweinyddol *adj* administrative.
gweinyddu *v* to administer.
gweinydd·wr *m* (·**wyr**) administrator.
gweinyddwraig *f* administratrix.
gwëir *from* **gwau.**
gweirglodd *f* (·**iau**) meadow.
gweiriau, gweirydd *see* **gwair.**
gweiryn *m* (**gwair**) blade of grass.
gweisg *see* **gwasg.**
gweision *see* **gwas.**
gweith·dy *m* (·**dai**) workshop.
gweithfeydd *pl* industrial works.
gweithgar *adj* diligent.
gweithgaredd, gweithgarwch *m*
  (·**au**) activity.
gweithgor *m* (·**au**) working party.

gweithgynhyrchu *v* to manufacture.
gweithiau *see* **gwaith.**
gweithio *v* to work.
gweith·iwr *m* (·**wyr**) worker.
gweithred *f* (·**oedd**) action.
gweithredoedd *pl* deeds.
gweithredol *adj* executive.
gweithredu *v* to act.
gweithred·wr *m* (·**wyr**) operator.
gwêl *from* **gweld.**
gweladwy *adj* visible.
gwelâu *see* **gwely.**
gweld, gweled *v* to see.
gweledig *adj* visible.
gweledigaeth *f* (·**au**) vision.
gweledol *adj* visual.
gwelw *adj* pale.
gwelwder, gwelwedd *m* pallor.
gwelwi *v* to pale.
gwel·y *m* (·**yau, ·âu, gwlâu**) bed.
gwell *adj* better.
gwella *v* to get better.
gwell·aif, gwell·au *m* (·**eifiau**)
  shears.
gwellhad *m* recovery.
gwellian·t *m* (·**nau**) improvement.
gwelltglas *pl* grass.
gwelltog *adj* grassy.
gwelltyn *m* (**gwellt**) straw.
gwellwell *adj* better and better.
gwemp *adj* (*f*) fair.
gwen *adj* (*f*) white.
gwên *f* (**gwenau**) smile.
gwenc·i *f* (·**ïod**) weasel.
gwendid *m* (·**au**) weakness.
Gwener *f* Friday; Venus.
gwenerol *adj* venereal.
gwenfflam *adj* blazing.
gweniaith *f* flattery.
gwenieithio *v* to blandish.
gwenieith·iwr *m* (·**wyr**) flatterer.
gwenieithus *adj* flattering.
gwenithen *f* (**gwenith**) wheat.
gwenithfaen *m/f* granite.
gwennaf *from* **gwen.**
gwen·nol *f* (·**oliaid**) swallow.
gwenu *v* to smile.
genwyn *m* poison.

genwynig *adj* poisonous.
gwenwynllyd *adj* venemous.
genwyno *v* to poison.
gwenyg *see* **gwaneg**.
gwenynen *f* (**gwenyn**) bee.
gweog *adj* webbed.
gwep *f* jib.
gwêr *m* tallow.
gwerdd *adj* (*f*) green.
gwerddon *f* (·**au**) oasis.
gweren *f* suet.
gwerin *f* folk.
gweriniaeth *f* (·**au**) republic.
gwerinol *adj* common.
gwerin·wr *m* (·**wyr**) countryman.
gwern *f* (·**i**, ·**ydd**) alder.
gwernen *f* (·**ni**, ·**nau**) alder.
gwers *f* (·**i**) lesson.
gwerslyfr *m* (·**au**) textbook.
gwersyll *m* (·**oedd**) camp.
gwersylla, gwersyllu *v* to camp.
gwerth *m* (·**oedd**) value.
gwerthfawr *adj* precious.
gwerthfawrogi *v* to appreciate.
gwerthfawrogiad *m* appreciation.
gwerthfawrogol *adj* appreciative.
gwerthian·t *m* (·**nau**) sale.
gwerthu *v* to sell.
gwerth·wr *m* (·**wyr**) seller.
gwerthyd *f* (·**au**, ·**oedd**) axle.
gweryd *m* earth; grave.
gweryrad *m* whinny.
gweryru *v* to neigh.
gwest·ai *m* (·**eion**) guest.
gwest·y *m* (·**ai**, ·**yau**) guest-house.
gweu *v* to weave, to knit.
gweunydd *see* **gwaun**.
gwêwyd *from* **gwau**.
gwewyr *see* **gwayw**.
gwêydd *see* **gwehydd, gwëydd**.
gwëyll *see* **gwäell**.
gwg *m* frown.
gwgu *v* to frown.
gwialen *f* (**gwiail**) cane.
gwib *f* rush.
gwib·daith *f* (·**deithiau**) outing.
gwiber *f* (·**od**) viper.
gwich *f* (·**iau**) squeal.

gwich·iad *m* (·**iaid**) winkle.
gwichian *v* to squeal.
gwichlyd *adj* squeaky.
gwiddon *f* witch.
gwifr, gwifr·en *f* (·**au**) wire.
gwig *f* woodland.
gwingo *v* to writhe.
gwin *m* (·**oedd**) wine.
gwinau *adj* auburn.
gwinllan *f* (·**nau**, ·**noedd**) vineyard.
gwinwydden *f* (**gwinwydd**) vine.
gwir *adj* true.
gwireb *f* maxim.
gwireddu *v* to make true.
gwirfodd *m* voluntary consent.
gwirfoddol *adj* voluntary.
gwirfoddoli *v* to volunteer.
gwirfoddol·wr *m* (·**wyr**) volunteer.
gwirgroen *m* dermis.
gwiriad *m* a check.
gwirio *v* to verify.
gwirion *adj* silly.
gwiriondeb *m* silliness.
gwirionedd *m* truth.
gwirioneddol *adj* true.
gwirioni *v* to dote.
gwirod *m* (·**ydd**) liquor.
gwisg *f* (·**oedd**) clothing.
gwisgi *adj* nimble.
gwisgo *v* to wear.
gwiw *adj* worthy.
gwiwer *f* (·**od**) squirrel.
gwlad *f* (**gwledydd**) country.
gwladaidd *adj* rustic.
gwladf·a *f* (·**eydd**) colony.
gwladgarol *adj* patriotic.
gwladgarwch *m* patriotism.
gwladgar·wr *m* (·**wyr**) patriot.
gwladol *adj* state.
gwladoli *v* to nationalise.
gwladwein·ydd *m* (·**wyr**) statesman.
gwlad·wr *m* (·**wyr**) countryman.
gwladwriaeth *f* (·**au**) state.
gwladychu *v* to colonise.
gwlân *m* (**gwlanoedd**) wool.
gwlanen *f* (·**ni**) flannel.
gwlanog *adj* woolly.
gwlatgar *adj* patriotic.

gwlâu *see* gwely.
gwleb *adj* (*f*) wet.
gwledig *adj* rural.
gwledydd *see* gwlad.
gwledd *f* (·oedd) feast.
gwledda *v* to feast.
gwleidydd *m* (·ion) politician.
gwleidyddiaeth *f* politics.
gwleidyddol *adj* political.
gwleidydd·wr *m* (·wyr) politician.
gwlith *m* dew.
gwlith·en *f* (·od, gwlithenni) slug.
gwlithyn *m* dewdrop.
gwlyb *adj* wet.
gwlybaniaeth *m* moisture.
gwlybwr *m* fluid.
gwlych *m* liquid; gravy.
gwlychu *v* to wet.
gwlydd *pl* stalks.
gwm *m* gum.
gwn *m* (gynnau) gun. • *from* gwybod.
gŵn *m* (gynau) gown.
gwndwn *m* ley.
gwnêl, gwnelo *from* gwneud.
gwneud, gwneuthur *v* to do (*see* Appendix).
gwneuthuriad *m* composition.
gwneuthur·wr *m* (·wyr) maker.
gwniadur *m* (·on) thimble.
gwniadwaith *m* needlework.
gwniad·wraig, gwniad·wreg *f* (·wragedd) seamstress.
gwnïo *v* to sew.
gwobr *f* (·au, ·wyon) prize.
gwobrwyo *v* to reward.
gŵr *m* (gwŷr) man; husband.
gwrach *f* (·od, ·ïod) witch.
gwragedd *see* gwraig.
gwraidd, gwreiddyn *m* (gwreiddiau) root.
gwraig *f* (gwragedd) woman; wife.
gwrandaw(af) *from* gwrando.
gwrandawiad *m* (·au) hearing.
gwranda·wr *m* (·wyr) listener.
gwrando *v* to listen.
gwrant(af) *from* gwarantu.
gwrcath, gwrc·i, gwrcyn *m* (·od, ·ïod, ·od) tom-cat.

gwregys *m* (·au) seat-belt.
gwregysu *v* to girdle.
gwrêng *m* common people.
gwreichionen *f* (gwreichion) spark.
gwreichioni *v* to sparkle.
gwreichionyn *m* (gwreichion) spark.
gwreiddiau *see* gwraidd, gwreiddyn.
gwreiddio *v* to take root.
gwreiddiol *adj* original.
gwreiddioldeb *m* originality.
gwreiddyn *see* gwraidd.
gwrendy *from* gwrando.
gwresog *adj* hot.
gwresogi *v* to heat.
gwresogydd *m* (·ion) heater.
gwrhyd, gwryd *m* fathom.
gwrid *m* blush.
gwrido *v* to blush.
gwridog *adj* rosy-cheeked.
gwritgoch *adj* ruddy.
gwrogaeth *f* homage.
gwrol *adj* brave.
gwroldeb *m* valour.
gwron *m* (·iaid) brave man.
gwrt·aith *m* (·eithiau) fertiliser.
gwrthban *m* (·nau) blanket.
gwrteithio *v* to manure.
gwrthban *m* (·nau) blanket.
gwrthbl·aid *f* (·eidiau) the opposition.
gwrthbrofi *v* to disprove.
gwrthbwynt *m* counterpoint.
gwrthdaro *v* to clash.
gwrthdrawiad *m* (·au) collision.
gwrthdystiad *m* (·au) protest.
gwrthdystio *v* to protest.
gwrth-ddweud *v* to contradict.
gwrthddywediad *m* (·au) contradiction.
gwrthfiotig *m* antibiotic.
gwrthgilio *v* to backslide.
gwrthgil·iwr *m* (·wyr) backslider.
gwrthgl·awdd *m* (·oddiau) rampart.

gwrthglocwedd *adj* anticlockwise.
gwrthgyferbyniad *m* (·au) contrast.
gwrthgyferbyniol *adj* opposite.
gwrthgyferbynnu *v* to contrast.
gwrthian·t *m* (·nau) resistance.
gwrthnysig *adj* perverse.
gwrthod *v* to refuse.
gwrthodedig *adj* rejected.
gwrthodiad *m* (·au) refusal.
gwrthrewydd *m* antifreeze.
gwrthrych *m* (·au) object.
gwrthrychol *adj* objective.
gwrthryfel *m* (·oedd) rebellion.
gwrthryfela *v* to rebel.
gwrthryfelgar *adj* rebellious.
gwrthryfel·wr *m* (·wyr) a rebel.
gwrthsafiad *m* stance against.
gwrthsefyll *v* to withstand.
gwrthsoddi *v* to countersink.
gwrthun *adj* repugnant.
gwrthuni *m* repugnance.
gwrthwenwyn *m* antidote.
gwrthwyneb *adj* contrary.
gwrthwynebiad *m* (·au) objection.
gwrthwynebu *v* to oppose.
gwrthwynebus *adj* antagonistic.
gwrthwyneb·wr *m* (·wyr) opponent.
gwrthyd *from* **gwrthod**.
gwrych *m* (·oedd) hedge.
gwrychyn *m* (gwrych) hackle.
gwryd *m* fathom.
gwrym *m* (·iau) welt.
gwrysgen *f* (gwrysg) haulm.
gwrysgyn *m* (gwrysg) haulm.
gwryw *adj* male.
gwrywaidd *adj* masculine.
gwrywgydiaeth *f* homosexuality.
gwrywgyd·iwr *m* (·wyr) homosexual.
gwsber·en *f* (·ins, gwsberis) gooseberry.
gwth, gwthiad *m* (·iau, ·au) shove.
gwthio *v* to push.
gwyach *f* (·od) grebe.
gwybedyn *m* (gwybed) midges.
gwybod *v* to know.

gwybodaeth *f* knowledge; information.
gwybodus *adj* learned.
gwybyddus *adj* known.
gwych *adj* excellent.
gwychder *m* splendour.
gwydn *adj* tough.
gwydnwch, gwytnwch *m* toughness.
gwydr *m* (·au) glass.
gwydr·aid *m* (·eidiau) glassful.
gwydro *v* to glaze.
gwydryn *m* (·nau) tumbler.
gŵydd *m* presence.
gŵydd *f* (gwyddau) goose.
gŵydd *m* (gwyddion) loom; plough.
gŵydd *pl* trees.
gwydd(ai) *from* **gwybod**.
gwyddbwyll *f* chess.
Gwyddel *m* (·od) Irishman.
Gwyddeleg *f* Irish.
gwyddfid *m* honeysuckle.
gwyddoniadur *m* (·on) encyclopedia.
gwyddoniaeth *f* science.
gwyddonol *adj* scientific.
gwyddon·ydd *m* (·wyr) scientist.
gwyddor *f* (·au) rudiment(s); science: **yr wyddor** the alphabet.
gwyfyn *m* (·od) moth.
gŵyl *f* (gwyliau) holiday; festival.
gŵyl Dewi, gŵyl Ddewi St David's Day.
gwylaidd *adj* unassuming.
gwylan *f* (·od) seagull.
gwyleidd·dra *m* modesty.
gwyl·fa *f* (·âu) lookout.
gwyliadwriaeth *f* alertness.
gwyliadwrus *adj* cautious.
gwyliedydd *m* watchman.
gwylio *v* to watch.
gwyl·iwr *m* (·wyr) watcher.
gwylmabsant *m* wake.
gwylnos *f* (·au) vigil.
gwylog *f* (·od) guillemot.
gwyll *m* gloom.
gwyll·iad *m* (·iaid) bandit.
gwyllt *adj* wild.

gwylltineb *m* wildness.
gwylltio, gwylltu *v* to become angry.
gwymon *m* seaweed.
gwymp *adj* fine.
gwyn *adj* white.
gwŷn *m* (**gwyniau**) ache; rage.
gwynder *m* whiteness.
gwynegon *pl* rheumatism.
gwynegu *v* to throb.
gwynfa *f* paradise.
gwynfyd *m* (**·au**) bliss.
gwynfydedig *adj* blessed.
gwyngalch *m* whitewash.
gwyngalchu *v* to whitewash.
gwyn·iad *m* (**·iaid**) fish unique to Bala Lake.
gwynias *adj* white-hot.
gwynio *v* to ache.
gwynned *from* **gwyn**.
gwynnin *m* sap-wood.
gwynnu *v* to whiten.
gwynnwy *m* albumen.
gwynt *m* (**·oedd**) wind.
gwyntio, gwynto *v* to smell.
gwyntog *adj* windy.
gwyntyll *f* (**·au**) fan.
gwypo *from* **gwybod**.
gŵyr[1] *from* **gwybod**.
gŵyr[2] *adj* aslant.
gŵyr[3] *mutated form of* **cwyr**.
gwŷr *see* **gŵr**.
gwyr·an *m/f* (**·ain**) barnacle.
gwyrdroad *m* (**·au**) perversion.
gwyrdroëdig *adj* perverted.
gwyrdroi *v* to distort.

gwyrdd *adj* green.
gwyrddlas *adj* sea-green.
gwyrddlesni *m* verdure.
gwyrgam *adj* crooked.
gwyriad *m* (**·au**) deviation.
gwyro *v* to bend.
gwyrth *f* (**·iau**) miracle.
gwyrthiol *adj* miraculous.
gwyryf, gwyry (**·(f)on**) virgin.
gwyryfol *adj* virgin.
gwŷs *f* (**gwysion**) summons.
gwysio *v* to summon.
gwystl *m* (**·on**) hostage.
gwystlo *v* to pledge.
gwytned *from* **gwydn**.
gwytnwch *see* **gwydnwch**.
gwythïen *f* (**gwythiennau**) vein.
gwyw *adj* withered.
gwywo *v* to wither.
gyda, gydag *prefix* with.
gyddfau, gyddygau *see* **gwddf, gwddwg**.
gyddfol *adj* guttural; jugular.
gylch *from* **golchi**.
gylfin *m* (**·au**) beak.
gylfinir *m* (**·od**) curlew.
gynau *see* **gŵn**.
gynnau *see* **gwn**.
gynnau *adv* just now.
gynt *adv* formerly.
gyr *m* (**·roedd**) flock.
gyrdd *see* **gordd**.
gyrfa *f* (**·oedd**) career.
gyrru *v* to drive.
gyrrwr *m* (**gyrwyr**) driver.
gyrwynt *m* (**·oedd**) hurricane.

H

ha *abb* hectar (ha).
hacio *v* to hack.
haclif *f* (**·iau**) hacksaw.
hacred *from* **hagr**.
had *m* seed.
haden *f* (**hadau**) a seed.
hadu *v* to go to seed.
had·yn *m* (**·au**) seed.

haearn *m* (**heyrn**) iron.
haearnaidd *adj* iron-like.
haeddiannau *see* **haeddiant**.
haeddiannol *adj* deserving.
haeddian·t *m* (**·nau**) merit.
haeddu *v* to deserve.
hael *adj* generous.
haelfrydedd *m* generosity.

haelfrydig adj liberal.

haelioni m generosity.

haelionus adj generous.

haen, haenen f (·au, ·nau) layer.

haeriad m (·au) allegation.

haerllug adj arrogant.

haerllugrwydd m cheek.

haeru v to allege.

haf m (·au) m summer.

hafaidd adj summery.

hafal adj equal.

hafaliad m (·au) equation.

hafalnod m (·au) equal sign.

hafan f haven.

haflug m/f plenty.

hafn m/f (·au) pass.

hafod f (·au, ·ydd) upland farm.

hafflau m clutches.

hagr adj ugly.

hagru v to disfigure.

hagrwch m ugliness.

haid f (heidiau) swarm.

haidd see **heidden**.

haig f (heigiau) shoal.

haint m/f (heintiau) disease.

halen m salt.

halio v to hall.

halogedig adj defiled.

halogi v to defile.

halwyn m (·au) salt.

hallt adj salty.

halltu v to salt.

hamb·wrdd m (·yrddau) tray.

hamdden m/f leisure.

hamddena v to laze.

hamddenol adj leisurely.

hances f (·i) handkerchief.

haneri pl half-backs (rugby).

haneru v to halve.

hanes m (·ion) tale; history.

hanes·ydd m (·wyr) historian.

hanfod m (·ion) essence.

hanfodol adj essential.

haniaeth f (·au) abstraction.

haniaethol adj abstract.

hanner m (haneri) half.

hanner tôn m (~ tonau) semitone.

hanu v to derive from.

hap f (·iau) chance.

hapchwarae m (·on) gambling.

hapnod m (·au) an accidental.

hapus adj happy.

hapusrwydd m happiness.

hardd adj handsome.

harddu v to beautify.

harddwch m beauty.

harmon·i m (·ïau) harmony.

harn·ais m (·eisiau) harness.

harneisio v to harness.

hastus adj rushed.

hatling f mite (widow's mite).

hau v to sow.

haul m (heuliau) sun.

hawdd adj easy.

hawddfyd m prosperity.

hawddgar adj amiable.

hawddgarwch m amiability.

hawl f (·iau) right.

hawl from **holi**.

hawl·fraint f (·freintiau) copyright.

hawlio v to claim.

haws adj easier.

heb prep without.

heblaw prep besides.

hebog m (·au, ·iaid) hawk.

Hebread m (Hebreaid) Hebrew.

hebrwng v to accompany.

hebryngydd m guide.

hed from **ehedeg**.

hedegog adj flying.

hedfan v to fly.

hedyn m (hadau) seed.

heddgeid·wad m (·waid) policeman.

heddiw adv today.

heddlu m police force.

hedd·was m (·weision) policeman.

heddwch, hedd m peace.

heddychiaeth f pacifism.

heddychlon, heddychol adj peaceful.

heddych·wr m (·wyr) pacifist.

hofolydd m peer.

hefyd adv also.

heff·er f (·rod) heifer.

heglog adj leggy.

heglu *v* to leg it.

heibio *adv* past.

heicio *v* to hike.

heidiau *see* **haid**.

heidio *v* to swarm.

heidden *f* (**haidd**) (grain of) barley.

heigiau *see* **haig**.

heilltion *adj* (*pl*) salty.

heini *adj* active.

heintiau *see* **haint**.

heintio *v* to infect.

heintus *adj* infectious.

heirdd *adj* (*pl*) beautiful.

hel *v* to send.

hela *v* to hunt.

helaeth *adj* extensive.

helaethrwydd *m* extent.

helaethu *v* to enlarge.

helbul *m* (·**on**) trouble.

helbulus *adj* troublesome.

helcyd *v* to lug.

helf·a *f* (·**eydd**, ·**âu**) (a) hunt.

hel·gi *m* (·**gwn**) hound.

heli *m* sea.

hel·iwr *m* (·**wyr**) hunter.

helm *f* (·**au**) helmet; (·**ydd**) rick.

helogan *f* celery.

helpu *v* to help.

helygen *f* (**helyg**) willow.

helynt *f* (·**ion**) trouble.

hell *adj* (*f*) ugly.

hemio *v* to hem; to belt.

hen *adj* old.

henadur *m* (·**iaid**) alderman.

henaduriaeth *f* presbytery.

henaidd *adj* old-fashioned.

henaint *m* old age.

hen dad-cu, hen-daid *m* great-grandfather.

hendref *f* (·**i**) lowland farm.

heneb·yn *m* (·**ion**) ancient monument.

heneiddio *v* to grow old.

hen fam-gu, hen-nain *f* great-grandmother.

henffasiwn *adj* old-fashioned.

henffych *exclam* greetings!

hen-nain *f* (**hen-neiniau**) great-grandmother.

heno *adv* tonight.

henoed *m* elderly people.

henur·iad *m* (·**iaid**) an elder.

heol, hewl *f* (**heolydd**) road.

hepgor *v* to forgo.

hepian *v* to doze.

her *f* (·**iau**) challenge.

herc *f* (·**iau**) hop.

hercian *v* to hobble.

herciog *adj* limping.

herfeiddiol *adj* defiant.

hergwd *m* push.

herio *v* to challenge.

herodraeth *f* heraldry.

herw *m*: **ar herw** outlawed.

herwgipio *v* to hijack, to kidnap.

herwgip·iwr *m* (·**wyr**) kidnapper.

herwhela *v* to poach.

her·wr *m* (·**wyr**) outlaw.

hesb *adj* (*f*) barren.

hesbin, hesben *f* (·**od**) (yearling) ewe.

hesgen *f* (**hesg**) sedge.

het *f* (·**iau**) hat.

hetar *m* (·**s**) iron.

heth *f* cold spell.

heuaf *from* **hau**.

heuldro *m* (·**eon**) solstice.

heuliau *see* **haul**.

heulog *adj* sunny.

heulwen *f* sunshine.

heu·wr *m* (·**wyr**) sower.

heyrn *see* **haearn**.

hi *pron* she; her.

hidio *v* to mind.

hidl *f* (·**au**) sieve. • *adj* streaming.

hidlen *f* (·**ni**) filter.

hidlo *v* to filter.

hil *f* (·**ion**, ·**oedd**) race.

hiliogaeth *f* descendants.

hiliol *adj* racist.

hilyddiaeth *f* racism.

hin *f* weather.

hiniog *see* **rhiniog**.

hinon *f* fair weather.

hins·awdd *m/f* (·**oddau**) climate.

hir *adj* long.

hiraeth *m* nostalgia.
hiraethu *v* to long for.
hiraethus *adj* homesick.
hirbell *adj* afar.
hirben *adj* shrewd.
hirgrwn *adj* oval.
hirgron *adj* (*f*) oval.
hirhoedledd *m* longevity.
hirhoedlog *adj* long-lived.
hirlwm *m* lean period.
hirwyntog *adj* long-winded.
hirymarhous *adj* long-suffering.
hithau *pron* she too; her too.
hoced *m/f* chicanery.
hoe *f* rest.
hoedl *f* lifetime.
hoel, hoel·en *f* (·ion) nail.
hoelbren *m* (·nau) dowel.
hoelio *v* to nail.
hoen *m/f* zest.
hoenus *adj* vivacious.
hof *f* (·iau) hoe.
hofio *v* to hoe.
hofran *v* to hover.
hofranfad *m* (·au) hovercraft.
hofrenydd *m* (·ion) helicopter.
hoff *adj* favourite.
hoffi *v* to like.
hoffter *m* (·au) fondness.
hoffus *adj* likeable.
hogen, hogan *f* (·nod, gennod) lass.
hogi *v* to sharpen.
hogwr *m* sharpener.
hog·yn *m* (·iau) lad.
hongiad *m* (·au) suspension.
hongian *v* to hang.
holgar *adj* inquisitive.
holi *v* to question.
holiadur *m* (·on) questionnaire.
hol·wr *m* (·wyr) question-master.
holwyddoreg *f* catechism.
holl *adj* all.
hollalluog *adj* omnipotent.
hollfyd *m* universe.
holliach *adj* sound.
hollol *adj* entire.
hollt *m/f* (·au) cleft.

hollti *v* to split.
hollwybodol *adj* omniscient.
hollysydd *m* omnivore.
hon *pron* this (*f*).
honcian *v* to limp.
honedig *adj* alleged.
honiad *m* (·au) claim.
honni *v* to allege.
honno *pron* that (*f*).
hopran *f* mill-hopper.
hosan *f* (·au, sanau) sock.
hosanna *exclam* hosanna.
hoyw *adj* gay.
hual *m* (·au) fetter.
huawdl *adj* eloquent.
hud *m* magic.
hudlath *f* (·au) magic wand.
hudo *v* to enchant.
hudol, hudolus *adj* beguiling.
hudoliaeth *f* enchantment.
huddygl *m* soot.
hufen *m* cream.
hufen·fa *f* (·feydd) creamery.
hugan *f* (·au) cloak; gannet.
huling *f* a covering.
hulio *v* to cover.
hun *f* slumber.
hun, hunan *pron* self.
hunan-barch *m* self-respect.
hunanbwysig *adj* bumptious.
hunandosturiol *adj* self-pitying.
hunandybus *adj* self-important.
hunanddisgyblaeth *f* self-discipline.
hunanfeddiannol *adj* self-possessed.
hunangofian·t *m* (·nau) autobiography.
hunangyfiawn *adj* self-righteous.
hunangynhaliol *adj* self-sufficient.
hunanhyder *m* self-confidence.
hunaniaeth *f* identity.
hunanladdiad *m* suicide.
hunanlywodraeth *f* autonomy.
hunanol *adj* selfish.
hunanoldeb *m* selfishness.
hunanymwadiad *m* self-denial.
hunanymwybodol *adj* self-conscious.
hunllef *f* (·au) nightmare.
huno *v* to sleep.

huodledd *m* eloquence.
huotled *from* **huawdl**.
hur *m* hire.
hur-bwrcas *m* hire-purchase.
hurio *v* to hire.
hurt *adj* stupid.
hurtio, hurto *v* to stupify.
hurtrwydd *m* stupidity.
hurtyn *m* (·**nod**) idiot.
hwb, hwp *m* a shove.
hwch *f* (**hychod**) sow.
hwiangerdd *f* (·**i**) nursery rhyme.
hwliganiaeth *f* hooliganism.
hwn *pron* this (*m*).
hwnnw *pron* that (*m*).
hwnt *adv* yonder.
hwp *see* **hwb, hwp**.
hwrdd *m* (**hyrddod**) ram.
hwre *exclam* take this.
hws·mon *m* (·**myn**) husbandman.
hwy, nhw *pron* them.
hwy *from* **hir**.
hwy·ad, hwy·aden *f* (·**aid**) duck.
hwyhau *v* to lengthen.
hwyl *f* (·**iau**) sail; mood.
hwylbren *m* (·**nau**, ·**ni**) mast.
hwylio *v* to sail.
hwyliog *adj* humorous.
hwylus *adj* convenient.
hwyluso *v* to facilitate.
hwylustod *m* convenience.
hwynt-hwy *pron* they themselves.
hwyr *adj* late.
hwyrach *adv* perhaps; later.
hwyrddyfod·iad *m* (·**iaid**) latecomer.
hwyrfrydig *adj* reluctant.
hwyrhau *v* to become late.
hwyrol *adj* evening.
hwythau *pron* they too.
h.y. *abb* i.e.
hy, hyf *adj* bold.
hybarch *adj* very reverend.
hyblyg *adj* flexible.
hyblygrwydd *m* flexibility.
hybu *v* to promote.
hychod *see* **hwch**.
hyd *m* length. • *prep* until.

hydawdd *adj* soluble.
hyder *m* confidence.
hyderu *v* to rely.
hyderus *adj* confident.
hydraidd *adj* pervious.
hydred *m* (·**au**) longitude.
hydredol *adj* longitudinal.
Hydref *m* October.
hydref *m* autumn.
hydrefol *adj* autumnal.
hydrin *adj* tractable.
hydwyth *adj* resilient.
hydwythedd *m* elasticity.
hydyn *adj* docile.
hydd *m* (·**od**) stag.
hyddysg *adj* learned.
hyf *see* **hy**.
hyfder, hyfdra *m* audacity.
hyfedr *adj* expert.
hyfryd *adj* lovely.
hyfrydu *v* to delight.
hyfrydwch *m* delight.
hyfwyn *adj* genial.
hyfforddai *m* trainee.
hyfforddi *v* to train.
hyfforddiant *m* training.
hyffordd·wr *m* (·**wyr**) trainer.
hyffordd·wraig *f* (·**wragedd**) instructress.
hygar *adj* amiable.
hyglyw *adj* audible.
hygoelus *adj* gullible.
hygrededd *m* credibility.
hygyrch *adj* accessible.
hygyrchedd *m* accessibility.
hyhi *pron* she herself.
hylaw *adj* handy.
hylendid *m* hygiene.
hylif *m* (·**au**) liquid.
hylifo *v* to liquify.
hylifydd *m* (·**ion**) liquidiser.
hylosg *adj* combustible.
hylosgiad *m* combustion.
hyll *adj* ugly.
hylit *from* **hollti**.
hylltra, hylltod *m* ghastliness, ugliness.
hyn *pron* these.

hŷn *adj* older.
hynafg·wr *m* (·**wyr**) old man.
hynaf·iad *m* (·**iaid**) ancestor.
hynafiaeth *f* (·**au**) antiquity.
hynafiaethol *adj* antiquarian.
hynafiaeth·ydd *m* (·**wyr**) antiquary.
hynafol *adj* ancient.
hynaws *adj* genial.
hynawsedd *m* geniality.
hyned *from* **hen**.
hynny *pron* those; that.
hynod *adj* remarkable.
hynodrwydd *m* peculiarity.
hynt *f* course.
hyrddio *v* to hurl.
hyrddod *see* **hwrdd**.

hyrwyddo *v* to further.
hysb *adj* barren.
hysbyddu *v* to drain.
hysbys *adj* evident.
hysbyseb *f* advertisment.
hysbysebu *adj* to advertise.
hysbys·fwrdd *m* (·**fyrddau**) notice-board.
hysbysiad *m* (·**au**) announcement.
hysbysion *pl* notices.
hysbysrwydd *m* information.
hysbysu *v* to inform.
hysian, hysio *v* to incite.
hytrach *adv*: **yn hytrach** rather.
hywedd *adj* trained.
hyweddu *v* to train.

I

i *prep* to. • *pron* me; my.
iâ *m* ice.
iach *adj* healthy.
iachâd *m* cure.
iacháu *v* to make better.
iachawdwr *m* saviour.
iachawdwriaeth *f* salvation.
iachus *adj* bracing.
iad *f* (·**au**) cranium.
iâen *f* (**iaënnau**) sheet of ice.
iaith *f* (**ieithoedd**) language.
iâr *f* (**ieir**) hen.
iard *f* (·**iau, ierdydd**) yard.
iarll *m* (**ieirll**) earl.
iarlles *f* countess.
ias *f* (·**au**) shiver.
iasoer *adj* chilling.
iasol *adj* eerie.
iau *f* (**ieuau, ieuoedd**) yoke. • *m* liver.
iau *adj* younger.
Iau *m* Thursday; Jupiter.
iawn *adv* very. • *adj* right.
iawndal *m* compensation.
iawnderau *pl* rights.
iddi, iddo, iddynt *from* **i**.
ie *adv* yes.
iechyd *m* health.

ieir *see* **iâr**.
ieirll *see* **iarll**.
ieitheg *f* philology.
ieithoedd *see* **iaith**.
ieithwedd *f* style.
ieithydd *m* (·**ion**) linguist.
ieithyddiaeth *f* philology.
ieithyddol *adj* linguistic.
ierdydd *see* **iard**.
iet *f* (·**iau**) gate.
ieuanc, ifanc *adj* young.
ieuau *see* **iau**.
ieuenctid *m* youth.
ieuo *v* to yoke.
ieuoedd *see* **iau**.
ifanc *adj* young.
ig *m* (·**ion**) hiccup.
igam-ogam *adj* zigzag.
igian *v* to hiccup.
iglw *m* (**iglŵau, iglws**) igloo.
ing *m* (·**oedd**) anguish.
ingol *adj* agonising.
ildio *v* to yield.
ill *pron* they.
imperialaeth *f* imperialism.
imperialaidd *adj* imperial.
impio *v* to graft; to sprout.
imp·yn *m* (·**iau**) sprout; graft.

imwneiddio *v* to immunise.
Ind·iad *m* (**·iaid**) Indian.
indrawn *m* maize.
innau *see* **minnau**.
inswleiddio *v* to insulate.
iòd *see* **iot, iòd**.
iolyn *m* nincompoop.
lôn, lôr *m* (the) Lord.
ïon *m* (**iônau**) ion.
Ionawr *m* January.
iorwg *m* ivy.
iot, iòd *m* jot; iota.
ir, iraidd *adj* succulent.
iraid *m* (**ireidiau**) lubricant.
iro *v* to oil.
is *adj* lower.
isadran *f* (**·nau**) subsection.
isaf *adj* lowest.
isaf-swm *m* (**·symiau**) minimum.
is-bwyllgor *m* (**·au**) subcommittee.
isel *adj* low.
iselder *m* (**·au**) depression.

iseldir *m* (**·oedd**) lowland.
iselhau *v* to lower.
iselradd *adj* inferior.
isetholiad *m* (**·au**) by-election.
is-gadeirydd *m* vice-chairman.
is-ganghellor *m* vice-chancellor.
is-gapt·en *m* (**·einiaid**) lieutenant.
isgell *m* stock.
is-iarll *m* (**is-ieirll**) viscount.
is-lais *m* (**·leisiau**) undertone.
islaw *prep* below.
isobar *m* (**·rau**) isobar.
isod *adv* below.
isradd *m* (**·au**) (mathematical) root.
israddol *adj* subordinate.
israddoldeb *m* inferiority.
israniad *m* (**·au**) subdivision.
isrannu *v* to subdivide.
isymwybod *m* subconscious.
ith-faen *m* (**·feini**) granite.
iwrch *m* (**iyrchod**) roebuck.
iyrches *f* roe-deer.

J

J *abb* joule (J).
jac codi baw *m* JCB.
jac-y-do *m* jackdaw.
jadan, jaden *f* harridan.
jamio *v* to jam.
jariaid *f* (**jareidiau**) jarful.
jazz *m* jazz.
jêl *f* jail.
jest *adv* almost.
jib *m* (**·s**) grimace.
jibidêrs *pl* smithereens.
ji-binc *m* (**jibincod**) chaffinch.

jîns *m* jeans.
jiráff *m* (**jiraffod**) giraffe.
jiwbilî *m/f* (**jiwbilîau**) jubilee.
jòb *f* (**jobsys**) job.
jôc *f* (**jôcs**) joke.
jocan *v* to joke.
jocôs *adj* contented.
joch *m* (**·iau**) swig.
jolihoetio, jolihoitio *v* to gallivant.
jẁg *m/f* (**jygiau**) jug.
jygaid *m* jugful.

L

labelu *v* to label.
labor·dy *m* (**·dai**) laboratory.
lafant *m* lavender.
lagŵn *m* (**lagwnau**) lagoon.
lambastio *v* to lambaste.
lamineiddio *v* to laminate.

lan *adv* up.
lander *m* (**·i, ·au**) gutter.
lansio *v* to launch.
lapio *v* to wrap.
larts *adj* conceited.
lar·wm *m* (**·ymau**) alarm.

las *m* (**lasys**) lace.
law yn llaw *adj* hand-in-hand.
lawnt *f* (**·iau**) lawn.
lawr *adv* down. • *m* **bara lawr** laver bread.
lecsiwn *f* (**lecsiynau**) election.
ledio *v* to lead.
ledled *adv* throughout.
lefain *m* leaven.
lefeinio *v* to leaven.
lefr·en *f* (**·od**) leveret.
leinio *v* to linc; to thrash.
lelog *m/f* lilac.
lembo *m* numbskull.
lemonêd, lemwnêd *m* lemonade.
les *f* (**·oedd**) lease; (**·au**) lace.
letysen *f* (**letys**) lettuce.
libart *m* mountain pasture.
lifr·ai *m/f* (**·eiau**) livery.
ling-di-long, linc-di-lonc *adv* leisurely.
llli *f* (**llliau**) lily.

lindysen *f* (**lindys**) caterpillar.
lindysyn *m* (**lindys**) caterpillar.
lintel *f* (**·ydd**) window-sill.
liw dydd, liw nos *adv* by (day, night).
lobi *m/f* (**lobïau**) lobby.
locust *m* (**·iaid**) locust.
lodes *f* (**·i, ·au**) girl.
loetran *v* to loiter.
lòg *m* (**logiau**) log.
lol *f* nonsense.
lolf·a *f* (**·eydd**) lounge.
lolian *v* to joke; to lounge.
lôn *f* (**lonydd**) lane.
loncian *v* to jog.
lonc·iwr *m* (**·wyr**) jogger.
lordio *v* to domineer.
lorri *f* (**lorïau**) lorry.
losin *m/pl* sweets.
lwcus *adj* lucky.
lwfans *m* (**·au**) allowance.
lwmp(yn) *m* (**lympiau**) lump.

Ll

llabed *f* (**·au**) flap; lapel.
llab·wst *m* (**·ystau**) lout.
llabyddio *v* to stone.
llac *adj* slack.
llaca *m* muck.
llacio *v* to slacken.
llacrwydd *m* laxity.
llach, lach *f* (**·iau**) lash.
llachar *adj* glittering.
lladmerydd *m* (**·ion**) interpreter.
lladrad *m* (**·au**) theft.
lladradaidd *adj* surreptitious.
lladrata *v* to steal.
lladron *see* **lleidr·**
lladd *v* to kill.
lladd-dy *m* (**lladd-dai**) abattoir.
lladdfa *f* massacre.
llaes *adj* flowing.
llaesu *v* to slacken.
llaeth *m* milk.
llaeth·dy *m* (**·dai**) dairy.
llaethog *adj* milky.

llafar *adj* vocal.
llafarganu *v* to chant.
llafar·iad *f* (**·iaid**) vowel.
llafn *m* (**·au**) blade.
llafur *m* labour; toil.
llafurio *v* to toil.
llafurus *adj* laborious.
llafur·wr *m* (**·wyr**) labourer.
llai *adj* smaller.
llaid *m* mud.
llain *f* (**lleiniau**) strip (of land).
llais *m* (**lleisiau**) voice.
llaith *adj* damp.
llall *pron* (**lleill**) other.
llam *m* (**·au**) leap.
llamhidydd *m* (**llamidyddion**) porpoise.
llamsachus *adj* prancing.
llamu *v* to leap.
llan *f* (**·nau**) (parish) church.
llanastr *m* disorder.
llanc *m* (**·iau**) lad.

llances f (·**i**, ·**au**) lass.
llannerch f (**llennyrch**) glade.
llanw v to fill. • m (·**au**) tide.
llariaidd adj benign.
llarieidd-dra m meekness.
llarieiddio v to soothe.
llarpiau pl tatters.
llarpio v to tear to shreds.
llarpiog adj tattered.
llarwydden f (**llarwydd**) larch.
llatai m (**llateion**) negesydd cariad.
llath, llathen f (·**au**, ·**ni**) yard.
llathaid f (**llatheidi, llatheidiau**) yard's length.
llathraid, llathraidd adj glossy.
llau see **lleuen**.
llaw m (**dwylo, dwylaw**) hand.
llawcio, llowcio v to gulp.
llawchwith adj left-handed.
llawdriniaeth f (·**au**) operation.
llawdrwm adj hypercritical.
llawdde adj right-handed.
llawen adj happy.
llawenhau v to rejoice.
llawenychu v to rejoice.
llawenydd m happiness.
llawer adv much.
llawes f (**llewys**) sleeve.
llawfeddyg m (·**on**) surgeon.
llawfeddygaeth f surgery.
llaw-fer f shorthand.
llawfor-wyn f (·**ynion**) maidservant.
llawlyfr m (·**au**) handbook.
llawn adj full. • adv quite.
llawnder, llawndra m fullness.
llawr m (**lloriau**) floor.
llawryf m (·**au**, ·**oedd**) laurel.
llawysgrif f (·**au**) manuscript.
llawysgrifen f handwriting.
LICLI abb Lowest Common Multiple (LCM).
lle m (·**oedd**, ·**fydd**) place.
llecyn m (·**nau**) spot.
llech, llechen f (**llechi**) slate.
llech-faen m/f (·**feini**) slate.
llechres f (·**i**) list.
llechu v to lurk.
llechwedd m (·**au**) hillside.

llechwraidd adj furtive.
lled m width. • adv fairly.
lledaenu v to spread.
lled-ddargludydd m (·**ion**) semiconductor.
lled-en f (·**od**) plaice.
llediaith f twang.
llednais adj courteous.
lleidneisrwydd m modesty.
lled-orwedd v to recline.
lledr m leather.
lledred m (·**au**) latitude.
lledrith m magic.
lledrithiol adj illusory.
lledu v to widen.
lleddf adj mournful; minor (music).
lleddfu v to soothe.
lledd(ir) from **lladd**.
llef f (·**au**) cry.
llefain v to cry.
llefair from **llefaru**.
llefaru v to speak.
llefarydd m spokesperson.
llefelyn, llyfelyn m (·**od**) sty.
lleferydd m/f speech.
llefn adj (f) smooth.
llefrith m milk.
llefydd see **lle**.
llegach adj feeble.
lleng f (·**oedd**) legion.
llengfil-wr m (·**wyr**) legionnaire.
lleiaf adj smallest.
lleiafrif m (·**oedd**) minority.
lleiafrifol adj minority.
lleiaf-swm m (·**symiau**) minimum.
lleian f (·**od**) nun.
lleian-dy m (·**dai**) nunnery.
lleidiog adj muddy.
lleidr m (**lladron**) thief.
lleidd-iad m (·**iaid**) killer.
lleihad m decrease.
lleihau v to lessen.
lleill see **llall**.
lleiniau see **llain**.
lleinw from **llanw**.
lleisiau see **llais**.
lleisio v to voice.
lleisiol adj vocal.

lleisiwr *m* vocalist.
lleithder *m* moisture.
llem *adj* (*f*) acute.
llem(ir) *from* **llamu**.
llen *f* (·**ni**) curtain.
llên *f* literature.
llencyn *m* stripling.
llencyndod *m* adolescence.
llengar *adj* literary.
llengig *m/f* diaphragm.
llên-ladrad *m* (·**au**) plagiarism.
llenni *see* **llen**.
llennyrch *see* **llannerch**.
llenor *m* (·**ion**) author.
llenw(ir) *from* **llanw**.
llenydda *v* to practise literature.
llenyddiaeth *f* (·**au**) literature.
llenyddol *adj* literary.
lleol *adj* local.
lleoli *v* to locate.
lleoliad *m* (·**au**) location.
llercian *v* to lurk.
lles *m* benefit.
llesâd *m* benefit.
llesáu *v* to be of benefit.
llesg *adj* weak.
llesgáu *v* to weaken.
llesgedd *m* weakness.
llesm·air *m* (·**eiriau**) swoon.
llesmeirio *v* to swoon.
llesmeiriol *adj* enchanting.
llesol *adj* beneficial.
llest·air *m* (·**eiriau**) obstruction.
llesteirio *v* to impede.
llestr *m* (·**i**) dish; vessel.
lletach *from* **llydan**.
lle tân *m* (**llefydd tân**) fireplace.
lletchwith *adj* awkward.
lletchwithdod *m* awkwardness.
lletem *f* (·**au**) wedge.
lletraws *adj* diagonal.
lletwad *f* (·**au**) ladle.
llety *m* (·**au**) lodging house.
lletya *v* to lodge.
lletygarwch *m* hospitality.
llethol *adj* overpowering.
llethr *m/f* (·**au**) slope.
llethrog *adj* sloping.

llethu *v* to overwhelm.
lleuad *f* (·**au**) moon.
lleuen *f* (**llau**) louse.
lleufer *m* light.
lleuog *adj* lousy.
lleurith *m* (·**iau**) mirage.
llew *m* (·**od**) lion.
llewes *f* lioness.
llewpart *m* (·**iaid**) leopard.
llewych *m* light.
llewyg *m* (·**on**) swoon.
llewygu *v* to faint.
llewyrch *m* brightness.
llewyrchu *v* to shine.
llewyrchus *adj* flourishing.
llewys *see* **llawes**.
lleyg *adj* lay.
lleygwr *m* (·**wyr**) layman.
LIGC *abb* Llyfrgell Genedlaethol Cymru.
lli·ain *m* (·**einiau**) towel; linen.
lliaws *m* multitude.
llid *m* wrath.
llidiar·t *m/f* (·**dau**) gate.
llidiog, llidus *adj* inflamed.
llidiowgrwydd *m* wrath.
llieiniau *see* **lliain**.
llif, lli *m* (·(**f)ogydd**) current.
llif *f* (·**iau**) saw.
llifanu *v* to whet.
llifddor *f* (·**au**) floodgate.
llifeiriant *m* spate.
llifeirio *v* to flow.
llifio *v* to saw.
llifion *see* **llifyn**.
llifo *v* to gush; to dye; to whet.
llifogydd *see* **llif**.
llifol·au *m* (·**euadau**) floodlight.
llifoleuo *v* to floodlight.
llifyddol *adj* fluid.
llifyn *m* (·**nau**, **llifion**) dye.
llilin *adj* streamlined.
llin *m* flax.
llinach *f* lineage.
llindagu *v* to strangle.
llinell *f* (·**au**) line.
lliniarol *adj* soothing.
lliniaru *v* to alleviate.

llinos f (·od) linnet.
llinyn m (·nau) string.
llinynnol adj stringed.
llipa adj limp.
llipryn m (·nod) weakling.
llith f (·au, ·oedd) lesson. • m (·iau)
mash.
llithio v to entice.
llithren f slide.
llithriad m (·au) slip.
llithrig adj slippery.
llithrigrwydd m slipperiness.
llithro v to slip.
lliw m colour.
lliwgar adj colourful.
lliwio v to colour.
lliwur m (·au) dye.
llo m/f (·i, ·eau) calf.
lloc m (·iau) enclosure.
llocio v to pen.
lloches f (·au) refuge.
llochesu v to shelter.
llodig adj in heat (of sow).
llodrau pl trousers.
lloer f (·au) moon.
lloeren f (·ni, ·nau) satellite.
lloergan m moonlight.
lloerig adj mad.
llofnod m (·ion, ·au) signature.
llofnodi v to sign.
llofr adj (f) cowardly.
llofrudd m (·ion) murderer.
llofruddiaeth f (·au) murder.
llofruddio v to murder.
lloffa v to glean.
lloffion pl gleanings.
llofft f (·ydd) upstairs.
lloff·wr m (·wyr) gleaner.
llog m (·au) interest.
llogell f (·au) pocket.
llogi v to hire.
llog·wr m (·wyr) hirer.
llong f (·au) ship.
llongddrylliad m (·au) shipwreck.
llong·wr m (·wyr) sailor.
lloi see **llo**.
llom adj (f) bare.
llon adj happy.

llond m full.
llonder m gaiety.
llongyfarch v to congratulate.
llongyfarchiad m (·au,
llongyfarchion) congratulation.
llonned from **llon**.
llonni v to cheer.
llonnod m (**llonodau**) sharp
(music).
llonydd adj still. • m quiet.
llonyddu v to still.
llonyddwch m stillness.
lloriau see **llawr**.
llorio v to floor.
llorp f (·iau) shaft.
llorwedd adj horizontal.
llosg adj burning.
llosgach m incest.
llosgadwy adj combustible.
llosgfynydd m (·oedd) volcano.
llosgi v to burn.
llosgiad m (·au) burn.
llosg·wrn m (·yrnau) tail.
llosgydd m (·ion) incinerator.
llostlydan m (·od) beaver.
llsgr. abb manuscript (ms).
llu m (·oedd) throng.
llucheden f (**lluched**) thunderbolt.
lluchio v to throw.
lluch·iwr m (·wyr) thrower.
lludw, lludu m ash.
lludded m fatigue.
lluddedig adj fatigue.
lluest m tent.
llugoer adj tepid.
lluman m (·au) banner.
llumanu v to flag.
lluman·wr m (·wyr) linesman.
llun m (·iau) picture.
Llun m Monday.
llungop·i m (·ïau) photocopy.
lluniad m (·au) drawing.
lluniadu v to draw.
lluniaeth m sustenance.
lluniaidd adj graceful.
llunio v to fashion.
llun·iwr m (·wyr) maker.
lluo see **llyo, lluo**.

lluosflwydd *adj* perennial.
lluosi *v* to multiply.
lluosiad *m* (·**au**) multiplication.
lluosill *adj* polysyllabic.
lluosog *adj* numerous; plural.
lluosogi *v* to multiply.
lluosrif *m* (·**au**) multiple.
lluo-swm *m* (·**symiau**) product (mathematics).
llurgunio *v* to distort.
llurig *f* (·**au**) cuirass.
llurs *f* (·**od**) razorbill.
llusen *f* (**llus, llusi**) whinberry.
llusern *m* (·**au**) lamp.
llusg *adj* drawn.
llusgo *v* to drag.
llutrod *m* mire.
lluwch *m* (·**feydd**) snowdrift.
lluwchio *v* to drift.
llw *m* (·**on**) oath.
llwch *m* dust.
llwdn *m* (**llydnod**) young animal.
llwfr *adj* cowardly.
llwfrgi, llyfrgi *m* coward.
llwfrdra *m* cowardice.
llwglyd *adj* famished.
llwgr *adj* corrupt.
llwgrwobrwyo *v* to bribe.
llwgu *v* to starve.
llwm *adj* bare.
llwnc *m* gullet.
llwncdestun *m* a toast.
llwrw *adv*: **llwrw ei ben** headlong.
llwy *f* (·**au**) spoon.
llwy·aid *f* (·**eidiau**) spoonful.
llwybr *m* (·**au**) path.
llwybreiddio *v* to make one's way.
llwyd *adj* grey.
llwydaidd *adj* drab.
llwydni, llwydi *m* mildew.
llwydo *v* to turn mouldy.
llwydrew *m* hoar frost.
llwydrewi *v* to frost up.
llwyddiannus *adj* successful.
llwyddian·t, llwydd *m* (·**nau**) success.
llwyddo *v* to succeed.
llwyfan *mlf* (·**nau**) stage.

llwyfandir *m* (·**oedd**) plateau.
llwyfannu *v* to stage.
llwyfen *f* (**llwyf**) elm.
llwyn *m* (·**i**) grove. • *f* (·**au**) loin.
llwynog *m* (·**od**) fox.
llwynoges *f* vixen.
llwyr *adj* complete.
llwyrymwrthod·wr *m* (·**wyr**) teetotaller.
llwyted *from* **llwyd**.
llwyth *m* (·**i**) load; (·**au**) tribe.
llwytho *v* to load.
llwythog *adj* laden.
llycrach *from* **llwgr**.
llychlyd *adj* dusty.
Llychlyn·nwr *m* (·**wyr**) Viking.
llychwino *v* to tarnish.
llydain *adj* (*pl*) wide.
llydan *adj* wide.
llydnu *v* to foal.
llyfn *adj* smooth.
llyfnder, llyfndra *m* smoothness.
llyfnhau *v* to smooth.
llyfnu *v* to harrow.
llyfr *m* (·**au**) book.
llyfrach *from* **llwfr**.
llyfrbryf *m* (·**ed**) bookworm.
llyfrgell *f* (·**oedd**) library.
llyfrgell·ydd *m* (·**wyr**) librarian.
llyfrgi *see* **llwfrgi**.
llyfrith·en *f* (·**od**) sty.
llyfrwerth·wr *m* (·**wyr**) bookseller.
llyfryddiaeth *f* (·**au**) bibliography.
llyfryn *m* (·**nau**) booklet.
llyfu, llyo *v* to lick.
llyffant *m* (·**od**) toad; frog.
llyffeth·air *f* (·**eiriau**) fetter.
llyffetheirio *v* to shackle.
llyg *m* shrew.
llygad *m* (**llygaid**) eye.
llygad-dynnu *v* to attract.
llygad-dyst *m* (·**ion**) eyewitness.
llygad maharen *m* (**llygaid meheryn**) limpet.
llygad y dydd *m* (**llygaid y dydd**) daisy.
llygadu *v* to eye.
llygaeron *pl* cranberries.

llygaid *see* **llygad.**
llygatgam *adj* squint-eyed.
llygatgraff *adj* sharp-eyed.
llygedyn *m* gleam.
llygoden *f* (**llygod**) mouse.
llygoden fawr *f* (**llygod mawr**) rat.
llygoden gota *f* (**llygod cwta**) guinea-pig.
llygotwr *m* mouser.
llygredig *adj* corrupt.
llygredigaeth *f* corruption.
llygredd *m* depravity.
llygru *v* to contaminate.
llynges *f* (·**au**) navy.
llyngesydd *m* admiral.
llyngyren *f* (**llyngyr**) tapeworm.
llym *adj* sharp.
llym·aid *m* (·**eidiau**) sip.
llym·arch *m* (·**eirch**) oyster.
llymder *m* sharpness.
llymed *from* **llwm** *and* **llym.**
llymeitian *v* to tipple.
llymion *from* **llwm** *and* **llym.**
llymru *n* flummery.
llyn *m* (·**noedd**) lake.
llyncu *v* to swallow.
llynedd *adv* last year.
llyo *v* to lick.
llys *m* (·**oedd**) court.
llys·chwaer *f* (·**chwiorydd**) stepsister.
llysenw *m* (·**au**) nickname.
llys·fab *m* (·**feibion**) stepson.
llysfam *f* (·**au**) stepmother.
llysferch *f* (·**ed**) stepdaughter.
llys·frawd *m* (·**frodyr**) stepbrother.
llysg *from* **llosgi.**

llysgen·hadaeth *f* (·**adaethau**) embassy.
llysgen·nad *m* (·**hadon**) ambassador.
llysieueg *f* botany.
llysieu·wr, llysieuydd *m* (·**wyr**) herbalist; vegetarian.
llysieuyn *m* (**llysiau**) plant.
llysleuen *f* (**llyslau**) aphid.
llysnafedd *m* mucus.
llystad *m* (·**au**) stepfather.
llystyfiant *m* vegetation.
llysysydd *m* (·**ion**) herbivore.
llysywen *f* (**llyswennod, llyswod**) eel.
llythrennau *see* **llythyren.**
llythrennedd *m* literacy.
llythrennog *adj* literate.
llythrennol *adj* literal.
llythrennu *v* to inscribe.
llythyr *m* (·**au**, ·**on**) letter.
llythyr·dy *m* (·**dai**) post office.
llythyren *f* (**llythrennau**) letter.
llythyru *v* to correspond.
llythyr·wr *m* (·**wyr**) letter writer.
llyw *m* (·**iau**) rudder.
llywaeth *adj* tame.
llyweth *f* (·**au**) ringlet.
llywio *v* to steer.
llywionen, llywanen *f* sheet.
llyw·iwr *m* (·**yr**) helmsman.
llywodraeth *f* (·**au**) government.
llywodraethol *adj* governing.
llywodraethu *v* to govern.
llywodraeth·wr *m* (·**wyr**) governor.
llywydd *m* (·**ion**) president.
llywyddiaeth *f* presidency.
llywyddu *v* to preside.

M

m *abb* metre.
mab *m* (**meibion**) son.
maban *m* baby.
maboed *m* childhood.
mabolgampau *pl* athletics.
mabsant *m* patron saint.

mabwysiad *m* adoption.
mabwysiadu *v* to adopt.
macrell *m/f* (**mecryll**) mackerel.
macsu *v* to brew.
macwy *m* (·**aid**) page (boy).
mach *m* (**meichiau**) surety.

machlud *v* to set. • *m* sunset.
mad *adj* seemly.
madarch *pl* mushrooms.
madfall *f* (**·od**) lizard.
madroni *v* to become giddy.
madru *v* to putrefy.
madruddyn *m* cartilage.
maddau *v* to forgive.
maddeuant *m* forgiveness.
maddeugar *adj* forgiving.
maddeuol *adj* pardoning.
mae (*from* **bod**) is, are.
maeddu *v* to conquer.
maen *m* (**main, meini**) stone.
maenor, maenol *f* (**·au**) manor.
maenor·dy *m* (**·dai**) manor-house.
maentumio *v* to maintain.
maer *m* (**meiri**) mayor.
maeres *f* mayoress.
maes *m* (**meysydd**) field.
maestir *m* (**·oedd**) plain.
maestref *f* (**·i**) suburb.
maesu *v* to field.
maes·wr *m* (**·wyr**) fielder.
maeth *m* nourishment.
maethlon *adj* nourishing.
mafonen *f* (**mafon**) raspberry.
magïen *f* (**magïod**) glow-worm.
magl *f* (**·au**) snare.
maglu *v* to snare.
magnel *f* (**·au**) cannon.
magnetedd *m* magnetism.
magneteiddio *v* to magnetise.
magu *v* to breed.
magwraeth *f* upbringing.
magwyr *f* (**·ydd**) wall.
maharen *m* (**meheryn**) ram.
mai *conj* that.
Mai *m* May.
maidd *m* whey. • *v from* **meiddio**.
main *adj* thin. • *pl see* **maen**.
mainc *f* (**meinciau**) bench.
maint *m* (**meintiau**) size.
maintioli *m* stature.
maip *see* **meipen**.
maith *adj* long.
mâl *adj* ground.
malais *m* malice.

maldod *m* pampering.
maldodi *v* to pamper.
maleisus *adj* malicious.
maleithiau *pl* chilblains.
malio *v* to heed.
malu *v* to grind.
malurio *v* to pulverise.
malwen, malwoden *f* (**malwod**) snail.
malwr *m* grinder.
mall *adj* blasted.
malltod *m* blight.
mam *f* (**·au**) mother.
mamaeth *f* nurse.
mamfaeth *f* foster-mother.
mam-gu *f* grandmother.
mamiaith *f* mother-tongue.
mamog *f* (**·iaid**) pregnant sheep.
mamolaeth *f* maternity.
mamol·yn *m* (**·ion**) mammal.
man *m* (**·nau**) place. • *f* **yn y fan** immediately.
mân *adj* small.
manblu *pl* down.
man·dwll *m* (**·dyllau**) pore.
mandyllog *adj* porous.
maneg *f* (**menig**) glove.
mangre *f* (**·oedd**) place.
manion *adj* (*pl*) trivia.
mannau *see* **man**.
mant·ais *f* (**·eision**) advantage.
manteisio *v* to take advantage.
manteisiol *adj* advantageous.
mantell *f* (**mentyll**) mantle.
mantol *f* (**·ion**) balance.
mantolen *f* (**·ni**) balance-sheet.
mân-werthu *v* to retail.
mân-werth·wr *m* (**·wyr**) retailer.
manwl *adj* detailed.
manwl-gywir *adj* precise.
manylrwydd, manyldeb, manylder, manyldra *m* the detail.
manylu *v* to detail.
manyl·yn *m* (**·ion**) a detail.
mapio *v* to map.
map·iwr *m* (**·wyr**) cartographer.
marblen *f* (**marblis, marblys**)

marble.
marcio *v* to mark.
march *m* (**meirch**) stallion.
marchnad *f* (**-oedd**) market.
marchnata *v* to market.
marchnat·wr *m* (**-wyr**) merchant.
marchnerth *m* horsepower.
marchog *m* (**-ion**) knight.
marchogaeth *v* to ride.
marchwellt *m* coarse grass.
marian *m* strand.
marlat, marlad *m* drake.
marmor *m* marble.
marsiandïaeth *f* merchandise.
marsiand·ïwr *m* (**-ïwyr**) merchant.
marswpial *m* (**-od**) marsupial.
marw *v* to die. • *adj* dead.
marwaidd *adj* lifeless.
marwdon *f* dandruff.
marweidd-dra *m* sluggishness.
marwnad *f* (**-au**) elegy.
marwol *adj* lethal.
marwolaeth *f* (**-au**) death.
marworyn *m* (**marwor**) ember.
marwydos *pl* embers.
màs *m* (**masau**) mass (physics).
ma's, maes *adv* out.
masarnen *f* (**masarn**) maple.
masgl *m* (**-au**) pod.
masi·wn *m* (**-yniaid**) mason.
masnach *f* (**-au**) trade.
masnachol *adj* commercial.
masnachu *v* to trade.
masnach·wr *m* (**-wyr**) merchant.
maswedd *m* wantonness.
masweddol, masweddus *adj* ribald.
mas·wr *m* (**-wyr**) outside half.
mater *m* (**-ion**) matter.
materol *adj* materialistic.
matr·as *m/f* (**-esi**) mattress.
mats·en *f* (**-ys**) match.
math *f* (**-au**) sort.
mathemateg *f* mathematics.
mathemategol *adj* mathematical.
mathemategwr, mathemategydd *m* mathematician.
mawl *m* worship. • *v from* **moli**.

mawnen *f* (**mawn**) peat.
mawnog *f* (**-ydd**) peat bog.
mawr *adj* big.
mawredd *m* grandeur.
mawreddog *adj* pompous.
mawrfrydig *adj* magnanimous.
mawrhau *v* to enlarge.
mawrhydi *m* majesty.
Mawrth *m* Tuesday; March; Mars.
mawrygu *v* to glorify.
MC *abb* Methodist(iaid) Calfinaidd.
mebyd, maboed *m* childhood.
mecaneg *f* mechanics.
mecan·waith *m* (**-weithiau**) mechanism.
mecanyddol *adj* mechanical.
mecryll *see* **macrell**.
mechnïaeth *f* bail.
medel *f* (**-au**) reaping.
medel·wr *m* (**-wyr**) reaper.
medi *v* to reap.
Medi *m* September.
medr *m* (**-au**) skill.
medru *v* to be able.
medrus *adj* skilful.
medrusrwydd *m* skill.
medrydd *m* (**-ion**) gauge.
medd *m* mead.
medd, meddai *v* says, said.
meddal *adj* soft.
meddalnod *m* (**-au**) flat (music).
meddalu *v* to soften.
meddalwch *m* softness.
meddalwedd *m* software.
medd-dod, meddwdod *m* intoxication.
meddiannau *see* **meddiant**.
meddiannol *adj* possessive.
meddiannu *v* to take possession of.
meddian·t *m* (**-nau**) possession.
meddu *v* to possess.
meddw *adj* drunk.
meddwdod *m* drunkenness.
meddwi *v* to get drunk.
medd·wl *m* (**-yliau**) the mind. • *v* to think.
meddwol *adj* intoxicating.
meddw·yn *m* (**-on**) drunkard.

meddyg *m* (·**on**) doctor.
meddygaeth *f* medicine.
meddyg·fa *f* (·**feydd**) surgery.
meddyginiaeth *f* (·**au**) medication.
meddygol *adj* medical.
meddylgar *adj* thoughtful.
meddyl(iaf) *from* **meddwl**.
meddyliau *see* **meddwl**.
meddyliol *adj* mental.
meddyl·iwr *m* (·**wyr**) thinker.
mefusen *f* (**mefus**) strawberry.
meg(ir) *from* **magu**.
megin *f* (·**nu**) bellows.
megis *conj* like.
Mehefin *m* June.
meheryn *see* **maharen**.
meibion *see* **mab**.
meicrobioleg *m/f* microbiology.
meicro-brosesydd *m* microprocessor.
meicro-sglod·yn *m* (·**ion**) microchip.
meich·iad *m* (·**iaid**) swine-herd.
meichiau *m* surety.
meidrol *adj* finite.
meiddio *v* to dare.
meilart *m* drake.
meillionen *f* (**meillion**) clover.
meimio *v* to mime.
meinciau *see* **mainc**.
meincnod *m* (·**au**) benchmark.
meinder *m* slenderness.
meindio *v* to mind.
meined *from* **main**.
meingefn *m* small of the back; spine (of book).
meini *see* **maen**.
meinion *adj* (*pl*) slender.
meinir *f* maiden.
meintiau *see* **maint**.
meinwe *m* (·**oedd**) tissue.
meinwen *f* maiden.
meipen *f* (**maip**) swede.
meirch *see* **march**.
meiri *see* **maer**.
meirioli *v* to thaw.
meirw, meirwon *pl* the dead.
meistr *m* (·**i**, ·**iaid**) master.

meistres *f* (·**i**) mistress.
meistrolaeth *f* mastery.
meistrolgar *adj* masterly.
meistroli *v* to master.
meitin *m* some time.
meitrog *adj* mitred.
meithed *from* **maith**.
meithrin *v* to nourish.
meithrin·fa *f* (·**feydd**) nursery.
mêl *m* honey.
mela *v* to gather honey.
melan *f* depression.
melen *adj* (*f*) yellow.
melfaréd *m* corduroy.
melfed *m* velvet.
melfedaidd *adj* velvety.
melin *f* (·**au**) mill.
melinydd *m* miller.
mel(ir) *from* **malu**.
melodaidd *adj* melodious.
melod·i *f* (·**ïau**) melody.
melyn *adj* yellow.
melynaidd *adj* yellowish.
melynder, melyndra *m* yellowness.
melyngoch *adj* orange.
melynu *v* to yellow.
melys *adj* sweet.
melysion *pl* sweets.
melyster, melystra *m* sweetness.
melysu *v* to sweeten.
mellten *f* (**mellt**) lightning.
melltennu, melltio *v* to flash.
melltigedig *adj* accursed.
melltith *f* (·**ion**) curse.
melltithio *v* to curse.
memr·wn *m* (·**ynau**) parchment.
men *f* (·**ni**) wagon.
mên *adj* mean.
mendio *v* to mend.
menig *see* **maneg**.
menni *see* **men**.
menter, mentr *f* venture.
mentro *v* to venture.
mentrus *adj* adventurous.
mentr·wr *m* (·**wyr**) entrepreneur.
mentyll *see* **mantell**.
menu, mennu *v* to affect.
menyn, ymenyn *m* butter.

menyw f (·od) woman.
mêr m marrow.
merch f (·ed) girl; daughter.
Mercher m Wenesday; Mercury.
mercheta v to womanise.
merchetaidd adj effeminate.
merchyg from **marchogaeth**.
merdd·wr m (·yfroedd) stagnant water.
merfaidd adj insipid.
merl·en f (·od) pony (female).
merlota v to pony-trek.
merl·yn m (·od) pony.
merllyd adj insipid.
merllys·en m (**merllys**, ·iau) asparagus.
merthyr m (·on) martyr.
merthyrdod m martyrdom.
merthyru v to martyr.
merwino v to benumb.
mesen f (**mes**) acorn.
mesmereiddio v to mesmerise.
mesul prep by.
mesur, mesuro v to measure.
mesur m (·au) measurement.
mesuradwy adj measurable.
mesuriad m (·au) measurement.
mesurydd m (·ion) meter.
metabolaeth f metabolism.
metel m (·au) metal.
metelaidd adj metallic.
meteleg m/f metallurgy.
meteoroleg f meteorology.
meteoroleg·ydd m (·wyr) meteorologist.
methdaliad m bankruptcy.
methdal·wr m (·wyr) bankrupt.
methedig adj disabled.
methian·t m (·nau) failure.
methodoleg f methodology.
methu v to fail.
meudwy m (·aid, ·od) hermit.
meudwyaidd adj retiring.
mewian, mewial v to mew.
mewn prep in.
mewnblyg adj introverted.
mewn·bwn m (·bynnau) input.
mewndirol adj inland.

mewnforio v to import.
mewnforion pl imports.
mewnfudo v to immigrate.
mewnfud·wr m (·wyr) immigrant.
mewnlifiad m influx.
mewnol adj internal.
mewn·wr m (·wyr) scrum half.
meysydd see **maes**.
mi pron I, me.
miaren f (**mieri**) bramble.
microbrosesydd m (·ion) microprocessor.
microdon f (·nau) microwave.
microgyfrifiadur m (·on) microcomputer.
mieri see **miaren**.
mig f: **chwarae mig** to play hide and seek.
mignen f (·ni) marsh.
mig·wrn m (·yrnau) ankle; knuckle.
mil m (·od) animal.
mil f (·oedd) thousand.
milain, mileinig adj vicious.
milfed adj thousandth.
milfeddyg m (·on) vet.
milfeddygol adj veterinary.
milflwyddiant m millennium.
mil·gi m (·gwn) greyhound.
mili·ast f (·eist) female greyhound.
mili·wn f (·ynau) million.
miliwnydd, miliynydd m (**miliynydd-ion**) millionaire.
mil·wr m (·wyr) soldier.
milwriaethus adj militant.
milwrio v to militate.
milwrol adj military.
mill see **millyn**.
milltir f (·oedd) mile.
millyn m (**mill**) violet.
min m (·ion) edge.
miniog adj sharp.
minlliw m lipstick.
minnau, innau pron, conj I for my part.
min·tai f (·teioedd) troop.
mintys m mint.
min·ws m (·ysau) minus.
mirain adj fair.

mireinder *m* beauty.
miri *m* merriment.
mis *m* (·**oedd**) month.
misglen *f* (**misgl**) mussel.
misglwyf *m* menses.
misol *adj* monthly.
misol·yn *m* (·**ion**) (monthly) magazine.
mitsio *v* to play truant.
miw *m*: **siw na miw** no sound.
mo *abb* no.
mochaidd *adj* filthy.
mochyn *m* (**moch**) pig.
mochynnaidd *adj* filthy.
moderneiddio *v* to modernise.
modfedd *f* (·**i**) inch.
modrwy *f* (·**au**) ring.
modrwyog *adj* curly.
modryb *f* (·**edd**) aunt.
modur *m* (·**on**) automobile.
modur·dy *m* (·**dai**) garage.
moduro *v* to motor.
modur·wr *m* (·**wyr**) motorist.
modd *m* (·**ion**) means.
modd *m* (·**au**) mode.
moddion *m* medicine.
moel *adj* bald.
moell *v* to become bald.
moelni *m* baldness.
moelyd *v* to topple.
moes *v* give!
moesau *pl* morals.
moesgar *adj* courteous.
moesgarwch *m* politeness.
moesol *adj* moral.
moesoldeb *m* morality.
moeswers *f* (·**i**) moral.
moesymgrymu *v* to bow.
moethus *adj* sumptuous.
moethusrwydd *m* luxury.
mogfa *f* asthma.
mogi, mygu *v* to smother.
mohoni, moni *from* **mo**.
molawd *m/f* eulogy.
moli *v* to praise.
moliannu *v* to praise.
molian·t *m* (·**nau**) praise.
moll *adj* (*f*) sultry.

mollt *m* (**myllt**) wether (sheep).
moment·wm *m* (·**a**) momentum.
monarchiaeth *f* monarchy.
monopoli *m* (**monopolïau**) monopoly.
mon·sŵn *m* (·**synau**) monsoon.
mor *adv* as; so.
môr *m* (**moroedd**) sea.
mor·daith *f* (·**deithiau**) voyage.
mordwyo *v* to navigate.
morddwyd *f* (·**ydd**) thigh.
moresg *pl* sedge.
mor·fa *m* (·**feydd**) fen.
môr·farch *m* (**môr-feirch**) walrus.
morfil *m* (·**od**) whale.
môr·for·wyn *f* (·**ynion**) mermaid.
mor·fran *f* (·**frain**) cormorant.
morffoleg *m/f* morphology.
morg·ais *m* (·**eisi**, ·**eisiau**) mortgage.
morgeisio *v* to mortgage.
mor·glawdd *m* (·**gloddiau**) embankment.
morgrugyn *m* (**morgrug**) ant.
môr·hwch *f* (**môr-hyohod**) dolphin.
morio *v* to sail.
môr·leidr *m* (**môr-ladron**) pirate.
morlo *m* (·**i**) seal.
morlyn *m* (**môr-lynnoedd**) lagoon.
morol *adj* maritime.
moronen *f* (**moron**) carrot.
morthwyl, mwrthwl *m* (·**ion**, **myrthylau**) hammer.
morthwylio *v* to hammer.
mor·wr *m* (·**wyr**) sailor.
morwriaeth *f* seamanship.
morwydden *f* (**morwydd**) mulberry.
morwyn *f* (**morynion**) maid.
morwyndod *m* virginity.
morwynol *adj* maiden.
moryd *f* (·**au**) estuary.
muchudd *m* jet.
mud, mudan *adj* silent.
mudandod *m* silence.
mudferwi *v* to simmer.
mudiad *m* (·**au**) movement.

mudian·t *m* (**·nau**) motion.
mudlosgi *v* to smoulder.
mudo *v* to migrate.
mudol *adj* migratory.
mul *m* (**·od**) mule.
mul·fran *f* (**·frain**) cormorant.
munud *m/f* minute.
mur *m* (**iau**) wall.
murddun *m* (**·nod**) ruin.
murlun *m* (**·iau**) mural.
murmur *m* (**·on**) murmur.
mursendod *m* affectation.
mursennaidd *adj* prudish.
musgrell *adj* feeble.
MW *abb* Merched y Wawr.
mwclis *pl* beads.
mwdlyd *adj* muddy.
mwdwl *m* (**mydylau**) haycock.
mẁg *m* (**mygiau**) mug.
mwg *m* smoke.
mwgwd *m* (**mygydau**) mask.
mwng *m* (**myngau**) mane.
mwlsyn *m* nincompoop.
mwll *adj* muggy.
mwm·i *m/f* (**·ïau**) mummy.
mwmian, mwmial *v* to mutter.
mwnci *m* (**mwncïod**) monkey.
mwnt *m* motte, mound.
mwnwgl *m* (**mynyglau**) neck.
mwrllwch *m* smog.
mwrn *adj* sultry.
mwrthwl *m* (**myrthylau**) hammer.
mwsogl, mwswgl *m* moss.
mwstás(h) *m* moustache.
mwstro *v* to hurry.
mwy *adj* more.
mwyach *adv* any more.
mwyaduron *see* **mwyhadur**.
mwyafrif *m* (**·au, ·oedd**) majority.
mwyalchen *f* (**mwyeilch**) blackbird.
mwyara *v* to gather blackberries.
mwyaren *f* (**mwyar**) blackberry.
mwydion *pl* pulp; pith.
mwydo *v* to soak.
mwydro *v* to confuse.
mwydyn *m* (**mwydod**) worm.
mwyeilch *see* **mwyalchen**.

mwyfwy *adv* increasingly.
mwyhadur *m* (**mwyaduron**) amplifier.
mwyhau *v* to enlarge.
mwyn *adj* fine.
mwyn *m* (**·au**) mineral.
mwynder *m* gentleness.
mwyneidd-dra *m* gentleness.
mwyn·glawdd *m* (**·gloddiau**) mine.
mwyngloddio *v* to mine.
mwynhad *m* pleasure.
mwynhau *v* to enjoy.
mwynian·t *m* (**·nau**) pleasure.
mwyn·wr *m* (**·wyr**) miner.
mwys *adj* ambiguous.
mwyth *adj* delicate.
mwythau *pl* caresses.
mwytho *v* to fondle.
m.y.a. *abb* milltir yr awr (mph).
mydr *m* (**·au**) metre.
mydryddiaeth *f* versification.
mydryddol *adj* metrical.
mydylau *see* **mwdwl**.
myfi *pron* me myself.
myfïol *adj* egoistic.
myfyrdod *m* (**·au**) meditation.
myfyrgar *adj* meditative.
myfyrio *v* to meditate.
myfyr·iwr *m* (**·wyr**) student.
myfyr·wraig *f* (**·wragedd**) (female) student.
mygdarth *m* fumes.
mygedol *adj* honorary.
mygiau *see* **mẁg**.
myglyd *adj* smoky.
myglys *m* tobacco.
mygu *v* to smoke; to suffocate.
mygydau *see* **mwgwd**.
mygydu *v* to blindfold.
myngau *see* **mwng**.
mylled *from* **mwll**.
myllni *m* mugginess.
myllt *see* **mollt**.
MYM *abb* Mudiad Ysgolion Meithrin.
mympwy *m* (**·on**) whim.
mympwyol *adj* whimsical.
mymryn *m* (**·nau**) bit.
myn *m* (**·nod**) kid (goat).

myn *prep* by.
mynach *m* (·**od, mynaich**) monk.
mynachlog *f* (·**ydd**) monastery.
mynawyd *m* (·**au**) awl.
mync·i *m* (·**ïau**) hames.
mynd, myned *v* to go (*see* Appendix).
myned·fa *f* (·**feydd**) entrance.
mynediad *m* (·**au**) admission.
myneg·ai *m* (·**eion**) index.
myneg·bost *m* (·**byst**) signpost.
mynegeio *v* to index.
mynegi *v* to tell.
mynegian·t *m* (·**nau**) expression.
mynegol *adj* indicative.
mynnod *see* **myn**.
mynnu *v* to insist.
mynor *m* (·**ion**) marble.
mynwent *f* (·**ydd**) cemetery.
mynwes *f* (·**au**) bosom.

mynwesol *adj* dear.
mynych *adj* frequent.
mynychu *v* to frequent.
mynydd *m* (·**oedd**) mountain.
mynydd iâ *m* iceberg.
mynydda *v* mountaineer.
mynydd-dir *m* hill country.
mynyddig *adj* mountainous.
mynydd-wr *m* (·**wyr**) mountaineer.
mynyglau *see* **mwnwgl**.
myrdd, myrdd·iwn *m* (·**iynau**) myriad.
myrr *m* myrrh.
myrtwydden *f* (**myrtwydd**) myrtle.
myrthylau *see* **morthwyl, mwrthwl**.
mysg *m*: **ym mysg** midst.
myswynog *f* (·**ydd**) barren cow.
mytholeg *f* mythology.
mytholegol *adj* mythological.

N

N *abb* newton.
na *conj* nor. • *adv* no.
nacâd *m* refusal.
nacaol *adj* negative.
nacáu *v* to refuse.
nad *adv* not.
nâd *f* (**nadau**) cry.
nâd-fi'n-angof *m* forget-me-not.
Nadolig *m* (·**au**) Christmas.
Nadoligaidd *adj* Christmassy.
nadredd, nadroedd *see* **neidr**.
nadu *v* to bray; to prevent.
naddion *pl* chips.
naddo *adv* no.
naddu *v* to carve.
nag *conj* than.
nage *adv* not so.
nai *m* (**neiaint**) nephew.
naid *f* (**neidiau**) leap.
naid *from* **neidio**.
naill *pron* the one; either.
nain *f* (**neiniau**) grandmother.
nam *m* (·**au**) blemish.
namyn *prep* except.

nant *f* (**nentydd**) stream.
Natsi *m* (**Natsïaid**) Nazi.
natur *f* nature; temper.
naturiaeth·wr *m* (·**wyr**) naturalist.
naturiol *adj* natural.
naturioldeb *m* naturalness.
naw *num* nine.
nawdd *m* patronage.
nawddogi *v* to patronise.
nawddoglyd, nawddogol *adj* patronising.
nawdd-sant *m* (·**seintiau**) patron saint.
nawf *from* **nofio**.
nawfed *adj* ninth.
nawn *m* noon.
nawr *adv* now.
naws *f* (·**au**) disposition.
neb *m* anyone; no one.
nedden *f* (**nedd**) nit.
nef, nefoedd *f* heaven.
nefol, nefolaidd *adj* heavenly.
neges *f* (·**au, ·euon**) message; errand.

negeseua *v* to run errands.
neges·ydd *m* (**·wyr**) messenger.
negodi *v* to negotiate.
negydd *m* (**·ion**) negative.
negyddol *adj* negative.
negyddu *v* to negate.
neiaint *see* **nai**.
neidiau *see* **naid**.
neidio *v* to leap.
neid·iwr *m* (**·wyr**) leaper.
neidr *f* (**nadredd, nadroedd**)
snake.
Neifion *m* Neptune.
neilltu *m* one side.
neilltuo *v* to separate.
neilltuol *adj* special.
neiniau *see* **nain**.
neisied *f* (**·i**) handkerchief.
neithdar *m* nectar.
neithior *f* (**·au**) wedding breakfast.
neithiwr *adv* last night.
nemor *adv* hardly.
nen *f* (**·nau, ·noedd**) heavens.
nen·fwd *f* (**·fydau**) ceiling.
nentydd *see* **nant**.
nepell *adv* far: **nid nepell** near.
nerfol *adj* nervous.
nerfus *adj* nervous.
nerfusrwydd *m* nervousness.
nerth *m* (**·oedd**) strength.
nerthol *adj* mighty.
nes *adj* nearer.
nes *adv* until.
nesaf *adj* next.
nesáu, nesu *v* to draw near.
nesnes *adv* ever nearer.
nesu *v* to draw near.
neu *conj* or.
neuadd *f* (**·au**) hall.
newid *m* (**·iadau**) change. • *v* to
change.
newidiol *adj* changeable.
newidyn *m* variable.
newydd *m* (**·ion**) news. • *adj* new.
newydd-anedig *adj* new-born.
newyddbeth *m* (a) novelty.
newydd-deb *m* novelty.
newydd-ddyfod·iad *m* (**·iaid**)

newcomer.
newyddiaduraeth, newyddiaduriaeth
f journalism.
newyddiadur·wr *m* (**·wyr**)
journalist.
newyddian *m* (**·od**) novice.
newyddion *see* **newydd**.
newyn *m* famine.
newynog *adj* hungry.
newynu *v* to starve.
nhw *pron* they, them.
ni *pron* we, us.
ni, nid *negative conj* not.
nico *m* goldfinch.
nifer *m/f* (**·oedd**) number.
niferus *adj* numerous.
nif·wl *m* (**·ylau**) nebula.
ninnau *pron conj* we for our part.
nion·yn *m* (**·od**) onion.
nis *adv* not.
nith *f* (**·oedd**) niece.
nithio *v* to winnow.
niwcl·ews *m* (**·ysau**) nucleus.
niwed *m* (**niweidiau**) harm.
niweidio *v* to harm.
niweidiol *adj* harmful.
niwl *m* (**·oedd**) fog.
niwlog *adj* foggy.
niwtraleiddio *v* to neutralise.
niwtraliaeth *f* neutrality.
nobl *adj* fine.
nob·yn *m* (**·iau**) knob.
nod *m/f* (**·au**) objective.
nodedig *adj* notable.
nodi *v* to note.
nodiadau *see* **nodyn**.
nodiadur *m* (**·on**) notebook.
nodiant *m* notation.
nodwedd *f* (**·ion**) feature.
nodweddiadol *adj* characteristic.
nodweddu *v* to typify.
nodwydd *f* (**·au**) needle.
nod·yn *m* (**·au, ·iadau**) note.
nodd *m* juice.
nodded *m* protection.
nodd·fa *f* (**·feydd**) refuge.
noddi *v* to patronise.
nodd·wr *m* (**·wyr**) patron.

noe *f* (·**au**) dish.
noeth *adj* bare.
noethi *v* to bare.
noeth lymun, noethlymun *adj* nude.
noethni *m* nakedness.
nofel·ydd *m* (·**wyr**) novelist.
nofio *v* to swim, to float.
nof·iwr *m* (·**wyr**) swimmer.
nogio *v* to jib.
nôl *v* to fetch.
nomad *m* (·**iaid**) nomad.
nos *f* (·**au**) night.
nosi *v* to get dark.
nosol *adj* nocturnal.
nos·on, nos·waith *f* (·**weithiau**) even-ing; night.
noswyl *f* eve of festival.
noswylio *v* to take an evening break.
nudd, nudden *f* mist.

nwy *m* (·**on**) gas.
nwyd *m* (·**au**) passion.
nwydus *adj* passionate.
nwyddau *pl* goods.
nwyf *m* vivacity.
nwyfiant *m* vigour.
nwyfus *adj* vivacious.
nychdod *m* feebleness.
nychlyd *adj* sickly.
nychu *v* to languish.
nyddu *v* to spin.
nydd·wr *m* (·**wyr**) spinner.
nyni *pron* us.
nyrs *m/f* (·**ys**) nurse.
nyrsio *v* to nurse.
nyt·en *f* (·**iau**) nut.
nyth *m/f* (·**od**) nest.
nyth·aid *m* (·**eidiau**) nestful.
nythu *v* to nest.

O

o *prep* from.
oblegid *conj* on account of.
obry *adv* below.
OC *abb* Oed Crist (ad).
ocs·iwn *f* (·**iynau**) auction.
ocsygen *m* oxygen.
ochain, ochneidio *v* to sigh.
ochen·aid *f* (·**eidiau**) groan.
ochr *f* (·**au**) side.
ochrgamu *v* to side-step.
ochri *v* to side.
ôd *m* snow.
o dan *prep* below.
odiaeth *adj* exquisite.
odid *adv* hardly.
odl *f* (·**au**) rhyme.
odli *v* to rhyme.
odrif *m* (·**au**) odd number.
odrwydd *m* eccentricity.
odyn *f* (·**au**) kiln.
oddeutu *adv* approximately.
oddi *prep* from.
oddieithr, oddigerth *prep* unless.
oed, oedran *m* (·**nau**) age;

(·**oedau**) tryst.
oedfa *f* (·**on**) service.
oedi *v* to postpone.
oediad *m* (·**au**) delay.
oedol·yn *m* (·**ion**) adult.
oedran *m* age.
oedrannus *adj* elderly.
oedd *from* bod.
oelio *v* to oil.
oen *m* (**ŵyn**) lamb.
oena *v* to lamb.
oenig *f* ewe lamb.
oer *adj* cold.
oeraidd *adj* chilly.
oerfel, oerni *m* cold.
oergell *f* (·**oedd**) refrigerator.
oeri *v* to get cold.
oernadu *v* to howl.
oerni *m* (the) cold.
oes *f* (·**au**, ·**oedd**) age.
oes *from* bod.
oesol *adj* perpetual.
ofari *m* (**ofarïau**) ovary.
ofer *adj* worthless.

ofera *v* to squander.
oferedd *m* dissipation.
ofergoel *f* (·**ion**) (a) superstition.
ofergoeledd *m* superstition.
ofergoeliaeth *f* superstition.
ofergoelus *adj* superstitious.
ofn *m* (·**au**) fear.
ofnadwy *adj* awful.
ofni *v* to fear.
ofnus *adj* fearful.
ofnusrwydd *m* timidity.
ofydd *m* (·**ion**) ovate.
offeir·iad *m* (·**iaid**) priest.
offeiriadaeth *f* priesthood.
offeiriades *f* priestess.
offeiriadol *adj* priestly.
offer *pl* implements.
offeren *f* (·**nau**) mass.
offeryn *m* (**offer**, ·**nau**) instrument.
offerynnol *adj* instrumental.
offeryn·nwr *m* (·**wyr**) instrumentalist.
offr·wm *m* (·**ymau**) offering.
offrymu *v* to sacrifice.
offthalmolegydd *m* ophthalmologist.
og, oged *f* (·**au**) harrow.
ogedu *v* to harrow.
ogof *f* (·**âu**, ·**eydd**) cave.
ogof·wr *m* (·**wyr**) pot-holer.
ogylch *prep* about.
ongl *f* (·**au**) angle.
onglog *adj* angular.
onglydd *m* (·**ion**) protractor.
oherwydd *conj* because.
ohonof *from* **o**.
ôl *m* (**olion**) impression. • *adj* behind.
olaf *adj* last.
olddod·iad, ôl-ddod·iad *m* (·**iaid**) suffix.
olew *m* oil.
ôl-ddyddio *v* to post-date.

ôl-ddyled *f* (**ôl-ddyledion**) arrears.
olewydden *f* (**olewydd**) olive tree.
olion *see* **ôl**[1].
ôl-nodyn *m* postscript.
olrhain *v* to trace.
ol-wr *m* (·**wyr**) back (rugby).
olwyn *f* (·**ion**) wheel.
olwyno *v* to wheel.
olwynog *adj* wheeled.
Olympaidd *adj* Olympic.
olyniaeth *f* succession.
olynol *adj* consecutive.
olyn·ydd *m* (·**wyr**) successor.
oll *adv* all.
ON *abb* ôl-nodyn (PS).
ond *conj* but.
oni, onid *adv* unless.
onis *conj* if it is not.
onnen *f* (**ynn, onn**) ash tree.
OON *abb* ôl-ôl-nodiad (PPS).
opera *f* (**operâu**) opera.
opteg *f* optics.
opteg·wr, opteg·ydd *m* (·**wyr**) optician.
optimistiaeth *f* optimism.
ordeinio *v* to ordain.
ordinhad *f* (·**au**) sacrament.
oren *m* (**orenau**) orange.
organaidd *adj* organic.
organeb *f* organism.
organydd *m* (·**ion**) organist.
orgraff *f* orthography.
oriau *see* **awr**.
oriawr *f* watch.
oriel *f* (·**au**) gallery.
orig *f* a little while.
oriog *adj* fickle.
os *conj* if.
osgo *m* stance.
osgoi *v* to avoid.
osôn *m* ozone.
ots, ods *m* care.
owmal *m* enamel.

P

pa *adj* what, which.
pab *m* (·au) pope.
pabaidd *adj* papal.
pabell *f* (pebyll) tent.
pab·i *m* (·ïau, ·s) poppy.
pabwyr *m* wick.
pabwyren *f*, pabwyryn *m* (pabwyr) rush(es).
Pabydd *m* (·ion) (a) Roman Catholic.
Pabyddiaeth *f* Roman Catholicism.
pabyddol *adj* Catholic.
pacio *v* to pack.
padell *f* (·au, ·i, pedyll) pan.
padell·aid *f* (·eidiau) panful.
pader *m* (·au) prayers.
padlen *f* (·nau) paddle.
pae *m* pay.
paent *m* paint.
paentiad *m* (·au) painting.
paentio, peintio *v* to paint.
pafiliwn *m* (pafiliynau) pavilion.
pafin *m* pavement.
paffio *v* to box.
paff·iwr *m* (·wyr) boxer.
pagan *m* (·iaid) pagan.
paganaidd *adj* pagan.
pang·fa *f* (·feydd) fit.
paham, pam *adv* why.
paid *from* peidio.
paill *m* pollen.
pair *m* (peiriau) cauldron. • *v from* peri.
pais *f* (peisiau) petticoat.
paith *m* (peithiau) prairie.
pâl *f* (palau) spade.
pâl *m* (palod) puffin.
paladr *m* (pelydr) ray.
palalwyfen *f* (palalwyf) linden (tree).
palf *f* (·au) palm.
palfalu *v* to grope.
palis *m* (·au) partition.
palmant *m* (·au, palmentydd) pavement.
palmantu *v* to pave.
palmwydden *f* (palmwydd) palm.
palu *v* to dig.
pall *m* lack.
pallu *v* to fail.
pam *adv* why.
pâm *m* (pamau) bed (of earth).
pamffled·yn *m* (·au) pamphlet.
pan *conj* when.
pan *adj* fulling.
panasen *f* (pannas) parsnip.
pancosen *f* (pancos) pancake.
pan·dy *m* (·dai) fulling mill.
pannas *see* panasen.
pannu *v* to full cloth.
pannwl *m* (panylau) dimple.
pan·nwr *m* (·wyr) fuller.
pant *m* (·iau) hollow.
pantio *v* to dent.
pantiog *adj* dented.
panylau *see* pannwl.
papur *m* (·au) paper.
papurfrwyn *pl* papyrus.
papuro *v* to paper.
pâr *m* (parau, peiri) pair.
pâr *from* peri.
para, parhau *v* to last.
parabl *m* (·au) speech.
parablu *v* to prattle.
paradwys *f* paradise.
paraf *from* peri.
paratoi *v* to prepare.
parcio *v* to park.
parch *m* respect.
parchedig *adj* revered.
Parchg *abb* parchedig (Revd).
parchu *v* to respect.
parchus *adj* respectable.
parchusrwydd *m* respectability.
pard·wn *m* (·ynau) pardon.
parddu *m* soot.
pardduo *v* to malign.
par·ed *m* (·wydydd) wall.

parhad *m* continuation.
parhaol *adj* perpetual.
parhau *v* to continue.
parhaus *adj* continuing.
parl·wr *m* (·**yrau**) parlour.
parlys *m* paralysis.
parlysu *v* to paralyse.
parod *adj* ready.
parod·i *m* (·**ïau**) parody.
parodrwydd *m* readiness.
parôl *m* parole.
parot *m* (·**iaid**) parrot.
paroted *from* **parod**.
part·i *m* (·**ïon**) party.
partneriaeth *f* (·**au**) partnership.
parth *m* (·**au**) region.
parthed *prep* concerning.
parwydydd *see* **pared**.
pàs *f* (**pasiau**) pass; (a) lift.
pas *m* whooping cough.
Pasg *m* Easter.
pasgaf *from* **pesgi**.
pasgedig *adj* fatted.
pasian·t *m* (·**nau**, ·**tau**) pageant.
pasio *v* to pass.
past *m* (·**au**) paste.
past·ai *f* (·**eiod**) pie.
pastio *v* to paste.
past·wn *m* (·**ynau**) cudgel.
patriarchaidd *adj* patriarchal.
pat·rwm, pat·rwn *m* (·**rymau,** ·**rynau**) pattern.
patrymog *adj* patterned.
pathew *m* (·**od**) dormouse.
patholeg *f* pathology.
pau *f* (**peuau**) country.
paun *m* (**peunod**) peacock.
pawen *f* (·**nau**) paw.
pawr *from* **pori**.
pe *conj* if.
pebyll *see* **pabell**.
pecyn *m* (·**nau**) package.
pechadur *m* (·**iaid**) sinner.
pechadures *f* sinner (female).
pechadurus *adj* sinful.
pechod *m* (·**au**) sin.
pechu *v* to sin.
pedair *num* (*f*) four.

pedlera *v* to peddle.
pedol *f* (·**au**) horseshoe.
pedoli *v* to shoe.
ped·rain *f* (·**reiniau**) hindquarters.
pedrongl *f* (·**au**) quadrangle.
pedwar *num* four.
pedwaredd *adj* (*f*) fourth.
pedwerydd *adj* fourth.
pedyll *see* **padell**.
pefrio *v* to sparkle.
pegio *v* to peg.
peg·wn *m* (·**ynau**) pole.
pegynol *adj* axial.
peidio *v* to cease.
peilot *m* (·**iaid**) pilot.
peillio *v* to pollinate.
peintiad *m* (·**au**) painting.
peintio *v* to paint.
peint·iwr *m* (·**wyr**) painter.
peip·en *f* (·**iau**) pipe.
peiran *m* (·**nau**) corrie.
peirch *from* **parchu**.
peiri *see* **pâr**.
peirianneg *m* engineering.
peiriannau *see* **peiriant**.
peiriannol *adj* mechanical.
peirian·nydd *m* (·**wyr,** ·**yddion**) engineer.
peirian·t *m* (·**nau**) machine.
peirianwaith *m* machinery.
peirianyddol *adj* mechanical.
peiriau *see* **pair**.
peisiau *see* **pais**.
peiswyn *m* chaff.
peithiau *see* **paith**.
pêl *f* (**peli**) ball.
pelawd *f* (·**au**) over (cricket).
pêl-droed *f* football.
pêl-droed·iwr *m* (·**wyr**) footballer.
pelen *f* (·**ni**) ball.
pêl-fas *f* baseball.
pêl-fasged *f* basketball.
pelferyn *f* (·**nau**) ball-bearing.
pêl-rwyd *f* netball.
pelten *f* (a) blow.
pelydr *see* **paladr**.
pelydru *v* to radiate.
pelydr·yn *m* (·**au**) ray.

pell *adj* far.
pellen *f* (·ni) ball (of wool).
pellennig *adj* remote.
pellgyrhaeddol *adj* far-reaching.
pellhau *v* to move away.
pellter *m* (·au) distance.
pen *m* (·nau) head.
penaethiaid *see* **pennaeth**.
penagored *adj* undecided.
penarglwyddiaeth *f* sovereignty.
penawdau *see* **pennawd**.
penbaladr *adv* universal.
penbleth *f* quandry.
pen blwydd *m* (**pennau blwydd**) birthday.
penboeth *adj* hot-headed.
penboeth·yn *m* (·iaid) fanatic.
pen·bwl *m* (·byliaid) tadpole.
pencadlys *m* (·oedd) headquarters.
pencamp·wr *m* (·wyr) champion.
pencampwriaeth *f* (·au) championship.
pen·cerdd *m* (·ceirddiaid) head musician.
pen·ci *m* (·cwn) dogfish.
penchwiban *adj* frivolous.
pendant *adj* positive.
pendantrwydd *m* decisiveness.
pendefig *m* (·ion) lord.
pendefigaeth *f* aristocracy.
pendefigaidd *adj* aristocratic.
penderfyniad *m* (·au) decision.
penderfynol *adj* resolute.
penderfynu *v* to decide.
pendifaddau *adv* verily.
pendil *m* (·iau) pendulum.
pendramwnwgl *adj* headlong.
pendraphen *adj* helter-skelter.
pendro *f* giddiness.
pendroni *v* to brood.
pendwmpian *v* to drowse.
penddaredd *m* giddiness.
penddelw *f* (·au) bust.
pendduyn *m* (·nod) boil; blackhead.
penelin *m/f* (·oedd) elbow.
pengaled *adj* stubborn.
pen-glin *m* (**pennau gliniau**) knee.

penglog *f* (·au) skull.
Pengryn·iad *m* (·iaid) Roundhead.
penhwy·ad *m* (·aid) pike.
peniad *m* (·au) header.
penigamp *adj* first-rate.
penillion *see* **pennill**.
penio *v* to head.
peniog *adj* brainy.
penisel *adj* downcast.
pen-lin *hon* (**penliniau**) knee.
penlinio *v* to kneel.
penllâd *m* supreme good.
penllanw *m* high water.
penllinyn *m* end.
pen·naeth *m* (·aethiaid) chief.
pennaf *adj* chief.
pennau *see* **pen**.
pen·nawd *m* (·awdau) heading.
pen·nill *m* (·illion) verse.
pen·nod *f* (·odau) chapter.
pennoeth *adj* bare-headed.
pen·nog *m* (·waig) herring.
pennu *v* to determine.
penodi *v* to appoint.
penodau *see* **pennod**.
pen-ôl *m* (**penolau**) backside.
penrhydd *adj* uncurbed.
penrhydd *adj* unbridled.
penrhyddid *m* licentiousness.
penrhyn *m* (·nau) promontory.
pen·saer *m* (·seiri) architect.
pensaernïaeth *f* architecture.
pensel *f* (·i) pencil.
pensi·wn *m* (·ynau) pension.
penstiff *adj* stubborn.
pensyfrdan *adj* stunned.
pensyth *adj* perpendicular.
pentan *m* inglenook.
penteulu *m* householder.
pentewyn *m* (·ion) firebrand.
pentir *m* (·oedd) headland.
pentref *m* (·i) village.
pentref·wr *m* (·wyr) villager.
pent·wr *m* (·yrrau) pile.
penty *m* cottage, shed.
pontyrru *v* to heap.
penwaig *see* **pennog**.
penwan *adj* silly.

penwythnos *m/f* (·**au**) weekend.
penyd *m* (·**iau**) penance.
penysgafn *adj* dizzy.
penysgafnder *m* giddiness.
pêr[1], **peraidd** *adj* sweet.
pêr[2] *see* **peren**.
peraidd *adj* pure.
perarogl *m* (·**au**) perfume.
peraroglus *adj* perfumed.
percoladur *m* (·**on**) percolator.
perch(ais) *from* **parchu**.
perchen·nog *m* (·**ogion**) owner.
perchenogaeth *f* ownership.
perchenogi *v* to possess.
perchyll *see* **porchell**.
perdysen *f* (**perdys**) shrimp.
pereidd-dra *m* sweetness.
pereiddied *from* **peraidd**.
pereiddio *v* to sweeten.
peren *f* (**pêr**) pear.
pererin *m* (·**ion**) pilgrim.
pererindod *m/f* (·**au**) pilgrimage.
perfedd *m* (·**ion**) intestine.
perffaith *adj* perfect.
perffeithio *v* to perfect.
perffeithrwydd *m* perfection.
perffeithydd *m* perfectionist,
perfecter.
perfformiad *m* (·**au**) performance.
perfformio *v* to perform.
peri *v* to cause.
perlewyg *m* (·**on**) trance.
perlysiau *pl* herbs; spices.
perllan *f* (·**nau**) orchard.
persain *adj* melodious.
persain *adj* melodious.
persawr *m* fragrance.
persawrus *adj* fragrant.
perseiniol *adj* melodious.
persli *m* parsley.
person *m* (·**au**) person; (·**iaid**)
parson.
personol *adj* personal.
personoliaeth *f* (·**au**) personality.
perswâd *m* persuasion.
perswadio *v* to persuade.
pert *adj* pretty.
perth *f* (·**i**) hedge.

perthnasau *see* **perthynas**.
perthnasol *adj* relevant.
perthyn *v* to be related; to belong.
perthynas *m/f* (**perthnasau**)
relative.
perthynol *adj* relative.
perwyl *m* purpose.
pery *from* **para, parhau**.
perygl *m* (·**lon**) danger.
peryglu *v* to endanger.
peryglus *adj* dangerous.
pesgi *v* to get fat; to fatten.
pesimist *m* (·**iaid**) pessimist.
pesimistaidd *adj* pessimistic.
pesimistiaeth *f* pessimism.
peswch, pesychu *v* to cough.
peswch, pesychiad *m* (·**au**) (a)
cough.
petawn i *v* were I, etc.
petrisen *f* (**petris**) partridge.
petrus *adj* hesitant.
petruso *v* to hesitate.
petruster *m* hesitation.
petryal *m* (·**au**) oblong.
peth *m* (·**au**) thing.
petheuach *pl* odds and ends.
peuau *see* **pau**.
peunes *f* peahen.
peunod *see* **paun**.
pianydd *m* (·**ion**) pianist.
piau *v* to possess.
pib *f* (·**au**) pipe; diarrhoea.
pibell *f* (·**au**, ·**i**) pipe.
pibell·aid *f* (·**eidiau**) pipeful.
piben *f* (·**ni**) pipe.
pibo *v* to pipe; to squirt.
pibonwy *pl* icicles.
pibydd *m* (·**ion**) piper.
picas *m/f* pickaxe.
picedu *v* to picket.
picell *f* (·**au**) spear.
picellu *v* to spear.
piced·wr *m* (·**wyr**) (a) picketer.
pic·fforch *f* (·**ffyrch**) pitchfork.
picio *v* to pop (out).
piclo *v* to pickle.
picti·wr *m* (·**yrau**) picture.
pictiwrs *pl* cinema.

pic·warch f (·**weirch**) pitchfork.
picwnen f (**picwn**) wasp.
pidyn m penis.
piffian v to giggle.
pig f (·**au**) beak.
pigfain adj pointed.
pigiad, pigad m (·**au**) a prick.
pigion pl selections.
pigm·i m (·**îald**) pygmy.
pigo v to pick.
pigog adj prickly.
pigoglys m spinach.
pig·yn m (·**au**) prick.
pil m peel.
pilen f (·**nau**) membrane.
piler m (·**i**) pillar.
pilio, pilo v to peel.
pilipala m butterfly.
pilsen f (**pils**) pill.
pilyn m (·**nau**) garment.
pìn m (**pinnau**) pin.
pin see **pinwydden**.
pinafal m (·**au**) pineapple.
pinc m (·**od**) chaffinch.
pincas m pincushion.
piner m pinafore.
pinio v to pin.
pin·iwn m (·**iynau**) opinion.
pinnau see **pin**.
pinsiad m (a) pinch.
pinsio v to pinch.
pins·iwrn, pins·iwn m (·**iyrnau**, ·**iynau**) pincers.
pinwydden f (**pinwydd, coed pin**) pine tree.
pioden f (**piod**) magpie.
piser m (·**i**) pitcher.
pisgwydden f (**pisgwydd**) lime tree.
pistyll m (·**oedd**) well.
pistyllio v to spout.
pisyn m (·**nau, pisys**) piece.
pitïo v to pity.
pitw adj paltry.
piw m (·**au**) udder.
piwis adj peevish.
Piwritan m (·**iaid**) Puritan.
piwritanaidd adj puritanical.

pla m (**plâu**) plague.
pladur f (·**iau**) scythe.
plaen adj plain.
plaen, plân m (·**au, plaeniau**) plane (carpenter).
plagio v to pester.
plaid f (**pleidiau**) party.
plân m (**planau**) plane (geometry); (**plaenau**) plane (carpentry).
planced f (·**i**) blanket.
planed f (·**au**) planet.
planhigfa f (**planigfeydd**) plantation.
planhig·yn m (·**ion**) plant.
plannu v to plant.
plant see **plentyn**.
planta v to beget children.
plantos pl little children.
planwydden f (**planwydd**) plane trees.
plas m (·**au**) mansion.
plastig m (·**ion**) (a) plastic.
plastro v to plaster.
plasty m (**plastai**) mansion.
plât m (**platiau**) plate.
plat·aid m (·**eidi, ·eidiau**) plateful.
ple m plea.
pledio v to plead.
pledren f (·**ni, ·nau**) bladder.
pleidiau see **plaid**.
pleidiol adj partial.
pleid·lais f (·**leisiau**) vote.
pleidleisio v to vote.
plencyn m (**planciau**) plank.
plenn(ais from **plannu**.
plentyn m (**plant**) child.
plentyndod m childhood.
plentynnaidd adj infantile.
pleser m (·**au**) pleasure.
pleserus adj pleasant.
plesio v to please.
plet, pleten f (**pletau**) crease.
pletio v to pleat.
pleth f (·**au**) plait.
plethu v to plait.
plicio v to pluck.
plisgyn m (**plisg**) pod.
plisman, plismon m (**plismyn**) policeman.

plismona v to police.
plismones f policewoman.
plith m midst.
ploc·yn m (**·iau**) block.
ploryn m (**·nod, plorod**) acne.
pluen f (**plu**) feather.
pluo, plufio v to pluck.
pluog adj feathered.
plwc m (**plyciau**) pluck.
plwg m (**plygiau**) plug.
plwm m lead.
plws m (**plysau**) plus.
Plwton f Pluto.
plwyf m (**·i**) parish.
plwyfol adj parochial.
plwyfolion pl parishioners.
plyciau see **plwc**.
plycio v to jerk.
plyg m (**·ion**) fold.
plyg·ain m/f (**·einiau**) dawn; matins.
plygeiniol adj early (morning).
plygell m (**·au**) folder.
plygiad, plygiant m (**·au**) crease.
plygiau see **plwg**.
plygu v to bend.
plymio v to plumb.
plysau see **plws**.
pob adj each; baked.
pobi v to bake.
pobiad m (**·au**) (a) baking.
pobl f (**·oedd**) people.
poblog adj populous.
poblogaeth f population.
poblogaidd adj popular.
poblogeiddio v to poularise.
poblogi v to populate.
poblogrwydd m popularity.
pobydd m (**·ion**) baker.
poced m/f (**·i**) pocket.
poced·aid f (**·eidiau**) pocketful.
pocedu v to pocket.
pocer, procer m (**·i**) poker.
poen m/f (**·au**) pain.
poendod m pest.
poeni v to hurt; to worry.
poenus adj painful.
poenydio v to torment.

poenyd·iwr m (**·wyr**) tormentor.
poenyn m tease.
poer m saliva.
poeri v to spit.
poeth adj hot.
poethder m heat.
poethi v to heat.
polareiddio v to polarise.
polyn m (**polion**) pole.
pomgranad m (**·au**) pomegranate.
pompren f footbridge.
ponc f (**·au, ·iau**) hillock.
ponsio v to bungle.
pont f (**·ydd**) bridge.
pontio v to bridge.
popeth m everything.
poplysen f (**poplys**) poplar.
poptu m all sides.
pop·ty m (**·tai**) oven.
porchell m (**perchyll**) porker.
porf·a f (**·eydd**) grass.
porffor adj purple.
pori v to graze.
pornograffiaeth f pornography.
portread m (**·au**) portrait.
portreadu v to portray.
porth m (**pyrth**) door. • f (**pyrth**) harbour.
porthi v to feed.
porthiannus adj well-fed.
porthiant m food.
porthladd m (**·oedd**) harbour.
porthmon m (**porthmyn**) drover.
porthor m (**·ion**) porter.
pos m (**·au**) puzzle.
posibil·rwydd m (**·iadau**) possibilities.
poster m (**·i**) poster.
postio v to post.
post·man, post·mon m (**·myn**) postman.
postyn, post m (**pyst**) post.
potel f (**·i**) bottle.
potel·aid f (**·eidi, ·eidiau**) bottleful.
potelu v to bottle.
potes m broth.
potio v to pot; to booze.
potsio v to poach.

pothell *f* (·au, ·i) blister.
powdr, powdwr *m* (·au) powder.
powld *adj* cheeky.
powlen *f* (·ni) bowl.
powlennaid *f* bowlful.
powlio *v* to bowl.
praff *adj* stout.
praffter *m* girth.
praidd *m* (preiddiau) flock.
prancio *v* to caper.
prawf, praw *m* (profion) proof.
prawf *from* profi.
preblan *v* to chatter.
pregeth *f* (·au) sermon.
pregethu *v* to preach.
pregeth·wr *m* (·wyr) preacher.
preiddiau *see* praidd.
preifat *adj* private.
preifateiddio *v* to privatise.
preifatrwydd *m* privacy.
preiffion *see* praff.
preimin *m* ploughing match.
pren *m* (·nau) wood.
prennaidd *adj* wooden.
prentis *m* (·iaid) apprentice.
prentisiaeth *f* apprenticeship.
prentisio *v* to apprentice.
prepian *v* to babble.
pres *m* brass; money.
preseb *m* (·au) crib.
presennol *adj* present.
presenoldeb *m* presence.
preswyl *adj* residential.
preswyl·fa *f* (·feydd) dwelling.
preswylio *v* to dwell.
preswyl·ydd *m* (·wyr) dweller.
pric *m* (·iau) stick.
prid *adj* expensive.
pridwerth *m* ransom.
pridd *m* (·oedd) soil.
priddio, priddo *v* to earth up.
prif *adj* chief.
prif·ardd *m* (·eirdd) chief poet.
prifathrawes *f* (·au) headmistress.
prifathr·o *m* (·awon) headmaster.
prifddinas *f* (·oedd) capital city.
prifiant *m* growth.
prifio *v* to grow.

priflyth·yren *f* (·rennau) capital
letter.
prifol *adj* cardinal.
prifysgol *f* (·ion) university.
priff·ordd *f* (·yrdd) highway.
prin *adj* scarce.
prinder *m* scarcity.
prinhau *v* to become scarce.
prinned *from* prin.
printiedig *adj* printed.
printio *v* to print.
priod *adj* married; appropriate.
priod *m/f* spouse.
priodas *f* (·au) marriage.
priodasol *adj* marital.
priod-ddull *m* (·iau) idiom.
priodfab, priodasfab *m*
bridegroom.
priodferch, priodasferch *f*
bride.
priodi *v* to marry.
priodol *adj* proper.
priodoldeb *m* (·au) propriety.
priodoledd *f* (·au) attribute.
priodoli *v* to attribute.
prior *m* (·iaid) prior.
prior·dy *m* (·dai) priory.
pris *m* (·iau) price.
prisiad, prisian·t *m* (·au, ·nau)
valuation.
prisio *v* to value.
pris·iwr *m* (·wyr) valuer.
proc *m* (·iau) (a) poke.
procio *v* to poke.
proest *m* (·au) half-rhyme.
profedigaeth *f* (·au) tribulation.
profi *v* to test; to prove.
profiad *m* (·au) experience.
profiadol *adj* experienced.
profiannaeth *f* probation.
proflon *see* prawf.
proflen *f* (·ni) (copy) proof.
proffes *f* (·au) (a) profession.
proffes·iwn *m* (·iynau) profession.
proffesiynol *adj* professional.
proffesu *v* to profess.
proffidiol *adj* profitable.
proffwyd *m* (·i) prophet.

proffwydo v to prophesy.
proffwydol adj prophetic.
proffwydoliaeth f (·au) prophecy.
prosesydd geiriau m (·ion geiriau) word processor.
Protestannaidd adj Protestant.
prudd adj serious.
pruddglwyfus adj melancholic.
pryd[1] m (·iau) time; (·au) meal.
pryd[2] adj when.
pryder m (·on) worry.
pryderu v to fret.
pryderus adj anxious.
prydferth adj beautiful.
prydferthu v to adorn.
prydferthwch m beauty.
prydles f (·au, ·i) lease.
prydlon adj punctual.
prydlondeb m punctuality.
prydydd m (·ion) bard.
prydyddiaeth f poetry.
pryddest f (·au) bardic poem.
pryf, pry m (·ed) fly.
pryfetach pl vermin; flies.
pryfocio v to provoke.
pryfoclyd adj provocative.
pryfysydd m (·ion) insectivore.
prŷn v from **prynu**. • adj bought.
prynedigaeth flm redemption.
prynhawn m (·iau) afternoon.
prynhawnol adj afternoon.
prynu v to buy.
pryn·wr m (·wyr) buyer.
prysglwyn m (·i) copse.
prysgwydden f (**prysgwydd**) shrub.
prysur adj busy.
prysurdeb m busyness.
prysuro v to hasten.
pulpud m (·au) pulpit.
pumawd m (·au) quintet.
pumed adj fifth.
pump, pum num five.
pun·t f (·noedd, ·nau) pound.
pur adj pure. • adv quite.
purdan m purgatory.
purdeb m purity.
pur·fa f (·feydd) refinery.

purion adj right.
puro v to purify.
purydd m (·ion) purist.
put·ain f (·einiaid) prostitute.
puteindra m prostitution.
pwca, pwc·i m (·od, ·iod) imp.
pwdin m (·au) pudding.
pwdlyd adj sulky.
pwdr adj rotten.
pwdryn m waster.
pwdu v to sulk.
pŵer m (pwerau) power.
pwer·dy m (·dai) powerhouse.
pwerus adj powerful.
pwff m (pyffiau) puff.
pwffian, pwffio v to puff.
pwl m (pyliau) (a) fit.
pŵl adj matt.
pwll m (pyllau) pool.
pwmp m (pympiau) pump.
pwmpen f (·ni) marrow.
pwn m (pynnau) pack.
pwnc m (pynciau) subject.
pwniad, pwnad m (·au) nudge.
pwnio v to nudge.
pwrcas m (·au) (a) purchase.
pwrcasu v to purchase.
pwrpas m (·au) purpose.
pwrpasol adj purposeful.
pwrs m (pyrsau) purse.
pwt m (pytiau) bit.
pwti m putty.
pwy pron who.
pwyll m caution.
pwyllgor m (·au) committee.
pwyllgor·wr m (·wyr) committee-man.
pwyllo v to pause.
pwyllog adj prudent.
pwynt m (·iau) point.
pwyntio v to point.
pwyo v to batter.
pwys m (·i) pound; (·au) weight.
pwysau m weight.
pwysedd m (blood) pressure.
pwys·i m (·ïau) posy.
pwysig adj important.
pwysigrwydd m importance.

pwys·lais *m* (·**leisiau**) emphasis.
pwys·leisio *v* to emphasise.
pwyso *v* to weigh.
pwys·wr *m* (·**wyr**) weigher.
pwysyn *m* (·**nau**) (a) weight.
pwyth *m* (·**au**) stitch.
pwytho *v* to stitch.
pybyr *adj* staunch.
pydew *m* well, pit.
pydredd *m* decay.
pydru *v* to rot.
pyffiau *see* **pwff**.
pyg *m* pitch.
pygddu *adj* pitch black.
pyliau *see* **pwl**.
pylni *m* dullness.
pylu *v* to blunt.
pyllau *see* **pwll**.
pympiau *see* **pwmp**.
pymtheg, pymtheng *num* fifteen.

pymthegfed *adj* fifteenth.
pymthengwaith *adv* fifteen times.
pynciau *see* **pwnc**.
pyncio *v* to sing.
pynfarch *m* pack-horse; mill-race.
pynnau *see* **pwn**.
pyrsau *see* **pwrs**.
pyrth *see* **porth**.
pyrwydden *f* (**pyrwydd**) spruce.
pysen *f* (**pys**) pea.
pysgodyn *m* (**pysgod**) fish.
pysgota *v* to fish.
pysgot·wr *m* (·**wyr**) fisherman.
pyst *see* **postyn**.
pystylad *v* to stamp.
pytat·en *f* (·**ws**) potato.
pytiau *see* **pwt**.
pythefnos *m/f* (·**au**) fortnight.
pythefnosol *adj* fortnightly.

Ph

Pharise·ad *m* (·**aid**) Pharisee.
Philist·iad *m* (·**iaid**) Philistine.

Philistiaeth *f* Philistinism.

R

rab(b)i *m* (·**niaid**) rabbi.
rabinaidd *adj* rabbinical.
raced *m/f* (·**i**) racket.
radicalaidd *adj* radical.
ras *f* (·**ys**) race.
ras·al *f* (·**elydd**) razor.
rasio *v* to race.
realydd *m* realist.
recordiad *m* (·**au**) recording.
recordydd *m* (·**ion**) recorder.

reit *adv* quite.
ridens *f* fringe.
roboteg *f* robotics.
rŵan *adv* now.
rwbel *m* rubble.
rwden *f* (**rwdins**) swede.
rwdlan, rwdlian *v* to natter on.
Rwsiad *m* (**Rwsiaid**) Russian.
rwyf *from* **bod**.
rys·áit *f* (·**eitiau**) recipe.

Rh

rhaca *f* (·**nau**) rake.
rhacanu *v* to rake.
rhacsyn, rhecsyn *m* (**rhacs**) rags.
rhad *adj* cheap. • *m* (·**au**) blessing.
rhadlon *adj* gracious.
rhadlonrwydd *m* graciousness.
rhaeadr *f* (·**au**, **rhĕydr**) waterfall.
rhaff *f* (·**au**) rope.
rhaffu, rhaffo *v* to string together.
rhag *prep* lest.
rhag·air *m* (·**eiriau**) foreword.
rhagarweiniad *m* introduction.
rhagarweiniol *adj* introductory.
rhagbaratoawl *adj* preparatory.
rhag·brawf *m* (·**brofion**) prelim.
rhagdybio, rhagdybied *v* to assume.
rhagddod·iad *m* (·**iaid**) prefix.
rhag·ddweud *v* to foretell.
rhageiriau *see* **rhagair**.
rhagenw *m* (·**au**) pronoun.
rhagflaenu *v* to precede.
rhagflaen·ydd *m* (·**wyr**) predecessor.
rhagflas *m* foretaste.
rhagfur *m* (·**iau**) rampart.
rhagfynegi *v* to foretell.
Rhagfyr *m* December.
rhaglaw *m* (·**iaid**, **rhaglofiaid**) governor.
rhaglen *f* (·**ni**) programme.
rhaglennu *v* to program.
rhaglofiaid *see* **rhaglaw**.
rhagluniaeth *f* providence.
rhagluniaethol *adj* providencial.
rhagofalon *pl* precautions.
rhag·olwg *m* (·**olygon**) prospect.
rhagor *m* more.
rhagor·fraint *f* (·**freintiau**) privilege.
rhagori *v* to excel.
rhagoriaeth *f* (·**au**) superiority.
rhagorol *adj* excellent.
rhagredegydd *m* forerunner.
rhagrith *m* (·**ion**) hypocrisy.
rhagrithio *v* to be hypocritical.

rhagrithiol *adj* hypocritical.
rhagrith·iwr *m* (·**wyr**) hypocrite.
rhagrybuddio *v* to forewarn.
rhag·weld, rhagweled *v* to foresee.
rhagymadrodd *m* (·**ion**) introduction.
rhai *adj* some.
rhaib *f* spell.
rhaid *m* (**rheidiau**) necessity.
rhaidd *f* (**rheiddiau**) antler.
rhain *pron* these.
rhamant *f* romance.
rhamantus *adj* romantic.
Rhamantiaeth *f* Romanticism.
rhan *f* (·**nau**) part.
rhanadwy *adj* divisible.
rhanbarth *m* (·**au**) region.
rhanbarthol *adj* regional.
rhanedig *adj* divided.
rhaniad *m* (·**au**) division.
rhannol *adj* in part.
rhannu *v* to share.
rhated *from* **rhad**.
rhathell *f* (·**au**) rasp.
rhaw *f* (·**iau**, **rhofiau**) shovel.
rhawd *f* course, career.
rhawg *adv* after a time.
rhawn *m* horsehair.
rhech *f* fart.
rhechain, rhechian *v* to fart.
rhedeg *v* to run.
rhedegog *adj* running.
rhediad *m* (·**au**) run, flow.
rhed·wr *m* (·**wyr**) runner.
rhedynen *m* (**rhedyn**) fern.
rhefr *m* anus.
rheffyn *m* (·**nau**) halter.
rheg *f* (·**feydd**) swear word.
rhegen yr ŷd *f* corncrake.
rhegi *v* to swear.
rheng *f* (·**oedd**) row.
rheibio *v* to bewitch; to ravage.
rheibus *adj* rapacious.
rheidiau *see* **rhaid**.

rheidrwydd *m* compulsion.
rheiddiadur *m* (·**on**) radiator.
rheiddiau *see* **rhaldd.**
rheil·en *f* (·**iau**) rail.
rheil·ffordd *f* (·**ffyrdd**) railway.
rheini *pron* those.
rheitied *from* **rhaid.**
rheithfarn *f* (·**au**) verdict.
rheithgor *m* jury.
rheithor *m* (·**ion**, ·**iaid**) rector.
rhelyw *m* remainder.
rhemp *f* excess.
rhenn(ais) *from* **rhannu.**
rhent *m* (·**i**) rent.
rhentu *v* to rent.
rheol *f* (·**au**) rule.
rheolaeth *f* control.
rheolaidd *adj* regular.
rheoleiddio *v* to regulate.
rheoli *v* to rule.
rheol·wr *m* (·**wyr**) ruler.
rhes *f* (·**i**, ·**au**) row.
rhesel, rhestl *f* (·**i**, ·**au**) rack.
rhes·en *f* (·**i**) parting.
rhesinen *f* (**rhesin**) raisin.
rhestr *f* (·**i**, ·**au**) (a) list.
rhestru *v* to list.
rhes·wm *m* (·**ymau**) reason.
rhesymeg *f* logic.
rhesymegol *adj* logical.
rhesymol *adj* reasonable.
rhesymu *v* to reason.
rhethreg *f* rhetoric.
rhew *m* frost.
rhewbwynt *m* (·**iau**) freezing-point.
rhewgell *f* (·**oedd**) freezer.
rhewi *v* to freeze.
rhewlif *m* (·**au**) glacier.
rhewllyd *adj* icy.
rhewynt *m* (·**oedd**) ice-cold wind.
rhêydr *see* **rhaeadr.**
rhi *m* king.
rhia·in *f* (·**nedd**) maiden.
rhialtwch *m* jollification.
rhiant *m* (**rhiaint, rhieni**) parent.
rhibidirês *f* string (of).
rhibin *m* streak.
rhic *m* (·**iau**) notch.

rhidens *pl* fringe.
rhidyll *m* (·**au**) sieve.
rhidyllu *v* to sieve.
rhieni *pl* parents.
rhif *m* (·**au**) number.
rhifo *v* to number; to count.
rhifol *m* (·**ion**) numeral.
rhifyddeg *f* arithmetic.
rhifyn *m* (·**nau**) issue.
rhigol *f* (·**au**, ·**ydd**) groove.
rhig·wm *m* (·**ymau**) rhyme.
rhigym·wr *m* (·**wyr**) rhymester.
rhingyll *m* (·**iaid**) sergeant.
rhimyn *m* (·**nau**) rim.
rhin *f* (·**iau**) virtue.
rhincian *v* to gnash.
rhiniog *m* (·**au**) threshold.
rhinwedd *m*/*f* (·**au**) virtue.
rhinweddol *adj* virtuous.
rhisgl *m* bark.
rhith *m* (·**iau**) guise.
rhithio *v* to appear.
rhithyn *m* particle.
rhiw *f* (·**iau**) hill.
rhocen, rhoces *f* (·**i**) lass.
rhochian *v* to grunt.
rhod *f* (·**au**) wheel.
rhoden *f* (·**ni**) rod.
rhod·fa *f* (·**feydd**) promenade.
rhodio *v* to walk.
rhodres *m* ostentation.
rhodresgar *adj* ostentatious.
rhodd *f* (·**ion**) gift.
rhoddi *v* to give.
rhodd·wr *m* (·**wyr**) donor.
rhof·iad *f* (·**ieidiau**) shovelful.
rhofiau *see* **rhaw.**
rhoi, rhoddi *v* to give.
rholbren *m* (·**ni**) rolling pin.
rholio *v* to roll.
rholyn *m* (**rholiau**) roll.
rhonc *adj* rank.
rhos *f* (·**ydd**) moor.
rhostio *v* to roast.
rhosyn *m* (·**nau**, **rhosod**) rose.
rhu, rhuad *m* (·**au**) (a) roar.
rhudd *adj* ruddy.
rhuddem *f* ruby.

rhuddin *m* heart of timber.
rhuddo *v* to scorch.
rhuddygl *m* radish.
rhugl *adj* fluent.
rhuo *v* to roar.
rhusio *v* to take fright.
rhuthr *m* (·**au**, ·**adau**) rush; attack.
rhüwr *m* roarer.
rhwbio, rhwto *v* to rub.
rhwd *m* rust.
rhwng *prep* between.
rhwth *adj* gaping.
rhwyd *f* (·**au**, ·**i**) net.
rhwyden *f* (·**ni**) retina.
rhwydo *v* to net.
rhwyd·waith *m* (·**weithiau**)
network.
rhwydd *adj* easy.
rhwyddineb *m* ease.
rhwyf *f* (·**au**) oar.
rhwyfo *v* to row.
rhwyfus *adj* restless.
rhwyf·wr *m* (·**wyr**) oarsman.
rhwyg *f* (·**iadau**) tear.
rhwygo *v* to tear.
rhwyll *f* (·**au**) lattice.
rhwyllog *adj* perforated.
rhwyllwaith *m* fretwork.
rhwym *m* (·**au**) tie. • *adj* constipated.
rhwymedig *adj* bound.
rhwymedigaeth *f* (·**au**) bond.
rhwymedd *m* constipation.
rhwymo *v* to bind.
rhwym·wr *m* (·**wyr**) binder.
rhwymyn *m* (·**nau**) bandage.
rhwysg *m* pomp.
rhwystr *m* (·**au**) obstruction.
rhwystro *v* to hinder.
rhy[1] *adv* too.
rhy[2] *from* **rhoi**.
rhybed *m* (·**ion**) rivet.
rhybudd *m* (·**ion**) warning.
rhybuddio *v* to warn.
rhych *m*/*f* (·**au**) furrow.
rhychiog, rhychog *adj* corrugated,
furrowed.
rhychwant *m* (·**au**) span.
rhychwantu *v* to span.

rhyd *f* (·**au**) ford.
rhydlyd *adj* rusty.
rhydu, rhwdu *v* to rust.
rhydwel·i *f* (·**ïau**) artery.
rhydd *adj* loose.
rhydd *from* **rhoddi**.
rhydd·fraint *f* (·**freiniau**)
emancipation.
Rhyddfrydiaeth *f* Liberalism.
rhyddfrydig *adj* liberal.
Rhyddfrydol *adj* Liberal.
Rhyddfryd·wr *m* (·**wyr**) (a) Liberal.
rhyddhad *m* liberation, relief.
rhyddhau *v* to release.
rhyddiaith *f* prose.
rhyddid *m* freedom.
rhyddieithol *adj* prosaic.
rhyfedd *adj* strange.
rhyfeddod *m* (·**au**) marvel.
rhyfeddol *adj* marvellous.
rhyfeddu *v* to amaze.
rhyfel *m*/*f* (·**oedd**) war.
rhyfela *v* to wage war.
rhyfelgar *adj* bellicose.
rhyfel·wr *m* (·**wyr**) warrior.
rhyferthwy *m* tempest.
rhyfon *pl* currants.
rhyfyg *m* presumption.
rhyfygu *v* to presume.
rhyfygus *adj* presumptuous.
rhyg *m* rye.
rhygnu *v* to grate.
rhygyngu *v* to canter.
rhyng(ddi) *see* **rhwng**.
rhyngu bodd *v* to satisfy.
rhyngwladol *adj* international.
rhynllyd *adj* shivering.
rhynnu *v* to freeze.
rhysedd *m* abundance.
rhython *pl* cockles.
rhythu *v* to stare.
rhyw *adj* some. • *f* (·**iau**) sex.
rhywbeth *m* something.
rhywbryd *adv* sometime.
rhywfaint *m* some amount.
rhywfodd, rhywsut *adv* somehow.
rhywiog *adj* proper.
rhywiol *adj* sexual.

rhywle *adv* somewhere.
rhywogaeth *f* (·au) species.

rhywsut *adv* somehow.
rhyw·un *m* (·rai) someone.

S

Sab(b)ath, Saboth *m* (Sabathau, Sabothau) Sabbath.
sach *f* (·au) sack.
sach·aid *f* (·eidiau) sackful.
sachlïain *m* sackcloth.
sad *adj* stable.
sadio *v* to steady.
sadrwydd *m* steadiness.
Sadwrn *m* (Sadyrnau) Saturday.
Sadwrn *f* Saturn.
saer *m* (seiri) carpenter.
saernïaeth *f* workmanship.
saernïo *v* to construct.
Saesneg *f* English.
Saeson *see* Sais.
saeth *f* (·au) arrow.
saethu *v* to shoot.
saethydd *m* (·ion) archer.
saethyddiaeth *f* archery.
saf *from* sefyll.
safadwy *adj* steadfast.
safann·a *m* (·au) savannah.
safbwynt *m* (·iau) standpoint.
safiad *m* (a) stand.
safle *m/f* (·oedd) site.
safn *f* (·au) mouth.
safnrhwth *adj* gaping.
safon *f* (·au) standard.
safoni *v* to standardise.
safonol *adj* standard.
saff *adj* safe.
saffrwm, saffrwn *m* crocus.
sang *f* (·au) chock-a-block.
sangu, sengi *v* to tread.
saib, seibian·t *m* (seibiau, ·nau) pause.
saif *from* sefyll.
saig *f* (seigiau) dish.
sail *f* (seiliau) foundation.
saim *m* (seimiau) grease.
sain *f* (seiniau) sound.
saint *see* sant.

Sais *m* (Saeson) Englishman.
saith *num* seven.
sâl *adj* ill.
salm *f* (·au) psalm.
salm dôn *f* (salmdonau) chant.
salmydd *m* psalmist.
salw *adj* ugly.
salwch *m* illness.
Sallwyr *m* Psalter.
samona *v* to fish for salmon.
sanau *see* hosan.
sanctaidd, santaidd *adj* sacred.
sancteiddio *v* to sanctify.
sancteiddrwydd *m* holiness.
sant *m* (saint, seintiau) saint.
santes *f* female saint.
sarff *f* (seirff) serpent.
sarhad *m* insult.
sarhau *v* to insult.
sarhaus *adj* insulting.
sarn *f* (·au) causeway.
sarnu *v* to spill.
sarrug *adj* surly.
sas·iwn *m/f* (·iynau) Methodist Association.
sathredig *adj* debased.
sathru *v* to trample.
sawdl *m/f* (sodlau) heel.
sawl *pron* whoso.
sawr *m* savour.
sawru *v* to smell.
sawrus *adj* savoury.
saws *m* sauce.
sbâr *adj* spare.
sbardun, ysbardun *m* (·au) accelerator.
sbario *v* to spare.
sbectol *f* spectacles.
sbectrwm *m* (sbectra) spectrum.
sbeislyd *adj* spicy.
sbeitio *v* to spite.
sbeitlyd *adj* spiteful.

sbio *v* to look.
sbel *f* period.
sbon *adj*: **newydd sbon** brand-new.
sbonc *f* leap.
sboncen *f* squash.
sboncio *v* to bounce.
sbri *m* fun.
sbrigyn *m* (·**nau**) sprig.
sbwng, ysbwng *m* (**sbyngau**) sponge.
sbŵl *m* (**sbwliau**) spool.
sbwriel *m* rubbish.
sbwylio *v* to spoil.
sbyngau *see* **sbwng**.
sebon *m* (·**au**) soap.
seboni *v* to flatter.
sebon·wr *m* (·**wyr**) flatterer.
secretu *v* to secrete.
sebra *m* (·**od**) zebra.
sech *adj* (*f*) dry.
sedd *f* (·**au**) seat.
sef *conj* namely.
sefydledig *adj* established.
sefydliad *m* (·**au**) institution.
sefydlog *adj* settled.
sefydlogrwydd *m* stability.
sefydlu *v* to establish.
sefyll *v* to stand.
sefyllfa *f* (·**oedd**) situation.
sefyllian *v* to stand about.
segur *adj* unemployed.
segurdod *m* idleness.
sengi *see* **sangu**.
sengl *adj* single.
seia·t *f* (·**dau**) religious meeting.
seibian·t *m* (·**nau**) leisure.
seiciatreg *m/f* psychiatry.
seiciatrydd *m* psychiatrist.
seicoleg *m/f* psychology.
seicolegol *adj* psychological.
seicolegydd *m* psychologist.
seigiau *see* **saig**.
seiliau *see* **sail**.
seilio *v* to base.
seimiau *see* **saim**.
seimlyd, seimllyd *adj* greasy.
seindorf *f* band.

seingl·awr *m* (·**oriau**) keyboard.
seiniau *see* **sain**.
seinio *v* to sound.
seintiau *see* **sant**.
seintwar *f* sanctuary.
seirff *see* **sarff**.
seiri *see* **saer**.
Seisnig *adj* English.
Seisnigeiddio *v* to Anglicise.
seithfed *adj* seventh.
seithug *adj* wasted.
seithwaith *adv* seven times.
sêl *f* zeal; seal; sale.
seld *f* (·**au**) dresser.
selio *v* to seal.
selog *adj* zealous.
selsigen *f* (**selsig**) sausage.
seml *adj* (*f*) simple.
sen *f* (·**nau**) reproof.
senedd *f* (·**au**) parliament.
seneddol *adj* parliamentary.
sensitifrwydd *m* sensitivity.
sensoriaeth *f* censorship.
sentimentaliaeth *f* sentimentality.
sêr *see* **seren**.
sercol *m* charcoal.
serch *m* love. • *conj* although.
serchog, serchus *adj* affectionate.
sêr-ddewin *m* (·**iaid**) astrologer.
sêr-ddewiniaeth *f* astrology.
seremoni *f* (**seremonïau**) ceremony.
seremonïol *adj* ceremonial.
seren *f* (**sêr**) star.
serenâd *m* serenade.
serennog, serog *adj* starry.
serennu *v* to twinkle.
serth *adj* steep.
seryddiaeth *f* astronomy.
serydd·wr *m* (·**wyr**) astronomer.
sesbin *m* shoehorn.
sêt *f* (**seti**) seat.
setin *m* (·**oedd**) hedge.
seth *adj* (*f*) straight.
sewin, siwin *m* sea-trout.
sffêr *f* (**sfferau**).
sfferaidd *adj* spherical.
sgadenyn *m* (**sgadan**) herring.

sgaprwth *adj* uncouth.
sgarmesydd *m* (·**ion**) fighter (plane).
sgeintio *v* to sprinkle.
sgerb·wd *m* (·**ydau**) skeleton.
sgert *f* (·**iau**) skirt.
sgil *m* (**sgiliau**) skill.
sgil *m* (on the back of).
sgio *v* to ski.
sgiw *f* (·**ion**) settle.
sgiw *adj*: **ar sgiw** askew.
sglefren *f* slide.
sglefrio *v* to skate.
sglefrholio *v* to roller-skate.
sgleln *m* shine.
sgleinio *v* to shine.
sglod·yn *m* (·**ion**) chip.
sgolor *m* (·**ion**) (able) schoolchild.
sgrech *f* (·**iadau**) scream.
sgrechain, sgrechian *v* to shriek.
sgrwb *m* stiffness.
sgrwbio *v* to scrub.
sguthan *f* (·**od**) wood pigeon.
sgwâr *m/f* (**sgwariau**) square.
sgwaryn *m* (·**nau**) square.
sgwd *m* (**sgydau**) cascade.
sgwîer *m* (**sgwieriaid**) squire.
sgwlyn *m* headmaster.
sgwrio *v* to scour.
sgwrs *f* (**sgyrsiau**) conversation.
sgwrsio *v* to talk.
sgydau *see* **sgwd**.
sgyrsiau *see* **sgwrs**.
si, su *m* (**sïon, suon**) buzz; whisper.
siaced *f* (·**i**) jacket.
siachmat *m* checkmate.
siafio *v* to shave.
sialc *m* (·**au**) chalk.
siambr *f* chamber.
siampŵ *m* (·**au**) shampoo.
sianel *f* (·**i**) channel.
siâp *m* (**siapau, siapiau**) shape.
siapo, siapio *v* to take shape.
siapus *adj* shapely.
siâr *f* (**siariau**) share.
siarad *v* to speak.
siaradus *adj* garrulous.

siarad·wr *m* (·**wyr**) speaker.
siario *v* to share.
siarp *adj* sharp.
siarsio *v* to warn.
siasbi *m* shoehorn.
siawns *f* chance.
sibrwd *v* to whisper.
sibr·wd *m* (·**ydion**) whisper.
sicr *adj* sure.
sicrhau *v* to ensure.
sicrwydd *m* assurance.
sidan *m* (·**au**) silk.
sidanaidd *adj* silky.
sideru *v* to make lace.
sidydd *m* zodiac.
siersi *m/f* sweater.
sieryd *from* **siarad**.
siesbin *m* shoehorn.
siew *f* (·**iau**) show.
siffrwd *v* to rustle.
sigâr *f* (**sigarau**) cigar.
sigarét *f* (**sigaretau**) cigarette.
siglad *m* (·**au**) (a) shaking.
sigledig *adj* shaky.
siglen *f* (·**ni, ·nydd**) swamp; swing.
sigl-i-gwt *m* wagtail.
siglo *v* to shake.
sil *m* spawn.
silff *f* (·**oedd**) shelf.
silidón *m* minnow.
silwair *m* silage.
sill, sillaf *f* (·**au**) syllable.
sillafiad *m* spelling.
sillafu *v* to spell.
simdde, simnai *f* (**simneiau**) chimney.
simsan *adj* unsteady.
simsanu *v* to totter.
sinach *f* skinflint.
sin·ws *m* (·**ysau**) sinus.
sïo *v* to hum.
sioe *f* (·**au**) show.
siôl *f* (**siolau**) shawl.
siom *m/f* disappointment.
siomedig *adj* disappointed.
siomedigaeth *f* (·**au**) disappointment.
siomi *v* to disappoint.

Siôn Corn *m* Santa Claus.
sionc *adj* nimble.
sioncrwydd *m* alacrity.
sioncyn y gwair *m* grasshopper.
siop *f* (·**au**) shop.
siopa *v* to shop.
siop·wr *m* (·**wyr**) shopkeeper.
sipian, sipio *v* to sip; to zip.
siprys *m* mixed corn.
sipsi *m* (·**wn**) gypsy.
sir *f* (·**oedd**) county.
siriol *adj* pleasant.
sirioldeb *m* serenity.
sirioli *v* to cheer up.
sirydd, siryf *m* (·**ion**) (high) sheriff.
sisial *v* to whisper.
sis·wrn *m* (·**yrnau**) scissors.
siwgr *m* sugar.
siwmper *f* (·**i**) jumper.
siwr, siŵr *adj* sure.
siwrn·ai *f* (·**eiau, ·eion**) journey.
slafaidd *adj* slavish.
slefren fôr *f* jellyfish.
slei *adj* sly.
sleifio *v* to slink.
sleis·en *f* (·**ys**) slice.
slic *adj* slippery.
slotian *v* to tipple.
smala *adj* droll.
smaldod *m* banter.
smalio *v* to joke, to pretend.
smonach *f* mess.
smot·yn *m* (·**iau**) spot.
smwddio *v* to iron.
smwt *adj* snub.
smygu *v* to smoke.
sniffian, snwffian *v* to sniff.
snisin *m* snuff.
snobyddiaeth *f* snobbishness.
snobyddlyd *adj* snobbish.
sobr *adj* serious.
sobri *v* to sober.
sobrwydd *m* sobriety.
sodlau *see* **sawdl**.
sodr, sawdur *m* (**sodrau**) solder.
sodro *v* to solder.
sodd·grwth *m* (·**grythau**) cello.
soeglyd *adj* soggy.

sofl·iar *f* (·**ieir**) quail.
soflyn *m* (**sofl**) stubble.
sofraniaeth *f* (·**au**) sovereignty.
solet *adj* solid.
solffaeo *v* to sing sol-fa.
sôn *v* to mention.
soniarus *adj* sonorous.
sorod *pl* dross.
sorri *v* to sulk.
sorth *adj* (*f*) sullen.
sosb·an *f* (·**annau,** ·**enni**) saucepan.
sosej *f* (·**ys**) sausage.
soser *f* (·**i**) saucer.
sosialaeth *f* socialism.
sosial·ydd *m* (·**wyr**) socialist.
sothach *m* rubbish.
sownd *adj* fast.
St *abb* sant (St).
staen *m* (·**iau**) stain.
staenio *v* to stain.
stâl *f* (**stalau**) stall.
stampio *v* to stamp.
statudol *adj* statutory.
stên *f* (**stenau**) pitcher.
sterylledig *adj* sterilised.
steryllu *v* to sterilise.
sticil, sticill *f* stile.
stilio *v* to question.
stôl *f* (**stolion**) stool; chair.
stomp *f* bungle.
stond *adj* stock (still).
stondin *m/f* (·**au**) stall.
stor·dy *m* (·**dai**) storehouse.
stor·i *f* (·**ïau,** ·**ïâu, straeon**) story.
stor·ïwr *m* (·**ïwyr**) story-teller.
stormus *adj* stormy.
straegar *adj* gossipy.
straeon *see* **stori**.
stranc *f* (·**iau**) prank.
strancio *v* to struggle.
strap·en *f* (·**iau**) strap.
strategaeth *f* strategy.
strategol *adj* strategic.
streic *f* (·**iau**) strike.
stribed *m* (·**i**) strip.
strim-stram-strellach *adv* helter-skelter.

strôc *f* (**strociau**) seizure.
strwythur *m* structure.
stryd *f* (·**oedd**) street.
stumog *f* (·**au**) stomach.
stwc *m* (**stycau**) oil.
stwffio *v* to stuff.
stwffwl *m* (**styffylau**) staple.
stwnsh *m* mash.
stwnsio, stwmpo *v* to mash.
stŵr *m* rumpus.
stwrllyd *adj* rowdy.
styd·en *f* (·**iau**) stud.
su *m* hum.
sudd *m* (·**lon**) juice.
suddlon *adj* succulent.
suddo *v* to sink.
sugnedd *m* (·**au**) quagmire.
sugno *v* to suck.
Sul *m* (·**iau**) Sunday.
Sulgwyn *m* Whitsun.
suo *v* to hum.
sur *adj* sour.
surbwch *adj* surly.
surdoes *m* leaven.
surni *m* sourness.
suro *v* to sour.
sut *pron* how; what sort.
sw *m* (**sŵau**) zoo.
swaden *f* clout.
swatio *v* to squat.
swci *adj* tame.
swclen *f* filly.
swclyn *m* colt.
swcro *v* to succour.
swch *f* (**sychau**) ploughshare.
sweden *f* (**swêds**) swede.
swil *adj* shy.
swildod *m* shyness.
switsio *v* to switch.
swllt *m* (**sylltau**) shilling.
swm *m* (**symiau**) sum.
swmbwl *m* (**symbylau**) goad.
swmp *m* bulk.
swmpus *adj* bulky.
sŵn *m* (**synau**) noise.
swnian *v* to grumble.
swnio *v* to sound.
swnllyd *adj* noisy.

swnt *m* (·**iau**) strait.
sŵoleg *f* zoology.
sŵoleg·wr, sŵoleg·ydd *m* (·**wyr**)
 zoologist.
swp *m* (**sypiau**) pile.
swper *m/f* (·**au**) supper.
swpera *v* to eat supper.
swrealaeth *f* surrealism.
swrn *f* (**syrnau**) ankle.
swrth *adj* sullen.
sws *m* (·**ys**) kiss.
swta *adj* abrupt.
swydd *f* (·**i**) job.
swydd·fa *f* (·**feydd**) office.
swyddog *m* (·**ion**) officer.
swyddogaeth *f* (·**au**) function.
swyddogol *adj* official.
swyn *m* (·**ion**) charm.
swyngyfaredd *f* (·**ion**)
 enchantment.
swyno *v* to enchant.
swynol *adj* enchanting.
swyn·wr *m* (·**wyr**) enchanter.
sy, sydd *v* are.
syber *adj* gracious.
sycamorwydden *f*
 (**sycamorwydd**) sycamore.
sych *adj* dry.
sychau *see* **swch**.
sychder *m* dryness, drought.
syched *m* thirst.
sychedig *adj* thirsty.
sychedu *v* to thirst.
sychlyd *adj* dry.
sychu *v* to dry.
sychydd *m* dryer.
sydyn *adj* sudden.
sydynrwydd *m* suddenness.
sydd *v* is, are.
syfïen *f* (**syfi**) strawberry.
syflyd *v* to flinch.
syfrdan *adj* stunned.
syfrdandod *m* stupor.
syfrdanol *adj* stunning.
syfrdanu to shock.
syl·faen *m/f* (·**feini**) foundation.
sylfaenol *adj* fundamental.
sylfaenu *v* to found.

sylfaen·wr, sylfaen·ydd *m* (**·wyr**) founder.
sylw *m* (**·adau**) observation.
sylwadaeth *f* observation.
sylwebaeth *f* commentary.
sylwebydd *m* (**·ion**) commentator.
sylwedydd *m* (**·ion**) observer.
sylwedd *m* substance.
sylweddol *adj* substantial.
sylweddoli *v* to realise.
sylwgar *adj* observant.
sylwi *v* to notice.
sylltau *see* **swllt**.
syllu *v* to gaze.
symbolaidd *adj* symbolic.
symbylau *see* **swmbwl**.
symbyliad *m* incentive.
symbylu *v* to encourage.
syml *adj* simple.
symleiddio *v* to simplify.
symlrwydd *m* simplicity.
symol *adj* fair.
symud *v* to move.
symudiad *m* (**·au**) movement.
symudol *adj* mobile.

syn *adj* amazed.
synau *see* **sŵn**.
syndod *m* wonder.
synfyfyrio *v* to muse.
synhwyrau *see* **synnwyr**.
synhwyro *v* to sense.
synhwyrol *adj* sensible.
syniad *m* (**·au**) idea.
synied, synio *v* to imagine.
synned *from* **syn**.
synnu *v* to be surprised.
syn·nwyr *m* (**·hwyrau**) sense.
sypiau *see* **swp**.
sypyn *m* (**·nau**) heap.
syr *m* sir.
syrcas *f* circus.
syrffed *m* surfeit.
syrffedu *v* to be fed up.
syrr *from* **sorri**.
syrthiedig *adj* fallen.
syrthio *v* to fall.
syrthni *m* lethargy.
syth *adj* straight.
sythu *v* to benumb.
sythwelediad *m* insight.

T

t. *abb* tudalen p.
tablen *f* beer.
tab·wrdd *m* (**·yrddau**) tabor.
tacio *v* to tack.
taclau *pl* kit.
taclo *v* to tackle.
taclus *adj* tidy.
tacluso *v* to trim.
taclusrwydd *m* neatness.
tacteg *f* (**·au**) tactics.
Tachwedd *m* November.
tad *m* (**·au**) father.
tad-cu *m* grandfather.
tadmaeth *m* (**tadau maeth**) foster-father.
tadogaeth *f* derivation.
tadogi *v* to ascribe.
tadol *adj* fatherlike.
tad-yng-nghyfraith *m* father-in-law.

taenelliad *m* sprinkling.
taenellu *v* to sprinkle.
taenu *v* to spread.
taeog *m* (**·ion**) serf.
taeogaidd *adj* churlish.
taer *adj* earnest.
taeru *v* to insist.
tafarn *f* (**·au**) pub.
tafarn·dy *m* (**·dai**) public house.
tafarn·wr *m* (**·wyr**) publican.
tafell *f* (**·au, ·i**) slice.
taflegr·yn *m* (**·au**) missile.
tafleis·ydd *m* (**·wyr**) ventriloquist.
taflen *f* (**·ni**) leaflet.
taflennu *v* to tabulate.
tafliad *m* (**·au**) a throw.
taflod *f* (**·ydd**) loft.
taflu *v* to throw.

tafluniad *m* (·**au**) projection.
taflunydd *m* (·**ion**) projector.
tafod *m* (·**au**) tongue.
tafodi *v* to scold.
tafod·iaith *f* (·**ieithoedd**) dialect.
tafodieithol *adj* colloquial.
tafod-leferydd *m* speech.
tafol *f* scales.
tafolen *f* (**tafol**) dock (plant).
tafoli *v* to weigh up.
tagell *f* (·**au**) chin; gill.
tag·fa *f* (·**feydd**) blockage.
tagu *v* to choke.
tagydd *m* (a) choke.
tangnefedd *m/f* peace.
tangnefeddus *adj* peaceful.
tangnefeddwyr *pl* peacemakers.
tai *see* **tŷ**.
taid *m* (**teidiau**) grandfather.
tair *num* (*f*) three.
taith *f* (**teithiau**) journey.
tal *adj* tall.
tâl, **taliad** *m* (**taliadau**) fee.
taladwy *adj* payable.
tal·aith *f* (·**eithiau**) state.
talar *f* (·**au**) headland (ploughing).
talcen *m* (·**ni**, ·**nau**) forehead.
talch *m* (**teilchion**) smithereen.
talchu *v* to shatter.
taldra *m* height.
taleb *f* (·**au**) voucher.
taleithiol *adj* provincial.
talentog *adj* talented.
talfyriad *m* (·**au**) abridgement.
talfyrru *v* to abbreviate.
talgrynnu *v* to round off.
taliad *m* (·**au**) payment.
talïaidd *adj* noble.
talm, **talwm** *m* (·**au**) period.
talog *adj* lively.
talp *m* (·**au**) chunk.
talpiog *adj* lumpy.
talu *v* to pay.
tal·wrn *m* (·**yrnau**) cockpit.
tam·aid *m* (·**eidiau**) bit.
tameidiog *adj* bitty.
tamprwydd *m* dampness.
tan *prep* under. • *conj* until.

tân *m* (**tanau**) fire.
tanbaid *adj* fiery.
tanbeidio *v* to glow.
tanbeidiol *adj* glowing.
tanchwa *f* (·**oedd**) explosion.
tanddaearol *adj* underground.
taner·dy *m* (·**dai**) tannery.
tanfor *adj* submarine.
tangloddio *v* to undermine.
taniad *m* ignition.
tanio *v* to ignite.
tan·iwr *m* (·**wyr**) firer.
tanllinellu *v* to underline.
tanllwyth *m* (·**i**) blazing fire.
tanllyd *adj* fiery.
tannau *see* **tant**.
tannu *v* to spread.
tanodd *adv* beneath.
tan·t *m* (·**nau**) string.
tanwydd *m* (·**au**) fuel.
tanysgrifiad *m* (·**au**) subscription.
tanysgrifio *v* to subscribe.
tanysgrif·iwr *m* (·**wyr**) subscriber.
tâp *m* (**tapiau**) tape.
taradr *m* (**terydr**) auger.
taran *f* (·**au**) thunder.
taranfollt *f* thunderbolt.
taranu *v* to thunder.
tarddiad *m* (·**au**) source.
tarddian·t *m* (·**nau**) eruption.
tarddle *m* (·**oedd**) source.
tarddu *v* to derive from.
tarfu *v* to interrupt.
targed *m* (·**au**) target.
tarian *f* (·**au**) shield.
taro *v* to hit.
tarten *f* (·**nau**, ·**ni**) tart.
tarth *m* (·**au**) vapour.
tarw *m* (**teirw**) bull.
tarwden *f* ringworm.
tas *f* (**teisi**) haystack.
tasg *f* (·**au**) task.
tasgu *v* to splash.
taten *f* (**tatws, tato, tatw**) potato.
tau *from* **tewi**.
taw[1] *m* silence.
taw[2] *conj* that.
TAW *abb* Treth ar Werth (VAT).

taw(af) *from* **tewi**.
tawch *m* vapour.
tawdd *adj* molten. • *v from* **toddi**.
tawedog *adj* taciturn.
tawel *adj* quiet.
tawelu *v* to calm.
tawelwch *m* stillness.
tawnod *m* (·**au**) rest.
te *m* tea.
tebot *m* (·**au**) teapot.
tebyg *adj* similar.
tebygol *adj* likely.
tebygolrwydd *m* likelihood.
tebygrwydd *m* similarity.
tebygu *v* to liken.
tecáu *v* to get finer.
teced *from* **teg**.
teclyn *m* (**taclau**) tool.
techneg *f* (·**au**) technique.
technegol *adj* technical.
techneg·ydd *m* (·**wyr**) technician.
tefl(ais) *from* **taflu**.
teg *adj* fair.
tegan *m* (·**au**) toy.
tegeirian *m* orchid.
tegell *m* (·**au**, ·**i**) kettle.
tegwch *m* beauty.
teidiau *see* **taid**.
teifl *from* **taflu**.
teigr *m* (·**od**) tiger.
teilchion *see* **talch**.
teil·iwr *m* (·**wriaid**) tailor.
teilsen *f* (**teils**) tile.
teilwng *adj* worthy.
teilwra *v* to tailor.
teilyngdod *m* merit.
teilyngu *v* to merit.
teimlad *m* (·**au**) feeling.
teimladol *adj* sentimental.
teimladwy *adj* impassioned.
teimlo *v* to feel.
teimlydd *m* (·**ion**) antenna.
teios *pl* cottages.
teipiadur *m* (·**on**) typewriter.
teipio *v* to type.
teipydd *m* (·**ion**) typist.
teipyddes *f* (·**au**) typist.
teipysgrif *f* (·**au**) typescript.

teirf *from* **tarfu**.
teirw *see* **tarw**.
teisen *f* (·**nau**) cake.
teisi *see* **tas**.
teithi *pl* characteristics.
teithiau *see* **taith**.
teithio *v* to travel.
teithiol *adj* travelling.
teith·iwr *m* (·**wyr**) traveller.
tel(ais) *from* **talu**.
telathrebiaeth *f* telecommunication.
telathrebu *v* to print.
telediad *m* telecast.
teledu *m* television.
teleffon, teliffon *m* (·**au**) telephone.
telerau *pl* terms.
telor *m* (·**iaid**) warbler.
telori *v* to warble.
telpyn *m* (**talpau**) lump.
telyn *f* (·**au**) harp.
telyneg *f* (·**ion**) lyric.
telynegol *adj* lyrical.
telynor *m* (·**ion**) harpist.
telynores *f* (·**au**) harpist.
teml *f* (·**au**) temple.
tempro *v* to temper.
temp·o *m* (·**i**) tempo.
temtas·iwn *m/f* (·**iynau**) temptation.
temtio *v* to tempt.
ten *adj* (*f*) tight.
tenant *m* (·**iaid**) tenant.
tenantiaeth *f* tenancy.
tenau *adj* thin.
tendio *v* to tend.
teneued *from* **tenau**.
teneuo *v* to thin.
tenewyn *m* (·**nau**) flank.
tennis *m* tennis.
ten·nyn *m* (·**ynnau**) tether.
têr *adj* clear.
teras *m* (·**au**) terrace.
terf(ais) *from* **tarfu**.
terfyn *m* (·**au**) boundary.
terfynell *f* (·**au**) terminal.
terfynol *adj* final.
terfyniad *m* (·**au**) ending.
terfynu *v* to terminate.
terfysg *m* (·**oedd**) tumult.

terfysgaeth *f* terrorism.
terfysglyd *adj* riotous.
terfysgu *v* to terrorise.
terfysg·wr *m* (**·wyr**) rioter.
terminoleg *f* terminology.
tery *from* **taro**.
terydr *see* **taradr**.
tes *m* heat.
tesog *adj* hot.
testun *m* (**·au**) subject.
teth *f* (**·au**) teat.
teulu *m* (**·oedd**) family.
teuluol *adj* domestic.
tew *adj* fat.
tew·dra, ·dwr, ·der *m* thickness.
tewhau *v* to fatten.
tewi *v* to become silent.
tewychu *v* to fatten.
teyrn *m* monarch.
teyrnas *f* (**·oedd**) kingdom.
teyrnasiad *m* (**·au**) (a) reign.
teyrnasu *v* to reign.
teyrnfrad·wr *m* (**·wyr**) traitor.
teyrnfradwriaeth *f* high treason.
teyrngar *adj* loyal.
teyrngarwch *m* loyalty.
teyrnged *f* (**·au**) tribute.
teyrn·wialen *f* (**·wiail**) sceptre.
TGAU *abb* Tystysgrif Gyffredinol Addysg Uwchradd (GCSE).
ti *pron* you.
ticed *m* (**·i**) ticket.
tician *v* to tick.
tid *f* (**·au**) chain.
tila *adj* feeble.
tîm *m* (**timau, timoedd**) team.
tin *f* (**·au**) bum.
tinc *m* (a) hint.
tincial *v* to tinkle.
tindroi *v* to dawdle.
tipian *v* to tick.
tip·yn *m* (**·iau**) (a) little.
tir *m* (**·oedd**) land.
tirf *adj* verdant.
tirfeddian·nwr *m* (**·wyr**) landowner.
tirfesur·ydd *m* (**·wyr**) surveyor.
tirio *v* to ground.
tiriogaeth *f* (**·au**) territory.

tiriogaethol *adj* territorial.
tirion *adj* gentle.
tirlondeb *m* kindness.
tirlun *m* (**·iau**) landscape.
tirwedd *f* (**·au**) (geographical) relief.
tisian *v* to sneeze.
titw *m* (**titŵod**) tit.
tithau *pron* you (too).
tiwnio *v* to tune.
tlawd *adj* poor.
tlos *adj* (*f*) pretty.
tloted *from* **tlawd**.
tlo·ty *m* (**·tai**) poorhouse.
tlotyn *m* (**tlodion**) pauper.
tlws *m* (**tlysau**) jewel.
tlws *adj* pretty.
tlysni *m* prettiness.
t/o *abb* tan ofal (c/o).
to *m* (**·au**) roof.
to *m* generation.
toc *adv* soon.
tocio *v* to clip.
tocyn *m* (**·nau**) ticket; slice of bread.
tocyn·nwr *m* (**·wyr**) ticket collector.
toddadwy *adj* soluble.
toddedig *adj* molten.
toddi *v* to melt.
toddian·t *m* (**·nau**) solution.
toddion *pl* dripping.
toddydd *m* (**·ion**) solvent.
todd·yn *m* (**·ion**) solute.
toes *m* dough.
toesen *f* (**·ni**) doughnut.
toi *v* to roof.
toili *m* ghostly funeral.
tolach *v* to fondle.
tolc *m* (**·iau**) dent.
tolciog *adj* dented.
tolch, tolchen *f* (**·au, ·ni**) clot.
tolchennu *v* to coagulate.
tolio *v* to stint.
toll *f* (**·au**) toll.
toll·borth *m* (**·byrth**) tollgate.
tollty *m* (**tolltai**) custom-house.
tom *f* manure.
tomen *f* (**·ni, ·nydd**) dunghill.

ton *f* (**·nau**) wave.
tôn *f* (**tonau**) tune.
tôn *m* (**tonau**) tone.
tonc *f* (a) tinkle.
tonfedd *f* (**·i**) wavelength.
tonnau *see* **ton**.
tonnen *f* bog.
tonni *v* to billow.
tonnog *adj* wavy.
tonyddiaeth *f* intonation.
tor *f* (**·rau**) litter.
torcalonnus *adj* heart-breaking.
torcyfraith *m* breach of law.
torch *m/f* (**·au**) torque.
torchi *v* to coil.
torchog *adj* coiled.
toreithiog *adj* fertile.
toreth *f* abundance.
torf *f* (**·eydd**) crowd.
torgoch *m* roach.
torheulo *v* to bask.
toriad *m* (**·au**) break.
torlan *f* (**·nau**) (hollow) river bank.
torllengig *m* rupture.
torllwyth, torraid *f* litter.
torrau *see* **tor**.
torri *v* to break.
tor·rwr *m* (**·wyr**) cutter.
torsythu *v* to swagger.
torth *f* (**·au**) loaf.
torthen *f* (**·ni**) clot.
tost *adj* ill.
tostedd, tostrwydd *m* illness.
tostio *v* to toast.
tosturi *m* compassion.
tosturio *v* to pity.
tosturiol *adj* compassionate.
tosyn *m* (**tosau**) pimple.
tô·wr *m* (**·wyr**) roofer.
tra *adj* very.
tra *conj* while.
tra-arglwyddiaeth *f* (**·au**) tyranny.
tra-arglwyddiaethu *v* to lord it.
trabŵd *adj* soaking.
tracwisg *f* (**·oedd**) tracksuit.
trachefn *adv* again.
trachwant *m* (**·au**) greed.
trachwantus *adj* avaricious.

trachywir *adj* precise.
tradwy *adv* three days hence.
traddodi *v* to deliver (a speech).
traddodiad *m* (**·au**) tradition.
traddodiadol *adj* traditional.
traddod·wr *m* (**·wyr**) deliverer.
traean *m* one third.
traed *see* **troed**.
traeth *m* (**·au**) beach.
traeth·awd *m* (**·odau**) composition.
traethell *f* (**·au**) shore.
traethiad *m* (**·au**) narrative; predicate.
traethu *v* to relate.
traflyncu *v* to devour.
trafnidiaeth *f* traffic.
trafod *v* to discuss.
trafodaeth *f* (**·au**) discussion.
trafodion *pl* transactions.
trafferth *m/f* (**·ion**) trouble.
trafferthu *v* to take trouble.
trafferthus *adj* troublesome.
tra·ffordd *f* (**·ffyrdd**) motorway.
tragwyddol, tragywydd *adj* eternal.
tragwyddoldeb *m* eternity.
traha, trahauster *m* arrogance.
trahaus *adj* haughty.
trai *m* ebb.
traidd *from* **treiddio**.
trais *m* violence, rape.
trallod *m* (**·ion**) tribulation.
trallodus *adj* troubled.
trallwysiad *m* (**·au**) transfusion.
trallwyso *v* to transfuse.
tramgwydd *m* (**·au**) hindrance.
tramgwyddo *v* to offend.
tramor *adj* foreign.
tramor·wr *m* (**·wyr**) foreigner.
tramwyo *v* to pass.
tranc *m* death.
trannoeth *adv* the next day.
trapes·iwm *m* (**·iymau**) trapezium.
traphont *f* (**·ydd**) viaduct.
tras *f* lineage.
traserch *m* infatuation.
trasied·i *m* (**·ïau**) tragedy.
traul *f* (**treuliau**) expense; wear.

traw *m* pitch (in music).
traw(af) *from* taro.
trawiad *m* (·au) blow.
trawiadol *adj* striking.
traws *adj* cross.
trawsacennu *v* to syncopate.
trawsblannu *v* to transplant.
trawsdoriad *m* (·au) cross-section.
trawsffurfiad *m* (·au) transformation.
trawsgludo *v* to transport.
trawsgyweirio *v* to modulate, to transpose.
trawst *m* (·iau) beam.
treblu *v* to treble.
trech *adj* superior.
trechu *v* to defeat.
trech·wr *m* (·wyr) victor.
tref, tre *f* (·i, ·ydd) town.
trefedigaeth *f* (·au) colony.
treflan *f* (·nau) small town.
trefn *f* order.
trefniad, trefniant *m* (**trefniadau**) arrangement.
trefnlen *f* (·ni) schedule.
trefnu *v* to arrange.
trefnus *adj* orderly.
trefnusrwydd *m* orderliness.
trefnydd *m* (·ion) organiser.
trefol *adj* urban.
treftadaeth *f* inheritance.
trengi *v* to die.
treial *m* (·on) trial.
treiddgar *adj* penetrating.
treiddgarwch *m* acumen.
treiddio *v* to penetrate.
treiglad *m* (·au) mutation.
treigliad *m* (·au) (the) passing.
treiglo *v* to mutate; to roll.
treillio *v* to trawl.
treio *v* to ebb.
treis·iad *f* (·iedi) heifer.
treisio *v* to rape.
treisiol *adj* violent.
treis·iwr *m* (·wyr) rapist.
trem *f* (a) glance.
tremio *v* to gaze.
trên *m/f* (**trenau**) train.

trennydd *adv* the day after next.
tresbasu *v* to trespass.
tresglen *f* missel-thrush.
tresi *pl* traces (straps).
treth *f* (·i) tax.
trethadwy *adj* taxable.
trethdal·wr *m* (·wyr) ratepayer.
trethu *v* to tax.
treuliad *m* digestion.
treuliau *pl* expenses.
treulio *v* to wear.
trew(ir) *from* taro.
tri *num* three.
triagl, triog *m* treacle.
triawd *m* (·au) trio.
tribiwnlys *m* (·oedd) tribunal.
tridiau *pl* three days.
trigain *num* sixty.
trig·fa, trigfan *f* (·feydd, ·nau) dwelling.
trigo *v* to dwell; to die (of animals).
trigolion *pl* inhabitants.
trilliw *adj* tortoiseshell.
trin *f* battle. • *v* to treat.
trindod *f* trinity.
tringar *adj* tender.
triniaeth *f* (·au) treatment.
trioedd *pl* triads.
triongl *m* (·au) triangle.
trionglog *adj* triangular.
tripled *m* (·i) triplet.
trist *adj* sad.
tristáu *v* to sadden.
tristwch *m* sadness.
triw *adj* loyal.
tro *m* (·eon) turn.
troad *m* (·au) bend, turning.
tro·bwll *m* (·byllau) whirlpool.
trobwynt *m* (·iau) turning-point.
troch·fa *f* (·feydd) (a) soaking.
trochi *v* to dip.
trochiad *m* (·au) immersion.
trochion *pl* suds.
troch·iwr, troch·wr *m* (·wyr) dipper.
troed *m/f* (**traed**) foot.
troedfedd *f* (·i) foot (12 inches).
troẽdig *adj* turned; perverse.

trŏedigaeth f (·**au**) conversion.
troedio v to tread.
troedlath f (·**au**) treadle.
troednod·yn m (·**iadau**) footnote.
troednoeth adj barefooted.
troell f (·**au**) spinning-wheel.
troelli v to spin.
troellog adj twisting.
troes from **troi**.
trof·a f (·**âu**, ·**eydd**) bend.
trofan m (·**nau**) tropic.
trofannol adj tropical.
trofeydd see **tro**.
trof·wrdd m (·**yrddau**) turntable.
trog·en f (·**od**) tick.
trogylch m (·**au**) orbit.
troi v to turn.
trol f (·**iau**) cart.
trom adj (f) heavy.
trôns m (**tronsiau**) pants.
tros, dros prep over.
trosedd m/f (·**au**) offence.
troseddu v to commit an offence.
trosedd·wr m (·**wyr**) offender.
trosg·ais m (·**eisiau**) converted try.
trosgl adj (f) clumsy.
trosglwyddo v to transfer.
trosglwyddydd m (·**ion**) transmitter.
trosgynnol adj transcendental.
trosi v to translate; to convert.
trosiad m (·**au**) translation.
trosodd, drosodd adv over.
trosol m (·**ion**) lever.
trotian v to trot.
trothwy m (·**au**) threshold.
tru·an m (·**einiaid**) wretch.
trueni m pity.
truenus adj wretched.
trugaredd m/f (·**au**) mercy.
trugarhau v to have mercy.
trugarog adj merciful.
trugarowgrwydd m mercifulness.
trull·iad m (·**iaid**) butler.
trum m (·**iau**) ridge.
truth m rigmarole.
trwbad·ŵr m (·**wriaid**) troubadour.
trwch m (**trychion**) thickness.

trwchus adj thick.
trwm adj heavy.
trwnc m (**trynciau**) trunk.
trwodd adv through.
trw(of) from **trwy**.
trwser m (·**i**) trousers.
trwsgl adj clumsy.
trwsiadus adj dapper.
trwsio v to mend.
trws·iwr m (·**wyr**) repairer.
trwst m (**trystau**) uproar.
trwstan adj awkward.
trwy, drwy prep through.
trwyadl adj thorough.
trwydded f (·**au**) licence.
trwyddedig adj licensed.
trwyddedu v to license.
trwyn m (·**au**) nose.
trwynol adj nasal.
trwynsur adj morose.
trwytho v to steep.
try from **troi**.
trybedd f (·**au**) tripod.
trybeilig adj awful.
trybestod m commotion.
trybini m misfortune.
tryblith m muddle.
trychfil, trychfil·yn m (·**od**) insect.
trychiad m (·**au**) section.
trychineb m/f disaster.
trychinebus adj disastrous.
trychion see **trwch**.
trychu v to amputate.
trydan m electricity.
trydaneg f electrical engineering.
trydanol adj electric.
trydanu v to electrify.
trydar v to chirp.
trydedd adj (f) third.
trydydd adj third.
tryfer f (·**i**) trident.
tryloyw adj transparent.
tryloywder m (·**au**) transparency.
trylwyr adj thorough.
trylwyredd m thoroughness.
trymaidd, trymllyd adj oppressive.
trymder m heaviness.
trymhau v to grow heavier.

trynewid *v* to permutate.
trysor *m* (**·au**) treasure.
trysor·fa *f* (**·feydd**) treasury.
trysori *v* to treasure.
trysorlys *m* treasury.
trysorydd *m* (**·ion**) treasurer.
trystau *see* **trwst**.
trystiog *adj* rowdy.
trythyllwch *m* lasciviousness.
trywanu *v* to pierce.
trywser, trywsus *m* (**·au**) trousers.
trywydd *m* track.
tsieini *m* china.
tsimpansî *m* chimpanzee.
tu *m* side.
tua, tuag *prep* about, towards.
tud *m* land; people.
tudalen *m/f* (**·nau**) page.
tuedd *f* (**·iadau**) tendency.
tueddfryd *m* inclination.
tueddiad *m* (**·au**) tendency.
tueddol *adj* inclined.
tueddu *v* to be inclined to.
tulath *f* (**·au**) beam.
tun·nell *f* (**·elli**) ton.
turio *v* to burrow.
turn *m* lathe.
turnio *v* to turn (wood).
turn·iwr *m* (**·wyr**) turner.
turtur *f* (**·od**) turtle-dove.
tus·w *m* (**·ŵau**) posy.
tuth *m* (**·iau**) trot.
tuthio, tuthian *v* to trot.
twb, twba, twbyn *m* (**tybau, tybiau**) tub.
twca *m* (carving) knife.
twff·yn *m* (**·iau**) tuft.
twng *from* **tyngu**.
twlc *m* (**tylcau, tylciau**) pigsty.
twll *m* (**tyllau**) hole.
twll *adj* broken.
twmffat *m* (**·au**) funnel.
twmpath *m* (**·au**) mound; folk dance.
twmplen *f* (**·ni**) dumpling.
twndis *m* (**·au**) funnel.
twn·nel *m* (**·elau, ·eli**) tunnel.
twp *adj* daft.

twpdra *m* stupidity.
twpsen *f* silly (woman).
twpsyn *m* silly (man).
twr *m* (**tyrrau**) heap.
twr *m* (**tyrau**) tower.
twrc·i *m* (**·îod**) turkey.
twrch *m* (**tyrchod**) boar.
twrf *m* (**tyrfau**) noise; thunder.
twrio *v* to burrow.
twristiaeth *f* tourism.
twrn·ai *m* (**·eiod**) lawyer.
twrnameint *m* (**·iau**) tournament.
twrw, twrf *m* (**tyrfau**) thunder.
twsian *v* to sneeze.
twt *adj* neat.
twtio *v* to tidy.
twyll *m* deceit.
twyllo *v* to deceive.
twyllodrus *adj* deceitful.
twyll·wr *m* (**·wyr**) cheat.
twym *adj* warm.
twymder, twymdra *m* warmness.
twymgalon *adj* warm-hearted.
twymo *v* to warm.
twymyn *f* (**·au**) fever.
twyn *m* (**·i**) dune.
tŷ *m* (**tai**) house.
tyb *m/f* (**·iau**) opinion.
tybed *adv* I wonder.
tybiaeth *f* (**·au**) supposition.
tybied, tybio *v* to suppose.
tybiedig *adj* supposed.
tycio *v* to avail.
tydi *pron* thou.
tydy isn't (it).
tyddyn *m* (**·nod, ·nau**) smallholding.
tyddyn·nwr *m* (**·wyr**) small-holder.
tyfadwy *adj* growing.
tyfiant *m* growth.
tyfu *v* to grow.
tyf·wr *m* (**·wyr**) grower.
tyng·ed *f* (**·hedau**) fate.
tyngedfennol *adj* fateful.
tynghedu *v* to destine.
tyngu *v* to swear.
tylciau *see* **twlc**.
tyle *m* ascent.

tylino *v* to knead; to massage.
tyllau *see* **twll**.
tyllog *adj* perforated.
tyllu *v* to excavate.
tylluan *f* (·**od**) owl.
tym·er *f* (·**herau**) temper.
tym·estl *f* (·**hestloedd**) tempest.
tym·heredd *m* (·**ereddau**) temperature.
tymheru *v* to temper.
tymherus *adj* temperate.
tymhestloedd *see* **tymestl**.
tymhestlog *adj* stormy.
tymhorol *adj* seasonal.
tym·or *m* (·**horau**) season.
tymp *m* appointed time.
tyn *adj* tight.
tynder, tyndra *m* tension.
tyndro *m* (·**eon**) wrench.
tyner *adj* tender.
tyneru *v* to soften.
tynerwch *m* tenderness.
tynf·a *f* (·**eydd**) (a) draw.
tynfad *m* (·**au**) tug.
tynhau *v* to tighten.
tynned *from* **tyn**.
tynnu *v* to pull; to draw.
tyr *from* **torri**.
tyrau *see* **tŵr**.
tyrchod *see* **twrch**.
tyrchu *v* to burrow.
tyrd, tyred *from* **dod**.
tyrfa *f* (·**oedd**) crowd.
tyrfau *see* **twrw, twrf**.

tyrfedd *m* turbulence.
tyrnsgriw *m* (·**iau**) screwdriver.
tyrrau *see* **twr**.
tyrru *v* to cluster.
tyst *m/f* (·**ion**) witness.
tysteb *f* (·**au**) testimonial.
tystio, tystiolaethu *v* to testify.
tystiolaeth *f* (·**au**) evidence.
tystlythyr *m* (·**au**) reference.
tystysgrif *f* (·**au**).
tywallt *v* to pour.
tywalltiad *m* (·**au**) outpouring.
tywarchen *f* (**tywyrch**) clod (of turf).
tywel *m* (·**ion**) towel.
tywell *adj* (*f*) dark.
tywod *m* sand.
tywodfaen *m* sandstone.
tywodlyd *adj* sandy.
tywydd *m* weather.
tywyll *adj* dark.
tywyllu *v* to darken.
tywyllwch *m* dark.
tywyn *m* (·**nau**) sand dune.
tywynnu *v* to shine.
tywyrch *see* **tywarchen**.
tywys *v* to lead.
tywysen *f* (·**nau**) ear of corn.
tywysog *m* (·**ion**) prince.
tywysogaeth *f* (·**au**) principality.
tywysogaidd *adj* princely.
tywysoges *f* (·**au**) princes.
tywys·ydd, tywys·wr *m* (·**wyr**) leader, usher.

Th

theatr *f* (·**au**) theatre.
theatraidd *adj* theatrical.
thema *f* (**themâu**) theme.
theori *f* (**theorïau**) theory.

therap·i *m* (·**ïau**) therapy.
thermomedr *m* (·**au**) thermometer.
thus *m* frankincense.

U

ubain *v* to wail.

UCAC *abb* Undeb Cenedlaethol Athrawon Cymru.

uchaf *adj* highest.

uchafbwynt *m* (**·iau**) pinnacle.

uchafiaeth *f* supremacy.

uchafion *pl* heights.

uchaf·swm *m* (**·symiau**) maximum.

uchder *m* height.

uchel *adj* high.

uchel-ael *adj* highbrow.

uchelder *m* (**·au**) height.

ucheldir *m* (**·oedd**) highland.

uchel·gais *m/f* (**·geislau**) ambition.

uchelgeisiol *adj* ambitious.

uchelseinydd *m* (**·ion**) loudspeaker.

uchel-wr *m* (**·wyr**) nobleman.

uchelwydd *m* mistletoe.

uchgapt·en *m* (**·einiaid**) major.

uchod *adv* above.

UDA *abb* Unol Daleithiau America (USA).

udfil *m* (**·od**) hyena.

udo *v* to howl.

UFA *abb* unrhyw fater arall (AOB).

ufudd *adj* obedient.

ufudd-dod *m* obedience.

ufuddhau *v* to obey.

uffern *f* hell.

uffernol *adj* infernal.

ugain *num* (**ugeiniau**) twenty.

ugeinfed *adj* twentieth.

UH *abb* Ustus Heddwch (JP).

un *num* one. • *adj* same. • *m/f* one.

unawd *m* (**·au**) solo.

unawd·ydd *m* (**·wyr**) soloist.

unben *m* (**·iaid**) dictator.

unbenaethol *adj* despotic.

unbennaeth *m* dictatorship.

undeb *m* (**·au**) unity; union.

undebol *adj* united.

undeb·wr *m* (**·wyr**) unionist.

undod *m* (**·au**) unity.

Undod·wr *m* (**·wyr**) Unitarian.

undonedd *m* monotony.

undonog *adj* monotonous.

uned *f* (**·au**) unit.

unedig *adj* united.

unfan *m* same place.

unfarn *adj* unanimous.

unfath *adj* identical.

unfed *adj* first.

unfryd, unfrydol *adj* unanimous.

unfrydedd *m* unanimity.

un-ffordd *adj* one-way.

unffurf *adj* uniform.

unffurfiaeth *f* uniformity.

uniad *m* (**·au**) (a) joining.

uniaethu *v* to identify (with).

uniaith *adj* monoglot.

unig *adj* only; lonely.

unigedd *m* (**·au**) solitude.

unigol *adj* singular.

unigol·yn *m* (**·ion**) individual.

unigrwydd *m* loneliness.

unigryw *adj* unique.

union *adj* straight; exact.

uniondeb, unionder *m* rectitude.

uniongred *adj* orthodox.

uniongyrchol *adj* direct.

unioni *v* to straighten; to rectify.

unionsyth *adj* upright.

unlliw *adj* monochrome.

unllygeidiog *adj* blinkered.

unman *m* anywhere.

unnos *adv* (in) one night.

uno *v* to amalgamate.

unochrog *adj* biased.

unodl *adj* of the same rhyme.

unol *adj* united.

unoliaeth *f* (**·au**) unity.

unplyg *adj* upright.

unplygrwydd *m* single-mindedness.

unrhyw *adj* any.

unsain *adj* unison.

unsill *adj* monosyllabic.

unswydd *adj* (with the) sole intention.

unwaith *adv* once.
urdd *f* (·**au**) order.
urddas *m* dignity.
urddasol *adj* dignified.
urddo *v* to ordain.
us *pl* chaff.
ust *exclam* hush!
ustus *m* (·**iaid**) magistrate.
utg·orn *m* (·**yrn**) trumpet.
uwch *adj* higher.
uwch- *prefix* senior.

uwchben *adv* overhead.
uwchbridd *m* topsoil.
uwchfarchnad *f* (·**oedd**) supermarket.
uwchlaw *prep* above.
uwchradd *adj* secondary (school).
uwch-ringyll *m* sergeant-major.
uwchseinaidd *adj* supersonic.
uwchsonig *adj* ultrasonic.
uwd *m* porridge.

W

wado, whado *v* to wallop.
wagen *f* (·**i**) wagon.
wal *f* (·**iau**) wall.
waldio *v* to wallop.
wats *f* (·**ys**) watch.
wedi *prep* after.
wedyn *adv* after.
weindio *v* to wind.
weiren *f* wire.
weirio *v* to wire.
weithian *adv* now.
weithiau *adv* sometimes.
wermod *f* wormwood.
wfftio, wfftian *v* to pooh-pooh.
whilber *m/f* wheelbarrow.
whilberaid *m* barrowload.
wiced *f* (·**i**) wicket.
wiced·wr *m* (·**wyr**) wicket-keeper.
widw *f* widow.
wmbredd *m* abundance.
woblyn *m* lather.
Wranws *f* Uranus.
wrlyn *m* lump.
wrth *prep* by.
wy *m* (·**au**) egg.
wybren *f* (·**nau**) sky.

yr wyddor *see* **gwyddor**.
wyf *from* **bod** I am.
wylo *v* to weep.
wylofain *v* to lament.
ŵyn *see* **oen**.
wyna *v* to lamb.
wyneb *m* (·**au**) face.
wyneb-ddalen *f* title page.
wynebgaled *adj* barefaced.
wynebu *v* to face.
wynepryd *m* countenance.
wynion·yn, wynwynyn *m* (·**od, wynwyn**) onion.
ŵyr *m* (**wyrion**) grandchild.
wyres *f* (·**au**) granddaughter.
wysg *m* track.
wystrysen *f* (**wystrys**) oyster.
wyth *num* eight.
wythawd *m* (·**au**) octet.
wythfed *m* (·**au**) octave.
wythfed *adj* eighth.
wythnos *f* (·**au**) week.
wythnosol *adj* weekly.
wythnosol·yn *m* (·**ion**) weekly.
wyth·wr *m* (·**wyr**) number eight (rugby).

YZ

y, yr, 'r *art* the.
ych *m* (·**en**) ox.
ychwaith *adv* either, neither.
ychwaneg *m* more.
ychwanegiad *m* (·**au**) addition.
ychwanegol *adj* additional.
ychwanegu *v* to add.
yohydig *adj* few.
ŷd *m* (**ydau**) corn.
yd·fran *f* (·**frain**) rook.
ydlan *f* (·**nau**) rickyard.
yd(w), yd(wyf) *from* bod.
yfed *v* to drink.
yfory *adv* tomorrow.
yf·wr *m* (·**wyr**) drinker.
yfflon *pl* smithereens.
yng *see* yn.
yngan, ynganu *v* to utter.
ynganiad *m* pronunciation.
ynghau *adv* shut.
ynghlwm *adv* tied up.
ynghudd *adv* hidden.
ynghwsg *adv* asleep.
ynghyd *adv* together.
ynghylch *prep* concerning.
ynghynn *adv* alight.
ynglŷn â *adv* concerning.
YH *abb* Ynad Heddwch (JP).
ym *from* yn.
yma *adv* here.
ymadael *v* to leave.
ymadawedig *adj* deceased.
ymadawiad *m* (·**au**) departure.
ymadawol *adj* valedictory.
ymadrodd *m* (·**ion**) phrase.
ymaelodi *v* to join.
ymafael, ymaflyd *v* to seize.
ymagor *v* to yawn.
ymagweddiad *m* (·**au**) attitude.
ymaith *adv* away.
ymarfer *v* to practise.
ymarferiad *m* (·**au**) exercise.
ymarferol *adj* practical.
ymarhous *adj* long-suffering.

ymarweddiad *m* conduct.
ymatal *v* to refrain.
ymateb *v* to respond.
ymbalfalu *v* to grope.
ymbarél *m* umbrella.
ymbelydredd *m* radiation.
ymbelydrol *adj* radioactive.
ymbil, ymbilio *v* to plead.
ymbincio *v* to titivate oneself.
ymborth *m* sustenance.
ymchwil *f* research.
ymchwiliad *m* (·**au**) investigation.
ymchwilio *v* to investigate.
ymchwil·ydd *m* (·**wyr**) researcher.
ymdeimlad *m* sense.
ymdeithio *v* to journey.
ymdoddi *v* to melt.
ymdopi *v* to cope.
ymdrech *f* (·**ion**) effort.
ymdrechu *v* to strive.
ymdrin *v* to deal (with).
ymdriniaeth *f* (·**au**) treatment.
ymdrochi *v* to bathe.
ymdroch·wr *m* (·**wyr**) bather.
ymdroi *v* to linger.
ymdrybaeddu *v* to wallow.
ymddangos *v* to appear.
ymddangosiad *m* (·**au**) appearance.
ymddangosiadol *adj* seeming.
ymddarostwng *v* to submit.
ymddarostyngiad *m* submission.
ymddatod *v* to become undone.
ymddeol *v* to retire.
ymddeoliad *m* (·**au**) retirement.
ymddiddan *v* to converse.
ymddihatru *v* to undress.
ymddiheuriad *m* (·**au**) apology.
ymddiheuro *v* to apologise.
ymddiried *v* to trust.
ymddiriedolaeth *f* (a) trust.
ymddiriedol·wr *m* (·**wyr**) trustee.
ymddiswyddiad *m* (·**au**) resignation.
ymddiswyddo *v* to resign.

ymddwyn *v* to behave.
ymddygiad *m* (**·au**) behaviour.
ymefl(ir) *from* **ymafael, ymaflyd**.
ymen·nydd *m* (**·yddiau**) brain.
ymenyn, menyn *m* butter.
ymerawd·wr *m* (**·wyr**) emperor.
ymerodraeth *f* (**·au**) empire.
ymerodres *f* empress.
ymestyn *v* to stretch.
ymesyd *from* **ymosod**.
ymetyb *from* **ymateb**.
ymfalchïo *v* to take pride.
ymfudo *v* to emigrate.
ymfud·wr *m* (**·wyr**) emigrant.
ymfflamychol *adj* inflamatory.
ymffrost *m* boast.
ymffrostgar *adj* boastful.
ymffrostio *v* to boast.
ymgadw *v* to keep oneself (from).
ymgais *m/f* effort.
ymgeis·ydd *m* (**·wyr**) applicant.
ymgeledd *m* succour.
ymgeleddu *v* to cherish.
ymgiprys *v* to vie.
ymglywed *v* to be inclined (to).
ymgnawdoliad *v* incarnation.
ymgodymu *v* to wrestle.
ymgolli *v* to lose oneself.
ymgom *m/f* (**·ion**) conversation.
ymgomio *v* to converse.
ymgorffori *v* to embody.
ymgreinio *v* to grovel.
ymgroesi *v* to cross oneself.
ymgrymu *v* to bow.
ymgynghori *v* to consult.
ymgynghorol *adj* consultative.
ymgynghor·ydd *m* (**·wyr**) adviser.
ymgymryd *v* to undertake.
ymgynnull *v* to assemble.
ymgyrch *m/f* campaign.
ymgyrraedd *v* to stretch.
ymgysegru *v* to consecrate oneself.
ymhél *v* to meddle.
ymhelaethu *v* to expand upon.
ymhell *adv* afar.
ymhellach *adv* further.
ymherodr *m* (**ymerodron**) emperor.

ymhlith *prep* among.
ymhlyg *adj* implicit.
ymholiad *m* (**·au**) enquiry.
ymhonni *v* to pretend.
ymhŵedd *v* to implore.
ymladd *v* to fight.
ymlâdd *v* to grow tired.
ymladd·wr *m* (**·wyr**) fighter.
ymlaen *adv* onward.
ymlafnio *v* to strive.
ymlawenhau *v* to rejoice.
ymledu *v* to expand.
ymlid *v* to pursue.
ymlonyddu *v* to grow calm.
ymlusg·iad *m* (**·iaid**) reptile.
ymlusgo *v* to crawl.
ymlwybro *v* to make one's way.
ymlyniad *m* attachment.
ymlynu *v* to adhere.
Ymneilltuaeth *f* Nonconformity.
ymneilltuo *v* to withdraw.
ymochel *v* to shelter.
ymofyn *v* to seek.
ymolchi *v* to wash oneself.
ymollwng *v* to let oneself go.
ymorol *v* to seek.
ymosod *v* to attack.
ymosodiad *m* (**·au**) (an) attack.
ymosod·wr *m* (**·wyr**) assailant.
ymostwng *v* to submit.
ymostyngiad *m* submission.
ympryd *m* (**·iau**) (a) fast.
ymprydio *v* to fast.
ymrafael *m* (**·ion**) strife.
ymraniad *m* schism.
ymrannu *v* to separate.
ymresymu *v* to reason.
ymrithio *v* to appear.
ymroddiad *m* devotion.
ymroi *v* to devote.
ymron *adv* nearly.
ymrwymiad *m* (**·iau**) commitment.
ymrwymo *v* to bind oneself.
ymryson *v* to contest.
ymson *v* soliloquy.
ymuno *v* to join.
ymwadu *v* to renounce.
ymwared *m* relief.

ymweld *v* to visit.
ymweliad *m* (·**au**) (a) visit.
ymwel·ydd *m/f* (·**wyr**).
ymwneud *v* to concern.
ymwrthod *v* to abstain.
ymwthgar *adj* pushy.
ymwthiol *adj* obtrusive.
ymwybodol *adj* conscious.
ymwybyddiaeth *f* consciousness.
ymyl *m/f* (·**on**) edge.
ymylol *adj* marginal.
ymylu *v* to border.
ymyrraeth *f* interference.
ymyrryd *v* to intervene.
ymysg *prep* amid.
ymysgaroedd *pl* bowels.
yn, yng, ym *prep* in.
yna *adv* there, then.
ynad *m* (·**on**) magistrate.
ynfyd *adj* idiotic.
ynfydrwydd *m* folly.
ynfy·tyn *m* (·**dion**) simpleton.
ynn *see* **onnen**.
ynni *m* energy.
yno *adv* there.
yn(of) *from* **yn**.
yntau *pron* he too.
ynteu *conj* or.
Ynyd *m* Shrove (Tuesday).
ynys *f* (·**oedd**) island.
ynysfor *m* (·**oedd**) archipelago.
ynysol *adj* insular.
ynysu *v* to isolate.
ynys·wr *m* (·**wyr**) islander.
ynysydd *m* (·**ion**) insulator.
yr *see* **y**.
yrŵan, rŵan *adv* now.
yrhawg *adv* for a long time to come.
ys *conj* as.
ysbaddu *v* to castrate.
ysb·aid *m/f* (·**eidiau**) respite.
ysb·ail *f* (·**eiliau**) booty.
ysbardun *m* (·**au**) spur.
ysbarduno *v* to spur.
ysbeidiol *adj* intermittent.
ysbeilio *v* to plunder.
ysbeil·iwr *m* (·**wyr**) robber.
ysbienddrych *m* (·**au**) telescope.

ysbïo *v* to spy.
ysbï·wr *m* (·**wyr**) spy.
ysblander *m* splendour.
ysblennydd *adj* resplendent.
ysbryd *m* (·**ion**) spirit.
ysbrydol *adj* spiritual.
ysbrydoli *v* to inspire.
ysbrydiaeth *f* inspiration.
ysbrydoliaeth *f* inspiration.
ysby·ty *m* (·**tai**) hospital.
ys·fa *f* (·**feydd**) craving.
ysgafala *adj* careless.
ysgafn *adj* light.
ysgafnder *m* lightness.
ysgafnhau, ysgafnu *v* to lighten.
ysgaldanu *v* to scald.
ysgallen *f* (**ysgall**) thistle.
ysgariad *m* (·**au**) divorce.
ysgarlad *adj* scarlet.
ysgarthion *pl* excreta.
ysgarthu *v* to excrete.
ysgatfydd *adv* peradventure.
ysgawen *f* (**ysgaw**) elder.
ysgeler *adj* villainous.
ysgellyn *m* (**ysgall**) thistle.
ysgerbwd *m* (**sgerbydau**) skeleton.
ysgewyll *pl* sprouts.
ysgithr *m* (·**au, ·edd**) tusk.
ysgithrog *adj* craggy, tusked.
ysglyfaeth *f* (·**au**) prey.
ysglyfaethus *adj* predatory.
ysgogi *v* to impel.
ysgogiad *m* (·**au**) impulse.
ysgol *f* (·**ion**) school; ladder.
ysgol·dy *m* (·**dai**) schoolroom.
ysgolfeistr *m* (·**i**) schoolmaster.
ysgol·haig *m* (·**heigion**) intellectual.
ysgolheictod *m* scholarship.
ysgolheigaidd *adj* intellectual.
ysgoloriaeth *f* (·**au**) scholarship.
ysgrafell *f* (·**od**) scraper.
ysgraffinio *v* to scrape.
ysgrepan, sgrepan *f* (·**au**) satchel.
ysgrif *f* (·**au**) essay.
ysgrifen *f* handwriting.
ysgrifenedig *adj* written.

ysgrifennu *v* to write.
ysgrifen·nwr *m* (**·wyr**) writer.
ysgrifen·nydd *m* (**·yddion**) secretary.
ysgrifenyddes *f* (**·au**) secretary.
ysgr·în *f* (**·iniau**) screen.
ysgryd *m* shiver.
ysgrythur *f* (**·au**) scripture.
ysgrythurol *adj* scriptural.
ysgub *f* (**·au**) sheaf.
ysgubell *f* (**·au**) broom.
ysgubo *v* to sweep.
ysgubol *adj* sweeping.
ysgubor *f* (**·iau**) barn.
ysgutor *m* (**·ion**) executor.
ysguthan *f* (**·od**) wood-pigeon.
ysgwâr *m/f* (**sgwariau**) square.
ysgwyd *v* to shake.
ysgwydd *f* (**·au**) shoulder.
ysgwyddo *v* to shoulder.
ysgydwad, ysgytwad *m* (**·au**) (a) shaking.
ysgyf·ant *m* (**·aint**) lungs.
ysgyfarnog *f* (**·od**) hare.
ysmygu *v* to smoke.
ysol *adj* consuming.
ystad *f* (**·au**) estate.
ystadegau *pl* statistics.
ystadegol *adj* statistical.
ystadegydd *m* statistician.
ystafell *f* (**·oedd**) room.
ystanc *m* (**·iau**) stake.
ystlum, slumyn *m* (**·od**) bat.
ystlys *m/f* (**·au**) flank.

ystod *f* (**·au**) course; swath.
ystofi *v* to weave, to plan.
ystor·i, stor·i *f* (**·ïau**) story.
ystorm *f* (**·ydd**) storm.
ystrad *m* (**·au**) vale.
ystrydeb *f* (**·au**) cliché.
ystrydebol *adj* hackneyed.
ystryw *f* (**·iau**) ruse.
ystrywgar *adj* crafty.
ystum *m/f* (**·iau**) pose; curve.
ystumio *v* to contort.
Ystwyll *m* Epiphany.
ystwyrian *v* to stir oneself.
ystwyth *adj* flexible.
ystwythder *m* flexibility.
ystwytho *v* to make flexible.
ystyfnig *adj* stubborn.
ystyfnigo *v* to become more obstinate.
ystyfnigrwydd *m* obstinacy.
ystyll·en, styll·en *f* (**·od**) plank.
ystyr *m/f* (**·on**) meaning.
ystyriaeth *f* (**·au**) consideration.
ystyried *v* to consider.
ystyriol *adj* considerate.
ysu *v* to consume; to crave.
Ysw. *abb* Yswain (Esq.).
ysw·ain *m* (**·einiaid**) squire.
yswiriant *m* insurance.
yswirio *v* to insure.
ysywaeth *adv* more's the pity.
yw *from* bod.
ywen *f* (**yw**) yew.
zinc *m* zinc.

English-Welsh Dictionary

A

abacus *n* abacws *m*.
abandon *v* gadael, rhoi'r gorau i.
abash *v* cywilyddio.
abate *v* gostegu.
abbatoir *n* lladd-dy *m*.
abbey *n* abaty *m*.
abbreviate *v* talfyrru.
abbreviation *n* byrfodd *m*.
abdicate *v* ymddiswyddo.
abdomen *n* bol, bola *m*.
abduct *v* cipio.
abet *v* cefnogi.
abeyance *n* oediad *m*.
abhor *v* ffieiddio.
abhorrent *adj* atgas.
abide *v* trigo; goddef.
abiding *adj* arhosol.
ability *n* dawn *m/f*.
abject *adj* distadl.
ablaze *adv* yn wenfflam.
able *adj* atebol, galluog.
abnegation *n* ymwadiad *m*.
abnormal *adj* anghyffredin.
aboard *adv* ar fwrdd.
abode *n* annedd *m/f*.
abolish *v* diddymu.
abolition *n* diddymiad *m*.
abominable *adj* ffiaidd.
abomination *n* ffieidd-dra *m*.
aboriginal *adj* cynfrodorol.
aborigines *n* cynfrodorion *pl*.
abort *v* erthylu.
abortion *n* erthyliad *m*.
abortive *adj* seithug.
abound *v* heigio.
about *prep* am, tua. • *adv* o gwmpas.
above *prep* uwch, uwchlaw. • *adv* fry.
abrasion *n* ysgraffiniad *m*.
abrasive *adj* crafog.
abridge *v* talfyrru.
abroad *adv* dramor.
abrupt *adj* disymwth.

abscess *n* cornwyd *m*.
absence *n* absenoldeb *m*.
absent *adj* absennol.
absenteeism *n* absenolaeth *f*.
absent-minded *adj* anghofus.
absolute *adj* hollol.
absolve *v* rhyddhau.
absorb *v* amsugno, llyncu.
absorption *n* amsugniad *m*.
abstain *v* ymatal.
abstinence *n* dirwest *m/f*.
abstinent *adj* cymedrol.
abstract *adj* haniaethol.
abstraction *n* haniaeth *m/f*.
abstruse *adj* astrus.
absurd *adj* hurt, abswrd.
absurdity *n* hurtrwydd *m*.
abundance *n* digonedd *m*; toreth *f*.
abundant *adj* toreithiog.
abuse *v* camdrin; difenwi.
abyss *n* agendor, gagendor *m/f*.
academic *adj* academaidd.
academy *n* academi *f*.
accede *v* cydsynio.
accelerate *v* cyflymu.
accelerator *n* cyflymydd, sbardun *m*.
accent *n* acen *f*. • *v* acennu.
accept *v* derbyn.
acceptable *adj* derbyniol.
acceptance *n* derbyniad *m*.
access *n* mynediad *m*.
accessible *adj* hygyrch.
accident *n* damwain *f*.
accidental *adj* damweiniol.
acclaim *v* cymeradwyo.
accommodate *v* lletya.
accommodation *n* llety *m*.
accompaniment *n* cyfeiliant *m*.
accompany *v* cyfeilio; hebrwng.
accomplish *v* cyflawni.
accomplishment *n* camp *f*.
accord *n* cytundeb *m*.

accordance *n*: in ~ with yn unol â.
according to *adv* yn ôl.
accost *v* cyfarch.
account *n* cyfrif *m*.
accountability *n* atebolrwydd *m*.
accountancy *n* cyfrifyddiaeth *f*.
accountant *n* cyfrifydd *m*.
accumulate *v* crynhoi.
accumulation *n* crynhoad *m*.
accuracy *n* cywirdeb *m*.
accurate *adj* cywir.
accursed *adj* melltigedig.
accusation *n* cyhuddiad *m*.
accuse *v* cyhuddo.
accused *n* cyhuddedig *m*.
accustom *v* arfer.
accustomed *adj* cynefin.
ace *n* as *f*.
ache *n* cur *m/f*. • *v* gwynegu.
achieve *v* cyflawni.
achievement *n* gorchest *f*.
acid *adj* sur. • *n* asid *m*.
acknowledge *v* cydnabod.
acknowledgment *n* cydnabyddiaeth *f*.
acne *n* plorod *pl*.
acoustics *n* acwsteg *f*.
acquaint *v* hysbysu.
acquaintance *n* cydnabod *m/f*.
acquiesce *v* cydsynio.
acquiescent *adj* cydsyniol.
acquire *v* cael, ennill.
acquisition *n* caffaeliad *m*.
acquit *v* gollwng yn rhydd.
acrimonious *adj* chwerw.
across *adv* ar draws.
act *v* actio; gweithredu. • *n* act *f*.
action *n* gweithred *f*.
activate *v* cychwyn; actifadu.
active *adj* heini; gweithredol.
activity *n* gweithgarwch *m*.
actor *n* actor *m*.
actress *n* actores *f*.
actual *adj* gwir.
acute *adj* llym.
ad lib *adv* yn fyrfyfyr.
ad nauseam *adv* hyd syrffed.
adage *n* dywediad *m*.
adamant *adj* diysgog.

adapt *v* addasu.
adaptable *adj* cymwysadwy; hyblyg.
adaptation *n* cyfaddasiad *m*.
add *v* adio.
addicted *adj* yn gaeth i.
addiction *n* gorddibyniaeth *f*.
addition *n* ychwanegiad *m*.
additional *adj* ychwanegol.
address *v* annerch; cyfeirio (a letter).
adept *adj* deheuig.
adequate *adj* digonol.
adhere *v* glynu wrth.
adhesion *n* ymlyniad *m*.
adhesive *adj* adlynol.
adjacent *adj* cyfagos.
adjective *n* ansoddair *m*.
adjourn *v* gohirio.
adjournment *n* gohiriad *m*.
adjudicate *v* beirniadu.
adjudicator *n* beirniad *m*.
adjust *v* addasu, cymhwyso.
adjustable *adj* modd i'w (h)addasu.
adjustment *n* addasiad *m*.
administer *v* gweinyddu.
administration *n* gweinyddiaeth *f*.
administrative *adj* gweinyddol.
admirable *adj* campus.
admiral *n* llyngesydd *m*.
admiration *n* edmygedd *m*.
admire *v* edmygu.
admirer *n* edmygydd *m*.
admission *n* cyfaddefiad *m*; mynediad *m*.
admit *v* cyfaddef.
admonish *v* ceryddu.
admonition *n* cerydd *m*.
adolescence *n* llencyndod *m*.
adopt *v* mabwysiadu.
adoption *n* mabwysiad *m*.
adoptive *adj* mabwysiol.
adorable *adj* swynol.
adore *v* dwlu, dylu.
adorn *v* addurno.
adrift *adv* yn rhydd.
adroit *adj* deheuig.
adulation *n* gweniaith *f*.
adult *n* oedolyn. • *adj* mewn oed.

adulterate *v* llygru.
adultery *n* godineb *m.*
advance *v* symud ymlaen.
advantage *n* mantais *f.*
advantageous *adj* manteisiol.
adventure *n* antur *f.*
adventurous *adj* anturus.
adversary *n* gwrthwynebydd *m.*
adverse *adj* croes.
adversity *n* adfyd *m.*
advertise *v* hysbysebu.
advertisement *n* hysbyseb *f.*
advice *n* cyngor *m.*
advise *v* cynghori.
advisory *adj* ymgynghorol.
advocacy *n* eiriolaeth *f.*
advocate *v* pleidio.
aerial *n* erial *m/f.*
aerobic *adj* aerobig.
aeroplane *n* awyren *f.*
aerosol *n* chwistrell *f.*
aesthetic *adj* esthetig.
affability *n* hynawsedd *m.*
affable *adj* hynaws.
affair *n* mater; achos *m.*
affect *v* effeithio.
affected *adj* mursennaidd.
affection *n* hoffter *m.*
affectionate *adj* serchog.
affiliate *v* derbyn yn aelod.
affinity *n* cydnawsedd *m.*
affirm *v* cadarnhau; haeru.
affirmative *adj* cadarnhaol.
afflict *v* cystuddio, blino.
affliction *n* cystudd *m.*
affluent *adj* goludog.
afford *v* fforddio.
affront *n* sarhad *m.* • *v* sarhau.
afoot *adv* ar droed.
afraid *adj* ofnus.
after *prep* ar ôl. • *adv* wedyn.
afterbirth *n* brych, garw *m.*
aftermath *n* adladd; sgil *m.*
afternoon *n* prynhawn *m.*
afterward(s) *adv* wedyn.
again *adv* eto, drachefn.
against *prep* yn erbyn.
age *n* oedran; oes *m.* • *v* heneiddio.

agency *n* asiantaeth *f.*
agenda *n* agenda *f.*
agent *n* asiant *m.*
aggravate *v* gwneud yn waeth, gwaethygu.
aggression *n* gormes *m.*
aggressive *adj* ymosodol.
aggressor *n* ymosodwr *m.*
agile *adj* gwisgi; sionc.
agility *n* sioncrwydd *m.*
agitate *v* cyffroi.
agitation *n* cynnwrf *m.*
ago *adv* yn ôl.
agony *n* gwewyr, ing *m.*
agree *v* cytuno.
agreeable *adj* dymunol.
agreed *adj* cytûn.
agreement *n* cytundeb *m.*
agricultural *adj* amaethyddol.
agriculture *n* amaethyddiaeth *f.*
ahead *adv* o flaen.
aid *v* cynorthwyo. • *n* cymorth *m.*
AIDS *n* AIDS.
ailment *n* anhwyldeb *m.*
aim *v* anelu. • *n* amcan *m.*
air *n* awyr *f.*
air-conditioned *adj* wedi'i (h)aer-dymheru.
air-conditioning *vn* aerdymheru.
aircraft *n* awyren *f.*
airline *n* cwmni hedfan *m.*
airport *n* maes awyr *m.*
airsick *adj* sâl awyr.
airtight *adj* aer-dynn.
aisle *n* eil *f.*
ajar *adj* cilagored.
akin *adj* yn perthyn; yn debyg.
alarm *n* larwm *m/f.* • *v* dychryn.
alarm bell *n* cloch larwm *f.*
alarmist *n* codwr bwganod *m.*
albeit *conj* er, er hynny.
album *n* albwm *m.*
alcohol *n* alcohol *m.*
alcoholic *adj* meddwol.
ale *n* cwrw *m.*
alert *adj* gwyliadwrus.
alertness *n* gwyliadwriaeth *f.*
alien *adj* estron.

alienate *v* dieithrio.
alight *v* disgyn.
alike *adj* tebyg.
alive *adj* byw.
alkali *n* alcali *m*.
all *adj* holl; oll, i gyd.
allege *v* haeru.
allegiance *n* teyrngarwch *m*.
allergy *n* alergedd *m*.
alleviate *v* lliniaru.
alley *n* ale *f*.
alliance *n* cynghrair *m/f*.
allocate *v* dosrannu.
allocation *n* dyraniad *m*.
allot *v* pennu.
allow *v* caniatáu.
allowance *n* lwfans *m*.
allude *v* crybwyll.
allure *n* hudoliaeth *f*.
allusion *n* cyfeiriad *m*.
allusive *adj* awgrymog.
ally *n* cynghreiriad *m*. • *v* cynghreirio.
almond *n* almon *m/f*.
almost *adv* bron.
aloft *adv* fry.
alone *adj* unig.
along *adv* ymlaen, hyd.
aloud *adv* yn uchel.
alphabet *n* (yr) wyddor *f*.
alphabetical *adj* yn nhrefn yr wyddor.
already *adv* yn barod, eisoes.
also *adv* hefyd.
altar *n* allor *f*.
alter *v* newid.
alteration *n* newid *m*.
alternate *adj* bob yn ail.
alternating *adj* eiledol.
alternative *n* dewis arall *m*. • *adj* amgen.
although *conj* er.
altitude *n* uchder *m*.
always *adv* yn wastad.
a.m. *adv* y bore.
amalgamate *v* uno.
amalgamation *n* cyfuniad *m*.
amass *v* cronni.
amateur *n* amatur *m/f*.

amaze *v* synnu.
amazement *n* syndod *m*.
amazing *adj* rhyfeddol.
ambassador *n* llysgennad *m*.
ambidextrous *adj* deheuig â dwy law.
ambiguity *n* amwysedd *m*.
ambiguous *adj* amwys.
ambition *n* uchelgais *m/f*.
ambitious *adj* uchelgeisiol.
ambulance *n* ambiwlans *m*.
ambush *n* rhagod *m*.
ameliorate *v* lleddfu.
amelioration *n* gwelliant *m*.
amenable *adj* hydrin.
amend *v* diwygio.
amendment *n* gwelliant *m*.
amenities *n* mwynderau *pl*.
America *n* yr Amerig *f*.
American *adj* Americanaidd.
amiability *n* hawddgarwch *m*.
amiable *adj* hawddgar.
amicable *adj* cyfeillgar.
amid(st) *prep* ymhlith.
ammunition *n* bwledi *pl*.
amnesia *n* anghofrwydd *m*.
amnesty *n* amnest *m*.
among(st) *prep* ymysg.
amorous *adj* carwriaethol.
amount *n* swm *m*.
amphibian *n* amffibiad *m*.
ample *adj* digonol.
amplify *v* mwyhau; ehangu.
amplitude *n* amlder *m*.
amputate *v* trychu.
amputation *n* trychiad *m*.
amuse *v* difyrru.
amusement *n* difyrrwch *m*.
amusing *adj* digrif.
anachronism *n* camamseriad *m*.
anaemia *n* diffyg gwaed *m*.
anaesthetic *n* anesthetig *m*.
analogy *n* cyfatebiaeth *f*.
analyse *v* dadansoddi.
analysis *n* dadansoddiad *m*.
analytical *adj* dadansoddol.
anarchic *adj* anarchaidd.
anarchy *n* anarchiaeth *f*.

anatomical *adj* anatomegol.
anatomy *n* anatomeg *f*.
ancestor *n* hynafiad *m/f*.
anchor *n* angor *m*.
ancient *adj* hynafol.
and *conj* a, ac.
anecdote *n* hanesyn *m*.
angel *n* angel *m*, angyles *f*.
anger *n* dicter *m*.
angle *n* ongl *f*.
angler *n* genweiriwr; pysgotwr *m*.
Anglicise *v* Seisnigeiddio.
Anglo-Welsh *adj* Eingl-Gymreig.
angry *adj* dig.
anguish *n* ing *m*.
angular *adj* onglog.
animal *n* anifail *m*.
animate *v* bywhau. • *adj* byw.
animation *n* animeiddiad *m*.
animosity *n* atgasedd *m*.
ankle *n* migwrn *m*, ffêr *f*.
annex *v* atodi. • *n* atodiad *m*.
annihilate *v* difodi.
annihilation *n* difodiad *m*.
anniversary *n* pen blwydd *m*.
annotate *v* gwneud nodiadau.
annotation *n* nodiadau *pl*.
announce *v* cyhoeddi, datgan.
announcement *n* cyhoeddiad *m*.
annoy *v* cythruddo.
annoyance *n* dicter *m*.
annoyed *adj* penwan.
annual *adj* blynyddol.
annul *v* diddymu.
anomaly *n* anghysonder *m*.
anonymity *n* anhysbysrwydd *m*.
anonymous *adj* dienw.
another *adj* arall.
answer *v* ateb. • *n* ateb *m*.
ant *n* morgrugyn *m*.
antagonise *v* digio.
antagonism *n* gelyniaeth *f*.
Antarctic *adj/n* Antarctig *f*.
antenna *n* teimlydd *m*.
anterior *adj* blaenorol.
anthem *n* anthem *f*.
anthology *n* blodeugerdd *f*.
anthracite *n* glo caled, glo carreg *m*.

anthropology *n* anthropoleg *f*.
antibiotic *n* gwrthfiotig *m*.
anticipate *v* achub y blaen, disgwyl.
antics *n* stranciau *pl*.
antidote *n* gwrthwenwyn *m*.
antipathy *n* gelyniaeth *f*.
antiquarian *n* hynafiaethydd *m*.
antiques *n* hynafion *pl*.
antiquity *n* cynfyd *m*.
antithesis *n* gwrthgyferbyniad *m*.
antler *n* rhaidd *f*.
anvil *n* einion *f*.
anxiety *n* pryder *m*.
anxious *adj* pryderus.
any *adj* unrhyw; dim.
apart *adv* ar wahân.
apartment *n* fflat *f*.
apathetic *adj* di-hid.
apathy *n* difrawder *m*.
aperture *n* twll *m*.
apex *n* apig *f*; copa *m/f*.
apologise *v* ymddiheuro.
apology *n* ymddiheuriad *m*.
apostle *n* apostol *m*.
appal *v* brawychu.
apparatus *n* offer *pl*, cyfarpar *m*.
apparent *adj* amlwg.
apparition *n* drychiolaeth *f*.
appeal *v* apelio. • *n* apêl *f*.
appear *v* ymddangos.
appearance *n* ymddangosiad *m*; golwg *f*.
append *v* atodi.
appendix *n* atodiad; coluddyn crog *m*.
appetising *adj* blasus.
appetite *n* archwaeth *m*.
applaud *v* cymeradwyo.
applause *n* cymeradwyaeth *f*.
apple *n* afal *m*.
apple tree *n* coeden afalau *f*.
appliance *n* teclyn *m*; dyfais *f*.
applicable *adj* perthnasol.
applicant *n* ymgeisydd *m*.
apply *v* cynnig; cymhwyso; ymroi.
appoint *v* penodi.
appointment *n* penodiad; oed *m*.
apportion *v* rhannu.

apposite *adj* addas.
appraisal *n* gwerthusiad *m*.
appraise *v* pwyso a mesur gwerth.
appreciate *v* gwerthfawrogi.
appreciation *n* gwerthfawrogiad *m*.
appreciative *adj* gwerthfawrogol.
apprehend *v* dal.
apprehension *n* ofn *m*.
apprentice *n* prentis *m*.
approach *v* dynesu, nesáu.
appropriate *adj* addas, priodol.
approval *n* cymeradwyaeth *f*.
approve *v* cymeradwyo.
approximately *adv* fwy neu lai.
approximation *n* brasamcan *m*.
April *n* Ebrill *m*.
apron *n* brat *m*; ffedog *f*.
apt *adj* priodol.
aqualung *n* tanc anadlu *m*.
aquarium *n* acwariwm *m*.
aquatic *adj* dyfrol.
arable *adj* âr.
arbiter *n* beirniad *m*.
arbitrary *adj* mympwyol.
arbitrate *v* cyflafareddu.
arbitration *n* cyflafareddiad *m*.
arcade *n* arcêd *f*.
arch *n* bwa *m*; pont *f*.
archaeological *adj* archaeolegol.
archaeology *n* archaeoleg *f*.
archaic *adj* hynafol.
archbishop *n* archesgob *m*.
archdruid *n* archdderwydd *m*.
architect *n* pensaer *m*.
architecture *n* pensaernïaeth *f*.
archives *n* archifau *pl*.
Arctic *n* Yr Arctig *m*.
ardent *adj* selog.
ardour *n* angerdd *m*.
area *n* arwynebedd *m*; ardal *f*.
argue *v* dadlau.
argument *n* dadl *f*.
argumentative *adj* dadleugar.
arid *adj* cras.
aridity *n* craster *m*.
arise *v* cyfodi.
aristocracy *n* pendefigaeth *f*.
aristocrat *n* pendefig *m*.

arithmetic *n* rhifyddeg *f*.
arm *n* braich *f*. • *v* arfogi.
armament *n* arfogaeth *f*.
armchair *n* cadair freichiau *f*.
armed *adj* arfog.
armful *n* coflaid *f*.
armistice *n* cadoediad *m*.
armour *n* arfwisg *f*.
armpit *n* cesail *f*.
army *n* byddin *f*.
aroma *n* perarogl *m*.
aromatic *adj* persawrus.
around *prep* o gwmpas.
arouse *v* dihuno, codi.
arrange *v* trefnu.
arrangement *n* trefniant *m*.
array *n* rhestr *f*.
arrest *v* dal; arestio.
arrival *n* dyfodiad *m*.
arrive *v* cyrraedd.
arrogance *n* haerllugrwydd *m*.
arrogant *adj* haerllug.
arrow *n* saeth *f*.
arsenal *n* arfdy *m*.
art *n* celfyddyd *f*.
art gallery *n* oriel *f*.
artery *n* rhydweli *f*.
artful *adj* cyfrwys.
article *n* erthygl *f*.
articulate *v* ynganu.
articulation *n* ynganiad *m*.
artificial *adj* ffug, gosod.
artillery *n* magnelau *pl*.
artisan *n* crefftwr *m*.
artist *n* artist, arlunydd *m*.
artistic *adj* celfydd.
artistry *n* cywreinrwydd *m*.
as *conj* fel; mor, â.
ascend *v* dringo, esgyn.
ascension *n* esgyniad *m*.
ascent *n* esgyniad *m*.
ascertain *v* canfod.
ascetic *adj* meudwyaidd. • *n* asgetig
    m/f.
ash *n* onnen *f*; lludw *m*.
ashamed *adj* â chywilydd.
ashore *adv* ar y lan.
ashtray *n* blwch llwch *m*.

aside *adv* o'r neilltu.
ask *v* gofyn.
asleep *adv* yng nghwsg.
aspect *n* gwedd *f*.
aspersion *n* sen *f*.
asphyxiate *v* mygu.
asphyxiation *n* mogfa *f*.
aspirant *n* ymgeisydd *m*.
aspiration *n* dyhead *m*.
aspire *v* dyheu.
assail *v* ymosod.
assailant *n* ymosodwr *m*.
assassin *n* llofrudd *m*.
assassinate *v* llofruddio.
assault *n* ymosodiad *m*. • *v* ymosod.
assemble *v* crynhoi; cydosod.
assembly *n* cynulliad *m*; cymanfa *f*.
assent *n* cydsyniad *m*.
assert *v* mynnu.
assertion *n* honiad *m*.
assess *v* asesu, pwyso a mesur.
assessment *n* asesiad *m*.
assets *n* asedau *pl*.
assign *v* pennu.
assignment *n* gorchwyl *m*.
assimilate *v* cymathu.
assist *v* cynorthwyo.
assistance *n* cymorth *m*.
assistant *n* cynorthwyydd *m*.
associate *v* cysylltu.
association *n* cymdeithas *f*.
assortment *n* cymysgedd *m/f*.
assume *v* rhagdybio.
assumption *n* rhagdybiaeth *f*.
assurance *n* sicrwydd *m*.
assure *v* sicrhau.
asthma *n* y fogfa *f*; asthma *m*.
astonish *v* syfrdanu.
astonishment *n* syndod *m*.
astound *v* syfrdanu.
astrologer *n* sêr-ddewin *m*.
astrology *n* sêr-ddewiniaeth *f*.
astronaut *n* gofodwr *m*, gofodwraig *f*.
astronomer *n* seryddwr *m*, seryddwraig *f*.
astronomy *n* seryddiaeth.

astute *adj* craff.
asylum *n* noddfa *f*.
at *prep* am, ar, yn.
atheist *n* anffyddiwr *m*, anffyddwraig *f*.
athlete *n* mabolgampwr *m*, mabolgampwraig *f*.
athletic *adj* athletaidd.
atlas *n* atlas *m*.
atmosphere *n* awyrgylch; atmosffer *m*.
atom *n* atom *m/f*.
atomic *adj* atomig.
atrocious *adj* erchyll.
atrocity *n* erchylltra *m*.
attach *v* atodi.
attachment *n* atodyn; ymlyniad *m*.
attack *v* ymosod. • *n* ymosodiad *m*.
attacker *n* ymosodwr *m*, ymosodwraig *f*.
attain *v* cyrraedd, ennill.
attempt *v* ceisio; rhoi cynnig ar.
attend *v* mynychu; gweini.
attendance *n* presenoldeb *m*; gwasanaeth *m*.
attention *n* sylw *m*.
attentive *adj* astud, sylwgar.
attic *n* croglofft *f*.
attitude *n* agwedd *f*.
attract *v* denu.
attraction *n* atyniad *m*.
attractive *adj* atyniadol.
attribute *n* priodoledd *m*.
auction *n* arwerthiant *m*.
audacious *adj* beiddgar, haerllug.
audacity *n* beiddgarwch, haerllugrwydd *m*.
audible *adj* clywadwy.
audience *n* cynulleidfa *f*.
audit *n* archwiliad *m*. • *v* archwilio.
audition *n* clyweliad *m*.
auditor *n* archwilydd *m*.
augment *v* cynyddu.
August *n* Awst *m*.
aunt *n* modryb *f*.
auspicious *adj* addawol.
austere *adj* llym.
authentic *adj* dilys.
authenticity *n* dilysrwydd *m*.

author n awdur m; awdures f.
authoritarian adj awdurdodus.
authoritative adj awdurdodol.
authority n awdurdod m.
authorise v awdurdodi.
autobiography n hunangofiant n.
autocrat n teyrn m, unbennes f.
autocratic adj unbenaethol.
autograph n llofnod m.
automatic adj awtomatig.
autonomy n hunanlywodraeth f.
autopsy n awtopsi m.
autumn n hydref m.
auxiliary adj cynorthwyol, ategol.
available adj ar gael.
avalanche n eirlithriad m.
avarice n trachwant, cybydd-dod m.
avenge v dial.
avenue n coedlan f.

average n cyfartaledd m.
aversion n casbeth m.
avert v troi heibio.
avid adj awchus.
avoid v gochel.
await v aros, disgwyl.
awake v deffro, dihuno.
award v dyfarnu. • n dyfarniad m; gwobr f.
aware adj ymwybodol.
awareness n ymwybyddiaeth f.
away adv i ffwrdd, ymaith.
awe n parchedig ofn m.
awful adj ofnadwy.
awkward adj lletchwith, trwsgl.
axe n bwyall, bwyell f.
axis n echelin f.
axle n echel f.
azure adj asur.

B

babble v baldorddi.
babe, baby n baban m.
babyhood n babandod m.
babyish adj babïaidd.
bachelor n hen lanc m.
back n cefn m. • adv yn ôl. • v cefnogi.
backbone n asgwrn cefn m.
backdate v ôl-ddyddio.
backer n cefnogwr m, cefnogwraig f.
background n cefndir m.
back payment n ôl-daliad m.
backside n pen-ôl m.
backward adj araf. • adv yn ôl.
bacon n cig moch m.
bad adj drwg, sâl.
badge n bathodyn m.
badger n mochyn daear m.
badness n drygioni m.
baffle v drysu.
bag n bag, cwdyn m.
baggage n paciau pl.
bait n abwyd m.

bake v crasu, pobi.
bakery n popty m.
baker n pobydd m.
baking n pobiad m.
balance n cydbwysedd m; clorian f. • v cydbwyso.
balcony n balconi m.
bald adj moel.
baldness n moelni m.
bale n bwrn m.
ball n pêl, pelen f; dawns f.
ball bearing n pelferyn f.
ballad n baled f.
ballet n bale, ballet m.
balloon n balŵn m/f.
ballot n pleidlais bapur f; balot m.
balm, balsam n balm m.
bamboo n bambŵ m.
ban n gwaharddiad m. • v gwahardd.
banal adj ystrydebol.
banana n banana f.
band n band m.
bandage n rhwymyn m. • v rhwymo.

bang *n* ergyd *m/f.* • *v* taro.
bangle *n* breichled *f.*
banish *v* alltudio.
banishment *n* alltudiaeth *f.*
bank *n* glan, torlan *f*; banc *m.*
banker *n* banciwr *m.*
banknote *n* arian papur.
bankrupt *n* methdalwr *m.*
bankruptcy *n* methdaliad *m.*
banquet *n* gwledd *f.*
banns *n* gostegion *pl.*
baptise *v* bedyddio.
baptism *n* bedydd *m.*
bar *n* bar *m.* • *v* bario.
barbarian *n* barbariad *m.*
barbarity *n* barbareiddiwch *m.*
barbecue *n* barbeciw *m.*
barbed wire *n* weiren bigog *f.*
barber *n* barbwr *m.*
bard *n* bardd *m.*
bare *adj* noeth. • *v* dinoethi.
barefoot(ed) *adj* troednoeth.
barely *adv* prin.
bareness *n* moelni *m.*
bargain *n* bargen *f.* • *v* bargeinio.
bark *n* rhisgl *m*; cyfarthiad *m.* • *v* cyfarth.
barn *n* ysgubor *f.*
barometer *n* baromedr *m.*
barracks *n* barics *pl.*
barrage *n* argae, cob *m.*
barrel *n* casgen *f.*
barren *adj* diffrwyth.
barricade *n* gwrthglawdd *m.*
barrier *n* rhwystr *m.*
barrister *n* bargyfreithiwr *m*, bargyfreithwraig *f.*
bartender *n* barmon *m.*
barter *v* ffeirio, trwco.
base *n* sylfaen *f.* • *v* sylfaenu.
basement *n* llawr isaf *m.*
bashful *adj* swil.
basic *adj* sylfaenol.
basin *n* basn, basin *m.*
basis *n* sail *f.*
basket *n* basged *f*; cawell *m.*
bass *n* (*mus*) bas *m.*
bastard *n* bastard *m.*

baste *v* brasbwytho.
bat *n* ystlum; bat *m.*
batch *n* ffyrnaid *f*; swp *m.*
bath *n* bath *m.*
bathe *v* ymdrochi.
bathing suit *n* gwisg nofio *f.*
bathroom *n* ystafell ymolchi *f.*
baths *n* pwll nofio *m.*
bathtub *n* twba *m.*
batter *v* pwyo. • *n* cytew *m.*
battery *n* batri *m.*
battle *n* brwydr *f.* • *v* brwydro.
battlefield *n* maes y gad *m.*
bawdy *adj* anweddus.
bawl *v* crochlefain.
bay *n* bae *m.*
bazaar *n* basâr *m.*
be *v* bod (*see* Appendix).
beach *n* traeth *m.*
beacon *n* coelcerth *f.*
bead *n* glain *m.*
beak *n* pig *f.*
beaker *n* bicer *m.*
beam *n* trawst; pelydryn *m.* • *v* tywynnu.
bean *n* ffeuen *f.*
bear[1] *n* arth *f.*
bear[2] *v* dwyn, goddef.
bearable *adj* goddefadwy.
beard *n* barf *m.*
bearded *adj* barfog.
bearer *n* cludwr *m.*
beast *n* bwystfil *m.*
beat *v* curo. • *n* curiad *m.*
beating *n* cosfa *f.*
beautiful *adj* prydferth.
beautify *v* harddu.
beauty *n* harddwch, tegwch *m.*
beaver *n* afanc *m.*
because *conj* oherwydd. • *prep* gan.
become *v* dod; gweddu.
becoming *adj* gweddus.
bed *n* gwely *m.*
bedclothes *n* dillad gwely *pl.*
bedridden *adj* gorweiddiog.
bedroom *n* ystafell wely *f.*
bedspread *n* cwrlid *m.*

bee *n* gwenynen *f*.
beef *n* cig eidion *m*.
beehive *n* cwch gwenyn *m*.
beer *n* cwrw *m*.
befit *v* gweddu.
before *adv* o'r blaen. • *prep* o flaen.
beforehand *adv* ymlaen llaw.
beg *v* ymbil; cardota.
beggar *n* cardotyn *m*.
begin *v* dechrau.
beginner *n* dechreuwr *m*, dechreuwraig *f*.
beginning *n* dechreuad *m*.
behave *v* ymddwyn.
behaviour *n* ymddygiad *m*.
behead *v* dienyddio.
behind *adv* ar ôl. • *prep* tu ôl, tu cefn.
behold *v* wele!
being *n* bod *m*.
belated *adj* diweddar.
belch *v* pecial, torri gwynt.
belie *v* gwrth-ddweud.
belief *n* cred *f*.
believable *adj* credadwy.
believe *v* credu, coelio.
believer *n* credwr *m*, credinwraig *f*.
belittle *v* bychanu.
bell *n* cloch *f*.
belligerent *adj* cwerylgar, rhyfelgar.
bellow *v* rhuo, bugunad.
belly *n* bol, bola *m*.
belong *v* perthyn.
beloved *adj* annwyl. • *n* cariad.
below *adv* oddi tanodd; islaw.
belt *n* gwregys *m*.
bench *n* mainc *f*.
bend *v* plygu. • *n* tro *m*.
beneath *adv*, *prep* oddi tanodd; tan.
benefactor *n* cymwynaswr *m*, cymwynaswraig *f*.
beneficent *adj* bendithiol.
beneficial *adj* buddiol, llesol.
benefit *n* budd, budd-dâl *m*.
benevolence *n* cymwynasgarwch *m*.
benevolent *adj* cymwynasgar.

benign *adj* tirion.
bequeath *v* cymynnu, ewyllysio.
bequest *n* cymynrodd *f*.
bereavement *n* profedigaeth *f*.
berries *n* aeron *pl*.
berserk *adj* gwyllt.
beseech *v* deisyf, erfyn.
beset *v* amgylchynu.
beside(s) *prep* gerllaw, yn ymyl.
besiege *v* gwarchae.
best *adj* gorau.
bestial *adj* ffiaidd, bwystfilaidd.
bestow *v* cyflwyno.
bet *n* bet *m*. • *v* betio.
betray *v* bradychu.
betrayal *n* brad, bradychiad *m*.
better *adj* gwell. • *adv* yn well.
between *prep* rhwng.
beverage *n* diod *f*.
bewilder *v* drysu, mwydro.
bewilderment *n* dryswch, penbleth *m*.
beyond *prep* tu hwnt.
bias *n* gogwydd *m*, rhagfarn *f*.
Bible *n* Beibl *m*.
bibliography *n* llyfryddiaeth *f*.
bicycle *n* beic, beisicl *m*.
bid *v* cynnig. • *n* ~*m*.
bide *v* aros, disgwyl.
biennial *adj* bob dwy flynedd, eilflwydd.
big *adj* mawr.
bigot *n* rhywun llawn rhagfarn.
bigoted *adj* cul.
bike *n* beic *m*.
bikini *n* bicini *m*.
bilberries *n* llus *pl*.
bile *n* bustl *m*.
bilingual *adj* dwyieithog.
bill *n* bil; mesur *m*.
billet *n* llety *m*.
billion *n* biliwn *f*.
billy-goat *n* bwch gafr.
bin *n* bin *m*.
bind *v* rhwymo.
binge *n* sbri *f*.
biochemistry *n* biocemeg *f*.
binoculars *n* gwydrau *pl*.

biographer n cofiannydd m.
biography n cofiant m.
biological adj biolegol.
biology n bioleg f.
birch n bedwen f.
bird n aderyn m.
birth n genedigaeth f.
birth certificate n tystysgrif geni f.
birth control n atal cenhedlu vn.
birthday n pen-blwydd m.
biscuit n bisgïen f.
bishop n esgob m.
bit n tamaid m; genfa f.
bitch n gast f.
bite v cnoi, brathu. • n cnoad, brathiad m.
bitter adj chwerw.
bitterness n chwerwder m.
bizarre adj od, rhyfedd.
black adj du.
blackberries n mwyar pl.
blackbird n aderyn du m, mwyalchen f.
blackboard n bwrdd du m.
blacken v duo, pardduo.
blackleg n bradwr m.
blackmail n blacmêl m.
blackness n düwch.
blacksmith n gof m.
bladder n pledren f.
blade n llafn m.
blame v beio. • n bai m.
blameless adj di-fai, difai.
bland adj mwyn; di-flas.
blank adj gwag. • n bwlch m.
blanket n carthen f.
blare v rhuo.
blaspheme v cablu.
blasphemy n cabledd m.
blast n ffrwydrad m. • v ffrwydro.
blatant adj eofn, haerllug.
blaze n tanllwyth m. • v fflamio.
bleach n cannydd. • v cannu.
bleak adj llwm.
bleakness n moelni m.
bleat n bref f. • v brefu, dolefain.
bleed v gwaedu.
blemish v llychwino. • n mefl m.

blend v ymdoddi; cyfuno.
bless v bendithio.
blessing n bendith f.
blight v difetha. • n malltod m.
blind adj dall. • v dallu.
blindfold n mwgwd m.
blindness n dallineb m.
bliss n gwynfyd m.
blissful adj dedwydd.
blister n chwysigen, pothell f.
blizzard n storm o eira f.
bloated adj chwyddedig.
blob n smotyn m.
block n bloc m.
blockade v gwarchae.
blond adj pryd golau.
blood n gwaed m.
blood donor n rhoddwr gwaed m.
blood group n grŵp gwaed m.
blood pressure n pwysedd gwaed m.
bloodstream n llif gwaed m.
blood transfusion n trallwysiad gwaed m.
blood vessel n pibell waed f.
bloody adj gwaedlyd.
bloom v blodeuo.
blossom n blodeuyn m.
blot v blotio. • n blotyn.
blouse n blows, blowsen f.
blow v chwythu. • n ergyd m/f.
blubber n bloneg morfil m.
blue adj glas.
blueprint n cynddelw f.
bluff v blyffio.
blunder n camgymeriad m.
blunt adj pŵl. • v pylu.
blur n aneglurder m.
blush n gwrid m. • v gwrido.
board n bwrdd m, bord f.
boarder n lletywr m.
boarding house n llety m.
boast v ymffrostio, brolio. • n ymffrost m; bost f.
boastful adj ymffrostgar.
boat n cwch, bad m.
bodily adj corfforol.
body n corff m.

bodywork n corff m.
bog n cors, siglen f.
bogus adj ffug.
boil v berwi. • n cornwyd m.
boiler n boeler m.
boisterous adj hoenus, swnllyd.
bold adj beiddgar, eofn.
boldness n beiddgarwch, ehofndra m.
bolt n bollt, bollten f. • v bolltio.
bomb n bom m/f.
bombard v bombardio, peledu.
bombastic adj chwyddedig, llawn gwynt.
bona fide adj dilys.
bond n rhwymyn m.
bone n asgwrn m.
bonfire n coelcerth f.
bonnet n boned f.
bonus n bonws m.
bony adj esgyrnog.
boo v bwio.
book n llyfr m.
bookcase n cwpwrdd llyfrau m.
bookkeeper n cyfrifydd m.
bookkeeping n cadw cyfrifon vn.
bookseller n llyfrwerthwr m, llyfr-werthwraig f.
bookstore n siop lyfrau f.
bookworm n llyfrbryf m.
boom n dwndwr m.
boot n esgid; cist f.
booth n bwth m, stondin f.
border n ffin f. • v ffinio.
bore v tyllu; llethu. • n bôr m.
boredom n diflastod m.
boring adj diflas, undonog.
born adj genedigol.
borrow v benthyca.
borrower n benthycwr m.
bosom n mynwes f.
boss n meistr, giaffer m.
botanic(al) adj botanegol.
botany n botaneg, llysieueg f.
botch v cawlio.
both pron y ddau, y ddwy.
bother v poeni, trafferthu.
bottle n potel f.
bottleneck n tagfa (draffig) f.

bottle-opener n teclyn agor poteli m.
bottom n gwaelod, pen ôl m.
bough n cangen f.
bounce v sboncio.
bound v llamu.
boundary n ffin f, terfyn m.
bout n gornest f; pwl m.
bow v moesymgrymu.
bow n bwa m.
bow tie n dici bô m.
bowels n perfedd, perfeddion pl.
bowl n dysgl, powlen f.
bowl v bowlio; powlio.
box n blwch m.
box office n swyddfa docynnau f.
boxer n paffiwr m, paffwraig f.
boy n bachgen m.
boycott v boicotio.
boyfriend n cariad, sboner m.
bra n bra, bronglwm m.
bracelet n breichled f.
bracket n bach m.
brag v brolio.
braid n pleth f. • v plethu.
brain n ymennydd m.
brainwave n fflach o weledigaeth f.
brainy adj peniog.
brake n brêc m. • v brecio.
bramble n drysïen f.
branch n cangen f.
brand n gwneuthuriad m; brand m.
brandy n brandi m.
brash adj hyf, digywilydd.
brat n crwtyn m; croten f; cythraul bach m.
brave adj dewr, gwrol.
bravery n dewrder, gwroldeb m.
brawl n ffrwgwd m. • v ffraeo, ymrafael.
bray v nadu.
braze v sodro â phres.
breach n adwy; tor (cyfraith) f.
bread n bara m.
breadth n lled m.
break v torri. • n toriad m.
breakdown n dosraniad m; gwaeledd nerfol m.

breakfast *n* brecwast *m*. • *v* brecwasta.

breast *n* bron, mynwes *f*.

breath *n* anadl *f*.

breathalyse *v* profi anadl.

breathe *v* anadlu.

breed *n* brid *m*, gwaedoliaeth *f*. • *v* bridio, magu.

breeder *n* bridiwr, magwr *m*; bridwraig, magwraig *f*.

breeze *n* awel *f*.

brevity *n* byrder, byrdra *m*.

brew *v* bragu, macsu; bwrw ffrwyth.

brewer *n* bragwr *m*.

brewery *n* bragdy *m*.

bribe *n* cildwrn *m*. • *v* llwgrwobrwyo.

brick *n* bricsen *f*.

bricklayer *n* briciwr *m*.

bride *n* priodferch, priodasferch *f*.

bridegroom *n* priodfab, priodasfab *m*.

bridge *n* pont *f*.

bridle *n* ffrwyn *f*.

brief *adj* byr, cwta.

brigand *n* gwylliad *m*.

bright *adj* disglair.

brighten *v* goleuo, gloywi.

brilliance *n* disgleirdeb, disgleirder *m*.

brilliant *adj* disglair, llachar.

brim *n* ymyl *m/f*.

bring *v* dod â, dwyn.

brisk *adj* sionc, heini.

bristle *n* gwrychyn *m*. • *v* codi gwrychyn.

brittle *adj* brau.

broad *adj* eang, llydan.

broadcast *n* darllediad *m*. • *v* darlledu.

broaden *v* ehangu, lledu.

broadness *n* ehangder, lled *m*.

broccoli *n* blodfresych gaeaf *f*.

brochure *n* pamffled, pamffledyn *m*.

broken *adj* wedi torri.

broker *n* brocer *m*.

bronze *n* efydd *m*.

brooch *n* broets *f*, tlws *m*.

brood *v* gori; pendroni. • *n* nythaid *f*.

brook *n* nant *f*.

broom *n* ysgub *f*; banadl *pl*.

brother *n* brawd *m*.

brother-in-law *n* brawd-yng-nghyfraith *m*.

brow *n* ael *f*.

brown *adj* brown.

browse *v* pori.

bruise *n* clais *m*.

brush *n* brwsh *m*.

brutal *adj* ciaidd.

brutality *n* creulondeb, creulonder *m*.

brute *n* bwystfil *m*.

bubble *n* cloch ddŵr *f*. • *v* byrlymu.

bucket *n* bwced *m*.

buckle *n* bwcl *m*.

budge *v* symud.

budget *n* cyllideb *f*.

buffet *n* pryd bys a bawd, bwffe *m*.

bug *n* lleuen *f*; byg *m*.

build *v* codi, adeiladu.

builder *n* adeiladydd *m*.

building *n* adeilad *m*.

bulb *n* bwlb *m*.

bulge *v* chwyddo. • *n* chwydd *m*.

bulk *n* crynswth, swmp *m*.

bulky *adj* swmpus.

bull *n* tarw *m*.

bulldozer *n* tarw dur *m*.

bullet *n* bwled *m/f*.

bulletproof *adj* atal bwledi.

bulletin *n* bwletin, hysbysiad *m*.

bully *n* bwli *m*. • *v* bwlio, gormesu.

bump *n* clonc. • *v* cnocio.

bun *n* bynen *f*.

bunch *n* cwlwm, tusw *m*.

bundle *n* bwndel, swp. • *v* sypynnu.

bungle *v* gwneud cawl.

bunk *n* gwely bach *m*.

buoy *n* bwi *m*.

buoyancy *n* hynofedd *m*.

buoyant *adj* hynawf, yn nofio.

burden *n* baich *m*.

bureau *n* biwro *m/f*.

bureaucrat *n* biwrocrat *m*.
burial *n* claddedigaeth *f*.
burly *adj* cydnerth.
burn *v* llosgi. • *n* llosgiad *m*.
burning *adj* tanbaid, llosg.
burst *v* byrstio.
bury *v* claddu.
bus *n* bws *m*.
bush *n* perth *f*; llwyn *m*.
business *n* busnes *m*.
businessman *n* dyn busnes *m*.
businesswoman *n* gwraig fusnes *f*.
bus-stop *n* arhosfan *f*.
busy *adj* prysur.
but *conj* ond.

butcher *n* cigydd *m*. • *v* bwtsiera.
butter *n* menyn, ymenyn *m*.
butterfly *n* glöyn byw, pilipala *m*, iâr fach yr haf *f*.
button *n* botwm *m*. • *v* botymu.
buy *v* prynu.
buyer *n* prynwr *m*, prynwraig *f*.
buzz *n* su *m/f*. • *v* suo.
by *prep* wrth; gan; erbyn.
by-election *n* isetholiad *m/f*.
by-law *n* is-deddf *f*.
bypass *n* ffordd osgoi *f*.
by-product *n* isgynnyrch *m*.
byte *n* talp *m*.

C

cabbage *n* bresychen *f*.
cabin *n* caban *m*.
cabinet *n* cabinet *m*.
cable *n* cebl *m*.
cache *n* celc *m*.
cackle *v* clochdar. • *n* clegar *m*.
caddie *n* cadi *m*.
cafe *n* caffe *m*.
cage *n* caets, cawell *m*.
cake *n* teisen *f*.
calamity *n* trychineb *m/f*.
calculate *v* bwrw cyfrif, clandro.
calculation *n* cyfrif *m*.
calendar *n* calendr *m*.
calf *n* llo *m/f*.
calibre *n* calibr *m*.
call *v* galw. • *n* galwad *f*.
calligraphy *n* caligraffi *m*, llythrennu'n gain.
calling *n* galwedigaeth *f*.
callous *adj* didrugaredd, dienaid.
calm *n* tawelwch *m*. • *adj* tawel. • *v* tawelu.
calorie *n* calori *m*.
camel *n* camel *m*.
camera *n* camera *m*.
camouflage *n* cuddliw *m*.
camp *n* gwersyll *m*. • *v* gwersylla, gwersyllu.

campaign *n* ymgyrch *m/f*.
camper *n* gwersyllwr *m*, gwersyllwraig *f*.
campsite *n* gwersyllfa.
campus *n* campws *m*.
can *v* gallu. • *n* bocs, can *m*.
can opener *n* agorwr caniau *m*.
canal *n* camlas *f*.
cancel *v* canslo, diddymu.
cancer *n* cancr, canser *m*.
candid *adj* agored, didwyll.
candidate *n* ymgeisydd *m*.
candle *n* cannwyll *f*.
candour *n* didwylledd *m*.
cane *n* corsen; gwialen *f*.
cannon *n* canon *m*, magnel *f*.
canoe *n* canŵ *m*.
canon *n* canon *m*.
canopy *n* canopi *m*.
cantankerous *adj* cecrus, cynhennus.
canteen *n* cantîn, ffreutur *m*.
canvas *n* cynfas *m/f*.
canvass *v* canfasio.
cap *n* cap, capan *m*.
capability *n* gallu *m*.
capable *adj* galluog.
capacity *n* maint; gallu *m*.
cape *n* mantell *f*; penrhyn *m*.

capital *adj* prif. • *n* cyfalaf *m*.
capital punishment *n* y gosb eithaf *f*.
capitalise *v* elwa.
capitalist *n* cyfalafwr *m*, cyfalafwraig *f*.
capitulate *v* ildio.
capricious *adj* mympwyol, oriog.
capsize *v* dymchwel.
capsule *n* capsiwl *m*.
captain *n* capten *m*.
captivate *v* swyno, cyfareddu.
captivation *n* cyfaredd *f*.
captive *n* carcharor *m*.
captivity *n* caethiwed *m*.
capture *v* dal.
car *n* car *m*.
caravan *n* carafán *f*.
carbohydrate *n* carbohydrad *m*.
carcass *n* celain *f*.
card *n* carden *f*.
cardboard *n* cardfwrdd *m*.
cardinal *adj* prif. • *n* cardinal *m*.
care *n* gofal *m*. • *v* poeni.
career *n* gyrfa *f*.
careful *adj* gofalus.
careless *adj* diofal, esgeulus.
carelessness *n* esgeulustod *m*.
caress *n* anwes *m*. • *v* anwesu.
caretaker *n* gofalwr *m*, gofalwraig *f*.
cargo *n* cargo; llwyth *m*.
caricature *n* gwawdlun *m*.
carnage *n* cyflafan *f*.
carnal *adj* cnawdol.
carnival *n* cárnifal *m*.
carnivorous *adj* cigysol.
carpenter *n* saer coed *m*.
carpentry *n* gwaith coed *m*.
carpet *n* carped *m*.
carriage *n* cerbyd *m*.
carrier *n* cludydd *m*.
carrion *n* celain *f*.
carrots *n* moron *pl*.
carry *v* cario, cludo, dwyn.
cart *n* trol *f*.
cartilage *n* madruddyn *m*.
cartoon *n* cartŵn *m*.

cartridge *n* cetrisen *f*.
carve *v* naddu, cerfio.
carving *n* cerfiad *m*.
case *n* achos; cas, casyn *m*.
cash *n* arian parod *m*.
cashier *n* ariannydd *m*.
casing *n* cragen *f*, casyn *m*.
casino *n* casino *m*.
cask *n* casgen *f*.
casket *n* blwch *m*.
casserole *n* caserol *m*.
cassette *n* casét *m*.
cassette player *n* chwaraewr casetiau *m*.
cast *v* bwrw.
caste *n* cast, dosbarth *m*.
castigate *v* cystwyo.
castle *n* castell *m*.
castrate *v* disbaddu, ysbaddu.
castration *n* disbaddiad *m*.
casual *adj* damweiniol, anffurfiol.
cat *n* cath *f*.
catalogue *n* catalog *m*, rhestr *f*.
catapult *n* blif, sling *m*.
cataract *n* rhaeadr; pilen *f*.
catastrophe *n* trychineb *m*.
catch *v* dal.
catchword *n* slogan *m/f*.
catechism *n* holwyddoreg *f*.
categorical *adj* pendant.
category *n* dosbarth, categori *m*.
cater *v* arlwyo.
catering *n* arlwyaeth *f*.
caterpillar *n* lindys *m*.
cathedral *n* eglwys gadeiriol *f*.
catholic *adj* catholig.
cattle *n* gwartheg *pl*.
cauliflower *n* blodfresychen *f*.
cause *n* achos *m*. • *v* achosi.
cauterise *v* serio.
caution *n* pwyll *m*. • *v* rhybuddio.
cautious *adj* gofalus, gwyliadwrus.
cavalry *n* gwŷr meirch *pl*.
cave *n* ogof *f*.
cavern *n* ceudwll *m*.
cavity *n* ceudod *m*.
cease *v* peidio, darfod.
ceaseless *adj* di-baid.

cede v ildio.
ceiling n nenfwd m.
celebrate v dathlu.
celebration n dathliad m.
celery n helogan f.
celibate adj diwair, dibriod.
cell n cell f.
cellar n seler f.
cement n sment m.
cemetery n mynwent f.
censor n sensor m.
censorship n sensoriaeth f.
censure v ceryddu.
census n cyfrifiad m.
centenary n canmlwyddiant m.
centigrade adj canradd.
centimetre n centimetr m.
central adj canolog.
centralise v canoli.
centre n canolfan m/f; canol m. • v canoli.
century n canrif f.
ceramic adj ceramig.
cereal n grawnfwyd m.
ceremonial adj defodol, seremonïol.
ceremony n defod, seremoni f.
certain adj sicr, diamau.
certainty n sicrwydd m.
certificate n tystysgrif f.
certification n ardystiad m.
certify v tystio, ardystio.
cessation n diwedd, terfyn m.
chafe v rhwbio.
chagrin n siom m/f.
chain n cadwyn f. • v cadwyno.
chair n cadair f. • v cadeirio.
chairman n cadeirydd m.
chalk n sialc m.
challenge n her f. • v herio.
chamber n siambr f.
champion n pencampwr m, pencampwraig f. • v amddiffyn.
championship n pencampwriaeth f.
chance n damwain, siawns f.
chancellor n canghellor m.
change v newid. • n newid m.
changeable adj cyfnewidiol.
channel n sianel f. • v sianelu.

chant n salm-dôn f. • v llafarganu.
chaos n anhrefn f.
chaotic adj anhrefnus, cawl gwyllt.
chapel n capel m.
chapter n pennod f.
character n cymeriad m.
characteristic adj nodweddiadol.
charcoal n golosg, sercol m.
charge v codi; hyrddio; siarsio. • n pris m; rhuthr m; cyhuddiad m.
charitable adj elusennol.
charity n elusen f.
charm n swyn m. • v swyno.
chart n siart f.
charter n siarter, breinlen f. • v llogi.
chase v hela, ymlid. • n helfa f.
chaste adj diwair.
chastise v cosbi, cystuddio.
chastisement n cosbedigaeth f.
chastity n diweirdeb m.
chat v sgwrsio. • n sgwrs f.
chatter v clebran; cogor.
chauffeur n gyrrwr m.
chauffeuse n gyrwraig f.
chauvinist n siofinydd m.
cheap adj rhad.
cheapen v gostwng (pris).
cheat v twyllo. • n twyllwr m, twyllwraig f.
check v gwirio. • n gwiriad m.
checkup n archwiliad m.
cheek n boch f.
cheer n bonllef f. • v bloeddio cymeradwyaeth.
cheerful adj siriol, llon.
cheerfulness n sirioldeb m.
cheese n caws m.
chef n pen-cogydd m.
chemist n cemegydd m; fferyllydd m.
chemistry n cemeg f.
cheque n siec f.
cherish v anwylo, coleddu.
cherry n ceiriosen f.
chess n gwyddbwyll f.
chest n brest f; cist f.
chew v cnoi.

chick *n* cyw *m*.
chicken *n* cyw iâr, ffowlyn *m*.
chief *adj* prif. • *n* pennaeth *m*.
chieftain *n* pennaeth *m*.
child *n* plentyn *m*.
childbirth *n* genedigaeth *f*.
childhood *n* plentyndod *m*.
childish *adj* plentynnaidd.
children *n* plant *pl*.
chill *n* annwyd *m*. • *v* oeri.
chilly *adj* oeraidd.
chimney *n* simdde, simnai *f*.
chin *n* gên *f*.
chip *v* naddu. • *n* sglodyn *m*.
chirp *v* trydar.
chisel *n* cŷn *m*, gaing *f*.
chivalry *n* sifalri *m*.
chocolate *n* siocled *m*.
choice *n* dewis *m*.
choir *n* côr *m*.
choke *v* tagu.
choose *v* dewis, dethol.
chop *v* torri. • *n* golwyth *m*.
chore *n* gorchwyl *m*, tasg *f*.
chorus *n* cytgan *f*; corws *m*.
christen *v* bedyddio.
christening *n* bedydd *m*.
Christian *adj* Cristnogol. • *n* Cristion *m*.
Christmas *n* Nadolig *m*.
Christmas Eve *n* Noswyl y Nadolig *f*.
chronic *adj* cronig, di-baid.
chronicle *n* cronicl *m*.
chronicler *n* croniclydd, cofiadur *m*.
chronological *adj* cronolegol.
chronology *n* cronoleg *f*.
chuckle *n* chwerthiniad *m*.
chum *n* mêt *m*, cyfaill mebyd.
church *n* eglwys *f*.
cider *n* seidr *m*.
cigar *n* sigâr *f*.
cigarette *n* sigarét *f*.
cinder *n* colsyn, marworyn *m*.
cinema *n* sinema *m*.
circle *n* cylch *m*. • *v* cylchu.
circuit *n* cylchdaith, cylched *f*.

circular *adj* crwn. • *n* cylchlythyr *m*.
circulate *v* cylchredeg.
circulation *n* cylchrediad *m*.
circumference *n* cylchedd *m*.
circumnavigation *n* mordaith (o gwmpas) *f*.
circumspect *adj* gochelgar.
circumspection *n* gochelgarwch, pwyll *m*.
circumstance *n* amgylchiad *m*.
circumvent *v* osgoi, twyllo.
circus *n* syrcas *f*.
cite *v* gwysio; dyfynnu.
citizen *n* dinesydd *m*.
city *n* dinas *f*.
civic *adj* dinesig.
civil *adj* sifil.
civilian *n* dinesydd (preifat) *m*.
civilisation *n* gwareiddiad *m*.
civilise *v* gwareiddio.
claim *v* hawlio; honni. • *n* cais; honiad *m*.
claimant *n* hawliwr, hawlydd *m*.
clamour *n* dadwrdd *m*.
clamp *n* clamp *m*. • *v* clampio.
clandestine *adj* dirgel.
clap *v* curo dwylo.
clarification *n* eglurhad *m*.
clarify *v* egluro; gloywi.
clarity *n* eglurder, gloywder *m*.
clash *v* gwrthdaro.
clasp *n* clesbyn *m*. • *v* gwasgu'n dynn.
class *n* dosbarth *m*.
classic(al) *adj* clasurol.
classification *n* dosbarthiad *m*.
classify *v* dosbarthu.
classroom *n* ystafell ddosbarth *f*.
clatter *v* clindarddach. • *n* twrw *m*.
claw *n* crafanc *f*.
clean *adj* glân. • *v* glanhau.
cleaning *n* glanhad, glanheuad *m*.
cleanliness *n* glanweithdra, glendid *m*.
clear *adj* clir, eglur. • *v* clirio.
cleft *n* hollt *f*.
clemency *n* trugaredd *f/m*.
clement *adj* tirion.

clergy *n* offeiriaid *pl.*
clergyman *n* clerigwr *m.*
clerical *adj* clerigol.
clerk *n* clerc *m.*
clever *adj* medrus, peniog.
click *v* clicio. • *n* clic *m.*
client *n* cwsmer *m.*
cliff *n* clogwyn *m.*
climate *n* hinsawdd *f.*
climatic *adj* hinsoddol.
climax *n* anterth, uchafbwynt *m.*
climb *v* dringo.
climber *n* dringwr *m.*
cling *v* glynu.
clinic *n* clinig *m.*
clip *v* tocio.
cloak *n* clogyn, mantell *f.* • *v* taflu mantell dros.
cloakroom *n* ystafell gotiau *f.*
clock *n* cloc *m.*
clog *n* clocsen *f.*
close *v* cau. • *n* diwedd *m.* • *adj* cyfagos; mwll.
closeness *n* agosrwydd *m.*
cloth *n* brethyn; lliain *m.*
clothe *v* dilladu.
clothes *n* dillad *pl.*
cloud *n* cwmwl *m.*
cloudy *adj* cymylog.
clover *n* meillionen *f.*
clown *n* clown *m.*
club *n* pastwn; clwb *m.*
clue *n* cliw *m.*
clumsiness *n* lletchwithdod *m.*
clumsy *adj* lletchwith, trwsgl.
cluster *n* clwstwr, clwm *m.* • *v* clystyru.
clutch *n* cydiwr, clyts *m.* • *v* gafael.
coach *n* coets *f*; hyfforddwr *m.* • *v* hy-fforddi.
coagulate *v* ceulo.
coal *n* glo *m.*
coalesce *v* ymdoddi.
coalition *n* clymblaid *f.*
coarse *adj* garw, aflednais.
coast *n* arfordir *m.*
coastal *adj* arfordirol.
coastguard *n* gwyliwr y glannau *m.*

coat *n* cot, côt *f.*
coating *n* cot, côt, haen *f.*
coax *v* perswadio.
cobweb *n* gwe pry copyn *f.*
cock *n* ceiliog *m.*
cockpit *n* talwrn *m.*
cocoa *n* coco *m.*
coconut *n* cneuen goco *f.*
cocoon *n* cocŵn *m.*
cod *n* penfras *m.*
code *n* cod *m.*
coercion *n* gorfodaeth *f.*
coexistence *n* cydfodolaeth *f.*
coffee *n* coffi *m.*
coffer *n* coffr *m*/*f.*
coffin *n* arch *f.*
cog *n* cocsyn *m*, cocsen *f.*
cogency *n* grym, argyhoeddiad *m.*
cogent *adj* grymus, cryf.
cognisance *n* gwybyddiaeth *f.*
cogwheel *n* olwyn gocos *f.*
cohabit *v* cyd-fyw, byw tali.
cohabitation *n* cyd-fyw *vn.*
cohere *v* cydlynu.
coherent *adj* yn dal dŵr, cydlynol.
cohesive *adj* ymlynol.
coil *n* torch *f.* • *v* torchi.
coin *n* darn arian *m.*
coincide *v* cyd-daro, cyd-ddigwydd.
coincidence *n* cyd-ddigwyddiad *m.*
colander *n* colandr *m*, hidl *f.*
cold *adj* oer. • *n* oerfel; annwyd *m.*
collaborate *v* cydweithio.
collaboration *n* cydweithrediad *m.*
collapse *v* dymchwelyd, syrthio. • *n* cwymp *m.*
collapsible *adj* plygu (cadair blygu).
collar *n* coler *f*/*m.*
collate *v* coladu.
collateral *adj* cyfochrog.
colleague *n* cyd-weithiwr *m*, cydweithwraig *f.*
collect *v* casglu, hel.
collection *n* casgliad *m.*
collector *n* casglwr, casglydd *m.*
college *n* coleg *m.*
collide *v* gwrthdaro.

collision *n* gwrthdrawiad *m*.
colloquial *adj* llafar.
colloquialism *n* ymadrodd llafar, gwerinair *m*.
collusion *n* cydgynllwyn *m*.
colonial *adj* trefedigaethol.
colonise *v* gwladychu.
colony *n* gwladfa, trefedigaeth *f*.
colour *n* lliw *m*. • *v* lliwio.
coloured *adj* lliw.
colourful *adj* lliwgar.
column *n* colofn *f*.
columnist *n* colofnydd *m*.
coma *n* côma *m*.
comatose *adj* swrth, mewn côma.
comb *n* crib *f/m*. • *v* cribo.
combat *n* gornest *f*. • *v* ymladd yn erbyn.
combatant *n* ymladdwr *m*.
combination *n* cyfuniad *m*.
combine *v* cyfuno.
combustion *n* hylosgiad *m*.
come *v* dod, dyfod (*see* Appendix).
comedian *n* digrifwr *m*.
comedienne *n* digrifwraig *f*.
comedy *n* comedi *f*.
comet *n* comed *f*, seren gynffon *f*.
comfort *n* cysur *m*. • *v* cysuro.
comfortable *adj* cyfforddus.
comic(al) *adj* digrif, smala.
command *v* gorchymyn. • *n* gorchymyn *m*.
commander *n* comander *m*.
commemorate *v* coffáu.
commemoration *n* coffâd *m*.
commence *v* cychwyn.
commencement *n* dechrau *m*.
commend *v* cyflwyno; cymeradwyo.
commendation *n* cymeradwyaeth *f*.
commensurate *adj* cymesur.
comment *n* sylw *m*. • *v* gwneud sylw.
commentary *n* sylwebaeth *f*; esboniad *m*.
commentator *n* sylwebydd *m*.
commerce *n* masnach *f*.
commercial *adj* masnachol.

commiserate *v* cydymdeimlo.
commiseration *n* cydymdeimlad.
commission *n* comisiwn *m*. • *v* comisiynu; dirprwyo.
commit *v* cyflawni; traddodi.
commitment *n* ymrwymiad *m*.
committee *n* pwyllgor *m*.
common *adj* cyffredin.
common sense *n* synnwyr cyffredin *m*.
commonly *adv* yn gyffredin.
commotion *n* cyffro, cynnwrf *m*.
communicable *adj* mynegadwy; heintus.
communicate *v* cyfathrebu.
communion *n* cymundeb *m*.
communist *n* comiwnydd *m*.
community *n* cymuned *f*.
commutable *adj* newidiadwy.
commute *v* cymudo.
compact *adj* cryno.
compact disc *n* cryno-ddisg *m*.
companion *n* cydymaith, cymar *m*.
company *n* cwmni *m*.
comparable *adj* hafal.
comparative *adj* cymharol.
compare *v* cymharu.
comparison *n* cymhariaeth *f*.
compass *n* cwmpas *m*.
compassion *n* tosturi *m*.
compassionate *adj* tosturiol, trugarog.
compatibility *n* cydnawsedd *m*.
compatible *adj* cydnaws.
compatriot *n* cyd-wladwr *m*.
compel *v* gorfodi, cymell.
compensate *v* digolledu.
compensation *n* iawndal *m*.
compete *v* cystadlu.
competence *n* cymhwysedd *m*.
competent *adj* cymwys.
competition *n* cystadleuaeth *f*.
competitive *adj* cystadleuol.
competitor *n* cystadleuydd *m*.
complacency *n* hunanfoddhad *m*.
complacent *adj* hunanfoddhaus; hunanfodlon.
complain *v* achwyn.

complaint *n* cwyn *f*.
complementary *adj* cyflenwol.
complete *adj* cyflawn. • *v* gorffen.
completion *n* cwblhad *m*.
complex *adj* cymhleth.
complexion *n* pryd *m*, gwedd *f*.
complexity *n* cymlethdod *m*.
compliance *n* ufudd-dod; cydsyniad *m*.
complicate *v* cymhlethu.
complication *n* cymhlethdod *m*.
complicity *n* rhan *f*.
compliment *n* canmoliaeth *f*. • *v* canmol, llongyfarch.
comply *v* ufuddhau, cydsynio.
component *n* cydran *f*.
compose *v* cyfansoddi.
composer *n* cyfansoddwr *m*, cyfansoddwraig *f*.
composition *n* cyfansoddiad; traethawd *m*.
composure *n* hunanfeddiant *m*.
compound *adj* cyfansawdd. • *n* cyfansoddyn *m*.
comprehend *v* amgyffred.
comprehensible *adj* dealladwy.
comprehension *n* dirnadaeth *f*.
comprehensive *adj* cynhwysfawr; cyfun.
compress *v* gwasgu.
comprise *v* cynnwys.
compromise *n* cyfaddawd *m*. • *v* cyfaddawdu.
compulsion *n* gorfodaeth *f*.
compulsory *adj* gorfodol.
computer *n* cyfrifiadur *m*.
computerise *v* cyfrifiaduro.
computer science *n* cyfrifiadureg *f*.
comrade *n* cydymaith, cymrawd *m*.
comradeship *n* brawdoliaeth *f*.
conceal *v* cuddio.
concealment *n* cuddio, celu *vn*.
concede *v* ildio.
conceit *n* hunan-dyb *m/f*, balchder *m*.
conceive *v* beichiogi; dychmygu.
concentrate *v* canolbwyntio.

concentration *n* crynodiad *m*.
concept *n* cysyniad *m*.
conception *n* syniad; beichiogiad *m*.
concern *v* ymwneud â. • *n* gofal; busnes *m*.
concerning *prep* ynglŷn â.
concert *n* cyngerdd *m*.
conciliate *v* cymodi.
conciliation *n* cymod *m*.
concise *adj* cryno.
conclude *v* casglu; terfynu.
conclusion *n* casgliad; diweddglo *m*.
conclusive *adj* terfynol.
concoct *v* llunio, dyfeisio.
concord *n* cytgord *m*.
concordance *n* cytgord; mynegai *m*.
concrete *n* concrit *m*.
concur *v* cyd-weld.
concurrence *n* cydsyniad *m*.
concurrent *adj* cyfredol.
concussion *n* ysgytwad *m*.
condemn *v* condemnio, collfarnu.
condemnation *n* condemniad *m*; collfarn *f*.
condensation *n* cyddwysedd *m*.
condense *v* cywasgu; cyddwyso.
condescend *v* ymostwng.
condescending *adj* nawddogol, nawddoglyd.
condition *v* cyflyru. • *n* cyflwr *m*; amod *m/f*.
conditional *adj* amodol.
condolence *n* cydymdeimlad *m*.
condom *n* condom *m*.
conduct *n* ymddygiad, ymarweddiad *m*. • *v* arwain.
cone *n* côn *m*.
confectionery *n* melysion; teisennau *pl*.
confer *v* ymgynghori; cyflwyno.
conference *n* cynhadledd *f*.
confess *v* cyffesu, cyfaddef.
confession *n* cyfaddefiad *m*, cyffes *f*.
confidant *n* cyfaill mynwesol *m*.

confide v ymddiried.
confidence n hyder m; ymddiriedaeth f.
confident adj hyderus.
confidential adj cyfrinachol.
confine v cyfyngu.
confinement n caethiwed m.
confirm v cadarnhau.
confirmation n cadarnhad m.
confiscate v cymryd oddi ar.
conflict n gwrthdrawiad m.
conflicting adj anghyson.
conform v cydymffurfio.
conformity n cydymffurfiad m.
confront v wynebu, bod wyneb yn wyneb.
confrontation n gwrthdaro vn.
confuse v cymysgu, drysu.
confusion n dryswch m, anhrefn f.
congeal v fferru, ceulo.
congenial adj cydnaws.
congenital adj cynhenid.
congestion n caethder m; tagfa f.
congratulate v llongyfarch.
congratulations n llongyfarchiadau pl.
congregate v casglu, ymgynnull.
congregation n cynulleidfa f.
congress n cyngres f, cynulliad m.
congruity n cyfaddasrwydd m.
congruous adj addas.
conifer n coniffer m/f.
conjecture v tybio, dyfalu.
conjugal adj priodasol.
conjunction n cysylltiad; cysylltair m.
conjuncture n achlysur m.
connect v cysylltu, cydio.
connection n cysylltiad m.
connoisseur n arbenigwr m, arbenigwraig f.
conquer v gorchfygu, goresgyn.
conqueror n gorchfygwr, goresgynnwr m.
conquest n goresgyniad, gorchfygiad m.
conscience n cydwybod f.
conscientious adj cydwybodol.

conscious adj ymwybodol.
consciousness n ymwybyddiaeth f.
consecrate v cysegru.
consecration n cysegriad m.
consecutive adj olynol.
consensus n consensws m.
consent n caniatâd m. • v caniatáu, cydsynio.
consequence n canlyniad m.
consequent adj canlynol, dilynol.
conservation n cadwraeth, gwarchodaeth f.
conservative adj ceidwadol.
conserve v cadw, gwarchod.
consider v ystyried.
considerable adj sylweddol.
considerate adj ystyriol, meddylgar.
consideration n ystyriaeth f.
consign v anfon.
consignment n cyflenwad m.
consist v cynnwys.
consistency n cysondeb; ansawdd m.
consistent adj cyson.
consolation n cysur m.
console v cysuro.
consolidate v atgyfnerthu.
consolidation n cadarnhad, cyfnerthiad m.
conspicuous adj amlwg.
conspiracy n cynllwyn m.
conspire v cynllwynio.
constancy n sadrwydd m.
constant adj cyson.
constellation n cytser m.
consternation n syndod m.
constipation n rhwymedd m.
constitute v gwneud, creu.
constitution n cyfansoddiad m.
constitutional adj cyfansoddiadol.
constrain v gorfodi; cyfyngu.
constraint n cyfyngiad m.
constrict v cywasgu.
construct v adeiladu, llunio.
construction n adeilad, lluniad m.
consult v ymgynghori.

consultation *n* ymgynghoriad *m*.
consume *v* llyncu, difa.
consumer *n* prynwr, defnyddiwr *m*; prynwraig, defnyddwraig *f*.
consummate *v* cyflawni. • *adj* cyflawn.
consumption *n* traul *f*; darfodedigaeth *m*.
contact *n* cysylltiad *m*.
contagious *adj* heintus.
contain *v* cynnwys.
container *n* cynhwysydd *m*.
contaminate *v* llygru, heintio.
contamination *n* llygredd *m*.
contemplate *v* ystyried.
contemplation *n* myfyrdod *m*.
contemporary *adj* cyfoes.
contempt *n* dirmyg *m*.
contemptible *adj* gwarthus, cywilyddus.
contemptuous *adj* dirmygus.
contend *v* ymryson.
content *adj* bodlon. • *n* cynnwys *m*.
contention *n* cynnen *f*.
contentment *n* bodlonrwydd *m*.
contest *v* herio, ymryson. • *n* gornest *f*.
contestant *n* cystadleuydd *m*.
context *n* cyd-destun *m*.
continent *n* cyfandir *m*.
continental *adj* cyfandirol.
contingency *n* achlysur *m*.
contingent *n* mintai *f*.
continual *adj* parhaus.
continuation *n* parhad *m*.
continue *v* parhau.
continuous *adj* parhaol.
contort *v* ystumio.
contortion *n* dirdyniad *m*.
contour *n* cyfuchlinedd *m*.
contraception *n* atal cenhedlu *vn*.
contraceptive *n* dyfais atal cenhedlu *f*.
contract *v* cyfangu; cyfamodi. • *n* cyfamod *m*.
contradict *v* gwrth-ddweud.
contradiction *n* gwrthddywediad *m*.

contradictory *adj* yn gwrth-ddweud.
contraption *n* dyfais *f*.
contrary *adj* croes. • *n* gwrthwyneb *m*.
contrast *n* gwrthgyferbyniad *m*. • *v* cyferbynnu.
contravention *n* toriad *m*.
contribute *v* cyfrannu.
contribution *n* cyfraniad *m*.
contrite *adj* edifar.
contrivance *n* dichell *f*.
control *n* rheolaeth *f*. • *v* rheoli.
controversial *adj* dadleuol.
controversy *n* dadl *f*.
contusion *n* clais *m*.
conurbation *n* cytref *f*.
convalesce *v* cryfhau, gwella.
convalescent *adj* ymadfer.
convene *v* galw, cynnull.
convenience *n* cyfleustra *m*.
convenient *adj* cyfleus.
convention *n* confensiwn *m*; cynhadledd *f*.
conventional *adj* confensiynol.
converge *v* cydgyfarfod.
convergence *n* cydgyfeiriant *m*.
convergent *adj* cydgyfeiriol.
conversant *adj* hyddysg, cyfarwydd.
conversation *n* sgwrs, ymgom *f*.
converse *v* sgwrsio, ymddiddan.
conversion *n* tröedigaeth *f*.
convert *v* troi.
convey *v* trosglwyddo, cludo.
conveyance *n* cludiad *m*.
convict *n* carcharor *m*. • *v* dyfarnu'n euog.
conviction *n* argyhoeddiad *m*; collfarn *f*.
convince *v* argyhoeddi.
convivial *adj* llawen, siriol.
conviviality *n* miri *m*.
convoke *v* cydgynnull.
convoy *n* gosgordd *f*.
convulse *v* dirdynnu.
convulsion *n* dirdyniad *m*.
convulsive *adj* dirdynnol.

cook *n* cogydd *m*, -es *f*. • *v* coginio.
cooker *n* popty *m*, ffwrn *f*.
cookery *n* coginio *vn*.
cool *adj* oeraidd. • *v* oeri.
coolness *n* oerni *m*.
co-operate *v* cydweithio.
co-operation *n* cydweithrediad *m*.
co-operative *adj* cydweithredol.
co-ordinate *v* cydlynu.
coordination *n* cytgordiad *m*.
cope *v* ymdopi.
copious *adj* helaeth.
copy *n* copi *m*. • *v* copïo, dynwared.
copyright *n* hawlfraint *f*.
coral *n* cwrel *m*.
cord *n* corden *f*.
cordial *adj* calonnog.
core *n* calon *f*, craidd *m*.
cork *n* corcyn *m*.
corkscrew *n* corcsgriw *m*.
corn *n* llafur, ŷd *m*.
corner *n* cornel *f*.
cornerstone *n* conglfaen *m*.
cornflakes *n* creision ŷd *pl*.
coronation *n* coroni *vn*.
coroner *n* crwner *m*.
corporate *adj* corfforaethol.
corporation *n* corfforaeth *f*.
corps *n* corfflu *m*.
corpse *n* corff *m*, celain *f*.
corpulent *adj* tew, llond ei groen.
correct *v* cywiro. • *adj* cywir.
correction *n* cywiriad *m*.
correctness *n* cywirdeb *m*.
correlation *n* cydberthynas *f*.
correspond *v* gohebu; cyfateb.
correspondence *n* cyfatebiaeth; go-hebiaeth *f*.
correspondent *n* gohebydd *m*.
corridor *n* coridor *m*.
corroborate *v* cadarnhau, ategu.
corrode *v* cyrydu.
corrosion *n* cyrydiad *m*; traul *f*.
corrosive *adj* difaol.
corrupt *v* llygru. • *adj* llwgr, llygredig.
corruption *n* llygredd *m*.
cosmetic *adj* cosmetig.

cosmic *adj* cosmig.
cosmopolitan *adj* aml-hiliol.
cost *n* cost *f*. • *v* costio.
costly *adj* drud, drudfawr.
costume *n* gwisg *f*.
cottage *n* bwthyn *m*.
cotton *n* cotwm *m*.
cotton wool *n* gwlân cotwm *m*.
couch *n* soffa *f*.
cough *n* peswch *m*. • *v* peswch.
council *n* cyngor *m*.
counsel *n* cyngor *m*.
counsellor *n* cynghorydd *m*.
count *v* cyfrif. • *n* iarll *m*.
countenance *n* wynepryd *m*.
counter *n* cownter *m*.
counteract *v* gwrthweithio.
counterbalance *v* gwrthbwyso.
counterfeit *v* ffugio. • *adj* ffug.
counterpart *n* un sy'n cyfateb *m/f*.
countersign *v* cydlofnodi.
countrified *adj* gwladaidd.
country *n* gwlad *f*. • *adj* gwledig.
countryman *n* gwladwr, gwerinwr *m*.
county *n* sir, swydd *f*.
couple *n* cwpl *m*, deuddyn *f*. • *v* cyplysu, uno.
coupon *n* cwpon, tocyn *m*.
courage *n* dewrder, gwrhydri *m*.
courageous *adj* dewr, gwrol.
courier *n* negesydd; arweinydd *m*.
course *n* cwrs *m*; hynt *f*.
court *n* llys *m*. • *v* canlyn, caru.
courteous *adj* cwrtais, boneddigaidd.
courtesy *n* cwrteisi, boneddigeiddrwydd *m*.
courthouse *n* llys *m*.
courtroom *n* cwrt *m*.
cousin *n* cefnder *m*, cyfnither *f*.
cover *n* clawr, gorchudd *m*. • *v* gorchuddio.
covert *adj* cudd, dirgel.
cover-up *v* cuddio.
covet *v* chwennych, chwenychu.
cow *n* buwch *f*.
coward *n* llwfrgi *m*.

cowardice *n* llwfrdra *m*.
cowboy *n* cowboi *m*.
coy *adj* swil.
coyness *n* swildod *m*.
crab *n* cranc *m*.
crack *n* crac *m*, hollt *f*. • *v* cracio, hollti.
crackle *v* clecian.
cradle *n* crud *m*.
craft *n* crefft *f*.
craftsman *n* crefftwr *m*.
crafty *adj* cyfrwys.
cram *v* stwffio, gwthio.
cramp *n* cwlwm gwythi *m*. • *v* llesteirio.
crane *n* garan *flm*; craen *m*.
crash *v* gwrthdaro. • *n* gwrthdrawiad, twrw *m*.
crate *n* crât, cawell *f*.
crater *n* crater, ceudwll *m*.
crawl *v* cropian.
crayon *n* creon *m*.
craze *n* chwilen, ffasiwn *f*.
craziness *n* gwallgofrwydd, ffolineb *m*.
crazy *adj* gwallgof, hurt.
creak *v* gwichian.
cream *n* hufen *m*.
crease *n* plygiad, crych *m*.
create *v* creu.
creation *n* cread *m*, creadigaeth *f*.
creature *n* creadur *m*.
credence *n* cred, coel *f*.
credibility *n* hygrededd *m*.
credible *adj* credadwy.
credit *n* coel *f*; clod *m/f*.
credit card *n* cerdyn credyd *m*.
creditable *adj* canmoladwy.
creditor *n* credydwr *m*.
creep *v* cropian, sleifio.
cremate *v* llosgi.
cremation *n* amlosgiad *m*.
crematorium *n* amlosgfa *f*.
cress *n* berwr *pl*.
crest *n* crib *m*; arfbais *f*.
crevice *n* agen, hollt *f*.
crew *n* criw *m*.
crib *n* preseb *m*.

crime *n* trosedd *m*.
criminal *adj* troseddol. • *n* troseddwr *m*, troseddwraig *f*.
cripple *n* crupl, efrydd *m*.
crisis *n* argyfwng *m*.
criterion *n* maen prawf *m*.
critic *n* beirniad *m*.
critical *adj* beirniadol.
criticise *v* beirniadu.
criticism *n* beirniadaeth *f*.
croak *v* crawcian.
crockery *n* llestri *pl*.
crocodile *n* crocodeil *m*.
crocus *n* saffrwm *m*.
crook *n* ffon fugail *f*.
crop *n* cnwd *m*.
cross *n* croes *f*. • *v* croesi. • *adj* croes, blin.
crossing *n* croesfan *flm*.
cross-reference *n* croesgyfeiriad *m*.
crossroad *n* croesffordd *f*.
crouch *v* cyrcydu, cwtsio.
crow *n* brân *f*.
crowd *n* torf, tyrfa *f*.
crown *n* coron *f*. • *v* coroni.
crucial *adj* hanfodol.
crucifix *n* croes *f*.
crude *adj* amrwd.
cruel *adj* creulon, brwnt.
cruelty *n* creulondeb *m*.
crumb *n* briwsionyn *m*.
crumble *v* briwo, briwsioni.
crunch *v* crensian.
crush *v* gwasgu, mathru.
crust *n* crwstyn *m*; cramen *f*.
crutch *n* ffon fagl *f*.
crux *n* craidd *m*.
cry *v* llefain. • *n* cri, llef *f*.
crystal *n* grisial *m*.
crystalline *adj* grisialaidd.
crystallise *v* crisialu.
cube *n* ciwb *m*.
cuddle *v* cofleidio, anwesu.
cuff *n* torch llawes *f*.
culinary *adj* coginiol.
culminate *v* cyrraedd ei anterth.
culpable *adj* ar fai.

culprit n troseddwr m, troseddwraig f.
cult n cwlt m.
cultivate v meithrin, trin.
cultivation n trin tir vn.
culture n diwylliant m.
cumbersome adj trwsgl, afrosgo.
cumulative adj cynyddol.
cunning adj cyfrwys.
cup n cwpan m/f.
cupboard n cwpwrdd m.
curb n atalfa f. • v ffrwyno.
cure n iachâd m. • v gwella; halltu.
curiosity n chwilfrydedd m.
curious adj chwilfrydig.
curl n modrwy f. • v modrwyo, cyrlio.
curly adj cyrliog, modrwyog.
currency n arian treigl/breiniol m.
current adj cyfredol. • n cerrynt m.
current affairs n materion/pynciau'r dydd pl.
curriculum n cwricwlwm, maes lla-fur.

curse v melltithio.
curt adj cwta, swta.
curtain n llen f.
ourve v gwyro, troi. • n tro m.
cushion n clustog f.
custodian n ceidwad m.
custom n arfer m/f.
customary adj arferol.
customer n cwsmer m.
customs n tollau pl.
customs officer n swyddog y tollau m.
cut v torri. • n toriad m.
outlery n cyllyll a ffyrc pl.
cutting n toriad m.
cycle n cylch; beic m. • v seiclo.
cycling n beicio vn.
cyclist n beiciwr m, beicwraig f.
cygnet n cyw alarch m.
cylinder n silindr m/f.
oynic n sinig m.
cynical adj sinigaidd.
cynism n siniciaeth f.

D

dad(dy) n dad, dat, dada m.
daily adj beunyddiol, dyddiol.
daintiness n lledneisrwydd m.
dainty adj llednais, del.
dairy n llaethdy m.
dam n argae m, cronfa f. • v cronni.
damage n difrod, niwed m. • v niweidio.
damnation n damnedigaeth f.
damp adj llaith.
dampen v gwlychu.
dance n dawns f. • v dawnsio.
dancer n dawnsiwr m, dawnswraig f.
danger n perygl m.
dangerous adj peryglus.
dangle v hongian.
dare v meiddio, mentro.
daring adj beiddgar.
dark adj tywyll. • n tywyllwch m.

darken v tywyllu.
darkness n tywyllwch m.
darling adj annwyl. • n cariad m.
dart n dart m.
dash v rhuthro.
data n data pl.
data processing n prosesu data vn.
date n dyddiad m.
dated adj wedi dyddio; dyddiedig.
daughter n merch f; ~ in-law merch-yng-nghyfraith f.
dawn n gwawr f. • v gwawrio.
day n dydd, diwrnod m.
daylight n golau dydd m.
dazed adj syfrdan.
dazzle v dallu.
dead adj marw.
deaden v lladd.
deadline n dyddiad cau m.
deadly adj marwol, angheuol.

deaf *adj* byddar.
deafen *v* byddaru.
deafening *adj* byddarol.
deafness *n* byddardod *m*.
deal *n* bargen *f*. • *v* rhannu.
dealer *n* masnachwr *m*.
dear *adj* annwyl; drud.
dearness *n* anwyldeb *m*.
death *n* marwolaeth *f*.
death certificate *n* tystysgrif marwolaeth *f*.
death penalty *n* y gosb eithaf *f*.
debar *v* atal.
debase *v* diraddio, darostwng.
debasement *n* darostyngiad *m*.
debatable *adj* dadleuol.
debate *n* dadl *f*. • *v* dadlau.
debilitate *v* gwanhau, gwanio.
debit *n* debyd *m*.
debt *n* dyled *f*.
debtor *n* dyledwr *m*.
decade *n* degawd *m*.
decadence *n* dirywiad *m*, dirywiaeth *f*.
decaffeinated *adj* digaffein.
decay *v* dadfeilio. • *n* dirywiad *m*.
deceased *adj* ymadawedig, diwe-ddar.
deceit *n* twyll *m*.
deceive *v* twyllo.
December *n* Rhagfyr *m*.
decency *n* gwedduster *m*.
decent *adj* gweddus, gweddaidd.
decide *v* penderfynu.
decimate *v* difrodi; degymu.
decipher *v* datrys.
decision *n* penderfyniad *m*.
decisive *adj* penderfynol.
deck *n* bwrdd *m*. • *v* addurno.
declaration *n* datganiad *m*.
declare *v* datgan.
decode *v* datrys, datgodio.
decorate *v* addurno.
decoration *n* addurn, addurniad *m*.
decorative *adj* addurniadol.
decoy *n* abwyd, llith *m*.
decrease *v* lleihau.
decree *n* gorchymyn *m*. • *v* gorchymyn.

decrepit *adj* musgrell.
dedicate *v* cysegru.
dedication *n* cysegriad; cyflwyniad; ymroddiad *m*.
deduce *v* casglu.
deduct *v* tynnu allan.
deed *n* gweithred *f*.
deep *adj* dwfn.
deepen *v* dyfnhau, dwysáu.
deepness *n* dyfnder *m*.
default *n* diffyg *m*.
defeat *n* gorchfygiad *m*. • *v* gorchfygu.
defect *n* nam, diffyg *m*.
defective *adj* diffygiol.
defence *n* amddiffyniad *m*.
defend *v* amddiffyn.
defendant *n* diffynnydd *m*.
defensive *adj* amddiffynnol.
defer *v* gohirio.
deference *n* parch *m*.
defiance *n* herio *vn*.
deficiency *n* diffyg *m*.
deficient *adj* diffygiol, yn eisiau.
define *v* diffinio.
definite *adj* pendant.
definition *n* diffiniad *m*.
definitive *adj* terfynol, diffiniol.
deflect *v* gwyro.
deform *v* anffurfio.
deformity *n* anffurfiad, hagrwch *m*.
defraud *v* twyllo.
deft *adj* deheuig.
degenerate *v* dirywio, dadfeilio. • *adj* dirywiedig.
degeneration *n* dirywiad *m*.
degradation *n* diraddiad *m*.
degrade *v* diraddio.
degree *n* gradd *f*.
dejected *adj* digalon.
dejection *n* digalondid *m*.
delay *v* oedi. • *n* oediad *m*.
delegate *v* dirprwyo. • *n* cynrychiol-ydd *m*.
delegation *n* dirprwyaeth *f*.
delete *v* dileu.
deliberate *v* ystyried. • *adj* pwyllog; bwriadol.

deliberation *n* ystyriaeth *f*.
delicacy *n* danteithfwyd; meinder *m*.
delicate *adj* cywrain, tyner.
delicious *adj* amheuthun.
delight *n* hyfrydwch *m*. • *v* swyno.
delighted *adj* wrth eich bodd.
delightful *adj* hyfryd.
delinquency *n* tramgwydd *m*.
delinquent *n* troseddwr *m*.
delirious *adj* gorffwyll.
deliver *v* dosbarthu, traddodi.
delivery *n* trosglwyddo; traddodi *vn*.
delude *v* twyllo.
delusion *n* twyll, camargraff *m*.
demand *n* galw *m*. • *v* galw ar, hawlio.
demean *v* ymddwyn.
demeanour *n* ymarweddiad *m*.
democracy *n* democratiaeth *f*.
democratic *adj* democrataidd.
demolish *v* dymchwel, dymchwelyd.
demolition *n* dymchweliad *m*.
demonstrate *v* arddangos.
demonstration *n* arddangosiad; gwrthdystiad *m*.
demonstrator *n* arddangoswr; gwrthdystiwr *m*, gwrthdystwraig *f*.
demoralise *v* digalonni, gwangalonni.
den *n* ffau, gwâl *f*.
denial *n* gwrthodiad, gwadiad *m*.
denims *n* dillad denim *pl*.
denomination *n* enwad *m*.
denote *v* dynodi.
denounce *v* lladd ar.
dense *adj* dwys, tew.
dentist *n* deintydd *m*, deintyddes *f*.
dentistry *n* deintyddiaeth *f*.
dentures *n* dannedd gosod/dodi *m*.
denunciation *n* condemniad *m*.
deny *v* gwadu.
deodorant *n* diaroglydd *m*.
depart *v* ymadael.

department *n* adran *f*.
departure *n* ymadawiad *m*.
depend *v* dibynnu.
dependable *adj* dibynadwy, sad.
dependant *n* dibynnydd *m*.
dependent *adj* dibynnol.
depict *v* darlunio.
deplorable *adj* alaethus.
deplore *v* gresynu wrth.
depopulated *adj* wedi('i) d(d)iboblo-gi.
deport *v* alltudio.
deportation *n* caethglud, alltudiaeth *f*.
deportment *n* ymddygiad, ymarweddiad *m*.
deposit *v* dyddodi; gosod. • *n* adnau *m*.
deposition *n* diorseddiad, diswyddiad *m*.
depot *n* gorsaf, storfa *f*.
depreciate *v* dibrisio.
depreciation *n* dibrisiad *m*.
depress *v* gwasgu, dirwasgu.
depression *n* gostyngiad, diwasgedd *m*.
deprivation *n* amddifadiad; diffyg *m*.
deprive *v* amddifadu.
depth *n* dyfnder *m*.
deputation *n* dirprwyaeth *f*.
depute/deputise *v* dirprwyo.
deputy *n* dirprwy *m*.
deranged *adj* wedi drysu, gorffwyll.
derelict *adj* wedi'i esgeuluso.
deride *v* gwatwar, gwawdio.
derision *n* gwawd, dirmyg *m*.
derivative *adj* yn dynwared.
derive *v* deillio.
descend *v* disgyn.
descendant *n* disgynnydd *m*.
descent *n* disgyniad *m*.
describe *v* disgrifio.
description *n* disgrifiad *m*.
descriptive *adj* disgrifiadol
desert[1] *n* anialwch, diffeithwch *m*. • *adj* anial, diffaith.

desert[2] v cefnu ar.
desertion n gwrthgiliad m.
deserve v haeddu, teilyngu.
design v cynllunio, dylunio.
designate v enwebu. • adj darpar.
desirable adj dymunol, dewisol.
desire n awydd m. • v dymuno.
desist v ymatal rhag.
desk n desg f.
desolate adj unig, anghyfannedd.
despair n anobaith m. • v anobeithio.
desperate adj enbyd; byrbwyll.
desperation n enbydrwydd, gwylltineb m.
despicable adj ffiaidd.
despise v dirmygu.
despite prep er gwaethaf.
despondency n digalondid m.
despondent adj digalon.
dessert n pwdin m.
destination n pen y daith m.
destine v arfaethu.
destiny n tynged, ffawd f.
destitute adj amddifad, ar y clwt.
destitution n tlodi, cyni m.
destroy v dinistrio, difa.
destruction n dinistr, distryw m.
detach v datod, gwahanu, datgysylltu.
detachable adj datodadwy.
detail n manylyn m. • v manylu.
detain v cadw.
detect v canfod, synhwyro.
detection n darganfyddiad m.
detective n detectif m.
detention n carchariad, ataliad m.
deteriorate v dirywio, gwaethygu.
deterioration n dirywiad m.
determination n penderfyniad m.
determine v penderfynu, pennu.
detest v casáu, ffieiddio.
detestable adj ffiaidd.
detour n dargyfeiriad m.
detriment n anfantais f.
devaluation n gostyngiad mewn gwerth m.
devastate v difrodi, anrheithio.
devastation n difrod, distryw m.

develop v datblygu.
development n cynnydd m.
deviate v gwyro, cyfeiliorni.
deviation n gwyriad m.
device n dyfais f.
devil n diafol m.
devise v dyfeisio.
devoid adj amddifad. • prep heb.
devote v cysegru, ymroi.
devoted adj ffyddlon.
devotion n ymroddiad m.
devour v traflyncu.
dew n gwlith m.
dexterity n deheurwydd m.
diagnosis n barn feddygol f.
diagram n diagram, darlun m.
dialect n tafodiaith f.
dialogue n ymddiddan m.
diamond n diemwnt m.
diary n dyddiadur m.
dictate v arddweud.
dictator n unben m, unbennes f.
dictionary n geiriadur m.
die v marw.
diet n diet m. • v colli pwysau.
differ v gwahaniaethu.
difference n gwahaniaeth m.
different adj gwahanol.
differentiate v gwahaniaethu.
difficult adj anodd.
difficulty n anhawster m.
dig v palu, cloddio.
digest v treulio.
digestion n traul f.
digestive adj treuliadol.
digit n bys, digid m.
digital adj digidol.
dignified adj urddasol.
dignity n urddas f.
digression n crwydrad m.
dilemma n penbleth f/m, cyfyng-gy-ngor m.
diligence n diwydrwydd, dycnwch m.
diligent adj diwyd, dygn.
dilute v glastwreiddio.
dim adj gwan, pŵl.
dimension n maintioli, dimensiwn m.

diminish v lleihau, gostwng.
diminutive adj bychan.
din n mwstwr m.
dine v ciniawa.
dinner n cinio m.
dip v trochi, dipio.
diploma n tystysgrif f, diploma m/f.
diplomat n diplomat m.
diplomatic adj diplomataidd, diplomyddol.
dire adj enbyd, dybryd.
direct adj uniongyrchol. • v cyfeirio.
direction n cyfarwyddyd; cyfeiriad m.
director n cyfarwyddwr m, cyfarwy-ddwraig f.
directory n cyfeirlyfr, cyfarwyddiadur m.
dirt n baw, budreddi m.
dirty adj brwnt.
disability n anabledd m.
disabled adj anabl.
disadvantage n anfantais f. • v rhoi dan anfantais.
disagree v anghytuno, anghydweld.
disagreeable adj annymunol, annifyr.
disagreement n anghydfod, anghytundeb m.
disallow v gwrthod.
disappear v diflannu.
disappearance n diflaniad m.
disappoint v siomi.
disappointment n siom f/m.
disapproval n anghymeradwyaeth f.
disapprove v anghymeradwyo.
disarm v diarfogi.
disaster n trychineb m/f.
disastrous adj trychinebus.
disbelief n anghrediniaeth f.
discard v taflu, diosg.
discern v canfod, dirnad.
discerning adj craff.
disciple n disgybl m.
discipline n disgyblaeth f. • v disgyblu.
disclose v dadlennu, datgelu.

disclosure n dadleniad, datguddiad m.
disco n disgo m.
discomfort n anesmwythder, anesmwythyd m.
disconnect v datgysylltu.
disconsolate adj digysur.
discontent n anfodlonrwydd, anniddigrwydd m.
discontented adj anniddig, anfodlon.
discontinue v rhoi terfyn ar.
discord n anghytgord m.
discount n gostyngiad, disgownt m.
discourage v anghymeradwyo; digalonni.
discouragement n digalondid m; anghymeradwyaeth f.
discourse n ymddiddan m; trafodaeth f.
discourteous adj anghwrtais.
discover v darganfod.
discovery n darganfyddiad m.
discredit v difrïo, tanseilio.
discreet adj cynnil, pwyllog.
discrepancy n anghysondeb m.
discretion n barn f, synnwyr m.
discretionary adj diamod, dewisol.
discriminate v gwahaniaethu.
discrimination n anffafriaeth f; ffafriaeth f; chwaeth f.
discuss v trafod.
discussion n trafodaeth f.
disdain v dirmygu. • n dirmyg m.
disdainful adj dirmygus.
disease n clefyd m.
disembark v glanio.
disenchant v dadrithio.
disenchanted adj dadrithiedig.
disengage v rhyddhau, datgysylltu.
disfigure v anharddu, hagru.
disgrace n anfri, gwarth m. • v dwyn anfri ar.
disgraceful adj gwarthus.
disguise v cuddio. • n cuddwisg f.
disgust n ffieidd-dod, diflastod m. • v diflasu.
dish n dysgl f.

dishearten v digalonni.
dishonest adj anonest.
dishonesty n anonestrwydd m.
disillusion v dadrithio.
disillusioned adj dadrithiedig, siomedig.
disinfect v diheintio.
disinfectant n diheintydd m.
disinherit v diarddel.
disintegrate v chwalu.
disinterested adj difater; diduedd.
disk n disg m.
dislike n atgasedd m. • v casáu.
dislocate v datgymalu.
dislocation n datgymaliad m.
dislodge v symud, rhyddhau.
disloyal adj annheyrngar.
dismantle v dinoethi, datgymalu.
dismay n siom m/f, gofid m.
dismiss v diswyddo; wfftio.
dismissal n diswyddiad m.
disobedience n anufudd-dod m.
disobedient adj anufudd.
disobey v anufuddhau.
disorder n anhrefn f.
disorderly adj anhrefnus, afreolus.
disown v gwadu.
disparage v dibrisio, bychanu.
disparity n anghyfartaledd, gwahaniaeth m.
dispatch v anfon.
dispel v chwalu.
dispensary n fferyllfa f.
dispense v dosbarthu, gweinyddu.
disperse v chwalu, gwasgaru.
displace v disodli.
display v arddangos. • n arddangosfa f.
displease v digio.
displeased adj anfoddlon.
displeasure n anfodlonrwydd m.
dispose v cael gwared.
disposition n anian m/f.
disprove v gwrthbrofi.
dispute n cynnen, dadl f. • v dadlau.
disqualify v gwahardd, diarddel.
dissatisfaction n anfodlonrwydd m.

dissatisfied adj anfodlon.
disseminate v lledaenu.
dissension n anghytundeb, anghydfod m.
dissent n Anghydffurfiaeth, Ymneilltuaeth f.
dissertation n traethawd m.
dissident n gwrthwynebydd, anghydffurfiwr m.
dissimilar adj annhebyg.
dissimilarity n annhebygrwydd m.
dissipate v gwasgaru, chwalu.
dissipation n gwasgariad m; afradlonedd m.
dissolution n diddymiad m.
dissolve v toddi.
dissonance n anghytseinedd m.
dissuade v cymell, darbwyllo.
distance n pellter m.
distant adj pell.
distaste n diflastod m.
distasteful adj annymunol, dichwaeth.
distil v distyllu.
distinct adj eglur.
distinction n gwahaniaeth; anrhydedd m.
distinctive adj nodweddiadol.
distinguish v gwahaniaethu.
distort v ystumio, llurgunio.
distortion n gwyrdroad, llurguniad m.
distract v tynnu sylw.
distracted adj synfyfyriol, dryslyd.
distress n gofid m.
distribute v dosbarthu, rhannu.
distribution n dosraniad m.
district n ardal f.
disturb v tarfu, aflonyddu ar.
disturbance n cynnwrf m.
disturbed adj afreolaidd.
disturbing adj yn peri pryder.
disuse n diffyg defnydd m.
disused adj heb ei (d)defnyddio.
ditch n ffos f.
dive v plymio.
diver n deifiwr, trochiwr m.
diverge v ymwahanu.

divergent adj gwahanol, ymwahanol.
diverse adj gwahanol.
diversion n dargyfeiriad m.
diversity n amrywiaeth f.
divert v dargyfeirio.
divide v rhannu.
divine adj dwyfol.
divinity n duwdod m.
divisible adj rhanadwy.
division n rhaniad m.
divorce n ysgariad m. • v ysgaru.
divorced adj ysgar.
divulge v datgelu, dadlennu.
dizziness n pendro f.
dizzy adj penysgafn, penfeddw.
do v gwneud (see Appendix).
docile adj dof.
dock n doc m.
do-it-yourself n o'th waith dy hun, ymdopi vn.
doctor n meddyg, doethur m, doctores f.
doctrine n athrawiaeth, dysgeidiaeth f.
document n dogfen f.
documentary adj dogfennol.
dodge v ochrgamu.
dog n ci m.
dogmatic adj dogmataidd.
doll n dol, doli f.
dolphin n morhwch m/f.
dome n cromen f.
domestic adj teuluol, teuluaidd.
domesticate v hyweddu, cartrefoli.
domesticity n bywyd cartref m.
domicile n cartref m.
dominate v tra-arglwyddiaethu.
domination n tra-arglwyddiaeth f.
donate v rhoi, rhoddi.
donation n rhodd f.
donkey n asyn, mul m.
donor n rhoddwr m, rhoddwraig f.
door n drws m.
doorway n drws, porth m.
dormant adj ynghwsg.
dormitory n ystafell gysgu f.
dosage n dogn m.
dose n dogn m. • v dogni.

dossier n ffeil f.
dot n dot, dotyn m.
double v dyblu.
double room n ystafell ddwbl f.
double-dealing n chwarae'r ffon ddwybig vn.
doubt n amheuaeth f. • v amau.
doubtful adj amheus.
doughnut n toesen f.
douse v trochi, diffodd.
dove n colomen f.
down n manblu pl. • prep i lawr, i waered.
downfall n cwymp m.
downhearted adj digalon.
downhill adv goriwaered.
downstairs adv lawr llawr.
dowry n gwaddol m.
doze v hepian, pendwmpian.
dozen n dwsin m.
drab adj di-liw.
drag v llusgo.
drain v draenio, traenio. • n ffos f.
drama n drama f.
dramatic adj dramataidd, dramatig.
dramatist n dramodydd m.
draught n drafft m.
draw v tynnu.
drawback n anfantais f.
drawer n drâr, drôr m/f.
drawing n llun, lluniad m.
drawing room n parlwr m.
dread n arswyd m. • v arswydo, dychryn.
dreadful adj arswydus, erchyll.
dream n breuddwyd m/f. • v breuddwydio.
dreary adj diflas.
dress v gwisgo. • n gwisg, ffrog f.
dressy adj trwsiadus.
drift v drifftio; lluwchio.
drill n dril m. • v tyllu.
drink v yfed. • n diod f.
drinker n yfwr, llymeitiwr m.
drip v diferu. • n diferyn m.
drive v gyrru.
driver n gyrrwr m, gyrwraig f.
driving licence n trwydded yrru f.

drizzle *v* glaw mân *f.*
drop *n* dafn *m.* • *v* cwympo, gollwng.
drought *n* sychder, sychdwr *m.*
drown *v* boddi.
drowsiness *n* syrthni *m.*
drug *n* cyffur *m.* • *v* drygio.
drum *n* drwm *m.*
drunk *adj* meddw.
drunkard *n* meddwyn *m.*
drunkenness *n* medd-dod *m.*
dry *adj* sych. • *v* sychu.
dryness *n* sychder, crasder *m.*
dual *adj* deuol.
dub *v* urddo; trosleisio.
due *adj* dyladwy.
duel *n* gornest, cyfranc *f.*
dull *adj* twp; afloyw, pŵl.
dumb *adj* mud.
dump *n* tomen *f.*

duplicate *v* dyblygu.
duplicity *n* dichell *f.*
durability *n* gwydnwch, gwytnwch *m.*
durable *adj* gwydn, parhaol.
duration *n* parhad *m.*
during *prep* yn ystod, trwy gydol.
dusk *n* cyfnos, gwyll *m.*
dust *n* llwch *m.* • *v* tynnu llwch.
dutiful *adj* ufudd.
duty *n* dyletswydd *f.*
dwarf *n* corrach *m*, coraches *f.*
dwell *v* preswylio, trigo.
dwelling *n* anheddle *m*, preswylfa *f.*
dye *v* llifo, lliwio. • *n* llifyn, lliwur *m.*
dying *adj* yn marw, bron â marw.
dynamic *adj* deinamig, egnïol.
dynasty *n* llinach *f.*

E

each *pron* pob.
eager *adj* awyddus.
eagerness *n* awydd, awch *m.*
eagle *n* eryr *m.*
ear *n* clust *f.*
early *adj* cynnar.
earn *v* ennill.
earnest *adj* o ddifrif, taer.
earth *n* daear *f.*
earthquake *n* daeargryn *m/f.*
ease *v* lleddfu, esmwytho.
easiness *n* rhwyddineb *m.*
east *n* dwyrain *m.*
Easter *n* y Pasg *m.*
eastern *adj* dwyreiniol.
easy *adj* rhwydd, hawdd; esmwyth.
eat *v* bwyta.
ebb *v* treio.
eccentric *adj* ecsentrig, od.
eccentricity *n* hynodrwydd, odrwydd *m.*
echo *n* adlais *m*, atsain *f.*
eclipse *n* diffyg, eclips *m.*
ecology *n* ecoleg *f.*

economic *adj* economaidd.
economise *v* cynilo.
economist *n* economydd, economegydd *m.*
economy *n* economi *m/f.*
ecstasy *n* perlewyg *m.*
ecstatic *adj* llesmeiriol.
edge *n* min, awch *m.*
edible *adj* bwytadwy.
edifice *n* adeiladwaith *m.*
edit *v* golygu.
edition *n* argraffiad *m.*
editor *n* golygydd *m.*
educate *v* addysgu.
education *n* addysg *f.*
efface *v* dileu.
effect *n* effaith *f.*
effective *adj* effeithiol.
effectiveness *n* effeithiolrwydd *m.*
effectual *adj* mewn grym.
effeminate *adj* merchetaidd.
effervescence *n* bwrlwm *m.*
efficiency *n* effeithlonrwydd *m.*
efficient *adj* effeithlon.

effort *n* ymdrech *m/f*.
egg *n* wy *m*.
ego *n* yr hunan, ego *m*.
ego(t)istical *adj* myfïol.
eight *num* wyth.
eighteen *num* deunaw.
eighteenth *adj* deunawfed.
eighth *adj* wythfed.
eightieth *adj* pedwar ugeinfed.
eighty *num* pedwar ugain, wyth deg.
either *conj* naill ai, un ai. • *adv* ychwaith.
eject *v* bwrw/taflu allan, diarddel.
ejection *n* diarddeliad, tafliad allan *m*.
elaborate *v* manylu, ymhelaethu. • *adj* cymhleth.
elapse *v* mynd heibio.
elastic *adj* ystwyth, hydwyth.
elbow *n* penelin *m/f*.
elder *adj* hŷn.
eldest *adj* hynaf.
elect *v* ethol.
election *n* etholiad *m*.
electoral *adj* etholiadol.
electorate *n* etholaeth *f*; pleidleiswyr *pl*.
electric(al) *adj* trydanol.
electrician *n* trydanwr *m*.
electricity *n* trydan *m*.
electrify *v* trydanu, gwefreiddio.
electronic *adj* electronig, electronaidd.
elegance *n* ceinder, syberwyd.
elegant *adj* cain, syber.
element *n* elfen *f*.
elementary *adj* elfennol.
elephant *n* eliffant *m*.
elevate *v* dyrchafu.
elevation *n* dyrchafiad *m*.
eleven *num* un ar ddeg.
eleventh *adj* unfed ar ddeg.
eligibility *n* cymhwyster *m*.
eligible *adj* cymwys.
eliminate *v* dileu.
elocution *n* siarad cyhoeddus *vn*, areithyddiaeth *f*.
eloquence *n* huodledd *m*.

eloquent *adj* huawdl.
else *adv* arall, amgen.
elsewhere *adv* rhywle arall.
elude *v* osgoi.
emaciated *adj* llwglyd, esgyrnog.
emancipate *v* rhyddfreinio.
emancipation *n* rhyddfreiniad *m*.
embargo *n* embargo, gwaharddiad *m*.
embark *v* cychwyn, dechrau.
embarkation *n* esgyniad, dechreuad *m*.
embarrass *v* codi cywilydd, gwneud yn swil.
embarrassment *n* cywilydd *m*.
embassy *n* llysgenhadaeth *f*.
emblem *n* arwyddlun *m*.
embody *v* ymgorffori.
embrace *v* cofleidio, anwesu.
embryo *n* rhith, embryo *m*.
emerald *n* emrallt *m*.
emerge *v* ymddangos.
emergency *n* argyfwng *m*.
emergency exit *n* allanfa frys *f*.
emigrate *v* ymfudo.
emigration *n* ymfudiad *m*.
emission *n* lledaenu, gollwng *vn*.
emit *v* gollwng.
emotion *n* teimlad, emosiwn *m*.
emotional *adj* dan deimlad, emosiynol.
emphasise *v* pwysleisio.
emphatic *adj* pendant.
empire *n* ymerodraeth *f*.
employ *v* cyflogi.
employee *n* gweithiwr *m*, gweithwraig *f*.
employer *n* cyflogwr, cyflogydd *m*.
employment *n* cyflogaeth *f*.
emptiness *n* gwacter *m*.
empty *adj* gwag. • *v* gwagio.
emulate *v* efelychu.
enable *v* galluogi.
enamour *v* ennyn serch, swyno.
encamp *v* gwersyllu.
encampment *n* gwersyll *m*.
encase *v* cau mewn.
enchant *v* cyfareddu, hudo.

enchantment *n* hudoliaeth *f*.
encircle *v* amgylchynu.
enclose *v* amgáu.
enclosure *n* cae, lloc *m*.
encompass *v* cwmpasu, rhychwantu.
encounter *n* cyfarfod *m*. • *v* cyfarfod.
encourage *v* cefnogi, cymell.
encouragement *n* cefnogaeth *f*.
encyclopedia *n* gwyddoniadur *m*.
end *n* diwedd, terfyn *m*. • *v* diweddu, terfynu.
endanger *v* peryglu.
endeavour *v* ymdrechu. • *n* ymgais, ymdrech *m/f*.
endorse *v* ardystio; cymeradwyo.
endorsement *n* arnodiad *m*; cefnogaeth *f*.
endurable *adj* goddefadwy.
endurance *n* dycnwch, dygnwch *m*.
endure *v* dioddef, parhau.
enemy *n* gelyn *m*.
energetic *adj* egnïol, llawn egni.
energy *n* egni, ynni *m*.
enfold *v* lapio.
enforce *v* gorfodi.
engage *v* cyflogi, cysylltu.
engaged *adj* wedi dyweddïo.
engagement *n* dyweddïad *m*.
engender *v* peri, ennyn.
engine *n* peiriant *m*, injan *f*.
engineer *n* peiriannydd *m*.
engineering *n* peirianneg *f*.
enigma *n* dirgelwch *m*, enigma *f*.
enjoy *v* mwynhau, cael blas.
enjoyable *adj* dymunol, hyfryd.
enjoyment *n* mwynhad *m*.
enlarge *v* mwyhau, ehangu, chwyddo.
enlargement *n* mwyhad, estyniad *m*.
enlist *v* listio, ymrestru.
enliven *v* bywhau, bywiogi.
enmity *n* gelyniaeth *f*.
enormous *adj* anferth, enfawr.
enough *adv*, *n* digon *m*.
enrage *v* cynddeiriogi.

enrich *v* cyfoethogi.
enrol *v* cofrestru.
ensue *v* dilyn.
ensure *v* sicrhau.
entail *v* golygu.
enter *v* mynd/dod i mewn.
enterprise *n* menter *f*.
enterprising *adj* mentrus.
entertain *v* difyrru, diddanu.
entertaining *adj* difyr.
enthusiasm *n* brwdfrydedd *m*.
enthusiast *n* rhywun brwdfrydig *m*.
enthusiastic *adj* brwd, brwdfrydig.
entire *adj* cyfan, holl.
entitle *v* bod â hawl.
entity *n* endid *m*.
entrance *n* mynediad *m*; mynedfa *f*.
entrant *n* ymgeisydd, newyddian *m*.
entreat *v* ymbil, erfyn.
entrust *v* ymddiried.
entry *n* mynediad *m*.
enumerate *v* rhifo, cyfrif.
envelop *v* amgáu, gorchuddio.
envelope *n* amlen *f*.
envious *adj* eiddigeddus, cenfigennus.
environment *n* amgylchedd, amgylchfyd *m*.
environmental *adj* amgylcheddol.
envisage *v* gweld, dychmygu.
envy *n* cenfigen *f*, eiddigedd *m*. • *v* cenfigennu, eiddigeddu.
epidemic *n* haint *m/f*.
episode *n* pennod *f*.
epitomise *v* crynhoi, ymgorffori.
equable *adj* gwastad, cyfartal.
equal *adj* cydradd, cyfartal, hafal.
equalise *v* cydraddoli, dod yn gyfartal.
equality *n* cydraddoldeb, cyfartalwch *m*.
equanimity *n* pwyll, tawelwch meddwl *m*.
equate *v* hafalu, cymharu; cyfateb.
equator *n* cyhydedd *m*.
equilibrium *n* cydbwysedd *m*.
equip *v* cyfarparu.

equipment *n* cyfarpar *m*.
equivalent *adj* cyfwerth.
equivocal *adj* amwys, amhendant.
equivocate *v* anwadalu, bod yn amwys.
era *n* cyfnod *m*.
eradicate *v* cael gwared â.
eradication *n* dilead, difodiant *m*.
erase *v* dileu.
eraser *n* dilëwr.
erect *v* codi. • *adj* talsyth, union.
erode *v* erydu.
erotic *adj* erotig.
err *v* cyfeiliorni.
errand *n* neges *f*.
erratic *adj* afreolaidd, eratig.
erroneous *adj* anghywir.
error *n* gwall, camgymeriad *m*.
erudite *adj* dysgedig.
eruption *n* echdoriad, tarddiant *m*.
escalate *v* dwysáu, cynyddu.
escape *v* dianc. • *n* dihangfa *f*.
escort *n* gosgordd *f*. • *v* hebrwng.
especial *adj* arbennig.
essay *n* traethawd *m*.
essence *n* hanfod, craidd *m*.
essential *adj* hanfodol.
establish *v* sefydlu.
establishment *n* sefydliad *m*.
estate *n* stad, ystâd *f*.
esteem *v* edmygu, parchu. • *n* parch *m*.
esthetic *adj* esthetaidd, esthetig.
estimate *v* amcangyfrif.
estimation *n* barn *f*, tyb *m/f*.
estuary *n* aber *m/f*, moryd *f*.
eternal *adj* tragwyddol.
eternity *n* tragwyddoldeb *m*.
ethical *adj* moesol, ethegol.
ethics *n* moeseg *f*.
ethnic *adj* ethnig.
etiquette *n* cwrteisi *m*, safon ymddygiad *f*.
evacuate *v* gwacáu, gwagio.
evacuation *n* gwacâd *m*.
evade *v* osgoi.
evaluate *v* pwyso a mesur, gwerthuso.

evangelical *adj* efengylaidd.
evaporate *v* anweddu.
evaporation *n* anweddiad *m*.
evasion *n* gocheliad *m*.
evasive *adj* gochelgar.
eve *n* noswyl *f*.
even *adj* llyfn. • *adv* hyd yn oed.
evening *n* noswaith *f*, min nos *m*.
evenness *n* gwastadrwydd *m*.
event *n* digwyddiad *m*.
eventually *adv* ymhen hir a hwyr.
eventuality *n* digwyddiad posibl, posibilrwydd *m*.
ever *adv* byth, erioed.
everlasting *adj* bythol, tragwyddol.
every *adj* pob.
evict *v* troi allan.
evidence *n* tystiolaeth *f*.
evident *adj* amlwg.
evil *adj* drwg. • *n* drwg *m*.
evocative *adj* atgofus.
evoke *v* galw, dwyn (atgofion).
evolution *n* esblygiad *m*.
evolve *v* esblygu.
exacerbate *v* gwneud yn waeth, ffyr-nigo.
exact *adj* manwl gywir. • *v* hawlio.
exacting *adj* llym, gormesol.
exactness *n* manwl gywirdeb *m*.
exaggerate *v* gor-ddweud.
exalt *v* gorfoleddu.
examination *n* arholiad, archwiliad *m*.
examine *v* archwilio, arholi.
example *n* enghraifft *f*.
exasperate *v* gwaethygu; cynddeiriogi.
exasperation *n* gwylltineb *m*.
excavate *v* cloddio, tyllu.
excavation *n* cloddfa *f*.
exceed *v* bod/mynd yn fwy na.
excel *v* rhagori.
excellence *n* rhagoriaeth *f*; godidowgrwydd *m*.
excellent *adj* rhagorol, godidog.
except *prep* ac eithrio, heblaw.
exception *n* eithriad *m*.
exceptional *adj* eithriadol.

excess n gormodedd m.

excessive adj gormodol, eithafol.

exchange v cyfnewid. • n cyfnewidfa f.

exchange rate n cyfradd gyfnewid f.

excise n toll f.

excitable adj gwyllt.

excite v cynhyrfu.

excited adj cynhyrfus, llawn cynnwrf.

excitement n cyffro, cynnwrf m.

exciting adj cyffrous, cynhyrfus.

exclaim v ebychu.

exclamation n ebychiad m.

exclude v eithrio.

exclusion n gwaharddiad m.

exclusive adj cyfyngedig.

excommunicate v ysgymuno.

exculpate v esgusodi.

excursion n gwibdaith f.

excusable adj esgusadwy.

excuse v esgusodi. • n esgus m.

execute v dienyddio; cyflawni.

execution n dienyddiad; gweithrediad m.

executive adj gweithredol. • n gweithredwr m.

exemplary adj canmoladwy, penigamp.

exemplify v bod yn enghraifft.

exempt adj rhydd, wedi'ch esgusodi.

exemption n rhyddhau, esgusodi vn.

exercise n arfer, ymarfer m/f. • v arfer, ymarfer.

exert v gweithredu, ymdrechu.

exertion n ymdrech f.

exhale v anadlu allan, gollwng.

exhaust v dihysbyddu, disbyddu.

exhausted adj lluddedig.

exhaustion n lludded m.

exhaustive adj trwyadl, trylwyr.

exhibit v arddangos.

exhibition n arddangosfa f.

exhilarating adj bywiocaol.

exhilaration n gorfoledd m, hoen m/f.

exhume v datgladdu.

exile n alltudiaeth f; alltud m/f. • v alltudio.

exist v bodoli.

existence n bodolaeth f.

existent adj sydd ohoni.

exit n allanfa f. • v ymadael.

exonerate v esgusodi.

exoneration n rhyddhad m.

exorbitant adj afresymol, gormodol.

exotic adj dieithr, lliwgar.

expand v ehangu, helaethu.

expanse n ehangder m.

expansion n ehangiad, twf m.

expect v disgwyl.

expectation n disgwyliad m.

expediency n hwylustod m.

expedient adj cyfleus.

expedite v hwyluso, prysuro.

expedition n ymgyrch m/f.

expel v diarddel.

expend v gwario, treulio.

expense n traul, cost f.

expensive adj drud, costus.

experience n profiad m. • v profi.

experienced adj profiadol.

experiment n arbrawf m. • v arbrofi.

experimental adj arbrofol.

expert adj arbenigol; medrus. • n arbenigwr m, arbenigwraig f.

expertise n gwybodaeth arbenigol; dawn arbennig f.

explain v egluro, esbonio.

explanation n eglurhad, esboniad m.

explanatory adj esboniadol.

explicit adj croyw, diamwys.

explode v ffrwydro.

exploit v defnyddio; camddefnyddio. • n camp, gorchest f.

exploration n archwiliad, ymchwiliad m.

explore v archwilio, fforio.

explorer n fforiwr m.

explosion n ffrwydrad m, tanchwa f.

explosive adj ffrwydrol, tanbaid.

export *v* allforio.
exportation *n* allforio *vn*.
exporter *n* allforiwr *m*.
expose *v* dinoethi, datguddio.
exposition *n* eglurhad, dehongliad *m*.
exposure *n* datguddiad, dinoethiad *m*.
expound *v* traethu.
express *v* mynegi. • *adj* unswydd. • *n* trên cyflym *m*.
expression *n* mynegiant *m*.
expressive *adj* llawn mynegiant, mynegiannol.
expropriate *v* difeddiannu.
expulsion *n* diarddel *vn*.
exquisite *adj* cain, cyfewin.
extemporise *v* siarad/chwarae yn ddifyfyr.
extend *v* estyn, ehangu, ymestyn.
extension *n* estyniad *m*.
extensive *adj* eang, helaeth.
extent *n* hyd a lled; graddau *pl*.
extenuate *v* lleddfu, lleihau.
exterior *adj* allanol.
exterminate *v* difodi, difa.
external *adj* allanol.

extinct *adj* wedi darfod.
extinction *n* diwedd, tranc *m*.
extinguish *v* diffodd.
extinguisher *n* diffoddydd *m*.
extort *v* cribddeilio.
extortion *n* cribddeiliaeth *f*.
extra *adj* ychwanegol.
extract *v* echdynnu, tynnu.
extraction *n* tyniad *m*; hil *f* (family).
extraneous *adj* allanol, estron.
extraordinary *adj* anarferol, arbennig.
extravagance *n* gormodedd, rhysedd *m*.
extravagant *adj* afradlon.
extreme *adj* eithaf, pellaf.
extremist *n* eithafwr *m*, eithafwraig *f*.
extricate *v* rhyddhau, datod.
extrovert *adj* allblyg.
exuberance *n* afiaith *m*, hwyl *f*.
exuberant *adj* afieithus.
eye *n* llygad *m*. • *v* llygadu.
eyebrow *n* ael *f*.
eyelash *n* blewyn (amrant) *m*.
eyelid *n* amrant, clawr llygad *m*.
eyesight *n* golwg *m*.

F

fabric *n* defnydd *m*.
fabricate *v* llunio, ffugio.
fabrication *n* ffugiad, anwiredd *m*.
fabulous *adj* chwedlonol; aruthrol.
face *n* wyneb *m*. • *v* wynebu.
facet *n* ochr, agwedd *f*.
facile *adj* arwynebol.
facilitate *v* hyrwyddo.
facility *n* rhwyddineb, cyfleuster *m*.
facing *adv* yn wynebu, gyferbyn â.
fact *n* ffaith *f*.
factory *n* ffatri *f*.
factual *adj* ffeithiol.
faculty *n* cynneddf; cyfadran *f*.
fail *v* methu.
failure *n* methiant *m*.
faint *v* llewygu. • *n* llewyg *m*. • *adj*

gwan, aneglur.
fair *adj* teg, golau. • *n* ffair *f*.
fair play *n* chwarae teg.
fairness *n* tegwch *m*.
faith *n* ffydd *f*.
faithful *adj* ffyddlon.
fake *adj* ffug. • *v* ffugio.
fall *v* cwympo, syrthio. • *n* cwymp *m*.
fallacy *n* cam-dyb *m/f*.
fallibility *n* ffaeledigrwydd *m*.
fallible *adj* ffaeledig.
false *adj* ffug.
false alarm *n* braw di-sail *m*.
falsify *v* ffugio.
falter *v* petruso, pallu.
fame *n* enwogrwydd *m*.

familiar *adj* cyfarwydd, cynefin.
familiarise *v* cynefino.
familiarity *n* cynefindra *m*, adnabyddiaeth fanwl *f*.
family *n* teulu *m*.
famine *n* newyn *m*.
famous *adj* enwog.
fan *n* edmygydd *m*; gwyntyll *m*. • *v* gwyntyllu, megino.
fancy *n* dychymyg *m*. • *v* ffansïo.
fantastic *adj* ffantastig, anhygoel.
fantasy *n* dychymyg, ffantasi *m/f*.
far *adv* ymhell. • *adj* pell.
fare *n* pris, tâl *m*.
farewell *n* ffarwél *m/f*.
farm *n* fferm *f*. • *v* ffermio.
farmer *n* ffermwr *m*, ffermwraig *f*.
farming *n* amaethyddiaeth *f*, amaeth *m*.
fascinate *v* hudo, swyno.
fascination *n* cyfaredd *f*.
fashion *n* ffasiwn *m/f*.
fashionable *adj* ffasiynol.
fast *v* ymprydio. • *n* ympryd *m*. • *adj* cyflym.
fast food *n* bwyd parod *m*.
fasten *v* sicrhau, clymu.
fat *adj* tew, bras. • *n* saim, braster *m*.
fatal *adj* angheuol, marwol.
fatality *n* marwolaeth *f*.
fate *n* ffawd, tynged *f*.
father *n* tad *m*.
fatherhood *n* tadolaeth *f*.
fatigue *n* blinder, lludded *m*. • *v* blino, lluddedu.
fatuous *adj* gwirion, ffôl.
fault *n* bai, nam *m*.
faulty *adj* diffygiol, a nam arno.
favour *n* cymwynas *f*. • *v* ffafrio.
favourable *adj* ffafriol.
favourite *n* ffefryn *m*. • *adj* hoff.
fax *n* ffacs *m/f*. • *v* ffacsio.
fear *v* ofni. • *n* ofn *m*.
fearful *adj* ofnus.
fearless *adj* di-ofn.
feasibility *n* dichonoldeb *m*.
feasible *adj* posibl, dichonadwy.
feast *n* gwledd; gŵyl *f*.

feat *n* camp, gorchest *f*.
feather *n* pluen *f*.
feature *n* nodwedd *f*. • *v* dangos, amlygu.
February *n* Chwefror *m*.
fed-up *adj*: **to be** ~ syrffedu.
fee *n* ffi *f*, tâl *m*.
feeble *adj* gwan, eiddil.
feebleness *n* eiddilwch, gwendid *m*.
feed *v* bwydo.
feel *v* teimlo, clywed.
feeling *n* teimlad *m*.
feign *v* ffugio, esgus.
fellow *n* cymrawd *m*.
female *n* benyw *f*.
feminine *adj* benywaidd.
feminist *n* ffeminydd *m*.
fence *n* ffens *f*.
ferment *n* eples *m*. • *v* eplesu, gweithio.
ferocious *adj* ffyrnig.
ferocity *n* ffyrnigrwydd *m*.
ferry *n* fferi *f*.
fertile *adj* ffrwythlon, toreithiog.
fertility *n* ffrwythlondeb *m*.
fervent *adj* brwd, brwdfrydig.
fervour *n* brwdfrydedd *m*, sêl *f*.
festival *n* gŵyl *f*.
festive *adj* llawen, llawn hwyl.
fetch *v* ymofyn.
fetching *adj* deniadol.
feud *n* cynnen *f*, ymrafael *m*.
fever *n* twymyn *f*.
feverish *adj* a gwres arno.
few *adj* ychydig, ambell.
fibre *n* ffibr *m*.
fickle *adj* anwadal, oriog.
fiction *n* ffuglen *f*.
fictional *adj* mewn ffuglen.
fictitious *adj* dychmygol.
fidelity *n* ffyddlondeb *m*.
fidget *v* gwingo, bigitan.
fidgety *adj* aflonydd.
field *n* cae, maes *m*.
fiend *n* cythraul *m*, cythreules *f*.
fiendish *adj* cythreulig.
fierce *adj* ffyrnig, milain.

fierceness n ffyrnigrwydd m.
fifteen num pymtheg.
fifteenth adj pymthegfed.
fifth adj pumed.
fiftieth adj hanner canfed.
fifty num hanner cant, pum deg.
fight v ymladd, brwydro.
fighter n ymladdwr m, ymladdwraig f.
figure n ffurf f, ffigur m.
file n ffeil; rhathell f. • v ffeilio, llyfnhau.
fill v llanw, llenwi.
film n haen; ffilm f. • v ffilmio.
filter n hidlen f. • v hidlo.
filth n budreddi, mochyndra m.
filthy adj mochynnaidd.
fin n asgell f.
final adj olaf, terfynol.
finalise v cwblhau.
finance n cyllid m.
financial adj ariannol, cyllidol.
financier n cyllidwr m, cyllidwraig f.
find v darganfod. • n darganfyddiad m.
findings n casgliadau pl.
fine adj cain; mân. • n dirwy f.
finesse n cynildeb m.
finger n bys m. • v byseddu.
fingernail n ewin m/f.
finish v gorffen, cwblhau.
fir (tree) n ffynidwydden f.
fire n tân m. • v tanio.
fire engine n injan dân f.
fire extinguisher n diffoddydd tân m.
fire station n gorsaf dân f.
firearm n dryll m.
fireman n dyn tân m.
fireplace n lle tân m.
fireproof adj gwrthdan.
firework n tân gwyllt m.
firm adj cadarn, ffyrf. • n cwmni m.
firmness n cadernid m.
first adj cyntaf.
first aid n cymorth cyntaf m.
first name n enw cyntaf m.

first-class adj rhagorol, di-ail.
first-hand adj uniongyrchol.
first-rate adj o'r radd flaenaf.
fish n pysgodyn m. • v pysgota.
fisherman n pysgotwr m.
fisherwoman n pysgotwraig f.
fishing n pysgota vn.
fissure n hollt, agen f.
fist n dwrn m.
fit n ffit f. • adj ffit, heini. • v ffitio, gweddu.
fitness n ffitrwydd; addasrwydd m.
fitting adj addas, gweddus.
five num pump.
fix v sicrhau, gosod.
fixation n obsesiwn m.
fixed adj sefydlog.
fizz(le) v hisian.
fizzy adj byrlymog.
flabby adj llipa.
flag n baner f.
flagrant adj amlwg, eglur.
flair n dawn f.
flake n cen pl; pluen f. • v caenu; pluo.
flamboyant adj tanbaid, lliwgar.
flame n fflam f.
flammable adj hylosg.
flank n ystlys f.
flap n llabed f.
flare v ffaglu, fflachio. • n fflach f.
flash n fflach f. • v fflachio.
flask n fflasg f.
flat adj fflat, gwastad.
flatten v gwastatu.
flatter v gwenieithio.
flattery n sebon m, gweniaith f.
flaunt v gwneud yn fawr.
flavour n blas, sawr m. • v blasu.
flaw n nam m, mefl f.
fleck n smotyn, brychni m.
flee v dianc, ffoi.
fleece n cnu m.
fleet n llynges f. • adj chwim.
fleeting adj brysiog, diflanedig.
flesh n cnawd m.
flex n fflecs m. • v ystwytho.
flexibility n hyblygrwydd m.

flexible *adj* hyblyg, ystwyth.
flicker *v* neidio.
flight *n* ehediad, hediad *m*.
flimsy *adj* tila, bregus.
flinch *v* cilio, syflyd.
fling *v* taflu, lluchio.
flippant *adj* gwamal, ysgafala.
flipper *n* asgell *f*.
flirt *v* fflyrtian. • *n* merchetwr *m*, hoeden *f*.
flirtation *n* cyboli *vn*.
float *v* nofio, arnofio.
flock *n* praidd *m*, diadell *f*.
flood *n* llif, dilyw *m*. • *v* boddi.
floodlight *n* llifolau *m*.
floor *n* llawr *m*. • *v* llorio.
flop *n* methiant *m*.
floppy *adj* llipa. • ~ **disc** *n* disg hyblyg *m/f*.
flora *n* planhigion *pl*.
floral *adj* blodeuog.
florid *adj* blodeuog, gwritgoch.
florist *n* gwerthwr blodau *m*; siop flodau *f*.
flounder *v* ymdrybaeddu.
flour *n* blawd, fflŵr *m*.
flourish *v* ffynnu.
flourishing *adj* llewyrchus, ffyniannus.
flout *v* wfftio.
flow *v* llifo, ffrydio. • *n* llif; llanw *m*.
flower *n* blodyn, blodeuyn *m*. • *v* blodeuo.
flowery *adj* blodeuog.
fluctuate *v* amrywio.
fluctuation *n* amrywiad *m*.
fluency *n* llithrigrwydd *m*.
fluent *adj* rhugl, rhwydd.
fluff *n* blew, blewach *pl*.
fluid *n* hylif *m*.
fluke *n* lwc mwnci, lwc mul, ffliwcen *f*.
flurry *n* cwthwm, hwrdd *m*.
flush *v* gwrido; tynnu dŵr. • *n* gwrid *m*.
flushed *adj* gwridog.
fluster *v* drysu, hurtio.
flute *n* ffliwt, chwibanogl *f*.

flutter *v* ysgwyd, crynu.
fly *v* hedfan, ehedeg. • *n* cleren *f*, pryf *m*.
flyer *n* hedfanwr *m*, hedfanwraig *f*.
flying *n* hedfan *vn*.
foam *n* ewyn *m*. • *v* ewynnu.
foaming *adj* ewynnog.
focus *n* man canol, ffocws *m*.
foe *n* gelyn *m*.
fog *n* niwl *m*.
foggy *adj* niwlog.
fold *n* plyg, plygiad *m*. • *v* plygu.
folder *n* plygydd *m*.
foliage *n* dail, deiliach *pl*.
folio *n* ffolio *m*.
folk *n* pobl, gwerin *f*.
folklore *n* llên gwerin *f*.
follow *v* dilyn, canlyn.
follower *n* dilynwr, dilynydd *m*.
folly *n* ffolineb *m*.
fond *adj* hoff.
fondle *v* anwylo, anwesu.
fondness *n* hoffter *m*.
food *n* bwyd *m*.
food processor *n* prosesydd bwyd *m*.
foodstuffs *n* bwydydd *pl*.
fool *n* ffŵl, hurtyn *m*. • *v* twyllo.
foolhardy *adj* byrbwyll, rhyfygus.
foolish *adj* ffôl, gwirion.
foolproof *adj* di-feth.
foot *n* troed *f*.
football *n* pêl-droed *f*.
footballer *n* pêl-droediwr *m*.
footbridge *n* pompren *f*.
footnote *n* troednodyn *m*.
footpath *n* llwybr troed *m*.
footprint *n* ôl troed *m*.
footstep *n* cam *m*.
for *prep* am, ar gyfer. • *conj* gan, canys.
foray *n* cyrch, ymosodiad *m*.
forbid *v* gwahardd.
forbidding *adj* anghynnes, di-serch.
force *n* grym *m*. • *v* gorfodi.
forceful *adj* grymus, egnïol.
forceps *n* gefel (fain) *f*.
forcible *adj* trwy rym.

forearm n elin f.
foreboding n argoel f.
forecast v darogan. • n rhagolygon pl.
forefinger n bys blaen m.
foregone adj rhagweladwy, anochel.
foreground n tu blaen, blaendir m.
forehead n talcen m.
foreign adj estron.
foreigner n estron, tramorwr m.
foreman n fforman m.
foremost adj cyntaf, blaenaf.
forensic adj fforensig.
forerunner n rhagflaenydd m.
foresee v rhag-weld.
foresight n rhagwelediad m.
forest n coedwig, fforest f.
foretaste n rhagflas m.
foretell v darogan, proffwydo.
forever adv am byth.
forewarn v rhybuddio o flaen llaw.
foreword n rhagair m.
forfeit v fforffedu.
forge n gefail f. • v ffugio.
forger n ffugiwr m.
forgery n ffugiad m.
forget v anghofio.
forgetful adj anghofus.
forgive v maddau.
forgiveness n maddeuant m.
fork n fforc, fforch f. • v fforchio.
forked adj fforchog.
form n ffurf; ffurflen f. • v ffurfio.
formal adj ffurfiol.
formality n ffurfioldeb m.
format n diwyg m. • v fformatio.
formation n trefniant m.
formative adj ffurfiannol.
former adj blaenorol, cyn-.
formula n fformwla f.
forsake v gadael, cefnu ar.
fort n caer f.
forthcoming adj ar ddod, ar gyrraedd.
forthwith adv ar unwaith.
fortieth adj deugeinfed.
fortification n atgyfnerthiad m.

fortify v cryfhau, atgyfnerthu.
fortnight n pythefnos m/f.
fortuitous adj trwy hap a damwain.
fortunate adj ffodus.
fortune n ffawd f; golud m.
forty num deugain.
forward adj blaen; digywilydd. • n blaenwr m.
fossil n ffosil m.
foster v magu.
foster child n plentyn maeth m.
foster mother n mamfaeth f.
foul adj aflan. • v baeddu, difwyno.
found v sefydlu, syllaenu.
foundation n sylfaen m.
foundry n ffowndri f.
fountain n ffynnon f.
four num pedwar m, pedair f.
fourfold adj yn bedwar cymaint.
fourteen num pedwar ar ddeg m, pedair ar ddeg f.
fourteenth adj pedwerydd m/ pedwaredd f ar ddeg.
fourth adj pedwerydd m, pedwaredd f.
fowl n ffowlyn m, dofednod pl.
fox n cadno, llwynog m.
foyer n cyntedd m.
fracas n helynt f.
fraction n ffracsiwn m.
fracture n toriad m. • v torri.
fragile adj brau.
fragility n breuder, eiddilwch m.
fragment n darn, dryll m.
fragmentary adj darniog, drylliedig.
fragrance n peraroglau, persawr m.
fragrant adj persawrus.
frail adj brau, musgrell.
frailty n eiddilwch, llesgedd m.
frame n ffrâm f, fframwaith m. • v fframio.
franchise n rhyddfraint; masnachfraint f.
frank adj plaen, agored.
frankness n didwylledd m.
frantic adj gwyllt, gorffwyll.
fraternal adj brawdol.

fraternise *v* cyfeillachu.
fratricide *n* brawdladdiad *m*.
fraud *n* twyll *m*.
fraudulent *adj* twyllodrus.
free *adj* rhydd; rhad ac am ddim. •
v rhyddhau.
freedom *n* rhyddid *m*.
freelance *adj* ar ei liwt ei hun.
freely *adv* yn rhydd.
freewheel *v* hwylio mynd.
free will *n* gwirfodd *m*.
freeze *v* rhewi.
freezer *n* rhewgell *f*.
freezing *adj* rhewllyd, iasoer.
freighter *n* llong gludo *f*.
French fries *n* sglodion tatws *pl*.
frenzied *adj* gorffwyll.
frenzy *n* gorffwylltra, gwylltineb
m.
frequency *n* amlder, amledd *m*.
frequent *adj* aml, mynych. • *v*
mynychu.
fresco *n* ffresgo *m*.
fresh *adj* newydd, croyw, iach.
freshly *adv* o'r newydd.
freshness *n* ffresni *m*.
freshwater *adj* dŵr croyw.
fret *v* poeni, pryderu.
friction *n* drwgdeimlad; ffrithiant
m.
Friday *n* Gwener *m*: **Good** ~
Gwener y Groglith.
friend *n* cyfaill *m*, cyfeilles *f*.
friendliness *n* cyfeillgarwch *m*.
friendly *adj* cyfeillgar.
friendship *n* cyfeillgarwch *m*.
fright *n* ofn *m*.
frighten *v* codi ofn, dychryn.
frightened *adj* ofnus, wedi cael ofn.
frightful *adj* dychrynllyd.
frigid *adj* rhewllyd, oeraidd.
fringe *n* rhidens *pl*, cwr *m*.
frivolity *n* gwagedd, lol *m*.
frivolous *adj* gwamal, penchwiban.
frock *n* ffrog *f*.
frog *n* broga, llyffant (melyn) *m*.
frolic *v* prancio.
from *prep* o, oddi wrth.

front *n* blaen *m*. • *adj* ffrynt.
front door *n* drws ffrynt *m*.
frontier *n* ffin *f*, goror *m*/*f*.
front-wheel drive *n* blaenyriant *m*.
frost *n* rhew, barrug, llwydrew *m*.
frostbite *n* ewinrhew *m*.
frosty *adj* rhewllyd, barugog.
froth *n* ewyn *m*. • *v* ewynnnu.
frothy *adj* ewynnog.
frown *v* gwgu.
frozen *adj* wedi rhewi.
frugal *adj* cynnil, darbodus.
fruit *n* ffrwyth *m*.
fruiterer *n* gwerthwr ffrwythau *m*.
fruitful *adj* ffrwythlon.
fruition *n* dwyn ffrwyth *vn*.
fruitless *adj* diffrwyth.
frustrate *v* rhwystro.
frustrated *adj* rhwystredig.
frustration *n* rhwystredigaeth *f*.
fry *v* ffrio.
frying pan *n* padell ffrio *f*.
fudge *n* cyffug *m*.
fuel *n* tanwydd *m*.
fugitive *n* ffoadur *m*.
fulfil *v* cyflawni.
fulfilment *n* cwblhau *vn*.
full *adj* llawn, cyflawn.
full moon *n* lleuad lawn *f*.
fullness *n* llawnder *m*.
full-time *adj* llawn amser.
fully *adv* yn llawn, yn hollol.
fumble *v* ymbalfalu, dal yn
lletchwith.
fume *v* berwi; mygu.
fumigate *v* mygdarthu.
fun *n* hwyl *f*, sbort *m*/*f*.
function *n* swyddogaeth *f*;
ffwythiant *m*.
functional *adj* gweithrediadol.
fund *n* stôr, cronfa *f*. • *v* ariannu.
fundamental *adj* sylfaenol.
funeral *n* angladd, cynhebrwng *m*.
funnel *n* twmffat, twndis *m*.
funny *adj* doniol, digrif.
fur *n* ffwr *m*.
furious *adj* cynddeiriog, candryll.
furnace *n* ffwrnais, ffwrn *f*.

furnish *v* dodrefnu; rhoi.
furniture *n* dodrefn, celfi *pl.*
furrow *n* cwys *f.* • *v* aredig, torri cwys.
furry *adj* blewog.
further *adj* pellach. • *adv* ymhellach. • *v* hyrwyddo.
further education *n* addysg bellach *f.*
furthermore *adv* ar ben hynny.
furtive *adj* lladradaidd, llechwraidd.

fury *n* ffyrnigrwydd *m*, cynddaredd *f.*
fuse *v* ffiwsio; ymdoddi. • *n* ffiws *f.*
fuse box *n* blwch ffiwsiau *m.*
fusion *n* ymasiad *m.*
fuss *n* ffwdan *f.* • ffysan, ffwdanu.
fussy *adj* ffwdanus, trafferthus.
futile *adj* ofer, seithug.
futility *n* seithugrwydd *m.*
future *n* dyfodol *m.*
fuzzy *adj* crychiog; aneglur.

G

gabble *v* clebran, rwdlian.
gadget *n* dyfais *f*, teclyn *m.*
gaiety *n* sirioldeb, llonder *m.*
gain *n* ennill, cynnydd *m.* • *v* ennill, elwa.
gait *n* cerddediad, osgo *m.*
galaxy *n* galaeth *f.*
gale *n* tymestl *f.*
gallant *adj* dewr, gwrol.
gallery *n* oriel *f.*
gallop *n* carlam *m.* • *v* carlamu.
galore *adv* digonedd, llond gwlad.
galvanise *v* galfaneiddio.
gamble *v* gamblo, hapchwarae. • *n* menter *f.*
gambler *n* gamblwr *n.*
gambling *n* hapchwarae, gamblo *vn.*
game *n* gêm *f*, chwarae *m.*
gang *n* haid *f*, criw *m.*
gangway *n* eil, tramwyfa *f.*
gap *n* bwlch *m*, adwy *f.*
garage *n* garej *f*, modurdy *m.*
garbage *n* sbwriel *m.*
garbage can *n* bin sbwriel *m.*
garden *n* gardd *f.*
gardener *n* garddwr *m*, garddwraig *f.*
gardening *n* garddio *vn.*
garlic *n* garlleg *m.*
garment *n* dilledyn, pilyn *m.*
garnish *v* addurno, garnisio.
garret *n* croglofft *f.*
garrulous *adj* siaradus, tafodrydd.

garter *n* gardas *f*/*m.*
gas *n* nwy *m.*
gas cylinder *n* potel nwy *f.*
gaseous *adj* nwyol.
gash *n* archoll *f.* • *v* torri.
gasp *v* ebychu.
gassy *adj* nwyol.
gastronomic *adj* gastronomegol.
gate *n* clwyd *f.*
gather *v* crynhoi, ymgynnull.
gaudy *adj* gorliwgar.
gauge *n* medrydd, mesurydd *m.* • *v* mesur.
gaunt *adj* esgyrnog, main.
gay *adj* siriol; hoyw.
gaze *v* syllu. • *n* trem *f.*
gear *n* gêr *m*/*f.*
gearbox *n* gerbocs *m.*
gem *n* tlws *m*, gem *m*/*f.*
gender *n* cenedl; rhyw *f.*
gene *n* genyn *m.*
genealogical *adj* achyddol.
genealogy *n* achyddiaeth *f.*
general *adj* cyffredinol. • *n* cadfridog *m.*
generalisation *n* cyffredinoliad *m.*
generalise *v* cyffredinoli.
generation *n* cenhedlaeth *f*; cynhyrchiad *m.*
generator *n* generadur, cynhyrchydd *m.*
generosity *n* haelioni, haelfrydedd *m.*

generous *adj* hael.
genial *adj* hynaws, siriol.
genitals *n* organau cenhedlu *pl*.
genius *n* athrylith *f/m*..
gentle *adj* addfwyn, tirion.
gentleman *n* bonheddwr, gŵr bonheddig *m*.
gentleness *n* addfwynder *m*.
genuine *adj* dilys.
genus *n* math *m*, rhywogaeth *f*.
geographer *n* daearyddwr *m*, daearyddwraig *f*.
geography *n* daearyddiaeth *f*.
geologist *n* daearegydd *m*.
geology *n* daeareg *f*.
geometry *n* geometreg *f*.
germinate *v* egino.
gesticulate *v* gwneud ystumiau.
gesture *n* arwydd, ystum *m*.
get *v* cael, ymofyn.
geyser *n* ffynnon boeth, geiser *f*.
ghost *n* ysbryd *m*.
giant *n* cawr *m*, cawres *f*.
gibe *v* gwawdio, gwatwar. • *n* gwawd *m*.
giddiness *n* pendro *f*.
giddy *adj* chwil, penfeddw.
gift *n* anrheg, rhodd *f*.
gifted *adj* dawnus, galluog.
gigantic *adj* cawraidd.
gild *v* euro, goreuro.
gill *n* tagell *f*.
ginger *n* sinsir *m*. • *adj* coch.
ginger-haired person *n* cochyn *m*, cochen *f*.
girl *n* merch *f*.
girlfriend *n* cariad *m*.
gist *n* swm a sylwedd *m*.
give *v* rhoi.
gizzard *n* glasog *f*.
glacial *adj* rhewlifol.
glacier *n* rhewlif *m*, afon iâ *f*.
glad *adj* balch, llawen.
gladden *v* bodloni, sirioli.
glamorous *adj* hudolus, swynol.
glamour *n* swyngyfaredd, hudoliaeth *f*.
glance *v* bwrw cipolwg.

glare *n* disgleirdeb *m*. • *v* rhythu'n ddig.
glass *n* gwydr; gwydryn *m*.
glasses *n* sbectol *f*.
glaze *v* sgleinio; gosod gwydr mewn.
gleam *n* llygedyn, pelydryn *m*.
glee *n* afiaith *m*, hoen *f*.
glide *v* llithro.
glimmer *n* llygedyn *m*.
glimpse *n* cip *m*, cipolwg *m/f*. • *v* cael cipolwg.
glint *v* pefrio.
glitter *v* disgleirio, pelydru.
global *adj* byd-eang.
globe *n* cylch *m*, glob *f*, y byd *m*.
gloom *n* tywyllwch, gwyll *m*.
gloomy *adj* tywyll.
glorious *adj* gogoneddus, godidog.
glory *n* gogoniant *m*.
glove *n* maneg *f*.
glow *v* tywynnu, cochi. • *n* gwrid *m*, gwawr *f*.
glue *n* glud *m*. • *v* gludio, gludo.
glum *adj* digalon, prudd.
glutton *n* bolgi *m*.
gnome *n* dynan, pwca *m*.
go *v* mynd (*see* Appendix).
goal *n* gôl *f*.
goat *n* gafr *f*.
gobble *v* llowcio.
God *n* Duw *m*.
godfather *n* tad bedydd *m*.
godlike *adj* fel duw.
godmother *n* mam fedydd *f*.
gold *n* aur *m*.
golden *adj* aur, euraid.
goldsmith *n* eurych, gof aur *m*.
golf *n* golff *m*.
golfer *n* golffiwr *m*, golffwraig *f*.
gong *n* gong *f*.
good *adj* da.
goodbye *excl* da bo, hwyl.
good-looking *adj* golygus.
goodness *n* daioni *m*.
goodwill *n* ewyllys da *m*.
goose *n* gŵydd *f*.
gorge *n* ceunant *m*. • *v* bwyta llond bol.

gorgeous *adj* gwych, pert ofnadwy.
gory *adj* gwaedlyd.
gossip *n* hen geg *f*; clecs *pl*. • *v* hel clecs, cloncian.
govern *v* llywodraethu.
government *n* llywodraeth *f*.
governor *n* llywodraethwr *m*, llywodraethwraig *f*.
gown *n* gŵn *m*.
grab *v* cydio, gafael.
grace *n* gosgeiddrwydd *m*; bendith *f*. • *v* harddu.
graceful *adj* gosgeiddig
gradation *n* graddoliad *m*.
grade *n* graddfa *f*.
gradual *adj* graddol, cynyddol.
graduate *v* graddio.
graft *n* impiad, impyn *m*. • *v* impio.
grain *n* gronyn *m*.
grammar *n* gramadeg *m/f*.
grammatical *adj* gramadegol.
grand *adj* crand, mawreddog.
grandchild *n* ŵyr *m*, wyres *f*.
grandad *n* tad-cu, taid *m*.
granddaughter *n* wyres *f*.
grandeur *n* gwychder, mawredd *m*.
grandfather *n* tad-cu, taid *m*.
grandma *n* mam-gu, nain *f*.
grandmother *n* mam-gu, nain *f*.
grandson *n* ŵyr *m*.
grandstand *n* prif safle *m*.
grant *v* caniatáu. • *n* grant, cymhorthdal *m*.
granulate *v* gronynnu.
granule *n* gronyn *m*.
grapes *n* grawnwin *pl*.
grapefruit *n* grawnffrwyth *m*.
graph *n* graff *m*.
graphic *adj* graffig.
grasp *v* cael gafael ar.
grass *n* porfa *f*, glaswellt *m*.
grasshopper *n* ceiliog y rhedyn, sioncyn y gwair *m*.
grassy *adj* gwelltog.
grate *n* grât *m/f*. • *v* rhygnu, merwino.
grateful *adj* diolchgar.
gratification *n* boddhad *m*.

gratify *v* boddhau, rhyngu bodd.
gratifying *adj* braf, boddhaus.
gratis *adv* am ddim.
gratitude *n* diolchgarwch *m*.
gratuitous *adj* di-alw-amdano, di-reswm.
gratuity *n* cildwrn *m*, rhodd *f*.
grave *n* bedd *m*. • *adj* difrifol.
graveyard *n* mynwent *f*.
gravity *n* disgyrchiant; difrifoldeb, dwyster *m*.
gravy *n* gwlych, grefi *m*.
graze *v* pori.
grease *n* saim *m*. • *v* iro.
great *adj* mawr.
greatness *n* mawredd *m*.
greed *n* trachwant, gwanc *m*.
greedy *adj* barus, gwancus.
green *adj* gwyrdd, glas.
greenery *n* glesni *m*.
greenhouse *n* tŷ gwydr *m*.
greenish *adj* gwyrddaidd.
greet *v* cyfarch.
greeting *n* cyfarchiad *m*.
grey *adj* llwyd, glas.
greyish *adj* llwydaidd.
grid *n* rhwyllwaith, gratin *m*.
grief *n* galar *m*.
grievance *n* cwyn *f*, achwyniad *m*.
grieve *v* galaru.
grievous *adj* difrifol.
grill *n* gridyll *m*. • *v* grilio.
grim *adj* didrugaredd.
grimace *n* ystum *m/f*, cuwch *m*.
grime *n* baw, parddu *m*.
grind *v* malu, llifanu.
grip *n* gafael *f*. • *v* gafael, gafaelyd.
groan *v* ochneidio, griddfan. • *n* ochenaid *f*, griddfan *m*.
grocer *n* groser *m*.
groom *n* gwas, gwastrawd *m*. • *v* gwastrodi, tacluso.
groove *n* rhigol *f*.
grope *v* ymbalfalu.
grotesque *adj* afluniaidd.
ground *n* daear *f*. • *v* tirio.
ground floor *n* llawr gwaelod *m*.
groundless *adj* di-sail.

group *n* twr, dyrnaid, grŵp *m*. • *v* casglu.

grove *n* llwyn *m*.

grovel *v* ymgreinio.

grow *v* tyfu.

grower *n* tyfwr *m*, tyfwraig *f*.

growl *v* chwyrnu, arthio.

growth *n* twf, tyfiant *m*.

grudge *n* dig *m*, cynnen *f*.

gruelling *adj* yn lladdfa.

gruesome *adj* erchyll.

grumble *v* cwyno, grwgnach.

guarantee *n* gwarant *f*. • *v* gwarantu.

guard *n* gard, giard, gwyliwr *m*. • *v* gwarchod.

guardian *n* gwarchodwr *m*, gwarchodwraig *f*.

guardianship *n* gwarchodaeth *f*.

guess *v* dyfalu. • *n* amcan, dyfaliad *m*.

guest *n* gwestai *m*.

guidance *n* arweiniad *m*.

guide *v* arwain, tywys. • *n* arweinydd, tywysydd *m*.

guidebook *n* arweinlyfr *m*.

guild *n* urdd *f*.

guile *n* dichell *f*, twyll *m*.

guilt *n* euogrwydd *m*.

guilty *adj* euog.

guise *n* rhith *m*.

guitar *n* gitâr *m*.

gull *n* gwylan *f*.

gullibility *n* gwiriondeb, diniweidrwydd *m*.

gullible *adj* hygoelus.

gulp *n* llwnc *m*. • *v* llyncu, llowcio.

gum *n* gwm *m*. • *v* gludio.

gun *n* dryll, gwn *m*.

gunpowder *n* powdwr gwn *m*.

gunshot *n* ergyd gwn *m/f*.

gurgle *v* byrlymu.

gush *v* ffrydio; parablu.

gust *n* hwrdd, cwthwm *m*.

gusto *n* awch, afiaith *m*.

gusty *adj* gwyntog.

gut *n* perfedd *m*. • *v* diberfeddu.

gutter *n* cafn *m*, landar *m/f*.

guzzle *v* llowcio.

gymnasium *n* campfa *f*.

gymnastics *n* gymnasteg *f*.

gynaecologist *n* gynecolegydd *m*.

gypsy *n* sipsi *m*.

H

habit *n* arfer *m/f*, arferiad *m*.

habitable *adj* y gellir byw ynddo, cyfannedd.

habitat *n* cynefin *m*.

habitual *adj* arferol, cyson.

haemorrhage *n* gwaedlif *m*.

haggard *adj* blinderus.

haggle *v* bargeinio.

hail *n* cenllysg, cesair *pl*. • *v* cyfarch; bwrw cenllysg/cesair.

hair *n* blewyn; gwallt *m*.

haircut *n* toriad gwallt *m*.

hairless *adj* di-wallt, moel.

hairstyle *n* ffasiwn gwallt *f*.

hairy *adj* blewog, gwalltog.

hale *adj* iach, sionc.

half *n* hanner *m*.

half-hearted *adj* llugoer, claear.

half-hour *n* hanner awr *m*.

half-moon *n* hanner lleuad *m*.

halfway *adv* hanner ffordd.

hall *n* neuadd *f*.

hallow *v* cysegru, sancteiddio.

hallucination *n* rhith *m*.

halt *v* aros, sefyll.

ham *n* cig mochyn *m*.

hammer *n* morthwyl, mwrthwl *m*. • *v* morthwylio.

hammock *n* gwely crog *m*.

hamper *n* basged, cawell *f*. • *v* rhwystro, atal.

hand *n* llaw *f*. • *v* estyn.

handbag *n* bag llaw *m*.

handbrake *n* brêc llaw *m*.

handful *n* llond llaw, dyrnaid *m*.
handicap *n* anfantais *f*.
handicapped *adj* dan anfantais.
handkerchief *n* hances, ffunen *f*, macyn *m*.
handle *n* carn, coes, dolen *m*. • *v* bodio, trafod.
handlebar *n* corn *m*.
handrail *n* canllaw *m*/*f*.
handsome *adj* golygus, hardd.
handwriting *n* ysgrifen *f*.
hang *v* crogi.
hangover *n* pen mawr *m*.
haphazard *adj* hap a damwain.
hapless *adj* anffodus.
happen *v* digwydd.
happening *n* digwyddiad *m*.
happily *adv* yn hapus.
happiness *n* hapusrwydd, dedwyddwch *m*.
happy *adj* hapus, dedwydd, llawen.
harass *v* blino, poeni.
harbour *n* porthladd *m*.
hard *adj* anodd, caled.
harden *v* caledu.
hardiness *n* calcdwch, gwytnwch *m*.
hardly *adv* prin, o'r braidd.
hardness *n* caledwch *m*.
hard-up *adj* mae'n dynn/fain ar.
hardy *adj* caled, gwydn.
hare *n* ysgyfarnog *f*.
harm *n* drwg, niwed *m*. • *v* niweidio, gwneud drwg.
harmful *adj* niweidiol.
harmonious *adj* cytûn.
harmony *n* harmoni *m*, cynghanedd *f*.
harp *n* telyn *f*.
harsh *adj* garw, caled.
harshness *n* gerwinder, craster *m*.
harvest *n* cynhaeaf *m*. • *v* cynaeafu.
harvester *n* medelwr *m*.
haste *n* brys *m*, hast *f*.
hasten *v* brysio, cyflymu.
hasty *adj* brysiog, byrbwyll.
hat *n* het *f*.
hatch *v* deor.

hatchet *n* bwyell *f*.
hate *n* casineb, atgasedd *m*. • *v* casáu.
hatred *n* casineb, atgasedd *m*.
haughtiness *n* rhodres, trahauster *m*.
haughty *adj* ffroenuchel, trahaus.
haul *v* halio, llusgo.
haunt *v* aflonyddu ar.
have *v* bod gan, meddu ar (*see also* Appendix).
haversack *n* bag cefn *m*, ysgrepan *f*.
havoc *n* llanast *m*.
hay *n* gwair *m*.
hay fever *n* clefyd y gwair *m*.
hazard *n* perygl *m*. • *v* peryglu, mentro.
hazardous *adj* peryglus.
haze *n* tarth, tes *m*.
hazelnuts *n* cnau cyll *pl*.
hazy *adj* niwlog, tesog.
he *pron* ef, fe.
head *n* pen *m*.
headache *n* pen tost, cur pen *m*.
headland *n* penrhyn *m*.
headlight *n* lamp flaen *f*.
headline *n* pennawd *m*.
headlong *adv* pendramwnwgl; llwrw ei ben.
headstrong *adj* penstiff, gwrthnysig.
headwaiter *n* prif weinydd *m*, prif weinyddes *f*.
heady *adj* meddwol, llesmeiriol.
heal *v* gwella, iacháu.
health *n* iechyd *m*.
healthiness *n* iechyd da *m*.
healthy *adj* iach, iachus.
heap *n* pentwr *m*, tomen *f*. • *v* pentyrru.
hear *v* clywed.
hearing *n* clyw; gwrandawiad *m*.
heart *n* calon *f*.
heart failure *n* methiant y galon *m*.
hearth *n* aelwyd *f*.
heartless *adj* creulon, didostur.
hearty *adj* calonnog, twymgalon.

heat *n* gwres *m*. • *v* twymo.
heater *n* gwresogydd *m*.
heathen *n* pagan *m*.
heating *n* gwres *m*.
heatwave *n* gwres mawr *m*.
heave *v* codi, gwthio.
heaven *n* nefoedd, nef *f*.
heaviness *n* trymder *m*.
heavy *adj* trwm.
hectic *adj* fel ffair, prysur ofnadwy.
hedge *n* clawdd, gwrych *m*.
hedgehog *n* draenog *m*.
heed *v* talu sylw.
heedless *adj* di-hid, di-hidio.
heel *n* sawdl *m/f*.
hefty *adj* cadarn, glew.
height *n* taldra, uchder *m*.
heighten *v* codi'n uwch.
heinous *adj* ysgeler, anfad.
heir *n* etifedd, aer *m*.
helicopter *n* hofrenydd *m*.
hell *n* uffern *f*.
helmet *n* helm, helmed *f*.
help *v* cynorthwyo, helpu. • *n* cymorth *m*.
helper *n* cynorthwywr *m*.
helpful *adj* o gymorth, defnyddiol.
helpless *adj* diymgeledd, diymadferth.
hemisphere *n* hemisffer *m*.
hen *n* iâr *f*.
henceforward *adv* mwyach, o hyn ymlaen.
hen-house *n* cwt ieir *m*.
hepatitis *n* llid yr afu *m*.
her *pron* ei, hi.
herb *n* llysieuyn *m*.
herbalist *n* meddyg llysiau, perlysieuydd *m*.
herd *n* buches *f*, gyr *m*, haid *f*.
here *adv* yma.
hereby *adv* drwy hyn, gan hynny.
hereditary *adj* etifeddol.
heredity *n* etifeddeg *f*.
heritage *n* etifeddiaeth, treftadaeth *f*.
hermit *n* meudwy *m*.
hernia *n* torllengig *m*.

hero *n* arwr, gwron *m*.
heroic *adj* arwrol.
heroine *n* arwres *f*.
hers *pron* ei, 'w.
herself *pron* hi ei hun/hunan.
hesitate *v* petruso.
hesitation *n* petruster *m*.
heterogeneous *adj* cymysgryw, anghydryw.
heterosexual *adj* gwahanrywiol.
hiatus *n* bwlch *m*, adwy *f*.
hiccup *n* ig *f*. • *v* igian.
hide *v* cuddio. • *n* croen *m*.
hideaway *n* cuddfan *f*.
hideous *adj* erchyll, hyll.
hierarchy *n* hierarchaeth *f*.
hi-fi *n* hei-ffei *m*.
high *adj* uchel.
highlight *n* uchafbwynt *m*.
highness *n* uchder, uchelder *m*.
hike *v* heicio.
hilarious *adj* doniol iawn, digrif tu hwnt.
hill *n* bryn *m*, rhiw *f*.
hillside *n* llechwedd, llethr *f*.
hilly *adj* mynyddig, bryniog.
him *pron* ef, e, o, ei, 'i.
himself *pron* ei hun, hunan.
hinder *v* llesteirio, rhwystro.
hindrance *n* rhwystr, llestair *m*.
hindsight *n* synnwyr trannoeth *m*.
hint *n* awgrym, tinc *m*. • *v* lledawgrymu.
hip *n* clun *f*.
hire *v* llogi, cyflogi.
his *pron* ei, 'i.
hiss *v* poeri, hisian.
historian *n* hanesydd *m*.
historic(al) *adj* hanesyddol.
history *n* hanes *m*.
hit *v* bwrw, taro.
hitch-hike *v* bodio, ffawdheglu.
hoard *n* celc, casgliad *m*. • *v* casglu, cronni.
hoarse *adj* cryg, cryglyd.
hoarseness *n* crygni *m*.
hobby *n* diddordeb *m*, hobi *f*.
hoist *v* codi, halio.

hold *v* dal, gafael. • *n* howld *f.*
hold up *n* lladrad arfog *m*; tagfa *f.*
holder *n* deiliad *m.*
hole *n* twll *m.*
holiday *n* gŵyl *f*; ~s gwyliau *pl.*
hollow *adj* gwag, cau.
holocaust *n* galanas, cyflafan *f*, holocawst *m.*
holy *adj* sanctaidd, cysegredig.
homage *n* gwrogaeth *f.*
home *n* cartref *m*, aelwyd *f.*
homeless *adj* di-gartref.
homely *adj* cartrefol.
homesick *adj* hiraethus.
homesickness *n* hiraeth *m.*
homework *n* gwaith cartref *m.*
homicide *n* dynleiddiad *m/f.*
homogeneous *adj* cydryw.
homosexual *adj* cyfunrhywiol. • *n* gwrywgydiwr *m.*
honest *adj* gonest, onest.
honesty *n* gonestrwydd, onestrwydd *m.*
honey *n* mêl *m.*
honorary *adj* mygedol, anrhydeddus.
honour *n* anrhydedd *m/f*, bri *m.* • *v* anrhydeddu.
honourable *adj* anrhydeddus.
hood *n* cwfl, cwcwll *m.*
hoof *n* carn *m.*
hook *n* bach, bachyn *m.* • *v* bachu.
hoop *n* cylchyn, cylch *m.*
hooter *n* corn *m*, hwter *f.*
hop *n* herc *m*, naid fach *f.* • *v* hercian.
hope *n* gobaith *m.* • *v* gobeithio.
hopeful *adj* gobeithiol.
horizon *n* gorwel *m.*
horizontal *adj* llorweddol.
hormone *n* hormon *m.*
horn *n* corn *m.*
horoscope *n* horosgop *m.*
horrible *adj* ofnadwy, erchyll.
horrific *adj* arswydus, dychrynllyd.
horrify *v* brawychu, arswydo.
horror *n* arswyd, dychryn *m.*
horse *n* ceffyl *m.*

horseback *adv*: on ~ ar gefn ceffyl.
horseman *n* marchog *m.*
horsepower *n* marchnerth *m.*
horseshoe *n* pedol *f.*
horsewoman *n* marchoges *f.*
horticulture *n* garddwriaeth *f.*
horticulturist *n* garddwr *m*, garddwraig *f.*
hospitable *adj* croesawgar.
hospital *n* ysbyty *m.*
hospitality *n* croeso, lletygarwch *m.*
host *n* llu; gwesteiwr *m.*
hostage *n* gwystl *m.*
hostess *n* gwesteiwraig *f.*
hostile *adj* gelyniaethus.
hostility *n* gelyniaeth *f.*
hot *adj* twym, poeth.
hotel *n* gwesty *m.*
hotelier *n* gwestywr *m.*
hothead *n* penboethyn *m.*
hotplate *n* plât poeth *m.*
hour *n* awr *f.*
hour-glass *n* awrwydr *m.*
hourly *adv* o awr i awr, wrth yr awr.
house *n* tŷ *m.* • *v* lletya, cartrefu.
houseboat *n* cwch preswyl *m.*
household *n* teulu *m.*
householder *n* deiliad, penteulu *m.*
housekeeper *n* gwraig cadw tŷ *f.*
housewife *n* gwraig tŷ *f.*
housework *n* gwaith tŷ *m.*
hovel *n* hofel *f.*
hover *v* hofran.
how *adv* sut, fel; ~ do you do! sut mae, sut ydych chi.
however *adv* sut bynnag.
howl *v* udo. • *n* gwaedd *f.*
hub *n* both *f*, craidd *m.*
hue *n* arlliw *m*, gwawr *f.*
hug *v* cofleidio. • *n* cofleidiad *m.*
huge *adj* anferth, anferthol.
hull *n* cragen llong *f.*
hum *v* mwmian, mwmial, sïo, suo.
human *adj* dynol.
humane *adj* dyngarol.
humanist *n* dyneiddiwr *m.*
humanity *n* dynoliaeth, dynolryw *f.*
humanise *v* dynoli.

humble *adj* diymhongar, gostyngedig. • *v* darostwng.
humdrum *adj* undonog, diflas.
humid *adj* llaith.
humiliate *v* bychanu, torri crib.
humiliation *n* gwarth, cywilydd *m*.
humility *n* gostyngeiddrwydd, gwyleidd-dra *m*.
humorous *adj* doniol.
humour *n* doniolwch, hiwmor *m*; hwyliau *pl*.
hump *n* crwbi, crwb *m*.
hundred *num* can, cant.
hundredth *adj* canfed.
hunger *n* chwant bwyd, newyn *m*. • *v* newynu.
hungry *adj* newynog, ar fy nghythlwng.
hunt *v* hela. • *n* helfa *f*.
hunter *n* heliwr *m*, helwraig *f*.
hurdle *n* clwyd *f*.
hurl *v* lluchio, hyrddio.
hurricane *n* corwynt *m*.

hurry *v* brysio, prysuro. • *n* brys *m*, hast *m*/*f*.
hurt *v* brifo, niweidio. • *n* dolur *m*, gloes *f*.
hurtful *adj* niweidiol, cas.
husband *n* gŵr *m*.
hut *n* caban, cwt *m*.
hydrant *n* hydrant *m*.
hydraulic *adj* hydrolig.
hydroelectric *adj* hydro-electrig.
hygiene *n* hylendid, glanweithdra *m*.
hygienic *adj* hylan.
hypochondriac *n* claf diglefyd *m*.
hypocrisy *n* rhagrith *m*.
hypocritical *adj* rhagrithiol, dauwynebog.
hypothesis *n* damcaniaeth *f*.
hypothetical *adj* damcaniaethol.
hysterical *adj* hysteraidd, gorffwyll.
hysterics *n* sterics *pl*.

I

I *pron* fi, i, mi.
ice *n* iâ, rhew *m*.
ice cream *n* hufen iâ *m*.
ice rink *n* llawr sglefrio *m*.
ice skating *n* sglefrio *vn*.
icy *adj* rhewllyd.
idea *n* syniad *m*.
ideal *adj* delfrydol.
identical *adj* unfath.
identification *n* adnabyddiaeth *f*.
identify *v* adnabod, enwi.
identity *n* hunaniaeth *f*.
idiot *n* ynfytyn, hurtyn *m*.
idiotic *adj* ynfyd.
idle *adj* didoreth, segur.
idleness *n* segurdod *m*.
idler *n* diogyn *m*.
idol *n* eilun *m*, delw *f*.
idolise *v* addoli, dotio.
idyllic *adj* paradwysaidd.
if *conj* os, pe; ~ **not** oni.

ignite *v* cynnau, tanio.
ignoble *adj* israddol, taeogaidd.
ignominious *adj* gwarthus, cywilyddus.
ignorance *n* anwybodaeth *f*.
ignorant *adj* anwybodus.
ignore *v* anwybyddu, diystyru.
ill *adj* tost, sâl.
illegal *adj* anghyfreithlon.
illegality *n* anghyfreithlondeb *m*.
illegible *adj* annarllenadwy.
illegitimacy *n* anghyfreithlondeb *m*.
illegitimate *adj* anghyfreithlon.
illicit *adj* anghyfreithlon.
illiterate *adj* anllythrennog.
illness *n* salwch, afiechyd *m*.
illogical *adj* afresymegol.
illuminate *v* goleuo, addurno.
illusion *n* rhith *m*.
illusory *adj* lledrithiol.
illustrate *v* darlunio.

illustration 179 **improvise**

illustration *n* darlun *m*.
illustrious *adj* disglair, o fri.
image *n* delw, delwedd *f*.
imaginary *adj* dychmygol.
imagination *n* dychymyg *m*.
imagine *v* dychmygu.
imbecile *adj* ynfyd, gwan ei feddwl.
imitate *v* dynwared, efelychu.
imitation *n* dynwarediad, efelychiad *m*.
immaterial *adj* ansylweddol, dibwys.
immeasurable *adj* anfesuradwy, di-fesur.
immediate *adj* di-oed, syth.
immense *adj* anferth, enfawr.
immigrant *n* mewnfudwr *m*, mewnfudwraig *f*.
immigration *n* mewnfudiad *m*.
imminent *adj* ar ddigwydd, agos.
immobile *adj* disymud, diymod.
immobility *n* llonyddwch, ansymudoldeb *m*.
immoderate *adj* anghymedrol.
immoral *adj* anfoesol.
immorality *n* anfoesoldeb *m*.
immortal *adj* anfarwol.
immune *adj* rhydd rhag.
immunise *v* imwneiddio, gwrth-heintio.
immutable *adj* digyfnewid.
impact *n* effaith *f*; trawiad *m*.
impalpable *adj* annheimladwy.
impart *v* rhoi, cyfrannu.
impartial *adj* diduedd.
impartiality *n* tegwch, amhleidioldeb *m*.
impassive *adj* didaro, digyffro.
impatience *n* diffyg amynedd *m*.
impatient *adj* diamynedd.
impeccable *adj* dilychwin, di-fai.
impede *v* rhwystro, atal.
impending *adj* agos, ar ddod.
impenetrable *adj* anhydraidd.
imperceptible *adj* anghanfyddadwy.
imperfect *adj* amherffaith.
imperfection *n* amherffeithrwydd *m*.

impermeable *adj* anhydraidd.
impersonal *adj* amhersonol.
impertinence *n* digywilydd-dra *m*.
impertinent *adj* digywilydd.
impetuosity *n* gwylltineb, byrbwylltra *m*.
impetuous *adj* byrbwyll.
implant *v* impio, mewnblannu.
implement *n* offeryn, erfyn *m*.
implicate *v* cysylltu rhywun â.
implication *n* goblygiad *m*.
implicit *adj* ymhlyg.
implore *v* crefu, deisyf, erfyn.
imply *v* awgrymu, golygu.
impolite *adj* anghwrtais, anfoesgar.
import *v* mewnforio.
importance *n* pwys, pwysigrwydd *m*.
important *adj* pwysig.
impose *v* gosod.
imposition *n* baich, bwrn *m*.
impossibility *n* amhosibilrwydd *m*.
impossible *adj* amhosibl.
impostor *n* twyllwr *m*.
impotence *n* anallu, diymadferthedd.*m*.
impotent *adj* diymadferth, analluog.
impoverish *v* tlodi.
impoverishment *n* tlodi *vn*.
impracticable *adj* anymarferol.
imprecise *adj* amhcnodol, heb fod yn fanwl.
impress *v* pwysleisio, pwyso.
impression *n* argraffiad *m*.
impressionable *adj* hawdd gwneud argraff arno.
impressive *adj* trawiadol.
imprint *n* argraffiad *m*.
imprison *v* carcharu.
imprisonment *n* carchariad *m*.
improbability *n* annhebygolrwydd *m*.
improbable *adj* annhebygol.
improper *adj* anghywir, anweddus.
improve *v* gwella.
improvement *n* gwelliant *m*.
improvise *v* cyfansoddi ar y pryd.

imprudent *adj* annoeth.
impudent *adj* digywilydd, haerllug.
impulse *n* ysgogiad *m*.
impulsive *adj* byrbwyll.
impunity *n* yn ddi-gosb.
in *prep* yn, mewn.
inability *n* anallu *m*.
inaccurate *adj* anghywir, anfanwl.
inactive *adj* diysgog, segur.
inadequate *adj* annigonol.
inadmissible *adj* annerbyniol.
inane *adj* hurt, gwirion.
inanimate *adj* difywyd.
inapplicable *adj* anaddas, anghymwys.
inaudible *adj* anghlywadwy, anhyglyw.
incalculable *adj* anfesuradwy, difesur.
incapable *adj* analluog.
incapacitate *v* analluogi.
incapacity *n* anallu, analluogrwydd *m*.
incarcerate *v* carcharu.
incautious *adj* difeddwl, diofal.
incentive *n* cymhelliad, symbyliad *m*.
inception *n* dechreuad, cychwyniad *m*.
incessant *adj* di-baid, di-dor.
incidence *n* trawiant, amlder *m*.
incident *n* digwyddiad *m*.
incidental *adj* achlysurol.
incisive *adj* miniog, treiddgar.
incite *v* annog, cymell.
inclination *n* gogwydd *m*, tuedd *f*.
incline *v* gogwyddo, tueddu.
include *v* cynnwys.
including *prep* yn cynnwys, gan gynnwys.
incognito *adv* heb wybod i neb.
incoherent *adj* digyswllt, dryslyd.
income *n* incwm *m*.
incomparable *adj* anghymarol, dihafal.
incompetence *n* analluogrwydd *m*.
incompetent *adj* anghymwys, anobeithiol.

incomplete *adj* anghyflawn, anorffenedig.
incomprehensible *adj* annealladwy.
inconceivable *adj* anhygoel,y tu hwnt i amgyffred.
incongruity *n* anghysondeb, anghymarusrwydd *m*.
incongruous *adj* anghymarus.
inconsiderate *adj* difeddwl, di-hid.
inconsistent *adj* anghyson.
inconspicuous *adj* disylw, anamlwg.
incontrovertible *adj* diamheuol, diymwad.
inconvenience *n* anghyfleustra, anhwylustod *m*.
inconvenient *adj* anghyfleus.
incorporate *v* corffori, ymgorffori.
incorporation *n* ymgorfforiad, corfforiad *m*.
incorrect *adj* anghywir.
increase *v* cynyddu. • *n* twf, cynnydd *m*.
increasing *adj* cynyddol.
incredible *adj* anghredadwy, anhygoel.
incredulous *adj* anghrediniol.
incriminate *v* taflu bai ar, cyhuddo.
incur *v* achosi.
incurable *adj* anwelladwy, na ellir ei wella.
incursion *n* cyrch *m*.
indebted *adj* dyledus.
indecent *adj* anweddus, aflednais.
indecision *n* petruster, amhendantrwydd *m*.
indecisive *adj* petrus, amhendant.
indefatigable *adj* diflino, dyfal.
indefinite *adj* amhendant.
indemnify *v* gwarantu, digolledu.
indemnity *n* sicrhad *m*.
independence *n* annibyniaeth *f*.
independent *adj* annibynnol.
indeterminate *adj* amhenodol, amheus.
index *n* mynegai *m*.
indicate *v* dynodi, mynegi.

indication *n* arwydd *m*.
indifference *n* difrawder, difaterwch *m*.
indifferent *adj* difater, dihidio.
indigenous *adj* brodorol, cynhenid.
indigent *adj* tlawd, anghenus.
indigestion *n* diffyg traul *m*.
indignant *adj* dig.
indignation *n* dicter, digofaint *m*.
indirect *adj* anuniongyrchol.
indiscreet *adj* annoeth, tafodrydd.
indiscretion *n* cam gwag; datgeliad cyfrinach *m*.
indispensable *adj* anhepgor, anhepgorol.
indisputable *adj* diamheuol.
indistinct *adj* aneglur.
indistinguishable *adj* diwahaniaeth, yr un ffunud.
individual *adj* unigol. • *n* unigolyn *m*.
individuality *n* hunaniaeth *f*.
indolence *n* diogi, syrthni *m*.
indolent *adj* dioglyd, didoreth.
indoors *adv* i mewn, gartref.
induce *v* cymell, darbwyllo.
inducement *n* cymhelliad, ysgogiad *m*.
indulge *v* boddio, maldodi.
indulgent *adj* goddefgar, maldodus.
industrial *adj* diwydiannol.
industrialise *v* diwydiannu.
industrious *adj* diwyd, gweithgar.
industry *n* diwydiant, gweithgarwch *m*.
inebriated *adj* meddw.
inedible *adj* anfwytadwy.
inefficiency *n* aneffeithlonrwydd *m*.
inefficient *adj* aneffeithlon.
ineligible *adj* anghymwys.
inept *adj* di-glem, lletchwith.
inequality *n* anghydraddoldeb, anghyfartaledd *m*.
inertia *n* syrthni, diffyg ynni *m*.
inestimable *adj* difesur, dirfawr.
inevitable *adj* anochel, anorfod.
inexhaustible *adj* dihysbydd.

inexpedient *adj* annoeth, anaddas.
inexpensive *adj* rhad.
inexplicable *adj* anesboniadwy, astrus.
infallible *adj* di-ffael, di-feth.
infamous *adj* gwarthus, cywilyddus.
infancy *n* babandod *m*.
infant *n* baban *m*.
infantile *adj* babanaidd, plentynnaidd.
infatuated *adj* wedi gwirioni, wedi mopio.
infatuation *n* gwirioni, gwullgofi *vn*.
infect *v* heintio.
infectious *adj* heintus.
infer *v* casglu.
inference *n* casgliad *m*.
inferior *adj* israddol.
inferiority *n* israddoldeb *m*.
infernal *adj* uffernol.
infest *v* bod yn fyw o.
infidelity *n* anffyddlondeb *m*.
infiltrate *v* ymdreiddio.
infinite *adj* annherfynol.
infinity *n* anfeidroldeb, annherfynol-deb *m*.
infirm *adj* musgrell, methedig.
infirmity *n* gwendid, eiddilwch *m*.
inflame *v* cynnau, ennyn.
inflammation *n* llid, enyniad *m*.
inflatable *adj* pwmpiadwy.
inflate *v* chwythu gwynt i.
inflation *n* chwyddiant *m*.
inflict *v* peri.
influence *n* dylanwad *m*. • *v* dylanwadu.
influential *adj* dylanwadol.
influenza *n* ffliw *f*.
inform *v* hysbysu.
informal *adj* anffurfiol.
informality *n* anffurfioldeb *m*.
information *n* gwybodaeth *f*, hysbysrwydd *m*.
infrequent *adj* anaml, prin.
infringe *v* torri, troseddu.
infringement *n* trosedd *m*.

infuriate *v* cynddeiriogi.
ingenious *adj* dyfeisgar.
ingenuity *n* dyfeisgarwch *m*.
ingenuous *adj* diniwed, didwyll.
inglorious *adj* distadl, dinod.
ingratitude *n* anniolchgarwch *m*.
ingredient *n* elfen *f*; cynhwysyn *m*.
inhabit *v* byw, preswylio.
inhabitable *adj* preswyliadwy, ffit i fyw.
inhabitants *n* trigolion *pl*.
inhale *v* anadlu i mewn.
inherit *v* etifeddu.
inheritance *n* etifeddiaeth, treftadaeth *f*.
inhibit *v* rhwystro, atal.
inhibition *n* ataliaeth *f*.
inhospitable *adj* digroeso.
inhuman *adj* annynol.
inhumanity *n* creulondeb *m*.
inimical *adj* gelyniaethus.
inimitable *adj* dihafal, unigryw.
initial *adj* cychwynnol, dechreuol.
initiate *v* cychwyn, dechrau.
initiation *n* cychwyniad; derbyniad *m*.
initiative *n* cam cyntaf *m*; menter *f*.
inject *v* chwistrellu.
injection *n* chwystrelliad *m*.
injunction *n* gorchymyn *m*, gwahardedb *f*.
injure *v* anafu, niweidio.
injury *n* anaf, niwed *m*.
injustice *n* anghyfiawnder, cam *m*.
ink *n* inc *m*.
inlet *n* cilfach *f*.
inn *n* tafarndy, gwesty *m*.
innate *adj* cynhenid.
inner *adj* mewnol.
innkeeper *n* tafarnwr *m*, tafarnwraig *f*.
innocence *n* diniweidrwydd; dieuo-grwydd *m*.
innocent *adj* diniwed, dieuog.
innocuous *adj* diniwed, diddrwg.
innovate *v* arloesi.
innuendo *n* ensyniad *m*.
innumerable *adj* dirifedi, aneirif.

inoculate *v* brechu.
inoffensive *adj* diniwed, difalais.
inopportune *adj* anghyfleus, annhymig.
inquest *n* cwest, cwêst *m*.
inquire *v* holi, gofyn.
inquiry *n* ymchwiliad, ymholiad *m*.
inquisition *n* chwil-lys *m*.
inquisitive *adj* chwilfrydig, busneslyd.
insane *adj* gwallgof, gorffwyll.
insanity *n* gwallgofrwydd *m*.
insatiable *adj* anniwall.
inscribe *v* llythrennu, arysgrifennu.
inscription *n* arysgrif *f*; cyflwyniad *m*.
inscrutable *adj* annirnad.
insect *n* trychfilyn *m*.
insecure *adj* llac, ansicr.
insecurity *n* ansicrwydd *m*.
insemination *n* ffrwythloniad *m*.
insensible *adj* anymwybodol.
insensitive *adj* ansensitif, croendew.
inseparable *adj* anwahanadwy.
insert *v* gosod, mewnosod.
insertion *n* mewnosodiad *m*, ad-ddalen *f*.
inside *n* tu mewn *m*.
inside out *adv* y tu chwith allan, tu mewn tu maes.
insidious *adj* llechwraidd.
insight *n* mewnwelediad *m*.
insignificant *adj* dinod, distadl.
insinuate *v* ensynio.
insinuation *n* ensyniad *m*.
insipid *adj* diflas, merfaidd.
insist *v* mynnu.
insistence *n* taerineb *m*.
insistent *adj* taer, penderfynol.
insolence *n* haerllugrwydd *m*.
insolent *adj* haerllug.
inspect *v* archwilio, arolygu.
inspection *n* archwiliad, arolygiad *m*.
inspector *n* arolygwr, arolygydd *m*.
instability *n* ansefydlogrwydd *m*.
install *v* sefydlu; gosod.

instalment n rhan f; rhandal m.
instance n enghraifft f.
instant adj parod, di-oed. • n eiliad f/m.
instead (of) prep yn lle.
instigate v symbylu, ysgogi.
instinct n greddf f.
instinctive adj greddfol.
institute v sefydlu, cychwyn.
institution n sefydliad m.
instruct v hyfforddi.
instrument n erfyn, offeryn m.
insufficiency n diffyg, prinder m.
insufficient adj annigonol, dim digon.
insular adj ynysig.
insulate v ynysu.
insulation n inswleiddio vn.
insult v sarhau. • n sarhad m.
insurance n yswiriant m.
insure v yswirio.
intact adj cyfan.
integrate v cyfannu, cymathu.
integration n integreiddio vn.
integrity n uniondeb, gonestrwydd m.
intellect n deall m.
intellectual adj deallusol.
intelligence n deallusrwydd m.
intelligent adj deallus, call.
intelligible adj dealladwy.
intend v bwriadu, amcanu.
intense adj dwys, angerddol.
intensify v dwysáu.
intensity n dwysedd, dwyster m.
intensive adj dwys.
intention n bwriad, amcan m.
intentional adj bwriadol.
intercede v eiriol.
intercept v rhyng-gipio.
interest v diddori. • n diddordeb; llog m.
interesting adj diddorol.
interfere v ymyrryd.
interior adj y tu mewn.
interlock v cyd-gloi.
interlude n egwyl f.
intermediary n canolwr, cyfryngwr m.

intermediate adj canolradd.
interminable adj di-ben-draw, diddiwedd.
intermingle v cydgymysgu.
intermittent adj ysbeidiol.
intern v carcharu.
internal adj mewnol.
international adj rhyngwladol, cydwladol.
interpret v dehongli.
interpretation n dehongliad m.
interpreter n lladmerydd, dehonglwr m.
interrogate v holi.
interrogation n holiad m.
interrupt v ymyrryd, torri ar draws.
interruption n ymyriad m.
intersect v croestorri.
intersection n croesffordd f.
intertwine v plethu.
interval n egwyl f; cyfwng m.
intervene v ymyrryd.
intervention n ymyrraeth f.
interview n cyfweliad m. • v cyfweld.
interviewer n holwr, cyfwelydd m.
intestine n coluddyn m.
intimacy n agosatrwydd m.
intimidate v dychryn.
into prep i mewn.
intolerable adj annioddefol.
intolerant adj anoddefgar.
intonation n goslef; cyweiriaeth f.
intoxicate v meddwi.
intoxication n meddwdod m.
intricacy n cymlethdod m.
intricate adj cymhleth, cywrain.
intrigue n cynllwyn m. • v cyfareddu.
intriguing adj cyfareddol.
intrinsic adj hanfodol, cynhwynol.
introduce v cyflwyno.
introduction n cyflwyniad m.
introverted adj mewnblyg.
intruder n tresmaswr m.
intuition n greddf f.
intuitive adj greddfol.
inundate v gorlifo, boddi.

invade *v* goresgyn.
invader *n* gosresgynnydd *m*.
invalid *n* claf *m*.
invalidate *v* dirymu.
invaluable *adj* hynod werthfawr.
invasion *n* goresgyniad *m*.
invent *v* dyfeisio.
invention *n* dyfais *f*.
inventor *n* dyfeisydd *m*.
investigation *n* ymchwiliad *m*.
investigator *n* ymchwilydd *m*.
invincible *adj* anorchfygol.
inviolable *adj* dihalog.
invisible *adj* anweledig, anweladwy.
invitation *n* gwahoddiad *m*.
invite *v* gwahodd.
invoice *n* anfoneb *f*.
invoke *v* galw ar.
involuntary *adj* anfwriadol.
involve *v* tynnu mewn.
involvement *n* cysylltiad *m*, rhan *f*.
irascible *adj* piwis, pigog.
irate *adj* dig, dicllon.
iron *n* haearn *m*. • *v* smwddio.
ironic *adj* eironig.
irony *n* eironi *m*.
irrational *adj* afresymol.
irreconcilable *adj* anghymodadwy.
irregular *adj* afreolaidd.

irregularity *n* afreoleidd-dra *m*.
irreparable *adj* anadferadwy, na ellir ei drwsio.
irreplaceable *adj* na ellir ei debyg.
irresistible *adj* anorchfygol.
irresponsible *adj* anghyfrifol.
irreverence *n* amarch *m*.
irrigate *v* dyfrhau.
irrigation *n* dyfrhad *m*.
irritability *n* anniddigrwydd *m*.
irritable *adj* piwis, anniddig.
irritate *v* cythruddo, pryfocio.
irritation *n* dig *m*; cosi *vn*.
island *n* ynys *f*.
isle *n* ynys *f*.
isolate *v* ynysu.
isolation *n* ynysiad, arwahanrwydd *m*.
issue *n* rhifyn; testun *m*.
it *pron* ef; hi; ei.
itch *v* cosi.
item *n* eitem *f*.
itinerant *adj* crwydrol, teithiol.
itinerary *n* amserlen deithio *f*.
its *pron* ei.
itself *pron* ei hun, ei hunan.
ivory *n* ifori *m*.
ivy *n* iorwg, eiddew *m*.

J

jabber *v* clebran, baldorddi.
jack *n* jac; cnaf, gwalch (card) *m*.
jacket *n* siaced *f*.
jackpot *n* gwobr fawr *f*.
jagged *adj* danheddog.
jail *n* carchar *m*, dalfa *f*.
jailer *n* ceidwad/swyddog carchar *m*.
jam *n* jam *m*.
January *n* Ionawr *m*.
jar *n* jar *f*.
jargon *n* jargon *m/f*.
jaw *n* gên *f*.
jazz *n* jazz *m*.
jealous *adj* eiddigeddus, cenfigennus.

jealousy *n* cenfigen *f*, eiddigedd *m*.
jeans *n* jîns *pl*.
jeer *v* gwawdio, gwatwar.
jelly *n* jeli *m*.
jeopardise *v* peryglu.
jerk *n* plwc *m*.
jersey *n* siersi *f*.
jest *n* cellwair *m*.
jester *n* croesan, cellweiriwr *m*.
jet *n* ffrwd; jet *f*; muchudd *m*.
jettison *v* gollwng, taflu dros y bwrdd.
jewel *n* gem *f*.
jewellery *n* gemwaith *m*.
Jewish *adj* Iddewig.

jigsaw n jig-so m.
jinx n rhaib m.
job n gwaith m.
jockey n joci m.
jocular adj cellweirus.
jog v loncian.
join v cydio, uno; ymuno.
joint n cymal; uniad m.
joke n jôc m. • v jocan.
joker n digrifwr m.
jolly adj llawen, llon.
jostle v gwthio.
journal n cylchgrawn m.
journalism n newyddiaduraeth f.
journalist n newyddiadurwr m.
journey n taith f. • v teithio.
joy n llawenydd m.
joyful adj gorfoleddus.
jubilation n gorfoledd m.
jubilee n jiwbilî f.
Judaism n Iddewiaeth f.
judge n barnwr, beirniad m. • v barnu.

judgment n barn f.
judicious adj doeth.
judo n jiwdo m.
jug n jŵg m/f.
juggle v jyglo.
juice n sudd m.
juicy adj llawn sudd.
July n Gorffennaf m.
jumble v cymysgu, drysu.
jump v neidio. • n naid f.
June n Mehefin m.
jungle n jyngl f.
junior adj iau.
jurisdiction n awdurdod m.
juror n rheithiwr m.
jury n rheithgor m.
just adj teg, cyfiawn.
justice n cyfiawnder m.
justification n cyfiawnhad m.
justify v cyfiawnhau.
juvenile adj ifanc.
juxtaposition n cyfosodiad m.

K

kaleidoscope n caleidosgop m.
kangaroo n cangarŵ m.
keen adj craff; brwd.
keenness n brwdfrydedd; awch m.
keep v cadw.
kernel n cnewyllyn m.
kettle n tegell m.
key n allwedd f; cywair m.
keyboard n bysellfwrdd m, allweddell f.
key ring n cylch allweddi m.
keystone n maen clo m.
kick v cicio. • n cic f.
kidnap v herwgipio.
kidney n aren f.
killer n lleiddiad, lladdwr m.
killing n lladd vn.
kiln n odyn f.
kilo n kilo m.
kilogram n kilogram m.
kilometre n kilometr m.

kin n tylwyth m.
kind adj caredig. • n math m/f.
kindle v cynnau, ennyn.
kindliness n caredigrwydd m.
kindly adj twymgalon, hynaws.
kindness n caredigrwydd m.
king n brenin m.
kingdom n teyrnas f.
kiss n cusan f/m. • v cusanu.
kit n pac, gêr m.
kitchen n cegin f.
kitten n cath fach f.
knack n dawn f.
knead v tylino.
knee n pen-glin m.
kneel v penlinio, penglinio.
knife n cyllell f.
knight n marchog m.
knit v gwau, gweu.
knob n bwlyn, dwrn m.
knock v curo. • n cnoc f.

knot *n* cwlwm *m*. • *v* clymu.
know *v* gwybod, adnabod.
know-how *n* gallu, medr *m*.
knowledge *n* gwybodaeth, adnaby-
ddiaeth *f*.
knowledgeable *adj* gwybodus, hy-
ddysg.
knuckle *n* cwgn, migwrn *m*.

L

label *n* label *m/f*.
laboratory *n* labordy *m*.
labour *n* llafur *m*. • *v* llafurio.
labourer *n* llafurwr, gweithiwr *m*.
labourious *adj* llafurus.
lace *n* carrai; les *f*.
lacerate *v* rhwygo.
lack *v* bod heb. • *n* diffyg *m*.
lad *n* llanc *m*.
ladder *n* ysgol *f*.
lady *n* boneddiges; arglwyddes *f*.
lag *v* llusgo.
lagoon *n* lagŵn *m*.
lair *n* gwâl, ffau *f*.
lake *n* llyn *m*.
lame *adj* cloff.
lament *v* galaru. • *n* galarnad *f*.
lamentable *adj* truenus.
lamentation *n* galarnad *f*.
lamp *n* lamp, llusern *f*.
lance *n* gwaywffon *f*.
lancet *n* fflaim *f*.
land *n* tir *m*; gwlad *f*. • *v* glanio.
landlord *n* landlord *m*.
landmark *n* carreg derfyn *f*; nod
tir *m*.
landscape *n* tirlun *m*.
landslide *n* tirlithriad *m*.
lane *n* lôn *f*.
language *n* iaith *f*.
languish *v* nychu, dihoeni.
lantern *n* llusern *f*.
lapel *n* llabed *f/m*.
lapse *n* esgeulustra, llithriad *m*. • *v*
llithro.
larder *n* pantri *m*.
large *adj* mawr, bras.
larva *n* larfa *m/f*.
lascivious *adj* anllad, trythyll.
lash *n* llach *f*. • *v* chwipio, fflangellu.

last *adj* diwethaf, olaf. • *v* para,
parhau.
last-minute *adj* munud olaf.
late *adj* hwyr, diweddar.
latent *adj* cudd, cêl.
lateral *adj* ochrol.
lather *n* ewyn *m*, trochion *pl*.
latitude *n* lledred; rhyddid *m*.
laudable *adj* clodwiw, canmoladwy.
laugh *v* chwerthin. • *n* chwerthiniad
m.
laughter *n* chwerthin *vn*.
launch *v* lansio, gwthio cwch i'r
dŵr.
laundry *n* golchdy *m*.
lava *n* lafa *m*.
lavatory *n* tŷ bach *m*.
lavish *adj* hael.
law *n* deddf, cyfraith *f*.
lawful *adj* cyfreithlon.
lawmaker *n* deddfwr *m*.
lawn *n* lawnt *f*.
lawyer *n* cyfreithiwr *m*,
cyfreithwraig *f*.
lax *adj* llac.
laxative *n* moddion gweithio *m*.
lay *v* dodwy; gosod.
layer *n* haen, haenen *f*.
laziness *n* diogi *m*.
lazy *adj* diog.
lead *n* plwm *m*. • *v* arwain.
leader *n* arweinydd *m*.
leadership *n* arweinyddiaeth *f*.
leading *adj* blaenllaw.
leaf *n* deilen *f*.
leaflet *n* taflen *f*.
league *n* cynghrair *f/m*.
leak *n* gollyngiad *m*. • *v* gollwng.
lean *v* pwyso. • *adj* main.
leap *v* neidio. • *n* naid *f*.

learn v dysgu.
learning n dysg f.
lease n prydles f. • v prydlesu.
leash n tennyn m.
least adj lleiaf; at ~ o leiaf.
leather n lledr m.
leave n caniatâd m. • v gadael.
lecture n darlith f. • v darlithio.
lecturer n darlithydd m.
left adj chwith.
left-handed adj llaw chwith.
left-luggage office n storfa baciau
f.
leftovers n gweddillion pl.
leg n coes f.
legal adj cyfreithlon, cyfreithiol.
legalise v cyfreithloni.
legality n cyfreithlondeb m.
legend n chwedl f.
legendary adj chwedlonol.
legible adj darllenadwy.
legion n lleng f.
legislate v deddfu.
legislation n deddfwriaeth f.
legislative adj deddfwriaethol.
legislature n corff deddfwriaethol
m.
legitimacy n cyfreithlondeb m.
legitimate adj cyfreithlon.
leisure n hamdden f. • ~ly adj ham-
ddenol.
lemon n lemon m.
lemonade n lemonêd m.
lend v benthyca.
length n hyd m.
lengthen v hwyhau, estyn.
lengthy adj hir.
lenient adj tirion.
lens n lens f.
leotard n leotard m/f.
lesbian n lesbiad f.
less adj llai.
lessen v lleihau.
lesser adj llai, lleiaf.
lesson n gwers f.
let v gadael; gosod.
lethal adj marwol, angheuol.
lethargic adj cysglyd, swrth.

lethargy n syrthni m.
letter n llythyr m; llythyren f.
lettering n llythrennu vn.
lettuce n letysen.
level adj gwastad. • n lefel f. • v
gwastatáu.
lever n trosol m.
levity n ysgafnder m.
liability n atebolrwydd m; he's a ~
mae'n fwrn.
liable adj tueddol; tebyg.
liaise v cysylltu.
liaison n cysylltiad m.
liar n celwyddgi m.
liberal adj rhyddfrydig,
rhyddfrydol.
liberate v rhyddhau.
liberation n rhyddhad m, gwaredig-
aeth f.
liberty n rhyddid m.
librarian n llyfrgellydd m.
library n llyfrgell f.
licence n trwydded f.
lick v llyfu.
lid n caead, clawr m.
lie n celwydd m. • v dweud celwy-
ddau; gorwedd.
lieu n: in ~ of yn lle.
life n bywyd m.
life jacket n siaced achub f.
life sentence n carchar am oes.
lifeless adj marw, difywyd.
life-sized adj o faintioli llawn.
lift v codi.
ligament n gewyn, tennyn m.
light n goleuni m. • adj ysgafn; golau.
• v cynnau.
lighten v ysgafnhau; goleuo.
lighthouse n goleudy m.
lighting n goleuo, tanio vn.
lightning n mellt pl.
light year n blwyddyn oleuni f.
like adj tebyg. • adv fel. • v hoffi.
likelihood n tebyg, tebygolrwydd
m.
likely adj tebygol, tebyg.
liken v tebygu, cymharu.
likeness n tebygrwydd m.

likewise *adv* hefyd, yn ogystal.
liking *n* hoffter *m.*
limb *n* aelod *m.*
limit *n* terfyn *m.* • *v* cyfyngu.
limitation *n* cyfyngiad *m.*
limp *v* hercian. • *n* cloffni *m.* • *adj* llipa.
line *n* llinell *f*; llinyn *m.*
liner *n* llong fawr, leiner *f.*
linger *v* oedi, sefyllian.
linguist *n* ieithydd *m.*
linguistic *adj* ieithyddol.
link *n* dolen gyswllt *f.* • *v* cyplysu.
lion *n* llew *m.*
lip *n* gwefus *f*, min *m.*
lip-read *v* darllen gwefusau.
lipstick *n* minlliw *m.*
liqueur *n* gwirod *m/f.*
liquid *n* hylif *m.*
liquidise *v* hylifo.
liquor *n* gwirod *m/f.*
lisp *v* siarad â thafod tew. • *n* tafod tew *m.*
list *n* rhestr *f.* • *v* rhestru.
listen *v* gwrando.
literal *adj* llythrennol.
literary *adj* llenyddol.
literature *n* llenyddiaeth *f.*
litigation *n* mynd i gyfraith *vn.*
litigious *adj* ymgyfreithgar, cynhennus.
litre *n* litr *m.*
litter *n* sbwriel *m.*
little *adj* bach, ychydig.
live *v* byw. • *adj* byw.
livelihood *n* bywoliaeth *f.*
liveliness *n* bywiogrwydd *m.*
lively *adj* bywiog.
liver *n* afu, iau *m.*
livid *adj* (yn) gandryll.
living *n* byw *m.*
living room *n* ystafell fyw *f.*
load *v* llwytho. • *n* llwyth *m.*
loaf *n* torth *f.*
loan *n* benthyciad *m.*
loathe *v* casáu.
loathing *n* atgasedd, casineb *m.*
lobster *n* cimwch *m.*

local *adj* lleol.
locate *v* lleoli.
location *n* lleoliad *m.*
lock *n* clo *m.* • *v* cloi.
locker *n* cwpwrdd bach *m.*
lockout *n* cloi allan *vn.*
locomotive *n* injan drên *f.*
lodge *v* lletya.
lodger *n* lletywr *m*, lletywraig *f.*
log *n* boncyff, plocyn *m.*
logic *n* rhesymeg *f.*
logical *adj* rhesymegol.
loiter *v* loetran, sefyllian.
lollipop *n* lolipop *m.*
lonely *adj* unig.
loneliness *n* unigrwydd, unigedd *m.*
long *adj* hir, maith. • *v* dyheu, hiraethu.
longevity *n* hirhoedledd *m.*
longing *n* dyhead, hiraeth *m.*
long-range *adj* pellgyrhaeddol.
long-term *adj* hirdymor.
look *v* edrych, disgwyl. • *n* golwg *f.*
loop *n* dolen *f.*
loose *adj* rhydd, llaes.
loosen *v* rhyddhau, llaesu.
loot *v* ysbeilio. • *n* ysbail *f.*
loquacious *adj* siaradus, huawdl.
loquacity *n* huodledd *m.*
lose *v* colli.
loss *n* colled *f.*
lot *n* coelbren *m*; **a** ~ llawer.
lotion *n* hufen, eli *m.*
lottery *n* lotri, loteri *f/m.*
loud *adj* uchel.
loudspeaker *n* uchelseinydd, corn siarad *m.*
lounge *n* lolfa *f.*
lovable *adj* hoffus, serchus.
love *n* cariad, serch *m.* • *v* caru, dwlu.
loveliness *n* prydferthwch *m.*
lovely *adj* hyfryd, prydferth.
lover *n* cariad, carwr *m.*
loving *adj* cariadus.
low *adj* isel. • *v* brefu.
lower *v* gostwng.

lowly *adj* gostyngedig.
loyal *adj* teyrngar, ffyddlon.
loyalty *n* teyrngarwch *m*.
lucid *adj* clir, eglur.
luck *n* lwc, ffawd *f*.
luckless *adj* anlwcus.
lucky *adj* lwcus, ffodus.
lucrative *adj* proffidiol.
ludicrous *adj* chwerthinllyd, hurt.
luggage *n* bagiau *pl*.
lukewarm *adj* claear, llugoer.
lull *v* gostegu. • *n* gosteg *m/f*.
luminous *adj* disglair, golau.
lump *n* lwmpyn, talp *m*.
lunch *n* cinio canol dydd *m*.

lungs *n* ysgyfaint *pl*.
lure *n* abwydyn, llith *m*. • *v* denu.
lurk *v* llechu.
lush *adj* toreithiog, iraidd.
lust *n* blys, trachwant *m*. • *v* chwennych.
lustre *n* llewyrch *m*.
luxuriance *n* helaethrwydd *m*, toreth *f*.
luxuriant *adj* toreithiog.
luxurious *adj* moethus.
luxury *n* moethusrwydd *m*.
lyrical *adj* telynegol.
lyrics *n* geiriau *pl*.

M

machination *n* cynllwyn *m*.
machine *n* peiriant *m*.
machinery *n* peirianwaith *m*.
mad *adj* gwallgof.
madam *n* madam, meistres *f*.
madden *v* gwylltio, cynddeiriogi.
madman *n* gwallgofddyn *m*.
madness *n* gwallgofrwydd *m*.
magazine *n* cylchgrawn *m*.
magic *n* hud a lledrith *m*. • *adj* lledrithiol.
magnanimous *adj* mawrfrydig, hael.
magnet *n* magned *m*.
magnetic *adj* magnetig.
magnetism *n* magneteg *f*.
magnificence *n* gwychder, ardderchowgrwydd *m*.
magnificent *adj* gwych, ardderchog.
magnify *v* chwyddo, mwyhau.
magnitude *n* maintioli *m*.
maid *n* morwyn *f*.
mail *n* post *m*.
mail train *n* trên post *m*.
maim *v* andwyo, llurgunio.
main *adj* prif.
main line *n* lein fawr *f*.
main road *n* priffordd, ffordd fawr *f*.

mainland *n* tir mawr *m*.
maintain *v* cynnal; maentumio.
maintenance *n* cynhaliaeth *f*; cynnal a chadw *vn*.
majestic *adj* urddasol.
majesty *n* urddas; mawrhydi *m*.
major *adj* prif, mwyaf.
majority *n* mwyafrif *m*.
make *v* gwneud.
makeshift *adj* dros dro.
make-up *n* colur *m*.
malady *n* anhwylder, clefyd *m*.
malaise *n* anniddigrwydd, anhwylder *m*.
malaria *n* malaria, y cryd *m*.
malcontent *adj* anfoddog, anfodlon.
male *adj* gwryw, gwrywaidd. • *n* gwryw *m*.
malevolence *n* malais, mileindra *m*.
malevolent *adj* maleisus, milain.
malice *n* malais *m*.
malicious *adj* maleisus.
malign *adj* niweidiol, milain. • *v* par-dduo.
malleable *adj* hydrin.
malnutrition *n* diffyg maeth *m*.
malpractice *n* camymddygiad, esgeulustod *m*.

maltreat v cam-drin.
mammal n mamolyn m.
man n dyn, gŵr m.
manage v rheoli, ymdopi.
management n rheolaeth f.
manager n rheolwr m, rheolwraig f.
managing director n rheolwr-gyfarwyddwr m.
mandatory adj gorfodol.
manhandle v trafod â nerth bôn braich.
maniac n gwallgofddyn m.
manic adj manig, lloerig.
manifest adj amlwg. • v datguddio.
manifestation n amlygiad, ymddangosiad m.
manipulate v trafod, trin.
mankind n dynolryw, dynoliaeth f.
manliness n gwroldeb, dewrder m.
manly adj gwrol.
man-made adj o waith llaw dyn.
manner n ffordd f, modd m.
manoeuvre n symudiad m.
manual adj llaw. • n llawlyfr m.
manufacture v gweithgynhyrchu.
manufacturer n gwneuthurwr m.
manuscript n llawysgrif f.
many adj llawer; **how ~?** pa faint, pa sawl.
map n map m.
mar v difetha, sbwylio.
marble n marmor m.
March n Mawrth m.
march n gorymdaith; ymdeithgan f. • v gorymdeithio.
margarine n margarîn m.
margin n ymyl m/f, godre m.
marginal adj ymylol.
marine adj morol.
marital adj priodasol.
maritime adj glan môr.
mark n marc, nod m. • v nodi, marcio.
market n marchnad f.
marketable adj gwerthadwy.
marmalade n marmalêd m.
marriage n priodas f.
married adj priod.
marry v priodi.

marsh n cors, mignen f.
marshy adj corsog.
martial adj milwrol.
martyr n merthyr m, merthyres f.
marvel n rhyfeddod m. • v rhyfeddu.
marvellous adj rhyfeddol.
masculine adj gwryw, gwrywaidd.
mask n mwgwd m. • v mygydu, cuddio.
mason n saer maen, masiwn m.
mass n offeren f; màs m.
massacre n cyflafan f. • v lladd.
massage n tylino'r corff vn.
massive adj anferth, enfawr.
mast n hwylbren, mast m.
master n meistr m. • v meistroli.
mastermind v cynllunio.
mastery n meistrolaeth f.
match n matsen; gêm f.
matchless adj digymar, digyffelyb.
mate n mêt, partner m. • v cyplu.
material adj materol; pwysig.
maternal adj mamol.
maternity hospital n ysbyty mamau m.
mathematical adj mathemategol.
mathematics n mathemateg f.
matrimonial adj priodasol.
matted adj yn glymau.
matter n sylwedd, mater m. • v bod yn bwysig.
mattress n matres m/f.
mature adj aeddfed. • v aeddfedu.
maturity n aeddfedrwydd m.
maximum n uchafswm m.
may v gallu.
May n Mai m.
mayor n maer m, maeres f.
maze n drysfa f.
me pron fi, fy, 'm, mi.
meadow n dôl f.
meagre adj prin, tenau.
meal n pryd m.
mean adj cybyddlyd. • v golygu.
meander v ymddolennu, dolennu.
meaning n ystyr m/f.
meanness n crintachrwydd, cybydd-dod m.

meantime *n* cyfamser.
measure *n* mesur *vn*.
measurement *n* mesur, mesuriad *m*.
meat *n* cig *m*.
mechanic *n* peiriannydd *m*.
mechanical *adj* peirianyddol, mecanyddol.
mechanism *n* peirianwaith *m*.
medal *n* medal *f*.
media *n* cyfryngau *pl*.
mediate *v* cyflafareddu.
mediator *n* eiriolwr, cyfryngydd *m*.
medical *adj* meddygol.
medicinal *adj* meddyginiaethol.
medicine *n* meddyginiaeth *f*, moddion *pl*.
mediocre *adj* gweddol, cyffredin.
meditate *v* myfyrio, synfyfyrio.
meditation *n* myfyrdod *m*.
meditative *adj* synfyfyriol.
medium *n* canol; cyfrwng *m*. • *adj* gweddol, cymedrol.
medium wave *n* y donfedd ganol *f*.
meek *adj* addfwyn, gostyngedig.
meekness *n* gostyngeiddrwydd, add-fwynder *m*.
meet *v* cyfarfod.
meeting *n* cyfarfod *m*.
melancholy *n* iselder ysbryd *m*. • *adj* pruddglwyfus.
mellow *adj* aeddfed, mwyn. • *v* aeddfedu.
melody *n* alaw *f*.
melon *n* melon *m*.
melt *v* toddi, ymdoddi.
member *n* aelod *m*.
memorable *adj* cofiadwy, bythgofiadwy.
memorandum *n* memorandwm *m*.
memorise *v* dysgu ar gof.
memory *n* cof *m*.
menace *n* bygythiad *m*.
mend *v* cyweirio, trwsio.
menial *adj* isel, gwasaidd.
menstruation *n* mislif *m*.
mental *adj* meddyliol.
mentallty *n* meddylfryd *m*.

mention *v* crybwyll, sôn.
menu *n* bwydlen *f*.
mercantile *adj* masnachol.
mercenary *n* milwr cyflog *m*.
merchandise *n* marsiandïaeth *f*, nwyddau *pl*.
merchant *n* masnachwr, gwerthwr *m*; masnachwraig, gwerthwraig *f*.
merciful *adj* trugarog.
mercy *n* trugaredd *m/f*.
mere *adj* dim ond, yn unig.
morge *v* cyfuno.
merger *n* cyfuniad *m*.
merit *n* haeddiant, teilyngdod *m*. • *v* haeddu, teilyngu.
merry *adj* llawen, llon.
mesh *n* rhwyll, masgl *f*.
mesmerise *v* mesmereiddio.
mess *n* llanastr *m*, smonach *f*.
message *n* neges *f*.
messenger *n* negesydd *m*.
metal *n* metel *m*.
metallic *adj* metelaidd.
meteorological *adj* meteorolegol.
meteorology *n* meteoroleg *f*.
meter *n* mesurydd *m*.
method *n* dull *m*.
methodical *adj* trefnus.
metropolitan *adj* prifddinasol.
mew *v* mewian.
microphone *n* microffon *m*.
microscope *n* microsgop *m*.
mid *adj* canol.
midday *n* canol dydd *m*.
middle *adj* canol. • *n* canol *m*.
middling *adj* canolig, gweddol.
midnight *n* hanner nos *m*.
midway *adv* hanner ffordd.
midwife *n* bydwraig *f*.
might *n* grym, nerth *m*.
mighty *adj* nerthol, aruthrol fawr.
migrate *v* mudo, ymfudo.
migration *n* ymfudiad *m*.
mild *adj* mwyn, tyner.
mildness *n* mwynder, tynerwch *m*.
mile *n* milltir *f*.
militant *adj* milwriaethus.
militate *v* milwrio.

milk *n* llaeth, llefrith *m*. • *v* godro.
milky *adj* llaethog.
mill *n* melin *f*. • *v* malu, melino.
millimetre *n* milimetr *m*.
million *n* miliwn *f*.
millionaire *n* miliwnydd *m*.
millionth *adj* miliynfed.
mime *n* meim *f*.
mimic *v* dynwared.
mimicry *n* dynwarediad *m*.
mince *v* briwo, briwsioni.
mind *n* meddwl *m*. • *v* gwarchod; malio.
mindful *adj* gofalus.
mine *pron* eiddof fi.
miner *n* glöwr, mwynwr *m*.
mineral *n* mwyn *m*.
mingle *v* cymysgu.
miniature *n* miniatur *m*.
minimise *v* lleihau.
minimum *n* isafbwynt, lleiafswm *m*.
minister *n* gweinidog *m*. • *v* bugeilio, gweinidogaethu.
ministry *n* gweinyddiaeth *f*; gweinidogaeth *f*.
minor *adj* lleiaf.
minority *n* lleiafrif *m*.
minus *n* minws *m*.
minute *adj* mân.
minute *n* munud *f/m*.
miracle *n* gwyrth *f*.
miraculous *adj* gwyrthiol.
mirage *n* rhith *m*.
mirror *n* drych *m*.
misadventure *n* anffawd *f*.
misbehave *v* camymddwyn.
misbehaviour *n* camymddygiad *m*.
miscarriage *n* camweinyddiad; erthy-liad *m*.
miscellaneous *adj* amrywiol.
miscellany *n* amrywiaeth *f*, cymysgwch *m*.
mischief *n* drygioni, drwg *m*.
mischievous *adj* drygionus, maleisus.
misconception *n* camdybiaeth *f*, camsyniad *m*.

misconduct *n* camymddygiad, camweinyddiad *m*.
misdeed *n* trosedd, camwedd *m*.
misdemeanour *n* camymddygiad *m*.
miser *n* cybydd *m*.
miserable *adj* diflas, trist, digalon.
misery *n* diflastod, trueni *m*.
misfortune *n* anlwc, anffawd *f*.
misgovern *v* camreoli.
mishap *n* damwain *f*.
misjudge *v* camfarnu.
mislead *v* camarwain.
misogynist *n* casäwr gwragedd *m*.
misprint *n* gwall argraffu *m*.
Miss *n* Miss, Y Fns *f*.
miss *v* methu, colli.
missing *adj* coll, ar goll.
mission *n* perwyl *m*; cenhadaeth *f*.
mist *n* niwl *m*.
mistake *v* camgymryd. • *n* camgymeriad *m*.
Mister *n* Mister, bonwr *m*.
mistress *n* meistres *f*.
mistrust *v* drwgdybio. • *n* drwgdyb-iaeth *f*.
misty *adj* niwlog.
misunderstanding *n* camddealltwr-iaeth *f*.
misuse *v* camddefnyddio.
mitigate *v* lliniaru, lleddfu.
mitigation *n* lleddfiad, lliniariad *m*.
mix *v* cymysgu.
mixed *adj* cymysg.
mixture *n* cymysgedd *m/f*.
moan *n* ochenaid *f*. • *v* ocheneidio, griddfan.
moat *n* ffos *f*.
mob *n* ciwed, haid *f*.
mobile *adj* symudol.
mobilise *v* cynnull, byddino.
mobility *n* symudedd *m*.
mock *v* gwatwar, gwawdio.
mockery *n* gwatwar, gwawd *m*.
mode *n* dull, modd *m*.
model *n* model *m*. • *v* modelu.
moderate *adj* cymedrol, gweddol. • *v* cymedroli.

moderation n cymedroldeb m.
modern adj modern.
modernise v moderneiddio, diweddaru.
modest adj diymhongar.
modesty n gwyleidd-dra m.
modification n newidiad, addasiad m.
modify v addasu, cyfaddasu.
moist adj llaith, gwlyb.
moisten v gwlychu.
moisture n lleithder m.
molest v aflonyddu, ymyrryd.
molten adj tawdd.
moment n moment f.
momentary adj dros dro.
monastery n mynachlog f.
monastic adj mynachaidd.
Monday n Llun m.
monetary adj ariannol.
money n arian m.
monk n mynach m.
monkey n mwnci m.
monopolise v monopoleiddio.
monopoly n monopoli m.
monotonous adj undonog.
monotony n undonedd m.
monster n anghenfil m.
monstrous adj anferthol; gwarthus.
month n mis m.
monthly adj misol.
mood n hwyl f, tymer m/f.
moon n lleuad, lloer f.
moonlight n golau lleuad m.
moral adj moesol. • ~s n moesau pl.
morale n hyder, ysbryd m.
morality n moesoldeb m.
morbid adj afiach, morbid.
more adj mwy, ychwaneg; ~ and ~ mwyfwy.
moreover adv yn ogystal, at hynny.
morning n bore m; good ~ bore da.
morsel n tamaid bach m.
mortal adj meidrol, marwol. • n meidrolyn m.
mortality n marwolaeth f.
mortgage n morgais m. • v morgeisio.

mortuary n marwdy, corffdy m.
mosque n mosg m.
most adj mwyaf.
mother n mam f.
mother tongue n mamiaith f.
motherhood n mamolaeth f, bod yn fam.
mother-in-law n mam-yng-nghyfraith f.
motherly adj mamol.
motif n nodwedd m, motiff m.
motion n symudiad; cynnig m.
motionless adj disymud, llonydd.
motivation n ysgogiad, cymhelliad m.
motive n cymhelliad m.
motor n motor m.
motor vehicle n modur m.
motorbike n beic modur m.
motto n arwyddair m.
mould n mowld m. • v mowldio.
mound n twmpath m.
mount n mynydd m. • v dringo, esgyn.
mountain n mynydd m.
mountaineer n mynyddwr m, mynydd-wraig f.
mountainous adj mynyddig.
mourn v galaru.
mourning n galar m.
mouse n llygoden f.
moustache n mwstas m.
mouth n ceg f.
mouthful n cegaid, llond ceg m.
movable adj symudol, symudadwy.
move v symud. • n symudiad m.
movement n symudiad m.
moving adj gwefreiddiol, cyffrous.
mow v lladd, torri.
Mrs n Bns f.
much adj llawer.
mud n llaid, mwd m.
muddy adj mwdlyd.
multiple n lluosrif m.
multiplication n lluosi vn.
multiply v lluosi.
multitude n lliaws m, tyrfa f.
mumble v mwmian, mwmial.

munch *v* cnoi.
mundane *adj* cyffredin, dinod.
municipal *adj* bwrdeistrefol, trefol.
mural *n* murlun *m*.
murder *n* llofruddiaeth *f*. • *v* llofruddio.
murderer *n* llofruddiaeth *f*.
murky *adj* tywyll, lleidiog.
murmur *n* murmur, su *m*. • *v* sibrwd, suo.
muscle *n* cyhyr *m*.
muscular *adj* cyhyrog.
museum *n* amgueddfa *f*.
music *n* cerddoriaeth *f*.
musical *adj* cerddorol.
musician *n* cerddor *m*.
must *v* rhaid.

musty *adj* wedi llwydo.
mutate *v* treiglo.
mutation *n* treiglad *m*.
mute *adj* mud.
mutilate *v* llurgunio, difrodi.
mutilation *n* llurguniad *m*.
mutter *v* mwmian, dweud dan eich dannedd.
mutual *adj* eich gilydd, y naill a'r llall.
my *pron* fy.
myriad *n* myrdd *m*.
myself *pron* myfi fy hun.
mysterious *adj* rhyfedd, dirgel.
mystery *n* dirgelwch *m*.
myth *n* myth *m*.
mythology *n* mytholeg *f*.

N

nag *v* swnian, cadw sŵn.
nail *n* hoelen *f*; ewin *m*. • *v* hoelio.
naive *adj* diniwed.
naked *adj* noeth.
name *n* enw *m*. • *v* enwi.
nap *n* cyntun *m*.
nape *n* gwar *m/f*, gwegil *m*.
napkin *n* napcyn *m*.
narrate *v* adrodd, traethu.
narrative *n* traethiad, naratif *m*.
narrow *adj* cul, main.
nasty *adj* cas, brwnt.
nation *n* cenedl *f*.
national *adj* cenedlaethol.
nationalist *n* cenedlaetholwr *m*, cenedlaetholwraig *f*.
nationality *n* cenedligrwydd *m*.
native *adj* brodorol. • *n* brodor *m*, brodores *f*.
natural *adj* naturiol.
naturalist *n* naturiaethwr *m*, naturiaethwraig *f*.
nature *n* natur, anian *f*.
naughty *adj* drwg.
nausea *n* cyfog *m*.
nauseous *adj* cyfoglyd.
navel *n* bogail *m*.

navigate *v* mordwyo.
navigation *n* mordwyaeth *f*.
navy *n* llynges *f*.
near *prep*, *adv* yn agos. • *adj* agos.
nearly *adv* bron.
neat *adj* taclus, twt.
necessary *adj* angenrheidiol.
necessitate *v* gwneud yn angenrheidiol.
necessity *n* anghenraid, rheidrwydd *m*.
neck *n* gwddf *m*.
necklace *n* cadwyn am y gwddf *f*.
need *n* angen, eisiau *m*. • *v* bod ag angen.
needle *n* nodwydd *f*.
needy *adj* anghenus.
negation *n* nacâd *m*.
negative *adj* negyddol. • *n* negydd *m*.
neglect *v* esgeuluso. • *n* esgeulustra *m*.
negligence *n* esgeulustod *m*.
negligent *adj* esgeulus.
negotiate *v* trafod.
negotiation *n* trafodaeth *f*.
neighbour *n* cymydog *m*, cymdoges *f*.

neighbouring *adj* cyfagos.
neither *conj* na, nac.
nephow *n* nai *m*.
nerve *n* nerf *f*/*m*.
nervous *adj* ncrfus, ar binnau.
nest *n* nyth *m*/*f*.
net *n* rhwyd *f*.
netball *n* pêl-rwyd *f*.
nettle *n* danhadlen *f*.
network *n* rhwydwaith *m*.
neutral *adj* niwtral.
neutrality *n* niwtraliaeth *f*
never *adv* byth, erioed.
nevertheless *adv* serch hynny.
new *adj* newydd.
newborn *adj* newydd-anedig.
news *n* newyddion *pl*.
newspaper *n* papur newydd *m*.
New Year *n* Blwyddyn Newydd *m*;
 ~'s **Day** *n* Dydd Calan *m*; ~'s **Eve**
 Nos Galan *f*.
next *adj* nesaf, wedyn.
nibble *v* deintio, cnoi.
nice *adj* dymunol, hyfryd.
niche *n* cilfach *f*.
nickname *n* llysenw *m*. • *v* llysenwi.
niece *n* nith *f*.
night *n* nos, noson *f*; **good** ~ nos da.
nightly *adv* beunos. • *adj* nosol.
nightmare *n* hunllef *f*.
nimble *adj* chwim, heini.
nine *num* naw.
nineteen *num* pedwar ar bymtheg
 m, pedair ar bymtheg *f*.
nineteenth *adj* pedwerydd (*m*)/
 pedwaredd (*f*) ar bymtheg.
ninetieth *adj* naw degfed.
ninety *num* naw deg.
ninth *adj* nawfed.
no *adv* na, ni. • *adj* dim.
noble *adj* bonheddig, urddasol.
nobody *pron* neb.
nocturnal *adj* nosol.
nod *n* amnaid *f*. • *v* amneidio.
noise *n* sŵn, twrw *m*.
noisiness *n* sŵn, twrw *m*.
nominal *adj* mewn enw,
nominate *v* enwebu, cynnig enw.

nomination *n* enwebiad *m*.
nonchalant *adj* didaro.
none *pron* dim un.
nonentity *n* neb o bwys *m*.
nonetheless *adv* serch hynny.
nonplussed *adj* syn, syfrdan.
nonsense *n* dwli *m*, lol *f*, ffwlbri *m*.
nonsensical *adj* gwirion, hurt.
nonstop *adj* dibaid, syth.
noon *n* canol dydd, hanner dydd *m*.
nor *conj* na, nac.
normal *adj* arferol, rheolaidd.
north *n* gogledd *m*.
northeast *n* gogledd-ddwyrain *m*.
northern *adj* gogleddol.
northwest *n* gogledd-orllewin *m*.
nose *n* trwyn *m*.
nostalgia *n* hiraeth *m*.
nostril *n* ffroen *f*.
not *adv* heb, na, nad, ni, nid.
notable *adj* nodedig, hynod.
note *n* nodyn *m*. • *v* nodi.
notebook *n* llyfr nodiadau *m*.
nothing *n* dim byd *m*.
notice *n* hysbysiad *m*. • *v* sylwi.
noticeable *adj* amlwg.
notify *v* hysbysu, rhoi gwybod.
notion *n* syniad, amcan *m*.
notoriety *n* enwogrwydd *m*.
notorious *adj* ag enw drwg.
nourish *v* meithrin.
nourishment *n* maeth *m*.
novel *n* nofel *f*.
novelty *n* newyddbeth *m*.
November *n* Tachwedd *m*.
novice *n* newyddian *m*/*f*.
now *adv* yn awr.
nowadays *adv* heddiw, y dyddiau
 hyn.
nowhere *adv* yn unman.
nuance *n* arlliw *m*.
nuclear *adj* niwclear.
nude *adj* noethlymun.
nudity *n* noethni *m*.
nuisance *n* digon o farn, poendod
 m.
numb *adj* dideimlad. • *v* merwino,
 fferru.

number *n* rhif *m*, nifer *m/f.* • *v* cyfrif, rhifo.
numbness *n* merwindod, diffyg teimlad *m.*
numeral *n* rhifol *m.*
numerical *adj* rhifol.

nurse *n* nyrs *f/m.* • *v* nyrsio.
nursery *n* meithrinfa *f.*
nurture *v* meithrin, magu.
nut *n* cneuen *f.*
nutritious *adj* maethlon.
nylon *n* neilon *m.*

O

oak *n* derwen *f.*
oar *n* rhwyf *f.*
oath *n* llw *m.*
obedience *n* ufudd-dod *m.*
obedient *adj* ufudd.
obese *adj* tew iawn.
obesity *n* tewdra *m.*
obey *v* ufuddhau.
object *n* gwrthrych *m.* • *v* gwrthwynebu.
objection *n* gwrthwynebiad *m.*
objective *adj* gwrthrychol.
obligation *n* gorfodaeth *f*, rheidrwydd *m.*
obligatory *adj* gorfodol.
oblige *v* gorfodi; gwneud tro da.
obliging *adj* cymwynasgar.
oblique *adj* lletraws, ar osgo.
oblivious *adj* heb sylwi.
obnoxious *adj* ffiaidd.
obscene *adj* anweddus.
obscure *adj* aneglur, tywyll. • *v* cuddio, tywyllu.
obscurity *n* dinodedd, tywyllwch *m.*
observant *adj* sylwgar.
observation *n* sylw *m.*
observatory *n* arsyllfa *f.*
observe *v* cadw; gwylio.
obsession *n* obsesiwn *n.*
obsessive *adj* obsesiynol.
obsolete *adj* wedi hen ddarfod.
obstacle *n* rhwystr *m.*
obstinate *adj* ystyfnig, pengaled.
obstruct *v* rhwystro, cau.
obstruction *n* rhwystr *m*, tagfa *f.*
obtain *v* cael, ennill.
obtainable *adj* ar gael.

obvious *adj* amlwg.
occasion *n* achlysur *m.* • *v* achosi.
occasional *adj* achlysurol.
occupant *n* deiliad *m.*
occupation *n* gwaith *m*; deiliadaeth *f.*
occupy *v* meddiannu.
occur *v* digwydd, taro.
occurrence *n* digwyddiad *m.*
ocean *n* cefnfor *m.*
oceanic *adj* cefnforol.
October *n* Hydref *m.*
odd *adj* od, rhyfedd.
odious *adj* ffiaidd, anghynnes.
odour *n* aroglau, oglau *m.*
of *prep* o.
off *adv* ymaith, i ffwrdd.
offence *n* trosedd *m/f.*
offend *v* pechu, tramgwyddo.
offensive *adj* ymosodol; sarhaus.
offer *v* cynnig. • *n* cynnig *m.*
office *n* swyddfa *f.*
officer *n* swyddog *m.*
official *adj* swyddogol.
officiate *v* gweinyddu, gweinidogaethu.
offset *v* gwrthbwyso.
offshore *adj* ar y môr.
offspring *n* epil *pl*, hil *f.*
oil *n* olew *m.* • *v* iro.
oil painting *n* darlun olew *m.*
oil tanker *n* tancer olew *m/f.*
ointment *n* eli *m.*
O.K. *excl* iawn, i'r dim.
old *adj* hen.
old age *n* henaint *m.*
olive *n* ffrwyth yr olewydd *m.*
olive oil *n* olew olewydd *m.*

omelette *n* omled *m/f.*

omission *n* hepgoriad, esgeulustod *m.*

omit *v* gadael allan.

on *prep* ar. • *adv* ymlaen.

once *adv* unwaith.

one *num* un.

onerous *adj* beichus, trwm.

one-sided *adj* unochrog.

onion *n* wynionyn *m.*

onlooker *n* gwyliwr *m.*

only *adj* unig. • *adv* dim ond, yn unig.

onus *n* cyfrifoldeb *m.*

opaque *adj* afloyw, didraidd.

open *adj* agored. • *v* agor.

opening *n* agoriad *m.*

openness *n* natur agored *f.*

opera *n* opera *f.*

operate *v* gweithio, gweithredu.

operation *n* llawdriniaeth *f;* gweithrediad *m.*

operator *n* gweithiwr, gweithredwr *m.*

opine *v* barnu, tybio.

opinion *n* barn *f.*

opinion poll *n* pôl piniwn, arolwg barn *m.*

opponent *n* gwrthwynebydd *m.*

opportune *adj* amserol, cyfleus.

opportunity *n* cyfle *m.*

oppose *v* gwrthwynebu.

opposing *adj* gwrthwynebus.

opposite *adj* cyferbyn.

opposition *n* gwrthwynebiad *m.*

oppress *v* gormesu.

oppressive *adj* gormesol.

optimist *n* optimydd *m.*

optimistic *adj* optimistaidd, ffyddiog.

optimum *adj* gorau posibl.

option *n* dewis *m.*

optional *adj* dewisol.

opulent *adj* cyfoethog, godidog.

or *conj* neu.

oral *adj* llafar, geneuol.

orange *n* orcn *m.*

orbit *n* cylchdro *m.*

orchestra *n* cerddorfa *f.*

ordain *v* ordeinio.

order *n* gorchymyn *m;* trefn *f.* • *v* gorchymyn.

orderly *adj* trefnus.

ordinary *adj* cyffredin.

ore *n* mwyn *m.*

organ *n* organ *f.*

organic *adj* organaidd.

organisation *n* mudiad *m;* trefnu *vn.*

organise *v* trefnu.

organism *n* organedd *m.*

oriental *adj* dwyreiniol.

orifice *n* twll *m.*

origin *n* dechreuad, tarddiad *m.*

original *adj* gwreiddiol.

originality *n* gwreiddioldeb *m.*

ornament *n* addurn *m.*

ornate *adj* addurnedig.

orphan *adj* amddifad.

orthodox *adj* uniongred.

oscillate *v* pendilio.

other *pron* arall, llall, amgen.

otherwise *adv* fel arall.

our *pron* ein.

ourselves *pron* ein hunain.

out *adv* allan, maes.

outburst *n* ffrwydrad *m.*

outcome *n* canlyniad *m.*

outdo *v* rhagori ar.

outdoor *adj* awyr agored, allanol.

outer *adj* allanol.

outfit *n* dillad *pl.*

outgoing *adj* ymadawol; rhadlon.

outlay *n* gwariant *m;* traul *f.*

outline *n* amlinelliad, braslun *m.*

outlook *n* rhagolwg *m.*

output *n* allgynnyrch *m.*

outrage *n* gwarth *m.* • *v* gwylltio, cythruddo.

outright *adv* yn llwyr; yn syth. • *adj* llwyr.

outset *n* dechrau *m.*

outside *n adv* tu allan.

outstrip *v* trechu.

oval *adj* hirgrwn.

ovary *n* ofari *m/f.*

oven *n* ffwrn *f*, popty *m*.
over *prep* uwch, dros. • *adj* gor, rhy.
overall *adj* at ei gilydd.
overbalance *v* cwympo drososdd.
overcast *adj* cymylog.
overcharge *v* codi gormod.
overcoat *n* cot fawr *f*.
overcome *v* goresgyn, trechu.
overdo *v* gorwneud.
overdraft *n* gorddrafft *m*.
overdue *adj* hwyr.
overestimate *v* goramcangyfrif.
overflow *v* gorlifo. • *n* gorlifiad *m*.
overhaul *n* archwiliad *m*, atgyweirio *vn*.
overland *adj* traws gwlad.
overlap *v* gorgyffwrdd.
overlook *v* edrych dros; esgeuluso.
overnight *adv* dros nos.
overpower *v* trechu.
overrate *v* gorbrisio, gorganmol.
overrun *v* heidio.
overseas *adv* dramor.

oversee *v* goruchwylio.
oversight *n* amryfusedd *m*; arolygiaeth *f*.
oversleep *v* cysgu'n hwyr.
overtake *v* goddiweddyd.
overthrow *v* dymchwel.
overtime *n* goramser *m*, oriau ychwanegol *pl*.
overturn *v* dymchwel, moelyd.
overwhelm *v* llethu, sathru.
overwhelming *adj* llethol, anorthrech.
overwork *v* gorweithio.
owe *v* mae ar.
owing *adj* dyledus; oherwydd.
owl *n* tylluan *f*.
own *adj* hunan. • *v* meddu, piau.
owner *n* perchennog *m*.
ox *n* ych *m*.
oxygen *n* ocsygen *m*.
oyster *n* wystrysen *f*.
ozone *n* osôn *m*.

P

pace *n* cam *m*. • *v* camu.
pacific *adj* heddychlon, heddychol.
pacification *n* tawelu, llonyddu *vn*.
pacify *v* tawelu, gwastrodi.
pack *n* pecyn *m*. • *v* pacio.
package *n* pecyn *m*.
packet *n* paced *m*.
pact *n* cyfamod, cytundeb *m*.
pad *n* pad *m*.
paddle *v* padlo. • *n* padlen, rhodl *f*.
pagan *adj* paganaidd.
page *n* tudalen *m/f*; macwy *m*.
pail *n* bwced *m/f*.
pain *n* poen *m/f*, dolur *m*. • *v* brifo.
pained *adj* poenus, pryderus.
painful *adj* poenus.
painstaking *adj* gofalus, dyfal.
paint *v* peintio.
painter *n* peintiwr *m*, peintwraig *f*.
painting *n* peintiad, llun *m*.
pair *n* pâr *m*.

palatable *adj* blasus.
palate *n* taflod y genau *f*.
pale *adj* gwelw, llwyd.
palette *n* paled *m*.
pallet *n* gwely gwellt *m*.
pallid *adj* gwelw, llwyd.
palpable *adj* cyffyrddadwy; eglur.
palpitation *n* dychlamiad y galon *m*.
pamper *v* mwytho, maldodi.
pamphlet *n* pamffledyn, llyfryn *m*.
pan *n* padell *f*.
panache *n* steil *m*.
pane *n* cwarel, paen *m*.
panel *n* panel *m*.
pang *n* gwayw *f*.
panic *v* gwylltio, gwylltu.
pant *v* dyhefod, peuo.
panther *n* panther *m*.
pantry *n* pantri *m*.
pants *n* trôns *pl*.

paper *n* papur *m*. • *v* papuro.
paperweight *n* pwysau papur *m*.
par *n* cyfartaledd *m*. • *adj* cyfartal.
parachute *n* parasiwt *m*.
parade *n* sioe, gorymdaith *f*.
paradise *n* paradwys *f*.
paradox *n* paradocs *m*.
paragraph *n* paragraff *m*.
parallel *adj* cyfochrog . • *n* cyflin *f*.
paralyse *v* parlysu.
paralysis *n* parlys *m*.
paramount *adj* goruchaf, pennaf.
paranoid *adj* paranoiaidd.
parasite *n* parasit *m*.
parcel *n* parsel *m*. • *v* parselu.
parch *v* crasu, sychu.
pardon *n* maddeuant *m*. • *v* maddau.
parent *n* rhiant *m*; ~s rhieni *pl*.
park *n* parc *m*. • *v* parcio.
parking lot *n* maes parcio *m*.
parliament *n* senedd *f*.
parody *n* parodi *m/f*. • *v* paradïo.
parry *v* troi naill ochr.
part *n* rhan *f*. • *v* gwahanu, rhannu.
  • ~ly *adv* yn rhannol.
partial *adj* rhannol; pleidiol.
participate *v* cyfranogi, cymryd rhan.
participation *n* cyfranogiad *m*.
particle *n* gronyn; geiryn *m*.
particular *adj* arbennig, neilltuol.
partition *n* pared, palis *m*. • *v* rhannu.
partner *n* cymar *m/f*.
party *n* plaid *f*; parti *m*.
pass *v* pasio. • *n* bwlch *m*.
passage *n* tramwyfa, rhodfa *f*.
passenger *n* teithiwr *m*, teithwraig *f*.
passer-by *n* un sy'n mynd heibio.
passion *n* angerdd *m*, nwyd *m/f*.
passionate *adj* angerddol.
passive *adj* goddefol.
passport *n* trwydded deithio *f*, pasport *m*.
past *adj* cynt. • *n* gorffennol *m*. • *prep* wedi.
paste *n* past *m*. • *v* pastio.

pastime *n* difyrrwch *m*.
pastry *n* toes *m*.
pasture *n* porfa *f*.
patch *n* clwt *m*. • *v* clytio.
patent *adj* amlwg. • *n* breinlen *f*, patent *m*. • *v* rhoi patent ar.
paternal *adj* tadol.
paternity *n* tadogaeth *f*.
path *n* llwybr *m*.
pathetic *adj* truenus, pathetig.
patience *n* amynedd *m/f*.
patient *adj* amyneddgar. • *n* claf *m*.
patrol *v* patrolio.
patron *n* noddwr *m*, noddwraig *f*.
patronise *v* noddi; bod yn nawddogol.
pattern *n* patrwm *m*.
pause *n* saib *m*. • *v* oedi, gorffwys.
pave *v* palmantu.
pavement *n* palmant, pafin *m*.
paw *n* pawen *f*. • *v* pawennu.
pay *n* cyflog *m*. • *v* talu; to ~ back ad-dalu.
payable *adj* taladwy, dyledus.
payment *n* tâl *m*.
pea *n* pysen *f*.
peace *n* heddwch *m*, tangnefedd *m/f*.
peaceful *adj* heddychol, heddychlon, distaw.
peak *n* pig *m/f*, brig *m*.
pear *n* gellygen, peren *f*.
pearl *n* perl *m*.
peasant *n* gwladwr *m*.
pebble *n* cerigyn *m*.
peculiar *adj* hynod.
peculiarity *n* hynodrwydd *m*; nodwedd *f*.
pedal *n* pedal *m*. • *v* pedlo.
pedestrian *n* cerddwr *m*. • *adj* ar draed, pedestraidd.
peel *v* crafu, plicio. • *n* croen, pil *m*.
peer *n* cymar *m*.
peerless *adj* digymar.
pelt *n* croen *m*.
pen *n* pin ysgrifennu *m*; corlan *f*.
penalty *n* cosb *f*.
pencil *n* pensel, pensil *f*.

pendulum *n* pendil *m*.
penetrate *v* treiddio.
peninsula *n* gorynys *f*, penrhyn *m*.
penitentiary *n* carchar *m*.
penknife *n* cyllell boced *f*.
penpal *n* cyfaill drwy'r post *m*.
pension *n* pensiwn *m*. • *v* pensiynu.
pensive *adj* meddylgar.
penultimate *adj* cynderfynol, olaf ond un.
people *n* pobl *f*. • *v* poblogi.
pepper *n* pupur *m*. • *v* pupro.
per annum *adv* y flwyddyn.
perceive *v* canfod.
percentage *n* canran *f*.
perception *n* dirnadaeth *f*.
perch *n* clwyd *f*.
percussion *n* taro *vn*; offerynnau taro *pl*.
perdition *n* colledigaeth *f*, difancoll *m*.
perennial *adj* lluosflwydd.
perfect *adj* perffaith. • *v* perffeithio.
perfection *n* perffeithrwydd *m*.
perform *v* perfformio, chwarae.
performance *n* perfformiad *m*.
performer *n* perfformiwr, chwaraewr *m*.
perfume *n* persawr *m*. • *v* perarogli.
perhaps *adv* efallai, hwyrach.
peril *n* perygl *m*.
perilous *adj* peryglus.
perimeter *n* perimedr; terfyn allanol *m*.
period *n* cyfnod *m*.
periodic *adj* cyfnodol.
perish *v* marw, trengi.
perishable *adj* darfodus, byrhoedlog.
permanent *adj* parhaol.
permissible *adj* caniataol, goddefadwy.
permission *n* caniatâd *m*.
permissive *adj* goddefgar.
permit *v* caniatáu. • *n* trwydded, haw-len *f*.
perpetrate *v* bod yn gyfrifol, cyflawni.

perpetual *adj* parhaol, parhaus.
perplex *v* drysu, mwydro.
persecute *v* erlid.
persecution *n* erledigaeth *f*.
persevere *v* dyfalbarhau, dal ati.
persist *v* dyfalbarhau, dal ati.
persistence *n* dyfalbarhad *m*.
persistent *adj* dyfal.
person *n* rhywun *m*.
personage *n* rhywun pwysig *m*.
personal *adv* personol.
personality *n* personoliaeth *f*.
personnel *n* personél *m*.
perspective *n* persbectif *m*.
perspiration *n* chwys *m*.
perspire *v* chwysu.
persuade *v* darbwyllo, perswadio.
persuasion *n* perswâd *m*.
persuasive *adj* yn dwyn perswâd.
pertaining: ~ **to** *prep* parthed, ynglŷn â.
pertinent *adj* perthnasol.
perturb *v* aflonyddu, tarfu.
peruse *v* darllen, craffu ar.
perverse *adj* gwrthnysig, croes.
pessimist *n* pesimist *m/f*.
pest *n* pla; poendod *m*.
pester *v* plagio, poeni.
pestilence *n* pla *m*, haint *m/f*.
pet *n* anifail anwes *m*.
petal *n* petal *m*.
petition *n* deiseb *f*.
petticoat *n* pais *f*.
pettiness *n* bychander, bychandra *m*.
petty *adj* mân, pitw.
phantom *n* drychiolaeth *f*, ysbryd *m*.
pharmacist *n* fferyllydd *m*.
pharmacy *n* fferyllfa *f*.
phase *n* cyfnod *m*.
phenomenal *adj* gwyrthiol.
phenomenon *n* ffenomen *f*, rhyfeddod *m*.
philosopher *n* athronydd *m*.
philosophical *adj* athronyddol.
philosophise *v* athronyddu.
philosophy *n* athroniaeth *f*.

phobia *n* ffobia *m*.
phone *n* ffôn *m*. • *v* ffonio.
phone book *n* llyfr ffôn *m*.
phone call *n* galwad ffôn *m*.
photograph *n* ffotograff *m*. • *v* tynnu llun.
photographer *n* tynnwr lluniau, ffotograffydd *m*.
photography *n* ffotograffiaeth *f*.
phrase *n* ymadrodd *m*. • *v* mynegi, geirio.
phrase book *n* llyfr ymadrodion *m*.
physical *adj* corfforol.
physician *n* meddyg *m*.
physicist *n* ffisegydd *m*.
physiotherapy *n* ffisiotherapi *m*.
physique *n* corffolaeth *f*.
pianist *n* pianydd *m*.
piano *n* piano *m*.
pick *v* pigo, dewis. • *n* y gorau *m*.
picnic *n* picnic *m*.
pictorial *adj* darluniadol.
picture *n* llun, darlun *m*. • *v* darlunio, dychmygu.
pie *n* pastai *f*.
piece *n* darn *m*.
pierce *v* gwanu, trywanu.
piercing *adj* treiddgar.
pig *n* mochyn *m*.
pigeon *n* colomen *f*.
pile *n* twmpath, pentwr *m*. • *v* pentyrru.
pilgrim *n* pererin *m*.
pill *n* pilsen *f*.
pillar *n* piler *m*, colofn *f*.
pillow *n* clustog *f*, gobennydd *m*.
pilot *n* peilot *m*. • *v* llywio.
pin *n* pin *m*. • *v* pinio.
pincers *n* pinsiwrn *m*.
pine *n* pinwydden *f*. • *v* hiraethu.
pineapple *n* pinafal *m*.
pink *adj* pinc.
pint *n* peint *m*.
pioneer *n* arloeswr *m*, arloeswraig *f*.
pious *adj* duwiol.
pipe *n* pibell *f*, pib *m*.
pipeline *n* piblin *m*.

piracy *n* môr-ladrad *m*.
pirate *n* môr-leidr *m*.
pistol *n* pistol *m*.
pitcher *n* piser *m*.
pitiable *adj* truenus, gresynus.
pitiful *adj* truenus.
pity *n* tosturi *m*. • *v* tosturio wrth.
placard *n* placard *m*.
placate *v* tawelu.
place *n* lle *m*. • *v* lleoli.
placid *adj* llonydd, tawel.
plague *n* pla *m*. • *v* plagio, poeni.
plain *adj* plaen, moel. • *n* gwastadedd *m*.
plait *n* pleth *f*, plethyn *m*. • *v* plethu.
plan *n* cynllun *m*. • *v* cynllunio.
plane *n* plân *m*. • *v* plaenio.
planet *n* planed *f*.
plank *n* astell, ystyllen *f*.
planner *n* cynlluniwr *m*.
plant *n* llysieuyn, planhigyn *m*. • *v* plannu.
plantation *n* planhigfa *f*.
plaster *n* plastr *m*. • *v* plastro.
plastic *adj* plastig.
plate *n* plât *m*.
platform *n* platfform *m*.
platter *n* dysgl *f*.
plausible *adj* credadwy.
play *n* drama *f*. • *v* chwarae.
player *n* chwaraewr *m*, chwaraewraig *f*.
playful *adj* chwareus.
playwright *n* dramodydd *m*.
plea *n* deisyfiad *m*, apêl *m/f*.
plead *v* pledio, erfyn.
pleasant *adj* hyfryd, dymunol.
please *v* rhyngu bodd, plesio.
pleased *adj* bodlon, balch.
pleasure *n* pleser, mwynhad *m*.
pledge *n* ernes *f*, addewid *m/f*. • *v* addo.
plentiful *adj* helaeth, toreithiog.
plenty *n* digon, digonedd *m*.
pliable *adj* hyblyg, ystwyth.
pliers *n* gefelen *f*.
plot *n* llain *f*; plot *m*. • *v* plotio.
plough *n* aradr *m/f*. • *v* aredig.

pluck *v* tynnu, plycio. • *n* dewrder, plwc *m*.

plug *n* plwg *m*. • *v* plwgio.

plumber *n* plymer *m*.

plump *adj* llond eich croen.

plunge *v* plymio.

plural *adj* lluosog.

plus *n* plws *m*.

pneumonia *n* llid yr ysgyfaint, niwmonia *m*.

poach *v* potsio, herwhela.

poacher *n* potsiwr *m*.

pocket *n* poced *f*. • *v* pocedu.

poem *n* cerdd *f*.

poet *n* bardd *m*.

poetry *n* barddoniaeth *f*.

poignant *adj* dwys, ingol.

point *n* pwynt *m*. • *v* pwyntio.

pointed *adj* miniog.

poise *n* ymarweddiad *m*.

poison *n* gwenwyn *m*. • *v* gwenwyno.

poisonous *adj* gwenwynig, gwenwyn-llyd.

poke *v* gwthio, procio.

poker-faced *adj* difynegiant.

pole *n* polyn; pegwn *m*.

police *n* heddlu *m*.

police officer *n* heddwas, plismon *m*, plismones *f*.

police station *n* swyddfa'r heddlu *f*.

policy *n* polisi *m*.

polish *v* gloywi, caboli.

polished *adj* caboledig, gloyw.

polite *adj* boneddigaidd.

politeness *n* boneddigeiddrwydd *m*.

political *adj* gwleidyddol.

politician *n* gwleidydd *m*.

politics *n* gwleidyddiaeth *f*.

pollute *v* llygru.

pollution *n* llygredd *m*.

pompous *adj* mawreddog.

pond *n* pwll *m*.

ponder *v* ystyried.

pony *n* merlyn *m*, poni *m/f*.

pool *n* pwll *m*.

poor *adj* tlawd, truan.

populace *n* poblogaeth *f*.

popular *adj* poblogaidd.

popularity *n* poblogrwydd *m*.

populate *v* poblogi.

population *n* poblogaeth *f*.

porch *n* porth, cyntedd *m*.

pork *n* porc, cig mochyn *m*.

port *n* porthladd *m*.

portable *adj* cludadwy.

portion *n* rhan, cyfran *f*.

portrait *n* portread, darlun *m*.

portray *v* portreadu, darlunio.

pose *n* ystum *m/f*.

position *n* ystum *m/f*, safle *m*.

positive *adj* cadarnhaol, pendant.

possess *v* meddu, perchenogi.

possession *n* meddiant *m*, perchenogaeth *f*.

possibility *n* posibilrwydd *m*.

possible *adj* posibl.

post *n* post *m*.

postage stamp *n* stamp post *m*.

postcard *n* cerdyn post *m*.

poster *n* poster *m*.

posterior *n* pen-ôl *m*.

posthumous *adj* ar ôl marwolaeth.

postman *n* postmon *m*.

post office *n* llythyrdy *m*, swyddfa bost *f*.

postpone *v* gohirio.

potion *n* dogn *m*.

pouch *n* cod *f*, cwdyn *m*.

poultry *n* dofednod *pl*.

pound *n* punt *f*; pwys *m*. • *v* pwyo, pwnio.

pour *v* arllwys, tywallt.

poverty *n* tlodi *m*.

powder *n* powdr, powdwr *m*. • *v* powdro.

powdery *adj* fel powdr mân.

power *n* gallu, grym *m*.

powerful *adj* grymus.

powerless *adj* di-rym.

practicable *adj* ymarferol, posibl.

practical *adj* ymarferol.

practicality *n* ymarferoldeb *m*.

practice *n* ymarfer, arfer *m/f*.

practise *v* ymarfer.

pragmatic *adj* pragmataidd.
praise *n* canmoliaeth *f.*
prance *v* prancio.
prattle *v* clebran, clepian.
prawn *n* corgimwch *m.*
pray *v* gweddïo.
prayer *n* gweddi *f.*
preach *v* pregethu.
preacher *n* pregethwr *m.*
precarious *adj* ansicr.
precaution *n* gofal, rhagofal *m.*
precede *v* rhagflaenu.
precedent *n* cynsail *m/f.*
precinct *n* canolfan siopa *m/f.*
precious *adj* gwerthfawr.
precipitate *v* ysgogi, bwrw. • *adj* brysiog.
precise *adj* manwl.
precision *n* manwl gywirdeb *m.*
precocious *adj* henaidd.
preconceive *v* rhagdybio.
preconception *n* rhagdybiaeth *f.*
predator *n* rheibiwr *m.*
predecessor *n* rhagflaenydd *m.*
predict *v* darogan, proffwydo.
predictable *adj* rhagweladwy.
prediction *n* proffwydoliaeth *f.*
predominant *adj* mwyaf, pennaf.
predominate *v* tra-arglwyddiaethu.
preface *n* rhagair *m.*
prefer *v* bod yn well gan, ffafrio.
preferable *adj* gwell.
preference *n* ffafriaeth *f.*
preferential *adj* ffafriol.
prefix *n* rhagddodiad *m.*
pregnancy *n* beichiogrwydd *m.*
pregnant *adj* beichiog.
prehistoric *adj* cynhanesyddol.
prejudice *n* rhagfarn *f.* • *v* niweidio.
prejudiced *adj* rhagfarnllyd.
prejudicial *adj* niweidiol.
preliminary *adj* rhagarweiniol.
premature *adj* cynamserol, annhymig.
premeditated *adj* bwriadol.
premises *n* adeilad *m/f,* tŷ *m.*
premium *n* premiwm *m.*
premonition *n* rhagrybudd *m.*

preparation *n* paratoad *m.*
preparatory *adj* rhagbaratoawl.
prepare *v* paratoi.
preposterous *adj* hurt, chwerthinllyd.
prerogative *n* braint *f.*
prescription *n* presgripsiwn *m.*
presence *n* presenoldeb *m.*
present *n* anrheg, rhodd *f.* • *adj* presennol. • *v* cyflwyno.
presentable *adj* cymeradwy, taclus.
presenter *n* cyflwynydd *m.*
preservation *n* cadwraeth *f.*
preservator *n* cadwriaethwr *m,* cadwriaethwraig *f.*
preserve *v* cadw; cyffeithio. • *n* cyffaith, jam *m.*
preside *v* llywyddu.
president *n* llywydd *m.*
press *v* gwasgu. • *n* gwasg *f,*
pressure *n* pwysau, pwysedd, gwasgedd *m.*
prestige *n* bri *m.*
presumable *adj* tebygol.
presume *v* tybio, rhagdybio.
presumption *n* tybiaeth *f.*
pretence *n* esgus *m.*
pretend *v* cymryd arnoch.
pretext *n* esgus *m.*
pretty *adj* pert, del.
prevail *v* darbwyllo.
prevalent *adj* cyffredin.
prevent *v* rhwystro, atal.
prevention *n* rhwystro, atal *vn.*
previous *adj* blaenorol, cynt.
prey *n* ysglyfaeth *f.*
price *n* pris *m.*
prick *v* pigo.
pride *n* balchder *m.*
priest *n* offeiriad *m.*
priesthood *n* offeiriadaeth *f.*
primacy *n* blaenoriaeth *f.*
primarily *adv* yn bennaf.
primary *adj* cynradd, cychwynnol.
primate *n* primat *m.*
prime *n* anterth *m.* • *adj* prif.
prime minister *n* prif weinidog *m.*

primitive *adj* cyntefig.
prince *n* tywysog *m*.
princess *n* tywysoges *f*.
principal *adj* prif. • *n* pennaeth *m*.
principle *n* egwyddor *m*.
print *v* argraffu. • *n* ôl; print *m*.
printer *n* argraffwr, argraffydd *m*.
prior *adj* cynharach, cynt.
priority *n* blaenoriaeth *f*.
prison *n* carchar *m*.
prisoner *n* carcharor *m*.
privacy *n* preifatrwydd *m*.
private *adj* preifat.
privilege *n* braint *f*.
prize *n* gwobr *f*. • *v* gwerthfawrogi.
pro *prep* o blaid.
probability *n* tebyg, tebygolrwydd *m*.
probable *adj* tebygol, tebyg.
probation *n* profiannaeth *f*.
probationary *adj* ar brawf.
probe *n* chwiliedydd *m*. • *v* chwilio.
problem *n* problem *f*.
problematical *adj* amheus, problematig.
procedure *n* trefn *f*, dull o weithredu *m*.
proceed *v* mynd ymlaen.
process *n* proses *f*.
procession *n* gorymdaith *f*.
proclaim *v* datgan, cyhoeddi.
proclamation *n* datganiad, cyhoeddiad *m*.
procure *v* cael, sicrhau.
procurement *n* caffaeliad *m*.
prod *v* procio.
prodigious *adj* aruthrol.
prodigy *n* rhyfeddod *m*.
produce *v* cynhyrchu.
producer *n* cynhyrchydd *m*.
product *n* cynnyrch *m*.
production *n* cynhyrchiad *m*.
productive *adj* cynhyrchiol.
profess *v* proffesu.
profession *n* galwedigaeth *f*, proffesiwn *m*.
professional *adj* proffesiynol.
professor *n* athro *m*.

proficiency *n* gallu, medr *m*.
proficient *adj* hyddysg; rhugl.
profile *n* amlinell *f*, proffil *m*.
profit *n* elw *m*. • *v* elwa.
profitability *n* proffidioldeb *m*.
profitable *adj* proffidiol.
profound *adj* dwfn.
program(me) *n* rhaglen *f*.
programmer *n* rhaglennwr, rhaglennydd *m*.
progress *n* hynt, cwrs *m*. • *v* mynd yn eich blaen.
progression *n* dilyniant, symudiad *m*.
progressive *adj* blaengar; cynyddol.
prohibit *v* gwahardd.
project *v* taflu, taflunio. • *n* cywaith *m*.
projection *n* tafluniad *m*.
prolific *adj* toreithiog.
prolong *v* hwyhau.
promenade *n* rhodfa *f*.
prominence *n* amlygrwydd *m*.
prominent *adj* amlwg.
promise *n* addewid *m/f*. • *v* addo.
promising *adj* addawol.
promote *v* dyrchafu; hyrwyddo.
promoter *n* hyrwyddwr *m*.
promotion *n* dyrchafiad *m*.
prompt *adj* prydlon, diymdroi. • *v* procio cof.
prone *adj* wyneb i waered; chwannog.
pronounce *v* datgan; ynganu.
pronounced *adj* pendant, amlwg.
pronouncement *n* datganiad *m*.
pronunciation *n* ynganiad, cynaniad *m*.
proof *n* prawf *m*.
prop *v* pwyso yn erbyn. • *n* prop *m*, ateg *f*.
propaganda *n* propaganda *m*.
propel *v* gyrru, gwthio ymlaen.
propeller *n* sgriw yrru *f*.
propensity *n* tuedd *f*, tueddiad *m*.
proper *adj* go iawn, priodol.
property *n* eiddo *m*; priodoledd *f*.

prophecy *n* proffwydoliaeth *f*.
prophet *n* proffwyd *m*, proffwydes *f*.
proportion *n* rhan, cyfran *f*.
proportional *adj* cyfrannol, cymesurol.
proposal *n* cynnig *m*.
propose *v* cynnig *m*.
proposition *n* cynnig, cynigiad *m*.
proprietor *n* perchen, perchennog *m*.
prosecute *v* crlyn.
prosecution *n* erlyniad *m*.
prospect *n* rhagolwg *m*, • *v* chwilota.
prospective *adj* arfaethedig.
prosper *v* ffynnu.
prosperity *n* ffyniant *m*.
prosperous *adj* ffyniannus, llewyrchus.
prostitute *n* putain *f*.
protagonist *n* prif gymeriad *m*.
protect *v* amddiffyn, gwarchod.
protection *n* amddiffyniad *m*.
protective *adj* amddiffynnol, gwarch-cidiol.
protein *n* protein *m*.
protest *v* gwrthdystio, protestio. • *n* gwrthdystiad *m*, protest *f*.
Protestant *n* Protestant *m*.
protester *n* gwrthdystiwr *m*, gwrthdystwraig *f*.
prototype *n* cynddelw *f*.
proud *adj* balch.
prove *v* profi.
proverb *n* dihareb *f*.
provide *v* darparu.
providence *n* rhagluniaeth *f*.
province *n* talaith *f*.
provincial *adj* taleithiol.
provision *n* darpariaeth *f*.
provisional *adj* dros dro.
provocation *n* cythrudd, achos.
provocative *adj* pryfoclyd.
provoke *v* cythruddo, pryfocio.
prowess *n* medrusrwydd *m*.
prowl *v* prowlan.
prowler *n* llerciwr *m*.

proximity *n* agosrwydd *m*.
prudence *n* pwyll, gofal *m*.
prudent *adj* darbodus, gofalus.
pry *v* busnesa.
pseudonym *n* ffugenw *m*.
psychiatric *adj* seiciatrig, seiciatraidd.
psychiatrist *n* seiciatrydd *m*.
psychic *adj* seicig.
psychoanalyst *n* seicdreiddiwr *m*.
psychologist *n* seicolegydd *m*.
psychology *n* seicoleg *f*.
puberty *n* oed aeddfedrwydd *m*.
public *adj* cyhoeddus. • *n* y cyhoedd *m*.
publication *n* cyhoeddiad *m*.
publicity *n* cyhoeddusrwydd *m*.
publish *v* cyhoeddi.
publisher *n* cyhoeddwr *m*.
publishing *n* cyhoeddi *vn*.
pudding *n* pwdin *m*.
puddle *n* pwll *m*.
puff *n* chwa *f*. • *v* chwythu, pwffian.
pull *v* tynnu. • *n* tynfa *f*, plwc *m*.
pulley *n* pwli *m*, chwerfan *f*.
pulsate *v* curo, dychlamu.
pulse *n* curiad y galon *m*.
pulverise *v* malurio.
pump *n* pwmp *m*. • *v* pwmpio.
punch *n* dyrnod *m*/*f*. • *v* dyrnu, pwnsio.
punctual *adj* prydlon.
punctuate *v* atalnodi.
punctuation *n* atalnodiad *m*.
punish *v* cosbi.
punishment *n* cosb *f*.
puny *adj* eiddil, pitw.
pupil *n* disgybl *m*; cannwyll y llygad *f*.
puppet *n* pyped *m*.
puppy *n* ci bach *m*.
purchase *v* prynu. • *n* pryniant *m*.
purchaser *n* prynwr *m*, prynwraig *f*.
pure *adj* pur.
purification *n* puro, pureiddio *vn*.
purify *v* puro, pureiddio.
purity *n* purdeb *m*.

purple *adj* porffor.
purpose *n* bwriad, pwrpas *m*.
purse *n* pwrs *m*, cod *f*.
pursue *v* ymlid, dilyn.
pursuit *n* ymlid *m*.
push *v* gwthio. • *n* gwthiad, hwb *m*.
put *v* rhoi, gosod.
putrid *adj* pwdr.

putty *n* pwti *m*.
puzzle *n* pos, pysl *m*.
puzzling *adj* astrus.
pyjamas *n* pyjamas *pl*.
pylon *n* peilon *m*.
pyramid *n* pyramid *m*.
python *n* peithon *m*.

Q

quack *v* cwacio. • *n* doctor bôn clawdd *m*.
quagmire *n* cors, mignen *f*.
quaint *adj* od, henffasiwn.
quake *v* dirgrynu.
qualification *n* cymhwyster *m*.
qualified *adj* trwyddedig.
qualify *v* bod yn gymwys; cymhwyso; goleddfu.
quality *n* ansawdd *m/f*.
qualm *n* pang *m*, petruso *vn*.
quantity *n* maint, swm *m*.
quarantine *n* cwarantin *m*.
quarrel *n* ffrae *f*. • *v* ffraeo, cecru.
quarrelsome *adj* cecrus.
quarry *n* cloddio.
quarter *n* chwarter *m*. • *v* rhannu'n bedair, chwarteru.
quarterly *adj* chwarterol.
quash *v* dileu, gwastrodi.
quay *n* cei *m*.
queen *n* brenhines *f*.
queer *adj* rhyfedd.

quell *v* tawelu, gostegu.
quench *v* diffodd, torri.
query *n* ymholiad *m*. • *v* holi; amau.
quest *n* cais *m*.
question *n* cwestiwn *m*. • *v* holi.
questionable *adj* amheus.
questioner *n* holwr *m*, holwraig *f*.
questionnaire *n* holiadur *m*.
quibble *v* hollti blew.
quick *adj* cyflym, buan.
quicken *v* cyflymu.
quiet *adj* tawel, distaw.
quietness *n* tawelwch, distawrwydd *m*.
quip *n* ateb parod *m*. • *v* cellwair.
quit *v* gadael, rhoi'r gorau i.
quite *adv* yn hollol.
quiver *v* crynu.
quiz *n* cwis *m*, cystadleuaeth *f*. • *v* holi.
quota *n* cwota *m*.
quotation *n* dyfyniad *m*.
quote *v* dyfynnu.

R

rabbit *n* cwningen *f*.
rabble *n* ciwed *f*.
rabies *n* y gynddaredd *f*.
race *n* ras; hil *f*. • *v* rhedeg ras, rasio.
racial *adj* hiliol.
rack *n* rhesel *f*.
racket *n* raced *f*.
radiant *adj* pelydrol, yn disgleirio.
radiate *v* tywynnu, disgleirio.

radiation *n* pelydriad *m*, ymbelydredd *m*.
radiator *n* rheiddiadur *m*.
radical *adj* radicalaidd.
radio *n* radio *m*.
radioactive *adj* ymbelydrol.
raft *n* rafft *f*.
rag *n* clwtyn, cadach *m*.
rage *n* cynddaredd *f*. • *v* cynddeiriogi.

ragged *adj* carpiog.
raging *adj* gwyllt, ffyrnig.
raid *n* cyrch, ymosodiad *m*. • *v* ymosod, dwyn cyrch.
rail *n* canllaw; cledren *f*.
railway *n* rheilffordd *f*.
rain *n* glaw *m*. • *v* bwrw glaw, glawio.
rainbow *n* enfys *f*.
rainy *adj* glawiog.
raise *v* codi.
raisin *n* rhesinen *f*.
rally *n* rali *f*.
ramble *v* crwydro.
ramp *n* esgynfa *f*.
ramshackle *adj* simsan.
rancid *adj* sur.
rancour *n* chwerwder, gwenwyn *m*.
random *adj* ar hap, damweiniol.
range *n* amrediad; paith *m*.
rank *n* rheng *f*.
ransack *v* chwilota; anrheithio.
ransom *n* pridwerth *m*.
rape *n* trais *m*. • *v* treisio.
rapid *adj* cyflym, buan.
rapidity *n* cyflymdra, buander *m*.
rapist *n* treisiwr *m*.
rapt *adj* wedi ymgolli.
rapture *n* perlewyg *m*.
rare *adj* prin.
rarity *n* prinder *m*.
rash *adj* byrbwyll, carlamus. • *n* brech *f*.
rashness *n* byrbwylltra, gwyllineb *m*.
rat *n* llygoden Ffrengig *f*.
rate *n* cyfradd, graddfa *f*.
rather *adv* yn hytrach.
ratification *n* cadarnhad *m*.
ratify *v* cadarnhau.
ration *n* dogn *m/f*.
rational *adj* rhesymol.
rattle *v* clecian, clindarddach. • *n* rygaryg *m*.
ravage *v* difrodi.
rave *v* rafio.
ravenous *adj* gwancus.
ravine *n* ceunant *m*.

raw *adj* amrwd, crai.
ray *n* pelydryn *m*.
raze *v* chwalu.
razor *n* rasel *f*.
reach *v* cyrraedd, estyn.
react *v* adweithio.
reaction *n* adwaith, ymateb *m*.
read *v* darllen.
reader *n* darllenydd *m*.
readily *adv* â chroeso; yn hawdd.
readiness *n* parodrwydd *m*.
reading *n* darlleniad *m*.
readjust *v* ailaddasu.
ready *adj* parod.
real *adj* go iawn, gwirioneddol.
realisation *n* cyflawniad *m*; sylweddoli *vn*.
realise *v* sylweddoli; cyflawni.
reality *n* gwirionedd *m*.
reappear *v* ailymddangos.
rear *n* y tu ôl *m*. • *v* codi.
reason *n* rheswm *m*. • *v* rhesymu.
reasonable *adj* rhesymol.
reasoning *n* ymresymiad *m*.
reassure *v* tawelu meddwl, codi calon.
rebel *n* gwrthryfelwr *m*, gwrthryfelwraig *f*. • *v* gwrthryfela.
rebellion *n* gwrthryfel *m*.
rebound *v* adlamu.
rebuild *v* ailadeiladu.
rebuke *v* ceryddu. • *n* cerydd *m*.
recall *v* galw yn ôl, cofio.
recapture *v* adennill, ailfeddiannu.
recede *v* cilio.
receipt *n* derbynneb *f*.
receivable *adj* derbyniadwy.
receive *v* derbyn.
recent *adj* diweddar.
receptacle *n* llestr *m*.
reception *n* derbyniad *m*.
recession *n* dirwasgiad *m*.
recipe *n* rysáit *f*.
recipient *n* derbynnydd *m*.
reciprocal *adj* o'r ddwy ochr.
recital *n* datganiad *m*.
recite *v* adrodd.
reckless *adj* dibris, dienaid.

reckon v cyfrif.
reclaim v adennill, adfer.
recline v gorwedd, gorweddian.
recognise v adnabod, cydnabod.
recognition n cydnabyddiaeth f.
recoil v adlamu.
recollect v dwyn i gof, cofio.
recollection n cof m.
recommend v argymell.
recompense n iawn, ad-daliad m. •
  v talu iawn.
reconcile v cymodi, cysoni.
reconciliation n cymod m.
reconsider v ailystyried.
record v cofnodi, recordio. • n
  cofnod m.
recount v adrodd, traethu.
recourse n: **to have ~ to** troi at.
recover v ailddarganfod; adennill;
  adfer.
recovery n adferiad m.
recreation n adloniant m.
recriminate v edliw, dannod.
recrimination n edliwiad m.
recruit v recriwtio.
rectangle n hirsgwar, petryal m.
rectification n cywiriad m, unioni
  vn.
rectify v unioni, cywiro.
recumbent adj ar eich gorwedd.
recur v digwydd eto, ailddigwydd.
recurrence n ail-ymddangosiad,
  ail-ddigwyddiad m.
recurrent adj drosodd a thro.
red adj coch. • n cochni m.
redden v cochi.
redeem v prynu; cyfnewid.
redemption n iachawdwriaeth f.
redness n cochni m.
redouble v dwysáu.
redress v unioni.
reduce v lleihau.
reduction n lleihad m.
redundancy n colli swydd vn.
redundant adj diangen, segur.
reel n ril, rilen f.
re-enter v ailddychwelyd.
re-establish v ailsefydlu.

refer v cyfeirio.
referee n dyfarnwr; canolwr m.
reference n cyfeiriad; tystlythyr m.
refine v puro, coethi.
refinement n coethder,
  cywreinrwydd m.
reflect v adlewyrchu; myfyrio.
reflection n adlewyrchiad; meddwl
  m.
reform v diwygio. • n diwygiad m.
reformer n diwygiwr m.
refrain v: **to ~ from** ymatal rhag.
refresh v adfywio.
refrigerator n cwpwrdd rhew m.
refuge n noddfa, lloches f.
refugee n ffoadur m.
refund v ad-dalu. • n ad-daliad m.
refusal n gwrthodiad m.
refuse v gwrthod. • n sbwriel,
  ysbwriel m.
regain v adennill, ailennill.
regal adj brenhinol.
regard v edrych ar.
regardless adv er hynny, er
  gwaethaf pawb a phopeth.
regenerate v aileni, adfywio.
regeneration n adfywiad m.
regime n cyfundrefn f.
region n rhanbarth m.
register n cofrestr f. • v cofrestru,
  cofnodi.
registration n cofrestru vn.
regressive adj atchweliadol.
regret n edifeirwch m. • v edifarhau,
  difaru.
regular adj cyson, rheolaidd. • **~s** n
  ffyddloniaid pl.
regularity n cysondeb m.
regulate v rheoli, rheoleiddio.
regulation n rheol f.
rehabilitate v adsefydlu; ymaddasu.
rehabilitation n ymaddasiad m.
reimburse v ad-dalu.
reimbursement n ad-daliad m.
reinforce v atgyfnerthu.
reiterate v ailadrodd.
reiteration n ailadrodd vn.
reject v gwrthod.

rejection *n* gwrthodiad *m*.
rejoice *v* gorfoleddu.
relapse *v* llithro'n ôl, cwympo'n ôl.
relate *v* adrodd; cydymdeimlo.
relation *n* perthynas *f*.
relationship *n* perthynas *f*.
relative *adj* perthynol. • *n* perthynas *m/f*.
relax *v* ymlacio.
relaxation *n* ymlaciad *m*.
relay *v* trosglwyddo.
release *v* rhyddhau.
relevant *adj* perthnasol.
reliable *adj* dibynadwy, sicr.
reliance *n* hyder *m*, llŷdd *f*.
relief *n* rhyddhad *m*.
relieve *v* lleddfu, rhyddhau.
religion *n* crefydd *f*.
religious *adj* crefyddol.
relinquish *v* gollwng, rhoi'r gorau i.
reluctant *adj* anfodlon.
rely *v* dibynnu.
remain *v* aros.
remainder *n* gweddill, rhelyw *m*.
remark *n* sylw *m*. • *v* gwneud sylw, dweud.
remarkable *adj* hynod, nodedig.
remedy *n* meddyginiaeth *f*. • *v* gwella.
remember *v* cofio.
remind *v* atgoffa.
reminiscences *n* atgofion *pl*.
remit *v* maddau; anfon.
remnant *n* gweddill *m*.
remonstrate *v* protestio wrth.
remote *adj* diarffordd, anghysbell.
remoteness *n* pellenigrwydd *m*.
removable *adj* symudol.
remove *v* symud ymaith, dileu.
remunerate *v* talu, gwobrwyo.
renew *v* adnewyddu.
renewal *n* adnewyddiad *m*.
renounce *v* rhoi'r gorau i.
renovate *v* adnewyddu.
renown *n* enwogrwydd *m*.
rent *n* rhent *m*. • *v* gosod ar rent.
renunciation *n* ymwrthod, ymwadu â *vn*.

reorganisation *n* ad-drefnu *vn*.
reorganise *v* ad-drefnu.
repair *v* atgyweirio, trwsio. • *n* atgyweiriad *m*.
repatriate *v* dychwelyd i'w wlad ei hun.
repay *v* ad-dalu.
repayment *n* ad-daliad *m*.
repeal *v* diddymu. • *n* diddymiad *m*.
repeat *v* ailadrodd.
repent *v* edifarhau, edifaru.
repetition *n* ailadroddiad *m*.
replace *v* ailosod; amnewid.
replenish *v* ail-lenwi, adnewyddu.
replete *adj* llawn, cyforiog.
reply *n* ateb *m*. • *v* ateb.
report *v* adrodd. • *n* adroddiad *m*.
reporter *n* gohebydd *m*.
reprehend *v* ceryddu.
reprehensible *adj* gresynus, beius.
represent *v* cynrychioli.
representation *n* portread, darlun *m*.
representative *adj* cynrychiadol. • *n* cynrychiolydd *m*.
repress *v* gwastrodi, ffrwyno.
repression *n* gormes *m/f*, gorthrwm *f*.
reprieve *n* gohiriad *m*.
reprimand *v* ceryddu.
reprisal *n* dial, dialedd *m*.
reproach *n* cerydd *m*. • *v* ceryddu, edliw.
reproduce *v* atgynhyrchu.
reproduction *n* atgynhyrchiad, copi *m*.
republic *n* gweriniaeth *f*.
republican *adj* gweriniaethol.
repudiate *v* gwrthod arddel.
repulse *n* ôl-hyrddio *vn*.
repulsion *n* ffieidd-dra *m*.
repulsive *adj* ffiaidd, atgas.
reputation *n* enw, bri *m*.
request *n* cais *m*. • *v* gofyn am, ceisio.
require *v* gofyn, mynnu.
requirement *n* angen *m*.
requisite *adj* gofynnol, angenrheidiol.

rescue v achub.
research v ymchwilio. • n ymchwil f/m.
resemblance n tebygrwydd m.
resemble v bod yn debyg.
resent v bod yn ddig.
resentment n dig m.
reservation n gwarchodfa f.
reserve v cadw.
reside v byw.
residence n tŷ m, preswylfa f.
resident n preswylydd m.
resign v ymddiswyddo.
resignation n ymddiswyddiad m.
resist v gwrthsefyll.
resistance n gwrthsafiad m.
resolute adj di-droi'n-ôl, penderfynol.
resolution n adduned f; penderfyniad m.
resolve v penderfynu, torri (dadl).
resort v defnyddio. • n cyrchfan m.
resource n adnodd m.
respect n parch m. • v parchu.
respectability n parchusrwydd m.
respectable adj parchus.
respectful adj llawn parch.
respecting prep ynglŷn â.
respective adj priod, priodol.
respite n seibiant, saib m.
respond v ymateb.
response n ateb, ymateb m.
responsibility n cyfrifoldeb m.
responsible adj cyfrifol.
rest n saib, seibiant m. • v gorffwys.
restitution n adferiad m.
restive adj anhydrin.
restoration n adferiad m.
restore v adfer.
restrain v ffrwyno, dal yn ôl.
restrict v cyfyngu.
restriction n cyfyngiad m.
restrictive adj cyfyngol.
result n canlyniad m.
resume v ailgychwyn.
resuscitate v dadebru, adfywio.
retail v adwerthu, mân-werthu.
retain v cadw.

retaliate v talu'r pwyth yn ôl.
reticence n swildod m.
retire v ymddeol.
retired adj wedi ymddeol.
retirement n ymddeoliad m.
retort n ateb parod m.
retrace v olrhain.
retreat v cilio.
retribution n dial m, cosb f.
retrieve v adennill.
return v dychwelyd. • n dychweliad m.
reunion n aduniad m.
reunite v aduno.
reveal v datgelu.
revelation n datguddiad m.
revenge n dial, dialedd m.
revengeful adj dialgar.
revenue n cyllid, incwm m.
reverberate v atseinio, diasbedain.
reverberation n atsain f, dirgryniad m.
reversal n gwrthdroad m.
reverse v bacio.
reversible adj cildroadwy.
reversion n atchweliad m.
revert v dychwelyd.
review v adolygu. • n adolygiad m.
revise v diwygio, adolygu.
revision n adolygiad m.
revival n adfywiad, diwygiad m.
revive v adfywio, bywiogi.
revoke v diddymu.
revolt v gwrthryfela. • n gwrthryfel m.
revolution n chwyldro m.
revolutionary adj chwyldroadol.
revolve v cylchdroi.
revulsion n ffieidd-dod m.
reward n gwobr f. • v gwobrwyo.
rhetorical adj rhethregol.
rheumatism n gwynegon pl, cryd cymalau m.
rhyme n odl f. • v odli.
rhythm n rhythm m.
rhythmical adj rhythmig.
rib n asen f.
ribbon n rhuban m.

rice *n* reis *m*.
rich *adj* cyfoethog.
richness *n* cyfoeth *m*.
rid *v* cael gwared.
riddle *n* pos *m*.
ride *v* marchogaeth; teithio.
ridge *n* trum, crib *f*.
ridicule *n* gwawd, gwatwar *m*. • *v* gwawdio, gwatwar.
ridiculous *adj* chwerthinllyd.
rife *adj* rhemp.
rifle *n* reiffl *f*.
rig *v* rigio. • *n* llwyfan (olew) *m/f*.
right *adj* de, iawn. • *n* hawl *f*.
righteous *adj* cyfiawn.
rigid *adj* anhyblyg.
rigorous *adj* llym, llwyr.
rigour *n* llymder *m*.
rim *n* ymyl *m/f*.
ring *n* modrwy *f*, cylch *m*. • *v* canu.
rink *n* llawr *m*.
rinse *v* streulio, rinsio.
riot *n* terfysg *m*.
riotous *adj* terfysglyd.
rip *v* rhwygo.
ripe *adj* aeddfed.
ripen *v* aeddfedu.
ripple *n* crychiad *m*.
rise *v* esgyn. • *n* codiad, esgyniad *m*.
rising *adj* sy'n codi.
risk *n* perygl *m*, menter *f*. • *v* mentro.
risky *adj* peryglus, mentrus.
rite *n* defod *f*.
ritual *adj* defodol.
rival *n* cystadleuydd *m*. • *v* cystadlu â.
rivalry *n* cystadleuaeth *f*.
river *n* afon *f*.
road *n* ffordd, heol *f*.
roam *v* crwydro.
roar *v* rhuo. • *n* rhu, rhuad *m*.
roast *v* rhostio.
rob *v* dwyn, lladrata.
robber *n* lleidr *m*.
robbery *n* lladrad *m*.
robust *adj* cryf, cydnerth.
robustness *n* cryfder, cadernid *m*.
rock *n* craig *f*. • *v* siglo.

rocket *n* roced *f*.
rocking chair *n* cadair siglo *f*.
rocky *adj* creigiog.
rodent *n* cnofil *m*.
rogue *n* gwalch, cnaf *m*.
roll *v* treiglo, rholio.
roller *n* rowl *m/f*.
romance *n* rhamant *f*.
romantic *adj* rhamantaidd, rhamantus.
roof *n* to *m*. • *v* toi.
room *n* ystafell *f*.
root *n* gwraidd, gwreiddyn *m*.
rope *n* rhaff *f*.
rose *n* rhosyn *m*.
rosemary *n* rhosmari *m*.
rot *v* pydru. • *n* pydredd *m*.
rotate *v* cylchdroi.
rotation *n* cylchdro *m*.
rotund *adj* crwn.
rouge *n* powdwr coch *m*.
rough *adj* garw.
roughness *n* garwedd, gerwinder *m*.
round *adj* crwn. • *n* tôn gron *f*.
roundness *n* crynder *m*.
rouse *v* cynhyrfu, deffro.
route *n* ffordd *f*.
routine *n* arfer *m/f*, trefn arferol *f*.
rove *v* crwydro.
row *n* ffrae *f*, twrw *m*.
row *n* rhes *f*.
royal *adj* brenhinol.
royalty *n* brenhiniaeth *f*; breindal *m*.
rub *v* rhwbio.
rubber *n* rwber *m*.
rubbish *n* sbwriel *m*.
rudder *n* llyw *m*.
ruddiness *n* gwrid *m*, cochni *m*.
rude *adj* anghwrtais.
rudeness *n* anghwrteisi, haerllugrwydd *m*.
ruffle *v* crychu, chwalu, aflonyddu.
rug *n* rŷg, carthen *f*.
rugged *adj* garw, clogyrnog.
ruin *n* adfail, murddun *m*. • *v* llwyr ddifetha, distrywio.
ruinous *adj* dinistriol, andwyol.

rule *n* rheol *f*. • *v* rheoli, teyrnasu.
rumble *v* trystio, rymblan.
ruminate *v* cnoi cil.
rummage *v* chwilota, twrio.
rumour *n* si, sôn *m*.
run *v* rhedeg.
rung *n* ffon *f*, gris *m*.
runner *n* rhedwr *m*.
runway *n* llwybr glanio *m*.
rupture *n* torllengig *m*.

ruse *n* ystryw *m/f*.
rush *n* rhuthr *m*. • *v* rhuthro.
rust *n* rhwd *m*. • *v* rhydu.
rustic *adj* gwladaidd. • *n* gwerinwr, gwladwr *m*.
rustle *v* siffrwd.
rusty *adj* rhydlyd.
ruthless *adj* didostur.
rye *n* rhyg *m*.

S

sabotage *n* difrod bwriadol *m*.
sachet *n* bag bychan *m*.
sack *n* sach *m/f*.
sacrament *n* sagrafen *f*, y cymun *m*.
sacred *adj* cysegredig.
sacrifice *n* aberth *m/f*. • *v* aberthu.
sacrilege *n* halogiad *m*.
sad *adj* trist.
sadden *v* tristáu.
saddle *n* cyfrwy *m*. • *v* cyfrwyo.
sadness *n* tristwch *m*.
safe *adj* diogel.
safeguard *n* amddiffynfa *f*. • *v* diogelu.
safety *n* diogelwch *m*.
sage *n* saets *m*.
sail *n* hwyl *f*. • *v* hwylio.
sailor *n* morwr *m*.
saint *n* sant *m*, santes *f*.
sake *n*: **for the ~** er mwyn.
salad *n* salad *m*.
salary *n* cyflog *m/f*.
sale *n* arwerthiant *m*, sêl *f*.
salesman *n* gwerthwr *m*.
saliva *n* poer *m*.
salmon *n* eog *m*.
saloon *n* salŵn *m/f*.
salt *n* halen *m*. • *v* halltu.
salt cellar *n* llestr halen *m*.
salubrious *adj* iachusol.
salubrity *n* iachusrwydd *m*.
salutary *adj* llesol.

salute *v* saliwtio. • *n* saliwt *f*.
salvation *n* achubiaeth, iachawdwriaeth *f*.
same *adj* yr un.
sameness *n* unffurfiaeth *f*.
sample *n* sampl *f*. • *v* samplo.
sanatorium *n* sanatoriwm *m*.
sanctify *v* sancteiddio, cysegru.
sanction *n* cosb *f*, sancsiwn *m*. • *v* cadarnhau.
sanctuary *n* seintwar *f*; cysegr *m*.
sand *n* tywod *m*.
sandal *n* sandal *f*.
sandwich *n* brechdan *f*.
sandy *adj* tywodlyd.
sane *adj* call.
sanguine *adj* hyderus.
sanity *n* pwyll, callineb *m*.
sapling *n* coeden ifanc *f*.
sarcasm *n* coegni *m*.
sarcastic *adj* coeglyd, sarcastig.
sardine *n* sardîn *m*.
satchel *n* bag ysgol *m*.
sate *v* digoni.
satellite *n* lloeren *f*.
satin *n* sidan gloyw *m*. • *adj* sidanaidd.
satire *n* dychan *m*.
satirical *adj* dychanol.
satisfaction *n* bodlonrwydd *m*.
satisfactory *adj* boddhaol.
satisfy *v* bodloni.
saturate *v* trwytho, mwydo.

serve *v* gwasanaethu
service *n* gwasanaeth *m*.
serviceable *adj* defnyddiol.
servile *adj* gwasaidd.
servitude *n* caethwasanaeth *m*.
session *n* sesiwn *m/f*.
set *v* dodi, gosod. • *adj* sefydlog.
setting *n* gosodiad *m*; ~ **of the sun** machlud *m*.
settle *v* cartrefu; torri dadl.
settlement *n* cytundeb; anheddiad *m*.
seven *num* saith.
seventeen *num* dau/dwy ar bymtheg.
seventeenth *adj* ail ar bymtheg.
seventh *adj* seithfed.
seventieth *adj* saith degfed.
seventy *num* saith deg.
several *adj* sawl.
severe *adj* caled, llym.
severity *n* llymder, gerwinder *m*.
sew *v* gwnïo.
sewer *n* carthffos *f*.
sex *n* rhyw *m/f*.
sexist *adj* rhywiaethol.
sexual *adj* rhywiol.
shabby *adj* diraen.
shackle *v* llyffetheirio.
shade *n* cysgod *m*. • *v* cysgodi.
shadow *n* cysgod *m*.
shady *adj* cysgodol.
shaft *n* coes; siafft *f*.
shake *v* ysgwyd, siglo.
shallow *adj* bas.
sham *v* ffugio. • *n* twyll *m*.
shame *n* cywilydd, gwarth *m*. • *v* codi cywilydd.
shamefaced *adj* penisel.
shameful *adj* cywilyddus, gwarthus.
shampoo *n* siampŵ *m*.
shape *v* llunio. • *n* siâp *m*, ffurf *f*.
shapely *adj* lluniaidd, siapus.
share *n* cyfran *f*. • *v* rhannu.
shark *n* siarc *m*.
sharp *adj* miniog.
sharpen *v* rhoi min ar, miniogi.

sharpness *n* awch, min *m*.
shatter *v* dryllio.
shave *v* eillio.
shaver *n* rasel drydan *f*.
shawl *n* siôl *f*.
she *pron* hi.
sheaf *n* ysgub *f*.
shear *v* cneifio.
shed *n* cwt *m*, sièd *f*.
sheep *n* dafad *f*.
sheer *adj* serth.
sheet *n* cynfas *f*
shelf *n* silff *f*.
shell *n* cragen *f*. • *v* bombardio; plisgo.
shelter *n* cysgodfan *m/f*. • *v* cysgodi.
shepherd *n* bugail *m*, bugeiles *f*.
sheriff *n* siryf *m*.
shield *n* tarian *f*. • *v* gwarchod.
shift *v* symud, newid. • *n* newid *m*; sifft *f*.
shine *v* disgleirio, tywynnu.
shining *adj* disglair, gloyw.
ship *n* llong *f*.
shipment *n* llwyth llong *m*.
shipwreck *n* llongdrylliad *m*.
shirt *n* crys *m*.
shiver *v* crynu, rhynnu.
shock *n* ysgytwad *m*, sioc *f*. • *v* rhoi ysgytwad, syfrdanu.
shoe *n* esgid *f*.
shoemaker *n* crydd *m*.
shoot *v* saethu. • *n* eginyn, blaguryn *m*.
shop *n* siop *f*.
shopper *n* siopwr *m*, siopwraig *f*.
shore *n* glan *f*
short *adj* byr, cwta.
shortcoming *n* diffyg *m*.
shorten *v* byrhau, cwtogi.
short-sighted *adj* byr eich golwg.
shortwave *n* tonfedd fer *f*.
shot *n* ergyd *f/m*.
shotgun *n* dryll *m/f*.
shoulder *n* ysgwydd *f*.
shout *v* gweiddi. • *n* bloedd, gwaedd *f*.
shove *v* gwthio. • *n* gwthiad *m*.

shovel n rhaw f. • v rhofio.
show v dangos. • n arddangosfa, sioe f.
shower n cawod f.
shred n rhecsyn, darn m. • v rhwygo.
shrewd adj craff, hirben.
shriek v gwichian, sgrechian. • n sgrech f.
shrill adj main, treiddgar.
shrimp n berdysen f.
shrink v crebachu, mynd yn llai.
shrivel v crebachu, crychu.
shroud n amdo m.
shrub n prysgwydden f.
shudder v crynu. • n ias f.
shun v gochel, osgoi.
shut v cau.
shutter n caead m.
shy adj swil.
shyness n swildod m.
sick adj sâl, tost.
sicken v clafychu, gwneud yn sâl.
sickly adj gwanllyd.
sickness n gwaeledd m.
side n ochr f.
sideboard n seld f.
sidestep v ochrgamu.
siege n gwarchae m.
sieve n gogr, rhidyll m. • v rhidyllu.
sift v gogrwn, hidlo.
sigh v ochneidio. • n ochenaid f.
sight n golwg m (faculty); golygfa f (spectacle).
sightseeing n ymweld vn.
sign n arwydd m. • v arwyddo.
signal n arwydd; signal m.
signature n llofnod m.
significance n arwyddocâd m.
significant adj arwyddocaol.
signify v golygu, dynodi.
silence n tawelwch, distawrwydd m.
silent adj distaw, mud.
silicon chip n ysglodyn silicon m.
silk n sidan m.
silken adj sidanaidd.
sill n silff f.

silliness n ffolineb, hurtrwydd m.
silly adj ffôl, hurt.
silver n arian m.
silvery adj ariannaidd.
similar adj tebyg, fel.
similarity n tebygrwydd m.
simile n cyffelybiaeth, cymhariaeth f.
simmer v mudferwi.
simper v glaswenu.
simple adj syml; gwirion.
simplicity n symlrwydd, diniweidrwydd m.
simplification n symleiddio vn.
simplify v symleiddio.
simulate v dynwared.
simultaneous adj ar y pryd, cydamserol.
sin n pechod m. • v pechu.
since adv, prep ers, er. • conj gan.
sincere adj diffuant, didwyll. • ~ly adv yn bur.
sincerity n didwylledd, diffuantrwydd m.
sinew n gewyn, giewyn m.
sing v canu.
singe v deifio, rhuddo.
singer n canwr m, cantores f.
single adj sengl.
singly adv fesul un; ar eich pen eich hun.
singular adj unigol.
sinister adj sinistr, anfad.
sink v suddo. • n sinc f.
sinner n pechadur m, perchadures f.
sinuous adj dolennog, troellog.
siphon n siffon, seiffon m.
sir n syr m.
sister n chwaer f.
sister-in-law n chwaer-yng-nghyfraith f.
sit v eistedd.
site n safle m.
sitting n eistedd, eisteddiad m.
sitting room n lolfa f.
situation n sefyllfa f.
six num chwe, chwech.
sixteen num un ar bymtheg.

sixteenth *adj* unfed ar bymtheg.
sixth *adj* chweched.
sixtieth *adj* trigeinfed.
sixty *num* trigain, chwe deg.
size *n* maint, maintioli *m*.
sizeable *adj* sylweddol.
skate *n* esgid sglefrio *f*. • *v* sglefrio.
skating rink *n* llawr sglefrio *m*.
skeleton *n* sgerbwd *m*.
sketch *n* braslun *m*.
skewer *n* gwäell *f*. • *v* gwaëllu.
ski *n* sgi *f*. • *v* sgio.
skid *n* sglefriad *m*. • *v* sglefrio, sgidio.
skier *n* sgïwr *m*.
skill *n* medr *m*.
skilful *adj* medrus, deheuig.
skim *v* sgimio.
skin *n* croen *m*. • *v* blingo.
skinny *adj* tenau, esgyrnog.
skip *v* sgipio.
skirmish *n* sgarmes *f*.
skirt *n* sgert *f*. • *v* mynd wrth odre.
skulk *v* llechu, stelcian.
skull *n* penglog *f*.
sky *n* awyr *f*.
skylight *n* ffenestr do *f*.
skyscraper *n* cwmwlgrafwr *m*.
slab *n* slabyn *m*, slaben *f*.
slack *adj* llac.
slack(en) *v* llacio, llaesu.
slackness *n* llacrwydd, diogi *m*.
slam *v* cau'n glep.
slander *v* athrodi. • *n* athrod *m*.
slanderous *adj* athrodus.
slang *n* bratiaith *f*.
slant *v* goleddfu, gogwyddo. • *n* goleddf, gogwydd *m*.
slap *n* slapen *f*. • *v* taro, slapian.
slaughter *n* lladdfa, cyflafan *f*. • *v* lladd.
slave *n* caethwas *m*, caethferch *f*.
slavery *n* caethwasiaeth *m*.
slay *v* lladd.
sleazy *adj* llwgr.
sledge *n* sled *f*.
sleep *v* cysgu. • *n* cwsg *m*.
sleeper *n* cysgadur, cysgwr *m*.

sleepiness *n* syrthni, awydd cysgu *m*.
sleepwalking *n* cerdded yn eich cwsg.
sleepy *adj* cysglyd.
sleet *n* eirlaw *m*.
sleeve *n* llawes *f*.
slender *adj* main.
slenderness *n* meinder *m*.
slice *n* tafell, sleisen *f*. • *v* torri'n dafelli.
slide *v* llithro. • *n* llithren *f*; tryloywder *m*.
slight *adj* bychan, eiddil. • *n* sarhad *m*.
slightness *n* bychander, eiddilwch *m*.
slim *adj* main. • *v* colli pwysau.
sling *n* ffon dafl *f*.
slip *v* llithro. • *n* llithrad *m*.
slipper *n* sliper *f*.
slippery *adj* llithrig.
slit *v* hollti, torri.
slogan *n* arwyddair *m*, slogan *m*/*f*.
slope *n* llechwedd *f*. • *v* goleddfu.
sloth *n* diogi *m*.
slovenliness *n* blerwch, annibendod *m*.
slovenly *adj* blêr, di-hid.
slow *adj* araf.
slowness *n* arafwch *m*.
slug *n* gwlithen *f*.
sluggish *adj* dioglyd, diegni.
sluice *n* llifddor *f*.
slum *n* slym *f*.
slump *n* cwymp *m*.
slur *v* llithro, llusgo. • *n* sarhad *m*, sen *f*.
slush *n* slwtsh *m*.
sly *adj* slei, dichellgar.
slyness *n* cyfrwyster, twyll *m*.
smack *n* clec *f*. • *v* taro, curo.
small *adj* bach, bychan, mân.
smallness *n* bychander, bychandra *m*.
smart *adj* taclus, twt; call. • *v* llosgi.
smartness *n* craffter; taclusrwydd *m*.

smash *v* malu, malurio. • *n* gwrthdrawiad *m*.

smear *v* iro; difwyno.

smell *v* arogleuo, gwynto. • *n* oglau, gwynt, arogl *m*.

smelt *v* toddi.

smile *v* gwenu. • *n* gwên *f*.

smite *v* taro.

smith *n* gof *m*.

smoke *n* mwg *m*. • *v* mygu.

smoker *n* ysmygwr *m*, ysmygwraig *f*.

smoky *adj* myglyd.

smooth *adj* llyfn. • *v* llyfnhau, llyfnu.

smoothness *n* llyfnder *m*.

smother *v* mogi, mygu.

smudge *v* llychwino, gadael ôl. • *n* ôl, staen *m*.

smuggle *v* smyglo.

smuggler *n* smyglwr *m*.

snack *n* byrbryd *m*.

snail *n* malwen, malwoden *f*.

snake *n* neidr *f*.

snap *v* clecian. • *n* clec, snap *m*.

snare *n* magl *f*.

snatch *v* cipio.

sneer *v* glaswenu.

sneeze *v* tisian.

sniff *v* ffroeni, sniffian.

snivel *v* snwffian, nadu.

snob *n* hen drwyn, snobyn *m*.

snobbish *adj* crachaidd, snobyddlyd.

snooze *n* cyntun *m*.

snore *v* chwyrnu.

snow *n* eira *m*. • *v* bwrw eira.

snowman *n* dyn eira *m*.

snowplough *n* swch eira *f*.

snowy *adj* o eira.

snub *adj* smwt.

snug *adj* diddos, clyd.

so *adv* felly; mor, cyn.

soak *v* mwydo, rhoi yng ngwlych.

soap *n* sebon *m*. • *v* seboni.

soar *v* hedfan.

sob *n* ochenaid *f*. • *v* beichio wylo.

sober *adj* sobr.

sobriety *n* sobrwydd *m*.

sociability *n* cymdeithasgarwch *m*.

sociable *adj* cymdeithasgar.

social *adj* cymdeithasol.

social worker *n* gweithiwr cymdeithasol *m*.

socialist *n* sosialydd *m*.

society *n* cymdeithas *f*.

sociologist *n* cymdeithasegydd *m*.

sock *n* hosan *f*.

socket *n* soced *m/f*.

sofa *n* soffa *f*.

soft *adj* meddal, distaw.

soften *v* meddalu, tyneru, distewi.

softness *n* meddalwch, tynerwch *m*.

software *n* meddalwedd *m/f*.

soil *v* baeddu. • *n* pridd *m*.

solace *v* cysuro. • *n* cysur, solas *m*.

solar *adj* (o)'r haul.

solder *v* sodro. • *n* sodr, sodor *m*.

soldier *n* milwr *m*.

sole *n* gwadn *f/m*. • *adj* unig.

solemn *adj* difrifol, dwys.

solemnity *n* difrifoldeb *m*.

solicit *v* deisyf, erfyn.

solicitor *n* cyfreithiwr *m*.

solid *adj* cydnerth, solet. • *n* solid *m*.

solidify *v* caledu.

solidity *n* cadernid *m*.

solitary *adj* unig, ar eich pen eich hun.

solitude *n* unigedd *m*.

solstice *n* heuldro *m*.

soluble *adj* toddadwy, hydawdd.

solution *n* toddiant *m*.

solve *v* datrys.

solvency *n* y gallu i dalu *m*.

solvent *adj* ag arian.

some *adj* peth, rhyw, rhai.

somebody *pron* rhywun.

somehow *adv* rhywsut.

something *pron* rhywbeth.

sometimes *adv* weithiau, ambell waith.

somewhat *adv* rhywfaint.

somewhere *adv* rhywle.

somnolence *n* syrthni *m*.

somnolent *adj* cysglyd, swrth.
son *n* mab *m.*
song *n* cân *f.*
son-in-law *n* mab-yng-nghyfraith *m.*
sonorous *adj* soniarus.
soon *adv* cyn bo hir, yn fuan.
soot *n* parddu, huddygl *m.*
soothe *v* lliniaru, lleddfu.
sophisticated *adj* soffistigedig.
soporific *adj* cysglyd.
sordid *adj* budr, gwael.
sore *n* briw, dolur *m.* • *adj* poenus, tost.
sorrow *n* galar, tristwch *m.* • *v* gofidio, tristáu.
sorrowful *adj* trist, gofidus.
sorry *adj* edifar.
sort *n* math *m.* • *v* didoli.
soul *n* enaid *m.*
sound *adj* iach, solet. • *n* sŵn *m.*
soundness *n* sadrwydd *m.*
soup *n* cawl *m.*
sour *adj* sur.
source *n* ffynhonnell *f.*
south *n* de *m.*
southern *adj* deheuol.
southward(s) *adv* tua'r de.
souvenir *n* swfenîr *m.*
sovereign *adj* goruchaf. • *n* sofren *f.*
sovereignty *n* sofraniaeth, penarglwyddiaeth *f.*
sow *v* hau.
space *n* gofod, lle *m.*
spacious *adj* helaeth, eang.
spade *n* pâl, rhaw *f.*
span *n* rhychwant *m.* • *v* rhychwantu.
spare *v* arbed, sbario. • *adj* cynnil, prin.
sparing *adj* cynnil, darbodus.
spark *n* gwreichionen *f.*
sparkle *n* fflach *f.* • *v* pefrio, serennu.
sparse *adj* tenau, prin.
spasm *n* pwl, plwc *m.*
spatter *v* ysgeintio, tasgu.

speak *v* siarad, llefaru.
speaker *n* siaradwr *m,* siaradwraig *f;* llefarydd *m.*
spear *n* gwaywffon *f.*
special *adj* arbennig.
speciality *n* arbenigedd *m.*
species *n* rhywogaeth *f.*
specific *adj* penodol.
specification *n* manyleb *f.*
specify *v* pennu.
specimen *n* esiampl *f.*
spectacle *n* golygfa *f.*
spectacles *n* sbectol *f,* gwydrau *pl.*
spectator *n* gwyliwr *m.*
spectre *n* drychiolaeth *f,* ysbryd *m.*
speculate *v* damcaniaethu; mentro.
speculation *n* dyfaliad *m,* menter *f.*
speculative *adj* damcaniaethol; mentrus.
speech *n* lleferydd *m;* araith *f.*
speed *n* cyflymder, buanedd *m.*
speed limit *n* cyfyngiad cyflymder *m.*
speediness *n* cyflymder, cyflymdra *m.*
speedy *adj* buan.
spell *n* swyn *m.* • *v* sillafu.
spelling *n* sillafiad *m.*
spend *v* gwario, treulio.
sphere *n* sffêr *m/f,* cronnell *f.*
spherical *adj* sfferaidd.
spice *n* sbeis *m.*
spicy *adj* sbeislyd.
spider *n* corryn, pryf copyn *m.*
spike *n* pigyn *m.*
spill *v* colli, sarnu.
spin *v* troelli; nyddu.
spinal *adj* y cefn.
spine *n* asgwrn cefn *m.*
spire *n* meindwr *m.*
spirit *n* ysbryd, enaid *m;* calon *f;* gwirod *m/f.*
spirited *adj* bywiog, nwyfus.
spiritless *adj* dieneiniad, merfaidd.
spiritual *adj* ysbrydol.
spirituality *n* ysbrydolrwydd *m.*
spit *n* poer *m.* • *v* poeri.
spite *n* sbeit *m;* **in ~ of** er gwaethaf.

spiteful *adj* mileinig, milain.
splash *v* tasgu, sblasio.
splendid *adj* ardderchog, campus.
splendour *n* gogoniant, ysblander *m*.
splinter *n* ysgyren *f*. • *v* torri'n ysgyrion.
split *n* hollt *f*. • *v* hollti.
spoil *v* difetha.
spokesman *n* llefarydd *m*.
sponge *n* sbwng *m*.
sponsor *n* noddwr *m*.
sponsorship *n* nawdd *m*.
spontaneity *n* natur ddigymell *f*.
spontaneous *adj* digymell.
spoon *n* llwy *f*.
sporadic(al) *adj* ysbeidiol, anfynych.
sport *n* sbort *m/f*; chwaraeon *pl*.
sportsman *n* chwaraewr *m*.
sportswoman *n* chwaraewraig *f*.
spot *n* man *m/f*. • *v* brychu; gweld.
spotless *adj* dilychwin, difrycheulyd.
spouse *n* priod *m/f*.
spout *v* pistyllio, ffrydio. • *n* ffrwd *f*; pig *m/f*.
sprain *v* ysigo.
spray *n* tusw *m*; ewyn *m*. • *v* chwistrellu.
spread *v* taenu, lledaenu.
spring *v* neidio. • *n* gwanwyn *m*; ffynnon *f*.
sprinkle *v* ysgeintio.
sprout *n* eginyn, blaguryn *m*.
spruce *adj* twt, testlus.
spur *n* sbardun *m/f*. • *v* sbarduno.
spurn *v* dirmygu.
sputter *v* ffrwtian.
spy *n* ysbïwr *m*, ysbïwraig *f*. • *v* ysbïo.
squabble *v* ffraeo. • *n* ffrae *f*.
squad *n* carfan *f*.
squadron *n* sgwadron *m/f*.
squalid *adj* brwnt, budr.
squall *n* hwrdd (o wynt) *m*.
squalor *n* budreddi, aflendid *m*.
square *n* sgwâr *f/m*.

squash *v* gwasgu.
squat *v* cyrcydu.
squeak *v* gwichian.
squeal *n* gwich *f*.
squeeze *v* gwasgu.
squint *v* ciledrych. • *n* tro (yn y) llygad *m*. • *adj* llygatgam.
squirt *v* chwistrellu.
stab *v* trywanu.
stability *n* sadrwydd, sefydlogrwydd *m*.
stable *n* stabl *f*. • *adj* sefydlog.
stack *n* pentwr *m*. • *v* pentyrru.
staff *n* staff *m*; ffon *f*.
stage *n* llwyfan *m/f*.
stagger *v* gwegian.
stagnation *n* marweidd-dra *m*.
stagnate *v* troi'n ferddwr.
stain *v* staenio. • *n* staen *m*.
stair *n* gris *m/f*.
stake *n* polyn *m*.
stale *adj* hen.
stalk *n* coes *f*, coesyn *m*.
stall *n* côr *m*; stondin *m*.
stamina *n* dyfalbarhad *m*.
stammer *v* bod ag atal dweud, cecian. • *n* atal dweud *m*.
stamp *v* curo traed, pystylad. • *n* stamp *m*.
stand *v* sefyll; goddef. • *n* safiad, eisteddle *m*.
standard *n* safon; baner *f*. • *adj* safonol.
standstill *n* sefyll (yn stond) *vn*.
staple *n* ystwffwl *m*. • *adj* prif.
star *n* seren *f*.
starch *n* startsh *m*.
stare *v* rhythu, syllu.
starry *adj* serennog, serog.
start *v* cychwyn, dechrau; neidio. • *n* dechreuad *m*.
starter *n* cychwynnwr *m*.
startle *v* dychryn.
starvation *n* newyn *m*.
starve *v* newynu, llwgu.
state *n* cyflwr *m*; gwladwriaeth *f*. • *v* datgan.
stately *adj* urddasol.

statement *n* datganiad, gosodiad *m*.

statesman *n* gwladweinydd *m*.

static *adj* statig; sefydlog.

station *n* gorsaf *f*.

stationary *adj* disymud, yn eich unfan.

stationery *n* papur ysgrifennu *m*.

statistical *adj* ystadegol.

statue *n* cerflun *m*.

stature *n* corffolaeth *f*, maintoli *m*.

statute *n* statud *f*.

stay *v* aros, sefyll.

steadfast *adj* cadarn, disyflyd.

steadiness *n* sadrwydd, sefydlogrwydd *m*.

steady *adj* sefydlog, cyson. • *v* sefydlogi.

steak *n* stêc, stecen *f*.

steal *v* lladrata, dwyn.

stealthy *adj* llechwraidd, lladradaidd.

steam *n* ager *m*. • *v* mygu.

steam engine *n* peiriant ager *m*.

steel *n* dur *m*.

steep *adj* serth.

steepness *n* pa mor serth yw.

steer *v* llywio, cyfeirio.

steering wheel *n* olwyn yrru *f*.

stem *n* coes *f*.

step *n* cam, gris *m*. • *v* camu.

stepbrother *n* llysfrawd *m*.

stepsister *n* llyschwaer *f*.

stereotype *n* ystrydeb *f*.

sterile *adj* di-haint.

sterilise *v* steryllu.

sterling *adj* dilys; sterling.

stern *adj* llym, caled.

stew *n* stiw *m*.

steward *n* stiward *m*.

stewardess *n* stiwardes *f*.

stick *n* ffon *f*.

sticky *adj* gludiog.

stiff *adj* anystwyth, anhyblyg.

stiffen *v* cryfhau; caledu, cyffio.

stiffness *n* anystwythder, stiffrwydd *f*.

stifle *v* mygu.

stifling *adj* llethol.

stigmatise *v* stigmateiddio.

still *v* tawelu. • *adj* llonydd. • *adv* o hyd.

stillness *n* llonyddwch *m*.

stimulate *v* symbylu, cyffroi.

stimulus *n* symbyliad *m*.

sting *v* pigo, brathu.

stinginess *n* crintachrwydd *m*.

stingy *adj* crintachlyd, cybyddlyd.

stink *v* drewi. • *n* drewdod.

stipulate *v* mynnu.

stipulation *n* amod *m/f*.

stir *v* troi, corddi.

stitch *v* pwytho. • *n* pwyth *m*.

stock *n* stoc; cyff *m*. • *v* stocio.

stock exchange *n* cyfnewidfa stoc *f*.

stockbroker *n* brocer stoc *m*.

stocking *n* hosan *f*.

stoical *adj* stoicaidd.

stomach *n* stumog *f*, bola *m*.

stone *n* carreg *f*. • *v* llabyddio.

stony *adj* caregog.

stool *n* stôl *f*.

stoop *v* gwargrymu, plygu.

stop *v* aros, atal.

stoppage *n* ataliad *m*.

storage *n* crynhoad *m*, storfa *f*.

store *n* storfa *f*. • *v* storio.

stork *n* storc *m*.

storm *n* storm, drycin *f*.

stormy *adj* stormus.

story *n* stori *f*, hanes *m*.

stout *adj* tew; glew.

stoutness *n* tewdra *m*.

stove *n* stôf *f*.

stow *v* rhoi i'w gadw.

straight *adj* syth, union.

straightaway *adv* ar unwaith, yn union.

straighten *v* unioni.

strain *v* straenio. • *n* straen *f*.

strait *n* culfor *m*.

strand *n* traethell *f*, marian *m*.

strange *adj* rhyfedd.

strangeness *n* dieithrwch *m*.

stranger *n* dieithryn *m*.

strangle *v* llindagu, tagu.

strap n strapen f.
stratagem n ystryw m/f.
strategic adj strategol.
strategy n strategaeth f.
straw n gwellt m.
strawberry n mefusen f.
stray v crwydro. • adj crwydrol, ar grwydr.
streak n strimyn m.
stream n nant, ffrwd f. • v llifo, ffrydio.
street n stryd, heol f.
strength n nerth, cryfder m.
strengthen v cryfhau, atgyfnerthu.
stress n pwysau m. • v pwysleisio.
stretch v estyn, ymestyn.
stretcher n cludwely m.
strew v gwasgaru.
strict adj llym, caeth.
strictness n llymder, cywirdeb m.
stride n cam bras m.
strife n cynnen f, ymryson m.
strike v taro, bwrw.
striker n streiciwr; saethwr m.
striking adj trawiadol.
string n llinyn, cortyn m.
stringent adj caeth, llym.
strip v tynnu dillad. • n stribed m/f.
stripe n rhesen, streipen f.
strive v ymdrechu, ymlafnio.
stroke n ergyd m/f, trawiad m. • v canmol, anwesu.
stroll v mynd am dro.
strong adj grymus, cryf, cadarn.
strongbox n coffr cryf m.
structure n adeiledd, strwythur m.
struggle v strancio. • n ymdrech, brwydr f.
strut v torsythu.
stubborn adj ystyfnig, cyndyn.
stubbornness n ystyfnigrwydd, cyndynrwydd m.
stud n styden m.
student n myfyriwr m.
studio n stiwdio f.
studious adj myfyrgar.
study n astudiaeth f; efrydiau pl. • v astudio.

stuff n defnydd, sylwedd m. • v stwffio.
stuffing n stwffin m.
stumble v baglu.
stump n bôn, bonyn m.
stun v syfrdanu, hurtio.
stunt n sbloet f.
stupefy v peri i gysgu; syfrdanu.
stupendous adj aruthrol.
stupid adj twp.
stupidity n twpdra m.
stupor n syrthni m.
sturdiness n cryfder, cadernid m.
sturdy adj cydnerth, praff.
stutter v cecian, cecial.
style n steil m.
stylish adj cain.
suave adj gwên-deg.
subdivide v isrannu.
subdue v darostwng, gostegu.
subject n testun, goddrych m.
subjective adj goddrychol.
subjugate v darostwng.
subjugation n darostyngiad m.
sublimate v sychdarthu.
sublime adj aruchel, dyrchafedig.
sublimity n arucheledd m.
submarine n llong danfor f.
submerge v suddo, ymsuddo.
submission n ymostyngiad; cyflwyniad m.
submissive adj ymostyngol.
submit v ymostwng; cyflwyno.
subordinate adj israddol.
subscribe v tanysgrifio.
subscriber n tanysgrifiwr m.
subscription n tanysgrifiad m.
subsequent adj dilynol.
subside v suddo, gostwng.
subsidence n ymsuddiant m.
subsidiary adj cynorthwyol, atodol.
subsidise v sybsideiddio.
subsidy n cymhorthdal m.
subsist v dal i fyw, bodoli.
subsistence n cynhaliaeth f.
substance n sylwedd m.
substantial adj sylweddol.
substantiate v cadarnhau, profi.

substitute v eilyddio, cyfnewid.
substitution n cyfnewidiad m.
subterranean adj tanddaearol.
subtitle n is-deitl m.
subtle adj cynnil, cyfrwys.
subtlety n cynildeb, cywreinrwydd m.
subtract v tynnu.
suburb n maestref f.
suburban adj maestrefol.
subversive adj yn tanseilio, chwyldroadol.
subvert v tanseilio.
succeed v llwyddo.
success n llwyddiant m.
successful adj llwyddiannus.
succession n olyniaeth f.
successive adj olynol.
successor n olynydd m.
succinct adj cryno, byr.
succumb v ildio.
such adj cyfryw, y fath.
suck v sugno.
suckle v sugno.
sudden adj annisgwyl, dirybudd.
suddenness n sydynrwydd m.
sue v erlyn, siwio.
suffer v dioddef.
suffering n dioddefaint m.
suffice v bod yn ddigon, digoni.
sufficient adj digon.
suffocate v mogi, mygu.
suffocation n mogfa f.
sugar n siwgwr m.
sugary adj siwgwraidd.
suggest v awgrymu.
suggestion n awgrym m.
suicidal adj hunanddinistriol.
suicide n hunanladdiad m.
suit n siwt f. • v addasu, bod yn addas.
suitable adj addas, cymwys.
suitcase n cês dillad m.
sulky adj pwdlyd.
sullen adj sarrug, swrth.
sultry adj mwll.
sum n cyfanswm m. • v: **to ~ up** crynhoi.

summary n crynodeb m.
summer n haf m.
summit n copa f/m.
summon v gwysio.
summons n gwŷs f.
sumptuous adj moethus.
sun n haul m.
sunbathe v bolaheulo, torheulo.
sunburn n llosg haul m.
Sunday n dydd Sul m.
sundry adj amryw, amrywiol.
sunflower n blodyn yr haul m
sunny adj heulog, tesog.
sunrise n codiad haul m.
sunset n machlud haul m.
sunshade n cysgodlen f.
sunshine n heulwen f, golau haul m.
sunstroke n twymyn yr haul f.
suntan n lliw haul m.
super adj penigamp, rhagorol.
superb adj gwych.
supercilious adj ffroenuchel.
superficial adj arwynebol.
superfluity n toreth f.
superfluous adj dianghenraid.
superior adj uwch, uwchradd.
superiority n rhagoriaeth f.
superlative adj rhagorol, eithaf.
supermarket n uwchfarchnad f.
supernatural n goruwchnaturiol m.
supersede v disodli, cymryd lle.
supersonic adj uwchsonig.
superstition n ofergoel f.
superstitious adj ofergoelus.
supervene v digwydd, dilyn.
supervise v goruchwylio, arolygu.
supervision n goruchwyliaeth f.
supervisor n goruchwyliwr m, arolygydd m.
supper n cinio m.
supplant v disodli, cymryd lle.
supple adj ystwyth, hydwyth.
supplement n atodiad, ychwanegiad m.
supplementary adj atodol, ychwanegol.
suppleness n ystwythder, hyblygrwydd m.

supplicate v erfyn, deisyf.
supplication n erfyniad, deisyfiad m.
supplier n cyflenwr m.
supply v cyflenwi. • n cyflenwad m.
support v cynnal. • n cefnogaeth, cynhaliaeth f.
supporter n cefnogwr m.
suppose v tybio, a bwrw.
supposition n tybiaeth f.
suppress v atal, gostegu.
suppression n atal, gostegu vn.
supremacy n goruchafiaeth f.
supreme adj pennaf, goruchaf.
surcharge v codi ychwaneg. • n tâl ychwanegol m.
sure adj sicr.
sureness n sicrwydd m.
surf n ewyn m. • v beistonna.
surface n wyneb m. • v codi i'r wyneb.
surfboard n astell feiston f.
surge n ymchwydd, dygyfor m.
surgeon n llawfeddyg m.
surgery n meddygfa; triniaeth lawfeddygol f.
surgical adj llawfeddygol.
surly adj sarrug, swrth.
surmise v dyfalu, tybio.
surmount v gorchfygu.
surname n cyfenw m.
surpass v rhagori ar.
surplus n gweddill m, gwarged m/f.
surprise v synnu. • n peth annisgwyl, syndod m.
surrender v ildio.
surreptitious adj llechwraidd.
surrogate adj dirprwyol.
surround v amgylchynu.
survey v gwneud arolwg. • n arolwg m.
survive v goroesi.
survivor n goroeswr m.
susceptibility n chwanogrwydd; teimlad m.
susceptible adj tueddol, chwannog.
suspect v drwgdybio. • n rhywun dan amheuaeth m.

suspend v hongian; diarddel.
suspense n gwewyr meddwl m.
suspicion n amheuaeth, drwgdybiaeth f.
suspicious adj amheus, drwgdybus.
sustain v cynnal.
sustenance n cynhaliaeth f.
swagger v rhodresa, torsythu.
swallow v llyncu.
swamp n cors, mignen f.
swap v cyfnewid, ffeirio.
swarm n haid f. • v heidio.
swath n ystod f.
sway v gwegian, siglo.
swear v tyngu, rhegi.
sweat n chwys m. • v chwysu.
sweep v ysgubo.
sweet adj melys. • n losin, da-da, fferins m/pl.
sweeten v melysu.
sweetener n melysydd m.
sweetness n melyster, melystra m.
swell v chwyddo.
swelling n chwydd, ymchwydd m.
swerve v gwyro.
swift adj cyflym, buan.
swiftness n cyflymder, cyflymdra m.
swim v nofio. • n nofiad m.
swimming pool n pwll nofio m.
swimsuit n gwisg nofio f.
swindle v twyllo.
swing v siglo. • n siglen f.
swirl n chwyrlïad m.
switch n swits m. • v newid; **to ~ off** diffodd; **to ~ on** troi ymlaen.
swivel v troi ar ei echel.
swoon v llesmeirio. • n llesmair m.
swoop v disgyn.
sword n cleddyf m.
sycophant n cynffonnwr m.
syllabic adj sillafog.
syllable n sillaf f.
syllabus n maes llafur m.
symbol n symbol m.
symbolic(al) adj symbolaidd.
symbolise v symboleiddio.
symmetrical adj cymesur.

symmetry *n* cymesuredd *m*.
sympathetic *adj* llawn cydymdeimlad.
sympathise *v* cydymdeimlo.
sympathy *n* cydymdeimlad *m*.
symphony *n* symffoni *f*.
symptom *n* arwydd, symptom *m*.
synagogue *n* synagog *f*.
syndrome *n* syndrom *m*.
synonym *n* cyfystyr *m*.
synonymous *adj* cyfystyr.
synopsis *n* crynodeb *m*.
syntax *n* cystrawen *f*.
synthesis *n* cyfuniad, cyfosodiad *m*.
syringe *n* chwistrell *f*.
system *n* cyfundrefn, system *f*.
systematic *adj* trwyadl, systematig.

table *n* bwrdd *m*, bord *f*.
tablecloth *n* lliain bwrdd *m*.
tablet *n* tabled *f*.
tacit *adj* dealledig.
taciturn *adj* tawedog, di-dduced.
tack *n* tac *f*/*m*. • *v* tacio.
tackle *n* gêr, tacl *m*.
tact *n* tact, pwyll *m*.
tactics *n* tacteg *f*.
tag *n* tag, tocyn *m*.
tail *n* cynffon, cwt *f*.
tailor *n* teiliwr *m*.
taint *v* llygru, halogi.
tainted *adj* llygredig, drwg.
take *v* cymryd.
takeoff *n* esgyniad *m*.
takeover *n* cymryd drosodd, cipio grym *vn*.
takings *n* derbyniadau *pl*.
talc *n* talc *m*.
talent *n* dawn, talent *f*.
talented *adj* dawnus, talentog.
talk *v* siarad. • *n* sgwrs *f*.
talkative *adj* siaradus.
tall *adj* tal.
tally *v* cyfateb.
tame *adj* dof. • *v* dofi, hyweddu.
tamper *v* ymyrryd â.

tan *v* cael lliw haul. • *n* lliw haul *m*.
tangible *adj* diriaethol, go iawn.
tangle *v* drysu.
tank *n* tanc *m*.
tanker *n* tancer *m*/*f*.
tantrum *n* strancio *vn*.
tap *v* tapio. • *n* tap *m*.
tape *n* tâp *m*. • *v* tapio.
tape recorder *n* recordydd tâp *m*.
target *n* targed *m*.
tariff *n* toll *f*.
tarnish *v* pylu.
tart *n* tarten *f*.
task *n* gorchwyl *m*/*f*, gwaith *m*.
taste *n* blas *m*, chwaeth *f*. • *v* blasu.
tasteful *adj* chwaethus.
tasty *adj* blasus.
tattoo *n* tatŵ *m*.
taunt *v* edliw, dannod. • *n* edliwiad *m*.
taut *adj* tyn.
tawdry *adj* tsiêp.
tax *n* treth *f*. • *v* trethu.
taxable *adj* trethadwy.
taxation *n* treth *f*, trethiad *m*.
taxi *n* tacsi *m*.
taxpayer *n* trethdalwr *m*.
tea *n* te *m*.
teach *v* dysgu, addysgu.
teacher *n* athro *m*, athrawes *f*.
teaching *n* dysgeidiaeth *f*.
team *n* tîm *m*.
teapot *n* tebot *m*.
tear[1] *v* rhwygo.
tear[2] *n* rhwyg; deigryn *m*.
tearful *adj* dagreuol.
tease *v* poeni, pryfocio.
teaspoon *n* llwy de *f*.
technical *adj* technegol.
technician *n* technegydd *m*.
technique *n* techneg *f*.
technological *adj* technolegol.
technology *n* technoleg *f*.
tedious *adj* diflas.
tedium *n* diflastod, undonedd *m*.
teenage *adj* yn eich arddegau. • **~r** *n* glaslanc *m*.
teethe *v* torri dannedd.

telepathy n telepathi m.
telephone n ffôn m.
telephone directory n llyfr ffôn m.
telephone number n rhif ffôn m.
telescope n telesgop m.
telescopic adj telesgopig.
televise v teledu.
television n teledu m.
television set n set deledu f.
tell v dweud, adrodd.
temper v tymheru. • n tymer f.
temperament n anian f.
temperate adj cymedrol.
temperature n tymheredd m.
tempest n tymestl f.
temple n teml; arlais f.
temporary adj dros dro.
tempt v temtio.
temptation n temtasiwn m/f.
ten num deg.
tenacious adj cyndyn.
tenacity n dycnwch m.
tenant n deiliad, tenant m.
tend v gogwyddo; tendio.
tendency n tuedd f.
tender adj tyner, brau.
tendon n gewyn, giewyn m.
tennis n tennis m.
tenor n tenor m.
tense adj tyn. • n amser m.
tension n tyndra m.
tent n pabell f.
tentative adj petrus.
tenth adj degfed.
tenuous adj tenau.
tepid adj claear, llugoer.
term n tymor m.
terminal adj terfynol. • n terfynell f.
terminate v terfynu, dibennu.
termination n terfyniad m.
terrace n teras m/f.
terrain n tir m.
terrestrial adj daearol.
terrible adj ofnadwy.
terrific adj aruthrol.
terrify v dychryn, brawychu.
territorial adj tiriogaethol.
territory n tiriogaeth f.

terror n arswyd, braw m.
terrorise v brawychu, dychryn.
terrorist n terfysgwr m.
terse adj byr, cryno.
test n prawf m. • v rhoi prawf ar, profi.
test tube n tiwb prawf m.
testify v tystio.
testimony n tystiolaeth f.
tether n tennyn m.
text n testun m.
textual adj testunol.
texture n gwead m.
than adv na, nag.
thank v diolch.
thankful adj diolchgar.
thanks n diolchiadau pl.
that pron hwnnw, honno, hynny. •
conj mai.
thatch n gwellt m.
thaw v dadmer, meirioli.
the art y, yr, 'r.
theatre n theatr f.
theatrical adj theatraidd.
theft n lladrad m.
theirs poss pron eiddynt hwy.
them pron hwy, nhw.
theme n thema f.
themselves pron eu hunain.
then adv, conj yna.
theological adj diwinyddol.
theology n diwinyddiaeth f.
theorem n theorem f.
theoretic(al) adj damcaniaethol.
theory n damcaniaeth f.
therapist n therapydd m.
therapy n triniaeth f, therapi m.
there adv acw, yna.
thereafter adv wedyn, wedi hynny.
therefore adv felly.
thermal adj thermol.
thermometer n thermomedr m.
these pron y rhai hyn, rhain.
thesis n traethawd m.
they pron hwy, nhw.
thick adj trwchus, tew.
thicken v tewychu.
thickness n trwch, tewdra m.

thickset *adj* cydnerth.
thief *n* lleidr *m*.
thigh *n* clun, morddwyd *f*.
thin *adj* tenau, main.
thing *n* peth *m*.
think *v* meddwl.
thinker *n* meddyliwr *m*.
third *adj* trydydd *m*, trydedd *f*.
thirst *n* syched *m*.
thirsty *adj* sychedig.
thirteen *num* tri ar ddeg *m*, tair ~ *f*.
thirteenth *adj* trydydd ar ddeg *m*, trydedd ~ *f*.
thirtieth *adj* degfed ar hugain.
thirty *num* deg ar hugain, tri deg.
this *adj*, *pron* hwn, hon, hyn.
thistle *n* ysgallen *f*.
thorn *n* draenen *f*.
thorough *adj* trylwyr, trwyadl.
thoroughfare *n* ffordd agored *f*.
those *pron*, *adj* y rhai hynny.
though *conj* er, pe, ped.
thought *n* meddwl *m*.
thoughtful *adj* meddylgar.
thoughtless *adj* difeddwl, anystyriol.
thousand *num* mil.
thousandth *adj* milfed.
thrash *v* dyrnu, colbio.
thread *n* edau *f*, edefyn *m*.
threat *n* bygythiad *m*.
threaten *v* bygwth.
three *num* tri *m*, tair *f*.
threshold *n* trothwy *m*.
thrifty *adj* cynnil, darbodus.
thrill *v* gwefreiddio. • *n* gwefr, ias *f*.
thrive *v* ffynnu.
throat *n* gwddf *m*.
throb *v* gwynio; dyrnu.
throne *n* gorsedd *f*.
throng *n* torf, tyrfa *f*.
throttle *n* sbardun *m/f*. • *v* tagu, llindagu.
through *prep* trwy, drwy.
throughout *prep* ledled, trwy gydol.
throw *v* taflu. • *n* tafliad *m*.
thrust *v* gwthio. • *n* gwthiad *m*.

thug *n* llabwst, dihiryn *m*.
thumb *n* bawd *f*.
thump *n* ergyd, cur *m/f*. • *v* colbio, taro.
thunder *n* taranau, tyrfau *pl*. • *v* taranu.
thunderclap *n* taraniad *m*.
thunderstorm *n* storm o fellt a tharanau.
Thursday *n* dydd Iau *m*.
thus *adv* felly.
thwart *v* atal, llesteirio
tic *n* tic *m*.
tick *n* tipiad *m*. • *v* tipian.
ticket *n* tocyn *m*.
ticket office *n* swyddfa docynnau *f*.
tickle *v* gogleisio, cosi.
tidal wave *n* ton lanw *f*.
tide *n* llanw *m*.
tidy *adj* taclus, trefnus.
tie *v* clymu. • *n* tei *m/f*.
tier *n* rhes *f*.
tiger *n* teigr *m*.
tight *adj* tyn.
tighten *v* tynhau.
tile *n* teilsen *f*.
till *v* trin, braenaru.
tilt *v* gogwyddo, gwyro.
timber *n* coed, pren *m*.
time *n* amser *m*. • *v* amseru.
time lag *n* oedi *vn*.
time zone *n* cylchfa amser *f*.
timeless *adj* digyfnewid.
timely *adj* amserol.
timid *adj* swil, ofnus.
timidity *n* swildod, diffyg hyder *m*.
tin *n* alcam, tun *m*.
tinge *n* arlliw *m*.
tingle *v* gyrru ias trwy.
tinkle *v* tincial.
tint *n* arlliw *m*, gwawr *f*. • *v* lliwio.
tinted *adj* wedi'i lliwio.
tiny *adj* bychan, pitw.
tip *n* blaen; cildwrn; tip *m*. • *v* tipio; cynnig cildwrn.
tirade *n* pregeth *f*.
tire *v* blino, diffygio.
tireless *adj* diflino.

tiresome adj diflas, syrffedus.

tissue n meinwe f.

titbit n tamaid blasus m.

titillate v goglais.

title n teitl m.

titular adj mewn enw.

titular saint n nawddsant m.

to prep i, at, wrth.

toad n llyffant m.

toast v crasu; cynnig llwncdestun. • n tost; llwncdestun m.

toaster n tostiwr m.

tobacco n tybaco m.

toboggan n sled f.

today adv heddiw.

toe n bys troed m.

together adv gyda'ch gilydd, ynghyd.

toil v llafurio.

toilet n tŷ bach, toiled m.

toilet paper n papur tŷ bach m.

toiletries n pethau ymolchi pl.

token n arwydd; tocyn m.

tolerable adj goddefadwy, gweddol.

tolerant adj goddefgar.

tolerate v goddef.

toll n toll f. • v canu cnul.

tomato n tomato m.

tomb n bedd m.

tombstone n carreg fedd f.

tomorrow adv yfory.

ton n tunnell f.

tone n tôn; gwawr f.

tongs n gefel f.

tongue n tafod m.

tonight adv heno.

too adv rhy.

tool n arf, erfyn m.

tooth n dant m.

toothache n y ddannoedd f.

toothbrush n brws dannedd m.

toothpaste n past dannedd m.

top n pen, brig m.

topic n pwnc, testun m.

topical adj amserol.

topmost adj uchaf.

topographic(al) adj topograffaidd.

topography n topograffeg f.

topple v cwympo, disgyn.

torch n fflachlamp f.

torment v poenydio. • n artaith f, cystudd m.

tornado n corwynt m.

torrent n cenllif, llifeiriant m.

tortuous adj troellog, trofaus.

torture n artaith f. • v arteithio.

toss v taflu.

total adj holl, cyfan, llwyr.

totality n cyfanrwydd m.

totter v gwegian, simsanu.

touch v cyffwrdd. • n cyffyrddiad m.

touchdown n glaniad m.

touching adj teimladwy.

tough adj gwydn, caled.

toughen v caledu, cryfhau.

tour n cylchdaith f, tro m.

tourism n twristiaeth f.

tourist n ymwelydd m.

tournament n twrnamaint m.

tow v halio, tynnu.

toward(s) prep tua, tuag.

towel n lliain m.

tower n tŵr m.

town n tref f.

town hall n neuadd y dref f.

towrope n rhaff halio f.

toy n tegan m.

trace n ôl, arlliw m. • v olrhain, amlinellu.

track n trywydd m.

tract n ehangder; pamffledyn m.

traction n tyniant m.

trade n masnach; crefft f. • v masnachu.

trademark n nod masnach m.

trader n masnachwr m.

trade(s) union n undeb llafur m.

trade unionist n undebwr m.

trading adj masnachol.

tradition n traddodiad m.

traditional adj traddodiadol.

traffic n trafnidiaeth f, traffig m.

traffic jam n tagfa f.

tragedy n trasiedi f.

tragic *adj* alaethus, trist.
trail *n* ôl, trywydd *m*.
train *v* hyfforddi, ymarfer. • *n* trên *m*.
trainer *n* hyfforddwr *m*.
training *n* hyfforddiant *m*.
trait *n* nodwedd *f*.
traitor *n* bradwr *m*.
tramp *n* sŵn traed *m*. • *v* cerdded yn drwm.
trance *n* llesmair *m*.
tranquil *adj* tawel, llonydd.
transact *v* trafod, trin.
transactions *n* trafodion *pl*.
transcend *v* codi uwchlaw.
transcription *n* adysgrif *f*.
transfer *v* trosglwyddo, adleoli. • *n* trosglwyddiad, adleoliad *m*.
transform *v* gweddnewid, trawsnewid.
transfusion *n* trallwyso *vn*.
transition *n* trawsnewidiad *m*.
transitional *adj* trawsnewidiol.
translate *v* cyfieithu.
translation *n* cyfieithiad *m*.
translator *n* cyfieithydd *m*.
transmission *n* trosglwyddo *vn*.
transmit *v* anfon, trosglwyddo.
transparency *n* tryloywder *m*.
transparent *adj* tryloyw.
transplant *v* trawsblannu.
transport *v* cludo. • *n* cludiant *m*.
trap *n* magl *f*, trap *m*. • *v* maglu, dal.
travel *v* teithio. • *n* taith *f*.
traveller *n* teithiwr, trafaelwr *m*.
traveller's cheque *n* siec deithio *f*.
travesty *n* parodi *m*.
tray *n* hambwrdd *m*.
treacherous *adj* bradwrus, dichellgar.
treachery *n* brad *m*, bradwriaeth *f*.
tread *v* camu, troedio.
treason *n* bradwriaeth, teyrnfradwriaeth *f*.
treasure *n* trysor *m*.
treasurer *n* trysorydd *m*.
treat *v* trin, trafod. • *n* peth amheuthun *m*.

treatment *n* triniaeth *f*.
treaty *n* cytundeb *m*.
treble *v* treblu.
tree *n* coeden *f*.
trek *n* ymdaith *f*.
tremble *v* crynu.
tremendous *adj* aruthrol.
trend *n* tuedd *f*, cyfeiriad *m*.
trespass *v* tresmasu.
trial *n* achos llys, treial *m*.
triangle *n* triongl *m*.
tribal *adj* llwythol.
tribe *n* llwyth *m*.
tribunal *n* tribiwnlys *m*.
tributary *n* llednant *f*.
trick *n* ystryw *m/f*, tric *m*. • *v* twyllo.
tricky *adj* cyfrwys; anodd.
trifle *n* peth dibwys; treiffl *m*.
trifling *adj* dibwys, pitw.
trigger *n* cliced *f*.
trim *adj* trwsiadus, testlus. • *v* tocio, twtio.
trip *v* baglu. • *n* gwibdaith *f*.
triple *adj* triphlyg. • *v* treblu.
trite *adj* ystrydebol.
triumph *n* buddugoliaeth *f*. • *v* ennill buddugoliaeth.
triumphant *adj* buddugoliaethus.
trivia *n* pethau dibwys *pl*.
trivial *adj* pitw, dibwys.
triviality *n* dinodedd, distadledd *m*.
troop *n* mintai *f*, criw *m*.
tropical *adj* trofannol.
trouble *v* poeni. • *n* pryder, gofid *m*.
troublesome *adj* trafferthus.
trousers *n* trywser, trywsus *m*.
trout *n* brithyll *m*.
truck *n* tryc *m*.
truck driver *n* gyrrwr lorri *m*.
truculent *adj* ffyrnig, mileinig.
true *adj* gwir, cywir.
trump *n* trwmp *m*.
trumpet *n* trwmped *m*.
trunk *n* boncyff, trwnc *m*.
trust *n* ymddiriedaeth; ymddiriedolaeth *f*. • *v* ymddiried.
trustworthy *adj* dibynadwy.
trusty *adj* ffyddlon, dibynadwy.

truth n gwir, gwirionedd m.
truthful adj geirwir, gonest.
truthfulness n gwirionedd, geirwiredd m.
try v profi, ceisio. • n cais m, ymgais m/f.
tub n twb, twba m.
tube n tiwb m.
tuck n twc m. • v twcio.
Tuesday n dydd Mawrth m.
tug v tynnu, llusgo. • n tyniad. plwc m.
tuition n hyfforddiant m.
tulip n tiwlip m.
tumble v syrthio, cael codwm. • n codwm m.
tumbler n gwydryn m.
tumultuous adj cythryblus.
tune n alaw, tôn f.
tuneful adj persain.
tunnel n twnnel m.
turbulence n cynnwrf m.
turbulent adj cythryblus, aflonydd.
turf n tywarchen f.
turkey n twrci m.
turmoil n berw, cynnwrf m.
turn v troi. • n tro, troad m.
turning n tro m.
turnover n trosiant m.

turnstile n giât dro f.
turquoise adj gwyrddlas.
turtle n crwban y môr m.
tusk n ysgithr m.
tutor n tiwtor m.
tweezers n gefel f.
twelfth adj deuddegfed.
twelve num deuddeg.
twentieth adj ugeinfed.
twenty num ugain.
twice adv dwywaith.
twilight n cyfnos, gwyll m.
twin n gefell m/f.
twine v cordeddu, cyfrodeddu.
twinkle v pefrio, serennu.
twirl v chwyrlïad m.
twist v cyfrodeddu.
twitch n plwc m.
two num dau m, dwy f.
twofold adj deublyg.
tycoon n teicŵn m.
type n math; teip m. • v teipio.
typeface n wyneb teip m.
typewriter n teipiadur m.
typical adj nodweddiadol.
tyrannical adj gormesol.
tyrant n teyrn m.
tyre n teiar m.

U

ugliness n hagrwch m.
ugly adj hyll, hagr, salw.
ulcer n briw, dolur m.
ulterior adj cudd.
ultimate adj terfynol, olaf.
ultimatum n cynnig terfynol, rhybudd olaf m.
umbrella n ambarél, ymbarél m/f.
umpire n dyfarnwr m.
unable adj analluog, methu.
unaccomplished adj heb ei gyflawni; di-ddawn.
unaccountable adj anesboniadwy.
unaccustomed adj anarferol, anghyfarwydd.

unacknowledged adj anghydnaby-ddedig.
unadulterated adj pur, digymysg.
unaltered adj digyfnewid.
unanimity n unfrydedd m.
unanimous adj unfrydol.
unanswerable adj anatebadwy.
unapproachable adj anhygyrch, pell.
unarmed adj heb arfau, diarfog.
unattached adj heb fod ynghlwm, digyswllt.
unattainable adj anghyraeddadwy.
unavoidable adj anochel.
unaware adj anymwybodol.

unbalanced *adj* anghytbwys.
unbearable *adj* annioddefol.
unbelievable *adj* anghredadwy, anhygoel.
unbiased *adj* diduedd, cytbwys.
unbreakable *adj* anhydor, na ellir mo'i dorri.
unbroken *adj* di-dor.
unbutton *v* datod botymau.
unceasing *adj* di-baid, di-drai.
unceremonious *adj* diseremoni, di-lol.
uncertain *adj* ansicr.
uncertainty *n* ansicrwydd, amhendantrwydd *m*.
unchangeable *adj* digyfnewid.
uncharitable *adj* angharedig, didostur.
uncivil *adj* anghwrtais.
uncivilised *adj* anwaraidd.
uncle *n* ewythr *m*.
uncomfortable *adj* anghyfforddus, anghysurus.
uncommon *adj* anghyffredin, anarferol.
uncompromising *adj* digyfaddawd.
unconcern *n* difrawder, dihidrwydd *m*.
unconditional *adj* diamod, diamodol.
unconscious *adj* anymwybodol, diymwybod.
uncork *v* tynnu corcyn.
uncouth *adj* aflednais, anwaraidd.
uncover *v* dinoethi, datguddio.
uncultivated *adj* heb ei drin, anniwy-lliedig.
undecided *adj* ansicr.
undeniable *adj* anwadadwy, diymwad.
under *prep* tan, dan. • *adv* tanodd, danodd.
underclothing *n* dillad isaf *pl*.
undercover *adj* cudd, cuddiedig.
underdeveloped *adj* heb ei ddatblygu.
underestimate *v* meddwl yn rhy isel am.

undergo *v* cael.
undergraduate *n* myfyriwr *m*.
undergrowth *n* prysgwydd *pl*.
underhand *adj* dichellgar, twyllodrus.
underline *v* tanlinellu.
underneath *adv* oddi tanodd. • *prep* tan, dan.
underpaid *adj* ar gyflog gwael.
underprivileged *adj* difreintiedig.
underside *n* tu isaf *m*, tor *f*.
understand *v* deall, dirnad.
understandable *adj* dealladwy.
understanding *n* dealltwriaeth, dirnadaeth *f*.
undertake *v* ymgymryd.
undertaking *n* menter *f*.
undervalue *v* tanbrisio.
underwater *adj* tanddwr.
underwear *n* dillad isaf *pl*.
underwrite *v* gwarantu.
undeserved *adj* anhaeddiannol.
undetermined *adj* amhenodol, amhendant.
undisciplined *adj* annisgybledig.
undisputed *adj* diameuol, diddadl.
undivided *adj* diwahân.
undo *v* datod, dad-wneud.
undoing *n* diwedd, distryw *m*.
undoubted *adj* diamau, diamheuol.
undress *v* dadwisgo, ymddihatru.
undue *adj* gormodol, afraid.
uneasy *adj* anesmwyth, anniddig.
uneducated *adj* annysgedig.
unemployed *adj* di-waith, segur.
unemployment *n* diweithdra *m*.
unending *adj* diddiwedd, diderfyn.
unequal *adj* anghyfartal.
unequalled *adj* digymar, digyffelyb.
uneven *adj* anwastad.
unexpected *adj* annisgwyl.
unfailing *adj* di-feth, di-ffael.
unfair *adj* anghyfiawn.
unfaithful *adj* anffyddlon.
unfashionable *adj* anffasiynol.
unfasten *v* datod, agor.
unfavourable *adj* anffafriol.

unfeeling *adj* dideimlad, oeraidd.
unfinished *adj* anorffenedig.
unfit *adj* anaddas, anghymwys.
unfold *v* agor; mynd rhagddo.
unforeseen *adj* annisgwyl.
unforgettable *adj* bythgofiadwy, anfarwol.
unfortunate *adj* anffodus.
unfounded *adj* di-sail.
unfriendly *adj* di-groeso, anghyfeillgar.
ungrateful *adj* anniolchgar.
unhappiness *n* tristwch, anhapusrwydd *m*.
unhappy *adj* anhapus, trist.
unhealthy *adj* afiach.
unheeding *adj* didaro, dihidio.
unhook *v* dadfachu.
unhurt *adj* dianaf.
uniform *adj* unffurf.
uniformity *n* unffurfiaeth *f*.
unify *v* uno.
unimaginable *adj* anhygoel; y tu hwnt i'r dychymyg.
uninhabitable *adj* yn amhosibl byw ynddo.
uninhabited *adj* anghyfannedd.
uninjured *adj* dianaf.
unintelligible *adj* annealladwy.
unintentional *adj* anfwriadol.
uninterested *adj* difater, di-hid.
uninterrupted *adj* di-dor, di-baid.
union *n* uniad *m*, undeb *f*.
unique *adj* unigryw.
unison *n* unsain *f*.
unit *n* uned *f*.
unite *v* uno.
unity *n* undod *m*.
universal *adv* byd-eang.
universe *n* bydysawd *m*.
university *n* prifysgol *f*.
unjust *adj* anghyfiawn, annheg.
unknown *adj* anadnabyddus, anhysbys.
unlawful *adj* anghyfreithlon.
unlawfulness *n* anghyfreithlondeb *m*.
unleash *v* gollwng, rhyddhau.

unless *conj* oni, onid.
unlicensed *adj* annhrwyddedig.
unlikely *adj* annhebygol.
unlikelihood *n* annhebygolrwydd *m*.
unlimited *adj* diderfyn, di-ben-draw.
unload *v* dadlwytho.
unlucky *adj* anffodus, anlwcus.
unmask *v* dinoethi.
unmerited *adj* anhaeddiannol.
unmistakable *adj* digamsyniol.
unmoved *adj* diysgog, disyflyd.
unnecessary *adj* dianghenraid, afraid.
unnoticed *adj* disylw.
unobserved *adj* heb sylwi arno.
unoccupied *adj* gwag.
unoffending *adj* didramgwydd.
unpack *v* dadbacio.
unparalleled *adj* digyffelyb.
unpleasant *adj* annymunol.
unpopular *adj* amhoblogaidd.
unprecedented *adj* heb gynsail.
unpredictable *adj* anrhagweladwy.
unprejudiced *adj* diragfarn.
unprofitable *adj* dielw, di-fudd.
unpublished *adj* anghyhoeddedig.
unqualified *adj* anghymwys.
unquestionable *adj* diamheuol.
unreal *adj* afreal.
unreasonable *adv* afresymol.
unrelated *adj* digyswllt.
unrelenting *adj* diarbed, di-idio.
unreserved *adj* heb ei gadw.
unrest *n* aflonyddwch *m*.
unripe *adj* anaeddfed.
unroll *v* dadrolio.
unsafe *adj* anniogel, peryglus.
unsatisfactory *adj* anfoddhaol.
unscrew *v* dadsgriwio.
unseasonable *adj* annhymhorol.
unseemly *adj* anweddus.
unsettled *adj* ansefydlog.
unsociable *adj* anghymdeithasol.
unspeakable *adj* anhraethol.
unstable *adj* ansefydlog.
unsteady *adj* simsan.

untamed *adj* anystywallt, gwyllt.

untapped *adj* dihysbydd.

untenable *adj* anghynaladwy.

unthinkable *adj* y tu hwnt i amgyffred.

untidiness *n* annibendod, llanast *m*.

untidy *adj* anniben.

untie *v* datod.

until *prep, conj* hyd, nes, tan.

untimely *adj* annhymig, cynamserol.

untouched *adj* heb ei gyffwrdd.

untroubled *adj* digyffro.

untrue *adj* anghywir.

untrustworthy *adj* annibynadwy.

unused *adj* heb ei ddefnyddio.

unusual *adj* anarferol, anghyffredin.

unveil *v* dadlennu, dadorchuddio.

unwelcoming *adj* digroeso.

unwell *adj* gwael, anhwylus.

unwilling *adj* amharod, anfodlon.

unwind *v* dadweindio, datod.

unwise *adj* annoeth.

unwitting *adj* diarwybod.

unworkable *adj* anymarferol.

unworthy *adj* annheilwng.

up *adv, prep* i fyny, lan, i lan.

upbringing *n* magwraeth *f*.

update *v* diweddaru.

upheaval *n* cyffro, terfysg *m*.

uphold *v* cynnal, ategu.

upholstery *n* clustogwaith *m*.

upkeep *n* cynhaliaeth *f*.

upon *prep* ar, ar warthaf.

upper *adj* uwch, uchaf.

uppermost *adj* uchaf.

upright *adj* union, unionsyth.

uprising *n* terfysg, gwrthryfel *m*.

uproar *n* trwst, twrw *m*.

uproot *v* dadwreiddio.

upset *v* troi, dymchwelyd, gofidio.

upshot *n* canlyniad *m*.

upside-down *adv* wyneb i waered.

upstairs *adv* lan lofft, i fyny'r staer.

up-to-date *adj* hollol gyfoes.

upturn *n* ar i fyny.

urban *adj* trefol, dinesig.

urbane *adj* hynaws, moesgar.

urchin *n* crwt *m*.

urge *v* annog, cymell. • *n* cymhelliad, cynhyrfiad *m*.

urgency *n* brys *m*.

urgent *adj* o frys.

urinate *v* gwneud dŵr, pisio.

urn *n* wrn *m*.

us *pron* ni, ninnau.

usage *n* defnydd *m*, triniaeth *f*.

use *v* defnyddio.

useful *adj* defnyddiol.

usefulness *n* defnyddioldeb *m*.

useless *adj* da i ddim.

uselessness *n* anfuddioldeb *m*.

usher *n* tywysydd *m*.

usual *adj* arferol.

usurp *v* camfeddiannu.

utensil *n* llestr *m*.

uterus *n* croth *f*.

utility *n* defnyddioldeb *m*.

utmost *adj* eithaf, mwyaf.

utter *adj* llwyr, hollol. • *v* yngan, ynganu.

utterly *adv* yn llwyr.

V

vacancy *n* swydd wag *f*.

vacant *adj* gwag.

vacate *v* gadael.

vacation *n* gwyliau *pl*.

vaccinate *v* brechu.

vacuum *n* gwactod *m*.

vague *adj* annelwig, amhendant.

vain *adj* balch, ofer.

valiant *adj* dewr.

valid *adj* dilys.

valley *n* dyffryn, cwm, glyn *m*.

valuable *adj* gwerthfawr.

value *n* gwerth *m*. • *v* prisio.

valve *n* falf *f*.

van *n* fan *f*.
vandalise *v* fandaleiddio.
vanish *v* diflannu.
vanity *n* gwagedd, balchder *m*.
vanquish *v* gorchfygu, trechu.
vantage point *n* llecyn manteisiol *m*.
vapour *n* tarth *m*.
variable *adj* amrywiol, cyfnewidiol.
variation *n* amrywiad *m*.
variety *n* amrywiaeth *f*.
various *adj* gwahanol, amryfal.
vary *v* amrywio.
vase *n* llestr blodau *m*.
vast *adj* anferth, aruthrol.
vault *n* cromen *f*. • *v* neidio.
vegetable *adj* llysieuol. • *n* llysieuyn *m*.
vegetarian *n* llysieuwr, llysieuydd *m*.
vegetate *v* pydru byw.
vegetation *n* llystyfiant *m*.
vehemence *n* taerineb, angerdd *m*.
vehement *adj* chwyrn, angerddol.
vehicle *n* cerbyd *m*.
veil *n* llen *f*.
vein *n* gwythïen *f*.
velocity *n* cyflymder, cyflymdra *m*.
velvet *n* melfed *m*.
vendor *n* gwerthwr *m*.
venerate *v* parchu, anrhydeddu.
veneration *n* parch *m*.
vengeance *n* dial, dialedd *m*.
venom *n* gwenwyn *m*.
venomous *adj* gwenwynig.
ventilate *v* awyru, gwyntyllu.
ventilation *n* awyru *vn*.
venture *n* menter *f*. • *v* mentro.
verb *n* berf *f*.
verbal *adj* llafar.
verb-noun *n* berfenw *m*.
verification *n* gwiriad *m*.
verify *v* gwirio, cadarnhau.
versatile *adj* amryddawn.
verse *n* adnod *f*; pennill *m*.
version *n* fersiwn *m*/*f*.
versus *prep* yn erbyn.
vertical *adj* unionsyth, fertigol.

vertigo *n* y bendro *f*.
very *adv* iawn, dros ben.
vessel *n* llestr *m*; llong *f*, cwch *m*.
veteran *adj* profiadol.
veterinarian *n* milfeddyg *m*.
veterinary *adj* milfeddygol.
veto *n* pleidlais atal *f*.
vex *v* digio, codi gwrychyn; becsio.
vexed *adj* dadleuol.
via *prep* trwy law.
viaduct *n* traphont *f*.
vibrate *v* dirgrynu, crynu.
vibration *n* dirgryniad, cryndod *m*.
vice *n* drygioni *m*, llygredigaeth *f*.
vicinity *n* cyffiniau *pl*.
vicious *adj* mileinig, milain.
victim *n* ysglyfaeth *f*.
victor *n* buddugwr, gorchfygwr *m*.
victory *n* buddugoliaeth, gorchuchafiaeth *f*.
video *n* fideo *m*/*f*.
viewer *n* gwyliwr *m*.
vie *v* cystadlu, ymgiprys.
view *n* golygfa, golwg *f*. • *v* gwylio, bwrw golwg.
vigil *n* gwylnos *f*.
vigilance *n* gwyliadwriaeth *f*.
vigilant *adj* gwyliadwrus, effro.
vigour *n* egni, grym *m*.
vigorous *adj* egnïol, heini.
vile *adj* ffiaidd, brwnt.
village *n* pentref *m*.
vindicate *v* cyfiawnhau, achub cam.
vindication *n* cyfiawnhad *m*.
vindictive *adj* dialgar.
vine *n* gwinwydden *f*.
vinegar *n* finegr *m*.
vineyard *n* gwinllan *f*.
violate *v* treisio.
violation *n* toriad, trais *m*.
violence *n* trais, ffyrnigrwydd *m*.
violent *adj* treisgar, treisiol.
violin *n* feiolin, ffidl *f*.
virgin *n* gwyryf, morwyn *f*.
virile *adj* egnïol.
virility *n* gwrywdod; egni *m*.
virtual *adj* i bob pwrpas; dichonadwy.

virtue n rhinwedd m/f.
virtuous adj rhinweddol.
virulent adj gwenwynig; milain.
visa n fisa f.
vis-a-vis prep ynglŷn â.
visibility n amlygrwydd m, natur weladwy f.
visible adj gweladwy, gweledig.
vision n golwg m.
visit v ymweld â. • n ymweliad m.
visitor n ymwelydd m.
visual adj gweledol.
visualise v dychmygu.
vital adj hanfodol.
vitality n bywiogrwydd, bywyd m.
vitamin n fitamin m.
vivacious adj hoenus, nwyfus, llawn bywyd.
vivid adj llachar, tanbaid.
vocabulary n geirfa f.
vocal adj llafar, lleisiol.
vocation n galwedigaeth f.
voice n llais m. • v lleisio.

void n gwagle, gwacter m.
volatile adj gwamal, anwadal.
volcano n llosgfynydd, folcano m.
volition n ewyllys, gwirfodd m.
voltage n foltedd m.
voluble adj huawdl, siaradus.
volume n uchder; cyfaint m; cyfrol f.
voluntary adj gwirfoddol.
volunteer n gwirfoddolwr m.
voluptuous adj synhwyrus, nwydus.
vomit v cyfogi, chwydu.
voracious adj gwancus, barus.
vote n pleidlais f. • v pleidleisio.
voter n pleidleisiwr m, pleidleiswraig f.
voucher n taleb f, tocyn m.
vow n adduned f. • v addunedu.
voyage n mordaith f.
vulgar adj di-chwaeth; cyffredin.
vulnerable adj hawdd eich clwyfo, bregus.

W

wade v cerdded trwy ddŵr, bracso.
wafer n waffer; afrlladen f.
wag v siglo, ysgwyd.
wage n cyflog m.
wager n bet f/m. • v codi bet, betio.
wages n cyflog m.
wagon n wagen f.
wail n llef f. • v nadu, llefain.
waist n gwasg m/f.
wait v aros. • n arhosiad m.
waiter n gweinydd, gwas m.
waive v hepgor.
wake v dihuno, deffro.
walk v cerdded. • n tro m.
walker n cerddwr m, cerddwraig f.
walking stick n ffon f.
wall n mur m.
wallet n waled f.
wallow v ymdrochi, ymdrybaeddu.
wallpaper n papur wal m.
walnuts n cnau Ffrengig pl.

wander v crwydro.
wane v cilio.
want n eisiau m. • v ymofyn.
wanton adj trythyll, anllad.
war n rhyfel m.
wardrobe n cwpwrdd dillad m.
warehouse n warws m/f.
wariness n pwyll m, gwyliadwriaeth f.
warm adj cynnes, twym. • v cynhesu, twymo.
warm-hearted adj twymgalon.
warmth n gwres, cynhesrwydd m.
warn v rhybuddio.
warning n rhybudd m.
warp v camu, ystumio.
warrant n gwarant f.
warrior n rhyfelwr m.
wary adj gwyliadwrus, gochelgar.
wash v ymolchi, golchi.
washbowl n basn ymolchi m, powlen ymolchi f.

washing *n* golch, golchiad *m.*
washing machine *n* peiriant golchi *m.*
washing-up *n* golchi llestri *vn.*
wasps *n* cacwn, piffgwn *pl.*
wastage *n* gwastraff *m.*
waste *v* gwastraffu.
wasteful *adj* gwastraffus.
watch *n* oriawr; gwyliadwriaeth *f.* • *v* gwylio.
watchful *adj* gwyliadwrus.
water *n* dŵr *m.* • *v* dyfrhau, dyfrio.
water closet *n* tŷ bach *m.*
watercolour *n* dyfrlliw *m.*
waterfall *n* rhaeadr *f.*
watering-can *n* can dyfrio *m.*
watermark *n* dyfrnod *m.*
watershed *n* cefndeuddwr *m.*
watertight *adj* dwrglos.
wave *n* ton *f.* • *v* chwifio, codi llaw.
waver *v* gwamalu, simsanu.
wavy *adj* tonnog.
wax *n* cwyr, gwêr *m.*
way *n* ffordd *f.*
wayward *adj* anwadal; gwrthnysig.
we *pron* ni, ninnau.
weak *adj* gwan, eiddil.
weaken *v* gwanhau.
weakness *n* gwendid *m.*
wealth *n* cyfoeth *m.*
wealthy *adj* cyfoethog.
weapon *n* arf *m.*
wear *v* gwisgo, treulio. • *n* traul *f.*
weariness *n* blinder, diflastod *m.*
weary *adj* blinedig, wedi blino.
weather *n* tywydd *m*; ~ **forecast** *n* rhagolygon y tywydd *pl.*
weave *v* gwau, gweu; gwehyddu.
web *n* gwe *f.*
wed *v* priodi.
wedding *n* priodas *f.*
wedding ring *n* modrwy briodas *f.*
wedge *n* lletem *f.*
Wednesday *n* dydd Mercher *m.*
weed *n* chwyn *pl.* • *v* chwynnu.
week *n* wythnos *f.*
weekday *n* dydd/diwrnod gwaith *m.*

weekend *n* penwythnos; fwrw'r Sul.
weekly *adj* wythnosol.
weep *v* wylo.
weigh *v* pwyso.
weight *n* pwysau *m/pl.*
weighty *adj* trwm, o bwys.
welcome *n* croeso *m.* • *v* croesawu.
welfare *n* lles, budd *m.*
well *n* ffynnon *f.* • *adj* da.
well-being *n* lles *m.*
well-bred *adj* o dras.
well-deserved *adj* haeddiannol.
well-known *adj* adnabyddus.
well-off *adj* cefnog.
west *n* gorllewin.
westerly, western *adj* gorllewinol.
wet *adj* gwlyb. • *n* gwlybaniaeth *m.* • *v* gwlychu.
whale *n* morfil *m.*
wharf *n* cei *m*, glanfa *f.*
what *pron* beth, pa beth.
whatever *pron* beth bynnag.
wheat *n* gwenith *m.*
wheel *n* olwyn, rhod *f.*
wheelbarrow *n* berfa, whilber *f.*
wheelchair *n* cadair olwyn(ion) *f.*
when *adv conj* pryd, pan.
whenever *adv* bob tro, pa bryd bynnag.
where *adv* ym mha le; lle.
whereas *conj* tra.
whereby *pron* trwy'r hwn/hon/hyn.
whereupon *conj* gyda hyn/hynny.
wherever *adv* pa le bynnag.
whet *v* hogi.
whether *conj* a; p'un ai.
which *pron adj* pa.
while *n* ysbaid *m.* • *conj* tra.
whim *n* mympwy *m.*
whimsical *adj* mympwyol.
whip *n* chwip *f.* • *v* chwipio.
whirl *v* chwylio, troelli.
whirlpool *n* trobwll *m.*
whirlwind *n* corwynt *m.*
whisper *v* sibrwd, sisial. • *n* sibrwd *m.*
whistle *v* chwibanu. • *n* chwiban *m/f.*

white *adj* gwyn.
whiten *v* gwynnu.
whiteness *n* gwynder *m*.
who *pron* pwy; a.
whoever *pron* pwy bynnag.
whole *adj* cyfan, holl.
wholesale *n* cyfanwerthu *vn*.
wholesome *adj* iachus, iachusol.
wholly *adv* yn llwyr.
whom *pron* a.
why *adv* paham, pam.
wicked *adj* drwg, ysgeler.
wickedness *n* drygioni *m*.
wide *adj* llydan.
widen *v* lledu.
widow *n* gweddw, gwraig weddw *f*.
widower *n* gŵr gweddw *m*.
width *n* lled *m*.
wield *v* trin, trafod.
wife *n* gwraig *f*.
wild *adj* gwyllt.
wild life *n* bywyd gwyllt *m*.
wilful *adj* ystyfnig.
wilfulness *n* ystyfnigrwydd *m*.
will *n* ewyllys *f* (document), *m* (spirit).
willing *adj* parod.
willpower *n* grym ewyllys *m*.
wily *adj* cyfrwys, castiog.
win *v* ennill.
wind *n* gwynt *m*.
wind *v* dolennu, weindio.
windmill *n* melin wynt *f*.
window *n* ffenestr *f*.
window pane *n* gwydr ffenestr *m*.
windpipe *n* pibell wynt *f*.
windscreen *n* ffenestr flaen *f*.
windy *adj* gwyntog.
wine *n* gwin *m*.
wine cellar *n* seler win *f*.
wing *n* adain, asgell *f*.
wink *n* amrantiad, chwinciad *m*.
winner *n* enillydd, buddugwr *m*.
winter *n* gaeaf *m*. • *v* hendrefu, gaeafu.
wintry *adj* gaeafol.
wipe *v* sychu.
wire *n* gwifr, gwifren *f*.

wisdom *n* doethineb *m*.
wise *adj* doeth.
wish *v* dymuno. • *n* awydd, dymuniad *m*.
wit *n* ffraethineb, arabedd *m*.
witch *n* gwrach *f*.
with *prep* â, ag, gyd, gydag, gan.
withdraw *v* tynnu yn ôl; encilio.
wither *v* gwywo, crino.
withhold *v* dal yn ôl, celu.
within *prep*, *adv* i mewn, o fewn.
without *prep* heb.
withstand *v* gwrthsefyll.
witness *n* tyst *m*. • *v* tystio.
wittingly *adv* yn fwriadol.
witty *adj* ffraeth.
woe *n* gwae *m/f*, trallod *m*.
woeful *adj* trist, athrist.
wolf *n* blaidd *m*.
woman *n* menyw, gwraig *f*.
womanly *adj* benywaidd.
womb *n* croth *f*.
wonder *n* rhyfeddod *m*. • *v* rhyfeddu.
wonderful *adj* rhagorol, rhyfeddol.
woo *v* canlyn.
wood *n* pren, coed *m*; coedwig *f*.
wooden *adj* pren, o bren.
woodwork *n* gwaith coed *m*.
wool *n* gwlân *m*.
woollen *adj* gwlanog.
word *n* gair *m*. • *v* geirio.
word processing *n* prosesu geiriau *vn*.
wording *n* geiriad *m*.
work *v* gweithio. • *n* gwaith *m*.
worker *n* gweithiwr *m*.
workforce *n* gweithlu *m*.
workshop *n* gweithdy *m*.
world *n* byd *m*.
worldly *adj* bydol.
worldwide *adj* byd-eang.
worn-out *adj* wedi treulio.
worry *v* pryderu, gofidio. • *n* pryder, gofid *m*.
worrying *adj* pryderus, gofidus.
worse *adj* gwaeth.
worship *n* addoliad *m*. • *v* addoli.

worst *adj* gwaethaf.
worth *n* gwerth *m*.
worthily *adv* yn deilwng.
worthless *adj* diwerth, da i ddim.
worthy *adj* teilwng.
wound *n* anaf, clwyf *m*. • *v* clwyfo, anafu.
wrap *v* lapio.
wreath *n* torch *f*.
wreck *n* llong wedi'i dryllio. • *v* dry-llio, malu.
wrench *v* rhwygo.

wrestle *v* ymaflyd codwm.
wretched *adj* truenus.
wrinkle *n* crych *m*. • *v* crychu.
wrist *n* arddwrn *m*.
write *v* ysgrifennu.
writer *n* ysgrifennwr, awdur *m*.
writing *n* ysgrifen *f*.
wrong *adj* anghywir. • *n* cam *m*. • *v* gwneud cam â.
wrongful *adj* ar gam, anghyfiawn.
wrongly *adv* ar gam.
wry *adj* mingam.

XYZ

xenophobe *n* un sy'n casáu estroniaid.
xenophobic *adj* senoffobic, drwgdybus o estroniaid.
X-ray *n* pelydr X *m*.
xylophone *n* seiloffon *m*.
yacht *n* cwch hwylio *m*, llong bleser *f*.
yawn *v* dylyfu gên, ymagor. • *n* dylyfiad gên *m*.
year *n* blwyddyn *f*.
yearbook *n* blwyddlyfr *m*.
yearly *adj* blynyddol.
yearn *v* dyheu, hiraethu.
yeast *n* burum *m*.
yell *v* gweiddi, bloeddio. • *n* bloedd, gwaedd *f*.
yellow *adj* melyn (*m*), melen (*f*).
yes *adv* do, ie, ydywf.
yesterday *adv* ddoe, doe.
yet *conj*, *adv* eto, er hynny.
yield *v* ildio; cynhyrchu. • *n* cynnyrch *m*.

yoghurt *n* iogwrt *m*.
you *pron* chi, chwi, ti, di.
young *adj* ifanc, ieuanc.
youngster *n* plentyn, person ifanc *m*.
your *pron* eich, dy.
yours *pron* eiddoch chi, eiddot ti.
yourself *pron* eich hunain, dy hun.
youth *n* ieuenctid *m*.
zeal *n* brwdfrydedd *m*, sêl *f*.
zealous *adj* brwdfrydig, selog.
zenith *n* anterth, entrych *m*.
zero *n* sero, dim *m*.
zest *n* afiaith, arddeliad *m*.
zigzag *adj* igam-ogam.
zip *n* sip *m*.
zodiac *n* sidydd *m*.
zone *n* cylch *m*, cylchfa *f*.
zoo *n* sw *m*.
zoologist *n* swôlegydd *m*.
zoology *n* swôleg *f*.

Appendix

Some of the more frequently encountered Welsh irregular verbs

bod to be

present tense

	singular	plural
1	wyf, ydwyf	ŷm, ydym
2	wyt, ydwyt	ych, ydych
3	mae, yw, oes	ŷnt, ydynt

impersonal ydys

imperfect tense

	singular	plural
1	oeddwn	oeddem
2	oeddit	oeddech
3	oedd	oeddynt

impersonal oeddid

future tense

	singular	plural
1	byddaf	byddwn
2	byddi	byddwch
3	bydd	byddant

impersonal byddir

habitual imperfect

	singular	plural
1	byddwn	byddem
2	byddet	byddech
3	byddai	byddent

impersonal byddid

past tense

	singular	plural
1	bûm	buom
2	buost	buoch
3	bu	buonr

impersonal buwyd

conditional imperfect

	singular	plural
1	bawn	baem
2	bait	baech
3	bai	baent

impersonal bid, byddid

cael to have

present tense

	singular	plural
1	caf	cawn
2	cei	cewch
3	caiff	cânt

impersonal ceir

imperfect tense

	singular	plural
1	cawn	caem
2	caet	caech
3	câi	caent

impersonal ceid

past tense

	singular	plural
1	cefais	cawsom
2	cefaist	cawsoch
3	cafodd	cawsant

impersonal cafwyd

imperative

	singular	plural
1	–	–
2	–	–
3	caffed	caffent

impersonal caffer

Appendix

dod to come

present tense

	singular	plural
1	dof	down
2	doi	dewch
3	daw	dônt

impersonal deuir

imperfect tense

	singular	plural
1	deuwn/down	deuem
2	deuet	deuech
3	deuai/dôi	deuent

impersonal doid

past tense

	singular	plural
1	deuthum	daethom
2	daethost	daethoch
3	daeth	daethant

impersonal doed

imperative

	singular	plural
1	–	down
2	dere/tyrd	dewch
3	doed/deled	delent

impersonal deuer/deler

gwneud to do

present tense

	singular	plural
1	gwnaf	gwnawn
2	gwnei	gwnewch
3	gwna	gwnânt

impersonal gwneir

imperfect tense

	singular	plural
1	gwnawn	gwnaem
2	gwnaet	gwnaech
3	gwnâi	gwnaent

impersonal gwneid

past tense

	singular	plural
1	gwneuthum	gwnaethom
2	gwnaethost	gwnaethoch
3	gwnaeth	gwnaethant

impersonal gwnaed, gwnaethpwyd

imperative

	singular	plural
1	–	gwnawn
2	gwna	gwnewch
3	gwnaed	gwanaent

impersonal gwneler

mynd to go

present tense

	singular	plural
1	af	awn
2	ei	ewch
3	â	ânt

impersonal eir

imperfect tense

	singular	plural
1	awn	aem
2	aet	aech
3	âi	aent

impersonal eid

past tense

	singular	plural
1	euthum	aethom
2	aethost	aethoch
3	aeth	aethant

impersonal aed

imperative

	singular	plural
1	–	awn
2	dos, cer	ewch
3	aed	aent

impersonal eler